Os fundamentos da teoria linguística de Chomsky

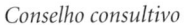

Dados Internacionais de Catalogação na Publicação (CIP)
(Câmara Brasileira do Livro, SP, Brasil)

Guimarães, Maximiliano
    Os fundamentos da teoria linguística de Chomsky / Maximiliano Guimarães. –
Petrópolis, RJ : Vozes, 2017. – (Coleção de Linguística / coordenação
Gabriel de Ávila Othero, Sérgio de Moura Menuzzi)
    Bibliografia
    ISBN 978-85-326-5487-8
    1. Análise linguística 2. Chomsky, Noam, 1928- 3. Gramática gerativa
4. Pesquisa linguística 5. Linguística I. Othero, Gabriel de Ávila.
II. Menuzzi, Sérgio de Moura. III. Título. IV. Série.

17-03940   CDD-415

Índices para catálogo sistemático:
1. Gramática gerativa : Linguística   415

MAXIMILIANO GUIMARÃES

Os fundamentos da teoria linguística de Chomsky

EDITORA VOZES

Petrópolis

© 2017, Editora Vozes Ltda.
Rua Frei Luís, 100
25689-900 Petrópolis, RJ
www.vozes.com.br
Brasil

Revisão técnica: Prof. Dr. Gabriel de Ávila Othero (UFRGS) e Prof. Dr. Sérgio de Moura Menuzzi (UFRGS)
Editoração: Fernando Sergio Olivetti da Rocha
Diagramação: Sheilandre Desenv. Gráfico
Revisão gráfica: Nilton Braz da Rocha / Nivaldo S. Menezes
Capa: WM design

ISBN 978-85-326-5487-8

Editado conforme o novo acordo ortográfico.

Este livro foi composto e impresso pela Editora Vozes Ltda.

Apresentação da Coleção

Esta publicação é parte da **Coleção de Linguística** da Vozes, retomada pela editora em 2014, num esforço de dar continuidade à coleção coordenada, até a década de 1980, pelas professoras Yonne Leite, Miriam Lemle e Marta Coelho. Naquele período, a coleção teve um papel importante no estabelecimento definitivo da Linguística como área de pesquisa regular no Brasil e como disciplina fundamental da formação universitária em áreas como as Letras, a Filosofia, a Psicologia e a Antropologia. Para isso, a coleção não se limitou à publicação de autores fundamentais para o desenvolvimento da Linguística, como Chomsky, Langacker e Halliday, ou de linguistas brasileiros já então reconhecidos, como Mattoso Câmara; buscou também veicular obras de estudiosos brasileiros que então surgiam como lideranças intelectuais e que, depois, se tornaram referência para a disciplina no Brasil – como Anthony Naro, Eunice Pontes e Mário Perini. Dessa forma, a **Coleção de Linguística** da Vozes participou ativamente da história da Linguística brasileira, tendo ajudado a formar as gerações de linguistas que ampliaram a disciplina nos anos de 1980 e 1990 – alguns dos quais ainda hoje atuam intensamente na vida acadêmica nacional.

Com a retomada da **Coleção de Linguística** pela Vozes, a editora quer voltar a participar decisivamente das novas etapas de desenvolvimento da disciplina no Brasil. Agora, trata-se de oferecer um veículo de disseminação da informação e do debate em um novo ambiente: a Linguística é hoje uma disciplina estabelecida nas universidades brasileiras; é também um dos setores de pós-graduação que mais crescem no Brasil; finalmente, o próprio quadro geral das universidades e da pesquisa brasileira atingiu uma dimensão muito superior à que se testemunhava nos anos de 1970 a 1990. Dentro desse quadro, a **Coleção de Linguística** da Vozes tem novas missões a cumprir:

- em primeiro lugar, é preciso oferecer aos cursos de graduação em Letras, Filosofia, Psicologia e áreas afins material renovador, que permita aos alunos integrarem-se ao atual patamar de conhecimento da área de Linguística;

- em segundo lugar, é preciso continuar com a tarefa de colocar à disposição do público de língua portuguesa obras decisivas do desenvolvimento, passado e recente, da Linguística;

- finalmente, é preciso oferecer ao setor de pós-graduação em Linguística e ao novo e amplo conjunto de pesquisadores que nele atua um veículo adequado à disseminação de suas contribuições: um veículo sintonizado, de um lado, com o que se produz na área de Linguística no Brasil; e, de outro, que identifique, nessa produção, aquelas contribuições cuja relevância exija uma disseminação e atinja um público mais amplo, para além da comunidade dos especialistas e dos pesquisadores de pós-graduação.

Em suma, com esta Coleção de Linguística esperamos publicar títulos relevantes, cuja qualidade venha a contribuir de modo decisivo não apenas para a formação de novas gerações de linguistas brasileiros, mas também para o progresso geral dos estudos das Humanidades neste início de século XXI.

Gabriel de Ávila Othero
Sérgio de Moura Menuzzi
Organizadores

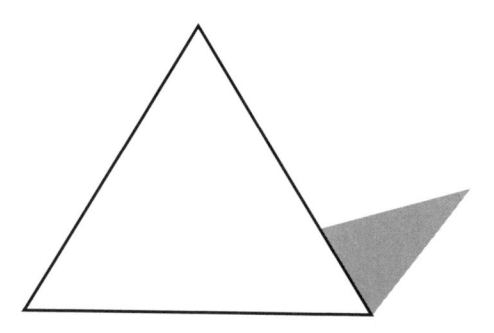

*What seems to me remarkable about the linguistic system
is that it has amazingly elegant properties regardless of
the utterly bizarre uses humans can put this system to.
I read Chomsky as taking a stab at this mystery.*

(Juan Uriagereka)

You are not hardcore unless you live hardcore.
(Dewey Finn)

Dedico este trabalho,
com admiração, gratidão e afeto,
à professora **Miriam Lemle**,
chomskyana *at the core.*

Embora eu seja o único responsável pelos excessos e pelas lacunas deste livro, sou obrigado a dividir os méritos com muitíssimas pessoas a quem devo agradecer agora.

No princípio, Ilza Ribeiro me apresentou o mundo da linguística chomskyana e me deu régua e compasso para eu traçar meu caminho por ele. Já nas minhas primeiras errâncias, em meio aos muitos obstáculos que eu não sabia se eram gigantes ou moinhos, foi Charlotte Galves quem me mostrou que tudo o que Chomsky escreve é de uma clareza ímpar, o que só se percebe se lermos cada texto no contexto da obra como um todo e ligarmos os pontos, após percorrermos o caminho inteiro, pois Chomsky sempre pressupõe que seu leitor não é medíocre nem preguiçoso, nem ignorante quanto a todo o conhecimento de fundo subjacente a seus textos. Aprendi com Mary Kato que as análises se vão e as generalizações empíricas ficam, e que isso é legado do próprio Chomsky. Jairo Nunes me ensinou a fazer as contas.

Entre tantos mestres e mentores brilhantes que tive, Norbert Hornstein, Paul Pietroski, Howard Lasnik, David Lightfoot, Stephen Crain, Amy Weinberg, Colin Phillips (e Robert Frank, por adjunção) me ensinaram a ajustar o foco dos meus olhos (vestidos de lunetas) para ler com nitidez tanto os detalhes finos do formalismo como o panorama filosófico geral da obra chomskyana. Ao longo dessa trajetória ninguém sequer passou perto de me ensinar a compreender Chomsky tanto quanto Juan Uriagereka, que, para além das tecnicalidades essenciais e contingenciais de Chomsky, também me revelou a natureza e o propósito do *modus operandi* de Noam na academia e, sobretudo, o espírito estético de seu paradigma científico, no qual criatividade e ousadia é tudo! Para além do muito que aprendi com ele e que constitui meu *background* geral sobre a linguística chomskyana, confesso na largada que há neste livro uma meia dúzia de elementos que, de modo direto ou indireto, têm origem em interações que tive com ele, mas para os quais não há meios formais de lhe dar crédito.

Na última década, tenho tido a felicidade de ter Miriam Lemle como interlocutora próxima, compartilhando sentimentos de serenidade, indignação, convicções e incertezas em relação à vida intelectual como um todo, e em particular em relação à forma e ao conteúdo dos debates em torno de Teoria da Gramática. Quem leu seu livro *Análise Sintática (teoria geral e descrição do português)*, de 1984, perceberá de onde me veio a inspiração para adotar um tom mais genuinamente chomskyano de redação, em que, mesmo numa introdução, o leitor não é tratado como 'café com leite' e não lhe é sonegada a complexidade real do tema.

Aos meus editores Gabriel Othero e Sérgio Menuzzi, agradeço muito pela intensa interlocução e pela confiança depositada em mim, dando-me oportunidade de concretizar um sonho antigo de apresentar Chomsky para o público geral num 'papo reto' sem 'ensaboar'.

Foi crucial para a realização deste projeto estar num ambiente acadêmico fértil. Devo muito disso às minhas colegas Maria José Foltran, Patrícia Rodrigues e Maria Cristina Figueiredo Silva, a quem sou muy grato pela interlocução infinita e pela cumplicidade na alegria e na tristeza. À última agradeço ainda pela leitura minuciosa do manuscrito e pelo generoso texto de apresentação deste volume. Entre os colegas cuja interlocução gira em torno de temas pouco ou nada chomskyanos, eu não poderia deixar de agradecer a Lígia Negri e Renata Telles, pelo pragmatismo e pela poesia que elas trazem para o meu dia a dia.

Na última década, Andrew Nevins, Ruth Lopes, Cilene Rodrigues e Marcelo Ferreira têm sido interlocutores especiais, com quem aprendo muito sobre teoria gramatical e experimentação. Entre os demais colegas que também me inspiraram e ajudaram durante este projeto, destaco Andrea Knöpfle, Marcus Maia, Rerisson Cavalcante, Elaine Grolla, Renato Basso, Gesoel Mendes, Marcos Carreira, Maurício Cardozo, Ian Roberts e Didier Demolin.

Aos meus alunos que não ficam melindrados com a minha pegada fodoriana e que compartilham comigo o princípio moral da reciprocidade, agradeço imensamente por *derramarem o leite bom na minha cara e o leite mau na cara dos caretas!* \„/

A *essa gente careta e covarde* que ama odiar a minha individualidade e a minha independência das amarras violentas do coletivismo vitimista hipócrita institucionalizado, deixo aqui, *com piedade*, um agradecimento pelo combustível que alimenta diariamente o meu fogo e fortalece as minhas convicções éticas e morais. かかって来な。思い切りね。

A quem compartilha comigo os genes, a história, a moral, o propósito – Murilão, Dadá, Fredão, Bia, Tuca – ofereço este verso ancestral e atemporal: *Meu amor, apesar desta distância, não há perdido constância!*

Foxey Lady, você, que me iluminou e me regou da raiz ao fruto dessa semeadura, *look here, read what I wrote on my shirt: "For long you live and high you fly / And smiles you'll give and tears you'll cry / And all you touch and all you see / Is all your life will ever be"*. Jamais esquecerei o chá debaixo do guarda-chuva e todo o infinito universo gerado fortemente naquele *big-bang*.

Melhor Cidade da América do Sul,
um HOJE feliz de dois mil e dezesseis,
Maximiliano Guimarães

Sumário

§1. As Raízes, as Bases & os Radicais

§1.1. O ESCOPO, OS OBJETIVOS, A SUBSTÂNCIA E A FORMA DESTE LIVRO

Poucos são indiferentes à vasta obra de Noam Chomsky em linguística. Tamanha é sua influência, que é quase impossível ignorá-lo. Certas ou erradas, suas ideias costumam ser originais e ousadas, despertando arroubos irracionais de amor ou ódio antes mesmo de serem examinadas. Infelizmente, muitos de seus *followers* e *haters* não compreendem sua obra. Tendo lido apenas fragmentos aleatórios ou resenhas de terceiros, perpetuam inverdades, subestimando, superestimando ou forjando méritos ou deméritos. Uns ficam imediatamente fascinados e outros imediatamente ofendidos pela perspectiva (herética?) de se investigar a linguagem humana com o arcabouço conceitual das ciências naturais, fora da jurisdição epistemológica das humanidades. Uns e outros imediatamente e acriticamente acatam ou descartam tal abordagem. Difundem uma 'versão pirata' dela, sem reproduzir todos os passos lógicos da argumentação nem prover os dados empíricos-chave para defender ou criticar apropriadamente o paradigma chomskyano. Este livro pretende evitar tais incompreensões por parte de quem não leu e não gostou, ou gosta sem ter lido. Aos agnósticos com pouco contato *direto* com a obra chomskyana, pretendo guiá-los no caminho de leituras futuras, apontando armadilhas, atalhos, precipícios, pontes, desertos e campos férteis.

O público-alvo primeiro deste livro é o estudante universitário de Letras, Linguística e áreas afins, como Psicologia e Filosofia. Dirijo-me também ao profissional dessas áreas que não trabalha diretamente com teoria da gramática, mas cujos interesses a perpassam. Por ser um texto semi-introdutório, outros leitores podem aproveitá-lo, mas terão de lidar com certas lacunas, pois pressuponho familiaridade com fatos e conceitos de linguística geral e teoria gramatical tipicamente abordados em disciplinas do primeiro ano de graduação em Letras[1]. Este livro não se pretende um manual que habilite o estudante a manipular as ferramentas de análise gramatical do quadro chomskyano para aplicá-las a exemplos concretos do português ou outras línguas, pois já existem obras que cumprem tal fim[2]. Meu objetivo é ajudar o leitor a compreender Chomsky num sentido complementar a saber manipular o aparato técnico-analítico aplicável a dados. Há vários modos de se fazer teoria e análise gramatical. Por que alguém deveria adotar ou rejeitar o modo chomskyano de fazê-lo? Para tomar partido, é preciso conhecer minimamente o objeto de estudo, os objetivos, os métodos, as premissas, e as bases empíricas e conceituais nas quais o paradigma chomskyano se sustenta[3].

O chamado paradigma chomskyano é um empreendimento coletivo, e a avaliação de seus méritos e deméritos deve levar em conta a obra de muitos

---

1. É desejável que o leitor tenha *alguma* familiaridade com parte das noções a seguir: *fonema, morfema, sintagma, sentença, enunciado, denotação, referência, categoria, função, regra, léxico, fonologia, morfologia, sintaxe, semântica, variação e mudança* (cf. Crystal 1985; Fiorin 2002, 2003; Schwindt 2014).

2. Obras em português recomendadas: Raposo (1979), Othero (2014) e Mioto (2009) são boas introduções; Lemle (1984), Mioto et al. (2013) e principalmente Raposo (1992) aprofundam mais; Kato & Nascimento (2009) priorizam uma descrição do português. Obras em inglês recomendadas: Haegeman (1990), Roberts (1997), Carnie (2002, 2010), Cook & Newson (2007), Larson (2010), Freidin (1992, 2012) e Adger (2013).

3. Cf. também Raposo (1978), Uriagereka (1998), Yang (2006), Larson (2010) e Boeckx (2010).

autores dessa corrente, bem como a de oponentes. Em última instância, é muito mais relevante discutir o conjunto de obras que constituem tal paradigma do que apenas a obra de Chomsky em si mesma. Mas é inegável que Chomsky não apenas foi o fundador da *Gramática Gerativo-Transformacional* (GGT). Ele também tem sido o seu pesquisador mais influente, cuja obra tem mais impacto na linguística em geral. Embora este livro seja, em ampla medida, sobre a GGT como um todo, ele cumpre uma tarefa específica que me foi atribuída pelos editores da *Coleção de Linguística*, a saber: descrever e explicar as idiossincrasias desse linguista cuja obra individual reconhecidamente teve um impacto extraordinário na linguística geral. Por isso, na narrativa que se segue, Chomsky é protagonista e diversos autores importantes são coadjuvantes. Uso amplamente e sem pudores o adjetivo *chomskyano* para designar propostas teóricas e analíticas da GGT[4]. Muitos autores rejeitam essa retórica justamente para evitar a interpretação equivocada de que a GGT se resumiria às posições pessoais de Chomsky. Quem acompanha a literatura técnica da GGT sabe que não se trata disso[5]. Começar a compreender a GGT a partir da obra individual de Chomsky não é a única possibilidade, nem necessariamente a melhor. Mas é uma possibilidade legítima, que ora se oferece.

Infelizmente, o ensino de GGT no Brasil se dá quase como se tudo tivesse começado em 1981, ignorando-se muito da produção anterior, como se os frutos das obras seminais estivessem ou implícitos nos trabalhos posteriores ou ultrapassados. Tal lacuna na formação de nossos sintaticistas é uma das causas de Chomsky ser tão incompreendido. Compreender as versões mais recentes da GGT pressupõe uma boa compreensão das versões

---

4. *Grosso modo*, GGT está para *chomskyano* assim como *Teoria da Evolução* está para *(neo) darwinista*.

5. A propósito, Chomsky (1982b) abre seu livro com o seguinte reconhecimento: "Dedicatória: a todos os gerativistas que, não importando o quão longe estejam, o quão isolados, o quão minoritários, devotam seus esforços a progredir em nossa busca coletiva por novos *insights* em teoria da gramática".

iniciais. Há muita bibliografia sobre o meio da história e pouca sobre o início. O destaque que dou à 'GGT retrô' visa diminuir esse problema. Não há atalhos. Há que se começar do começo.

Desde já, deixo claro que não adoto aqui uma postura escorregadia de forjar uma neutralidade em relação ao paradigma chomskyano que apresento. Defendo explicitamente que, a despeito de suas muitas falhas e incompletudes, ele é, de longe e com uma ampla vantagem sobre os concorrentes, a melhor concepção de gramática de que dispomos até hoje. Entretanto, francamente, eu não estou aqui, de modo algum, para convencer você a se tornar 'um novo membro do clube'. Meu verdadeiro e único objetivo é ajudar você a começar a compreender a obra de Chomsky (e a literatura da GGT em geral) pelo que de fato há nela, e não pelas muitas versões distorcidas que há por aí, publicadas ou ditas em aulas, palestras e bate-papos de cantina. Não serei condescendente aqui com aqueles que propagam aos quatro ventos tais distorções. Não posso ignorá-los todos, pois, dado o quão difundidas tais distorções são e o quão convincentes elas parecem ser a olhos desavisados, a minha tarefa de fazer você compreender Chomsky se funde com a de fazer você compreender a incompreensão dos que não o compreendem. Se, aqui e ali, parecer que 'pego pesado' com alguém, tenha certeza de que (i) é isso mesmo; (ii) faço isso com quem pega mais pesado ainda[6]; e (iii) isso é sinal de respeito com quem tem poder de persuasão destacado para ser formador de opinião.

Muitos julgam Chomsky como um intransigente e autoritário que jamais 'dá o braço a torcer' para reconhecer quando outros têm razão, sendo assim um 'xerifão, dono da teoria' que 'corta as asinhas' de quem ousa 'al-

---

6. Ver, por exemplo, os pesadíssimos ataques *ad nominem* de antagonistas ferozes como Geoffrey Pullum e Paul Postal (*inter alia*), quando eles se opõem a Chomsky. Uma passagem emblemática na história da GGT que ilustra esse ponto muito bem é a resposta de Chomsky (1990) aos ataques truculentos que ele recebera de Pullum (1989). Compare os discursos e tire suas próprias conclusões. Mais recentemente, Postal (2004) dedica um livro inteiro a difamar a GGT como sendo 'um lixo'. Tais ataques foram rebatidos por Boeckx (2006b).

çar voos próprios', decidindo sozinho os rumos da GGT. Ademais, ele tem a má fama de ser agressivo com seus opositores nos debates. Permito-me dizer o óbvio aqui: o cientista deve buscar a verdade; e não buscar ser o mocinho da trama por quem todos torcem. Tão absurdo quanto morrer com nossos princípios por pura vaidade é assumir posições conciliatórias/ intermediárias por política de boa vizinhança. Os relativistas que *não* me perdoem, mas a realidade é objetiva e cartesiana, e independe do *marketing* pessoal de 'bom moço', 'ponderado' e 'cabeça aberta'. Gostem ou não, lá se vão seis décadas e meia de GGT, em que se acumularam mais êxitos que fracassos no cômputo geral, embora muitos não compreendam isso. E basta acompanharmos o passo a passo da literatura da GGT para percebermos o quanto ideias divergentes às de Chomsky circularam livremente nos debates internos da GGT e foram independentemente exploradas por vários pesquisadores sem nenhuma sabotagem por parte de Chomsky, apenas discordância, e em umas tantas vezes tais ideias acabaram sendo adotadas por ele.

O que ora digo só pode ser demonstrado após análise minuciosa da obra de Chomsky e de seus antagonistas. Lamentavelmente, abundam pseudotratados de historiografia, metateoria e filosofia da linguística que não passam de queixas vazias, discutindo questões supostamente maiores, como a história e a estrutura retórica das polêmicas, as vaidades dos egos, etc., sem abordar questões supostamente menores (porém as únicas reais, relevantes e tangíveis) acerca do quanto as propostas de Chomsky têm a cobertura empírica almejada via análises logicamente consistentes (cf. Chomsky 1982b: 48). Avaliações constrangedoramente rasas forjam profundidade com discursos pomposos de epistemólogo onisciente, sem oferecer como alternativa uma análise significativa dos dados em pauta, como se fosse possível avaliar teorias sem medir o quanto elas dão conta dos fatos. Ao esmiuçarem entrelinhas retóricas de Chomsky, seus antagonistas concluem que ele é o vilão da trama, que sabota a criatividade, a iniciativa e a produtividade dos mocinhos (cf. Botha 1989; Borges Neto 2004); que ele se apropria de ideias que antes condenara (cf. Pullum (1996) sobre Chomsky (1993a))[7]; que ele reescreve a história "cabotinamente", apagando feitos de gigantes em cujos ombros teria subido, ao afirmar que a GGT foi o início da linguística genuinamente científica (cf. Faraco (2000) sobre Chomsky (1997a/b))[8]; e que ele faz uso indevido, aproveitador e inconsistente das ideias pré-estruturalistas que cita (cf. Joseph 2010).

A propósito, conto agora o segredo mais malguardado da Linguística. Examinando-se com cuidado o estilo de Chomsky, vê-se facilmente que ele trata a todos de igual para igual. Não trata os catedráticos com a mínima reverência, nem os novatos como 'café com leite'. "Pau que dá em Chico dá em Francisco"! Sem o tom dramático de um Jerry Fodor ou um Norbert Hornstein (falarei deles adiante), Chomsky encara confrontos com fala serena, monotônica; corpo estático; vocabulário estritamente técnico, quase sem licenças poéticas, *slogans* de efeito ou sarcasmo (exceto quando discute política). O peso de seu discurso reside apenas em seus argumentos[9]. Mesmo assim ele tem fama de 'rolo compressor'. Sempre foi assim. Por quê? Não sei. Só sei que foi assim. E sempre será enquanto não compreenderem que seu maior defeito é tratar pessoas intelectualmente abaixo dele como seus pares; e que sua maior virtude é, acima de tudo, tratar qualquer pessoa como um intelectual, partindo da premissa de que a academia não é lugar para melindrosos, e que o fazer científico envolve duras disputas sobre quem está mais próximo da verdade, nas quais qualquer um pode ganhar ou perder. Doa em quem doer, Chomsky já ganhou muito mais do que perdeu desde 1951.

---

7. Cf. Boeckx (2015: 150-151) para uma crítica ao diagnóstico de Pullum (1996).

8. Chomsky (1997a/b) é bem imodesto ao afirmar que a linguística *genuína* se iniciou com a GGT, que descobriu mais fatos do que se descobriu em séculos anteriores. Não importa se isso soa "megalômano", mas se isso é verdade. Foi a partir da GGT que floresceu a linguística enquanto ramo das ciências cognitivas (mas note-se que Chomsky (1997c) reconhece isso como a *segunda* revolução cognitiva, tendo a primeira ocorrido no séc. XVII).

9. Abundam na internet palestras e entrevistas de Chomsky. Sugiro que você as veja e tire suas conclusões.

Nos capítulos que se seguem trato dos seguintes tópicos: (i) fundamentos teórico-metodológicos da GGT, a definição de seu objeto de investigação e de sua base empírica (cf. §2); (ii) aspectos da formalização matemática do núcleo duro da sintaxe (cf. §3); (iii) motivações e consequências da concepção de sintaxe da GGT para o estudo dos aspectos de som e significado das expressões linguísticas (cf. §4); (iv) uma demonstração passo a passo da lógica que sustenta a tese do inatismo gramatical, com uma amostra de sua sustentação empírica, e uma discussão da tensão entre previsões sobre variação e universalidade que se seguem daí (cf. §5); e uma breve conclusão apontando para leituras que promovem a expansão da compreensão da obra chomskyana para além do que caberia neste livro (cf. §6).

Na medida do possível, procurei cumprir o desafio de ilustrar os pontos teórico-analíticos sob discussão com dados empíricos do português, língua na qual a grande maioria dos meus leitores típicos têm intuições de falante nativo (de algum dialeto, não necessariamente o(s) mesmo(s) que adoto como referência). O caráter desafiador dessa tarefa se deve ao fato de que o que está em jogo o tempo todo nessa discussão é a *Faculdade da Linguagem*, compartilhada por todos os membros da espécie *homo sapiens sapiens*, manifesta de formas distintas, porém similares em todas as línguas, o que torna a comparação constante entre línguas não só desejável como também imprescindível (cf. Roberts 1997). Em benefício da fluidez da leitura, optei por priorizar os exemplos em português, mas lanço mão de exemplos de outras línguas quando eles se revelam absolutamente necessários.

A propósito, traduzi eu mesmo todos os trechos de obras estrangeiras citadas, mesmo se já houvesse tradução em português. Fiz isso visando a fluidez de leitura, não misturando estilos de tradução muito díspares e distantes no tempo (por exemplo, uma tradução do lusitano Eduardo Raposo da década de 1970, embora ótima, é inadequada aqui). E como toda tradução é uma leitura, assim ofereço ao público um panorama da obra chomskyana com mais comensurabilidade entre os trabalhos, lidos em paralelo a partir do mesmo olhar.

§1.2. NOAM CHOMSKY: O INTELECTUAL, A OBRA, O PERCURSO

Avram Noam Chomsky (nascido em 7 de dezembro de 1928 na Filadélfia, EUA), é catedrático emérito do Departamento de Linguística e Filosofia do MIT (Massachusetts Institute of Technology), onde leciona desde 1955. Ele tem sido um dos intelectuais mais influentes de sua época[10], e um dos dez autores mais citados de todos os tempos[11]. Seu trabalho em linguística é pioneiro e revolucionário em vários aspectos. Ele também tem sido um dos mais atuantes ativistas e analistas políticos contemporâneos, cuja causa/temática principal é sua crítica severa ao forte intervencionismo da política externa do governo dos EUA e à manipulação da informação e da opinião pública pela grande mídia. Aliás, sua produção sobre política é bem mais pervasiva e influente que sua obra em linguística[12].

A formação acadêmica de Chomsky se deu toda na University of Pennsylvania. Seu mentor foi o eminente estruturalista Zellig Harris, que o influenciou a perseguir teorias formais das línguas naturais (cf. **§3.1**). Defendida em 1951, sua tese de mestrado *Morphophonemics of modern Hebrew* (uma elaboração de sua monografia de graduação de 1949), já semeava ideias centrais que viriam a florescer depois. Embora o foco fosse a

---

10. Ilustro isso com dois exemplos. Em 1956, o jovem Chomsky publicou um artigo sobre a hierarquia de complexidade entre linguagens formais matematicamente possíveis (conhecida como *hierarquia chomskyana*), o qual, juntamente com o trabalho do matemático Marcel-Paul Schützenberger, propiciou o desenvolvimento dos dois *Teoremas Chomsky-Schützenberger* (o da Representação e o da Enumeração), que estabeleceram as fundações da Teoria de Linguagens Formais baseada na Álgebra Abstrata: uma enorme inovação na matemática sem a qual não existiria a Ciência da Computação atual, com impacto também na Psicologia Evolutiva atual. Além disso, em 1984, Niels Kaj Jerne foi condecorado com o prêmio Nobel de medicina e fisiologia por sua pesquisa sobre o sistema imunológico, fortemente influenciada pelas ideias de Chomsky em teoria gramatical.

11. cf. http://news.mit.edu/1992/citation-0415

12. Nada tenho a dizer obre isso, pois o escopo deste livro é a visão chomskyana de língua/gramática; além de eu não ser especialista em teoria sociopolítica. Aliás, digo uma coisa importantíssima: as visões chomskyanas de linguagem e de política são independentes, havendo quem endosse efusivamente uma delas rejeitando veementemente a outra; e muitos têm opiniões fortes sobre uma, mantendo-se agnósticos em relação à outra.

morfofonologia, já se delineava uma concepção de organização da gramática como um todo: uma teoria geral da linguagem (baseada em *níveis de representação* e *regras de reescritura*), na qual se formulam teorias de gramáticas de línguas particulares. Em sua tese de doutorado, *Transformational analysis*, de 1955, Chomsky desenvolve a noção de *transformação* como um tipo de regra necessário para a construção de sentenças. Mais que isso, *transformação* seria um nível de análise gramatical, tal como fonologia, morfologia e estrutura sintagmática. Isso difere significativamente do que se entendia na época por 'transformação' segundo o próprio Harris (cf. Chomsky 1979: 119-124). Essa tese foi parte de um projeto maior no qual Chomsky se inseria, de 1951 a 1955, como membro do grupo *Harvard Society of Fellows*. O produto completo da pesquisa se materializou entre 1955 e 1956 na clássica e revolucionária obra *The logical structure of linguistic theory* (publicada *quase* integralmente apenas em 1975[13]): a pedra fundamental da GGT, lamentavelmente pouco lida. Ali estão muitos fundamentos da GGT, a maioria dos quais são válidos até hoje e são de crucial importância para se compreender a fase mais recente do paradigma chomskyano (i.e. o Programa Minimalista), que em parte bebeu na fonte das suas origens primeiras.

Na primeira década da GGT, Chomsky publicou obras de grande impacto nos estudos de lógica e ciência da computação (cf. n. 10): *Systems of syntactic analysis* (1953), *Logical syntax and semantics: their linguistic relevance* (1955), *Semantic considerations in grammar* (1955), *Three models for the description of language* (1956), *Finite state languages* (1958, coautor: G. Miller), *On certain formal properties of grammars* (1959), *A note on phrase structure grammars* (1959), *Some methodological remarks on generative grammar* (1961), *On the notion 'rule of grammar'* (1961), *A transformational*

---

13. Neste livro, citarei esta obra como Chomsky (1955a) fazendo referência à data do manuscrito para melhor situá-la no contexto histórico da GGT. Entretanto, permito-me a 'heresia' de remeter à paginação da versão publicada 20 anos depois (Chomsky 1975a), que é muito mais acessível, e cuja formatação é bem mais legível.

approach to syntax (1962), *Explanatory models in linguistics* (1962), *Context-free grammars and pushdown storage* (1962), *Formal properties of grammar* (1963), *The algebraic theory of context-free languages* (1963, coautor: M-P. Schützenberger), *Introduction to the formal analysis of natural languages* e *Finitary models of language users* (ambos de 1963, coautor: G. Miller). O impacto disso tudo na linguística não foi imediato, nem foi proporcional à envergadura das ideias ali propostas e sua relevância para a teoria gramatical. Foi a publicação do despretencioso livro *Syntactic structures*, em 1957, que alavancou o desenvolvimento da GGT enquanto abordagem frutífera dos estudos gramaticais. Aquele modelo se distinguia das abordagens de então pela explicitude de seu formalismo matemático *aplicado a uma base empírica complexa*[14]. Segundo esse formalismo, há sentenças formadas a partir de outras (proto)sentenças[15]. Além disso, parte da morfologia era incorporada à própria sintaxe, cujas regras combinavam raízes e flexões, num modelo integrado de morfossintaxe, prevendo uma morfofonolologia que lida com supleções, itens sincategoremáticos e alomorfias (cf. **§3.5**).

Em 1959, Chomsky publica sua resenha do livro *Verbal behavior* de B.F. Skinner (1957), demonstrando ponto a ponto os equívocos daquela empreitada científica. O impacto disso nos estudos de psicologia da linguagem humana foi enorme. Embora a teoria comportamentalista skinneriana não tenha acabado ali (mesmo a crítica chomskyana sendo suficientemente forte para gerar tal efeito), o fato é que aquela abordagem para a linguagem nunca vingou (cf. Chomsky 1982b: 16-18), crucialmente porque Chomsky demonstrou que ela era inviável conceitual e empiricamente (cf. Lemle 2001, para uma ótima explanação).

---

14. Chomsky não foi o primeiro a dar um tratamento matematicamente formalizado para gramáticas das línguas naturais. Yehoshua Bar-Hillel, seu contemporâneo e interlocutor, fazia isso a seu modo. Duas décadas antes, Kazimierz Ajdukievicz já havia formulado o primeiro modelo de *Gramática Categorial*. O relativo pioneirismo de Chomsky nesse sentido reside na amplitude e complexidade da base empírica investigada, para a época.

15. E.g. Gru adotou Agnes e Agnes foi adotada por Gru seriam geradas, via transformações, a partir de uma mesma *estrutura básica* comum (o chamado *kernel*, distinto da *estrutura profunda* proposta em 1965).

Ao fim da primeira década da GGT, a despeito de avanços importantes, poucos eram os pesquisadores dedicados a ela. Isso começou a mudar drasticamente no início da segunda década. Em 1964, Chomsky publica *Current issues in linguistic theory*, um clássico em que as principais premissas teórico-metodológicas da GGT são explicitadas. Em 1965, ele publica *Aspects of the theory of syntax*, em que, com base na obra anterior, o formalismo é revisado substancialmente. É somente aí que surgem os conceitos de Estrutura Profunda e Estrutura Superficial: duas estruturas sintáticas de uma mesma sentença. À primeira (que determina a semântica) aplicam-se transformações que geram a segunda (refletida na fonologia). Mantêm-se as *transformações singulares* e abandonam-se as *transformações generalizadas* (cf. §3.2), que seriam resgatadas três décadas depois. A partir daí, o encaixamento de sentenças dentro de sentenças[16] passa a ser tratado via regras sintagmáticas e não via transformações que fundem sentenças independentes. Nesse momento, questões sobre a realidade psicológica da linguagem (sobretudo relativas à aquisição de linguagem) passam a ocupar o centro das discussões, e a hipótese de uma *Gramática Universal* inata ganha força. No contexto desse modelo, Chomsky e o fonólogo Morris Halle publicam, em 1968, *The sound pattern of English*, que estabeleceu o ponto de referência ao qual toda a teorização fonológica até hoje se refere, seja para lapidar as ideias ali propostas, seja para contestá-las.

Consolidou-se aí a *Teoria Padrão*, que, reformulada num empreendimento coletivo[17], se verteu na *Teoria Padrão Estendida*. Outras obras-chave de Chomsky desse período são: *Cartesian linguistics* (1966), *Topics in the theory of generative grammar* (1966), *Recent contributions to the theory*

---

16. E.g. [$_S$ Erin sabe [$_S$ que Cassie disse [$_S$ que Janice mostrou [$_S$ que Karen provou [$_S$ que Anita mentiu]]]]]

17. São tantos os autores importantes que é impossível listá-los todos. Mas penso que seria injusto não destacar aqui o nome do sintaticista John Robert Ross, que 'movimentou' como ninguém a GGT nas décadas de 1960 e 1970, seja elaborando e corroborando as ideias de Chomsky, seja confrontando-as contundentemente. Acrescento ainda o nome do filósofo Jerry Fodor, que ergueu as bases conceituais sobre as quais se sustenta boa parte da visão chomskyana da relação entre linguagem e pensamento, e entre mente e cérebro.

of innate ideas (1967), *Some general properties of phonological rules* (1967), *Language and mind* (1968), *Remarks on nominalization* (1970), *Deep structure, surface structure and semantic interpretation* (1970), *Problems of knowledge and freedom* (1971), *Some empirical issues in the theory of transformational grammar* (1972), *Conditions on transformations* (1973), *In response to 'Deep language'* (1973), *Reflections on language* (1975), *Questions of form and interpretation* (1975), *Conditions on rules of grammar* (1976), *On the nature of language* (1976), *On WH movement* (1977), *Filters and control* (1977, coautor: H. Lasnik), *A remark on contraction* (1978, coautor: H. Lasnik), *Language and responsibility* (1979), *Rules and representations* (1980), e *On binding* (1980).

Em todo esse período da Teoria Padrão (Estendida), entre as muitas reformulações e disputas internas e externas, destacam-se muitos debates acirrados travados entre Chomsky e dissidentes (J.R. Ross, P. Postal, G. Lakoff e J. McCawley), proponentes da *Semântica Gerativa* (SG), que se opunham à visão chomskyana de uma semântica *interpretativa* que lê a Estrutura Profunda, produto da sintaxe gerativa. Para Chomsky, a sintaxe seria em larga medida autônoma e independente da semântica, que calcularia o significado de acordo com estruturas determinadas sintaticamente. Os proponentes da SG, por outro lado, defendiam que as estruturações semânticas tinham um impacto decisivo na sintaxe. Essa foi uma época de ouro em que os críticos de Chomsky eram ótimos descobridores de novos padrões e de contraexemplos para padrões previamente estabelecidos. A despeito de certas teimosias e farpas de ambos os lados, foi um período muito fértil da teoria gramatical (cf. Harris 1993). Ao fim, Chomsky demonstrou que a SG era insustentável como teoria geral da gramática. Ainda que o fato de os proponentes da SG terem abandonado o modelo não seja prova cabal disso, também é fato que eles não responderam às objeções de Chomsky[18]. Isso tampouco significa que Chomsky tenha vencido o deba-

---

18. Huck & Goldsmith (1995: 79-89) veem o fim da SG em termos sociológicos, fruto de fatores externos, como dispersão de grupo: tese contundentemente rebatida por Newmeyer (1996: 127-137).

te por completo. A versão específica de semântica interpretativa da Teoria Padrão Estendida também se mostrou inviável, motivando a proposta do nível de representação *Forma Lógica* no modelo seguinte (cf. §4.3, §4.4.3).

Ainda nesse período, houve o famoso debate sobre linguagem e aprendizagem entre Jean Piaget e Noam Chomsky, ocorrido na Abadia de Royaumont em 1975. Piaget defendia a posição de que aquisição de linguagem é apenas uma instância particular da nossa capacidade cognitiva geral de aprendizagem. Chomsky afirmou que Piaget não oferecia efetivamente teoria de aprendizagem alguma, e apresentou evidências empíricas e argumentos lógicos para a posição de que a aquisição de linguagem difere fundamentalmente de outros exemplos de reconhecimento de padrões, e que as crianças humanas possuem uma *Gramática Universal* inata que as guia na tarefa específica de internalizar uma língua. Esse debate contou com a participação de diversos intelectuais importantes (dentre os quais se destacaram os filósofos Jerry Fodor e Hilary Putnam, respectivamente favorável e desfavorável à posição chomskyana). Toda a discussão foi publicada em 1979 e 1980 (edições francesa e norte-americana, respectivamente) num volume editado pelo biólogo Massimo Piattelli-Palmarini, o organizador do evento. As contribuições de Chomsky (e de Fodor) naquele volume também são 'leitura obrigatória', pois muito do que se apresenta hoje como argumento contra ou a favor do inatismo gramatical já estava posto naquele debate sob alguma forma.

O marco da fase seguinte da obra chomskyana é seu livro *Lectures on government and binding* (1981), que é a culminação de reflexões desenvolvidas nos anos anteriores. Isso inaugurou o *Modelo de Princípios e Parâmetros* (P&P), apelidado de *Teoria de Regência e Ligação* (TRL) em referência àquela obra seminal. O modelo P&P foi motivado por questões relativas à necessidade de precisar os limites da variação e da invariância entre línguas particulares. Se a teoria geral da gramática for rígida ou flexível demais, prevê erroneamente que as línguas particulares não diferem nada entre si ou que elas podem ser ilimitadamente diferentes. Isso se relaciona à aquisição de linguagem. Quais mecanismos gramaticais são de fato inatos e quais não são? Além disso, o modelo P&P foi uma proposta de reorganizar as regras e os princípios da gramática, de modo que construções específicas (e.g. 'voz passiva', 'oração subordinada adjetiva restritiva', etc.) são vistas como efeitos colaterais da interação da aplicação de regras gerais de uma gramática composta de módulos interdependentes que interagem entre si, não havendo nada como a regra de construção de passiva, por exemplo.

Consolidou-se então uma nova abordagem para o significado. No modelo P&P, a Estrutura Profunda (uma interface com o léxico) codifica a parte básica do significado. Aspectos mais complexos são codificados num terceiro nível *sintático* (e não semântico): a Forma Lógica[19]. Obras-chave de Chomsky desse período são[20]: *Markedness and core grammar* (1981), *Principles and parameters in syntactic theory* (1981), *Some concepts and consequences of the theory of government and binding* (1982), *On the generative enterprise* (1982), *Modular approaches to the study of the mind* (1984), *Knowledge of language: its nature, origin and use* (1986), *Barriers* (1986), *Language and problems of knowledge* (1988), *On formalization and formal linguistics* (1990), *Some notes on economy of derivation and representation* (1991), *Linguistics and adjacent fields: a personal view* (1991), *Language and thought* (1993), e *The principles and parameters theory* (1993, coautor: H. Lasnik).

Em *A minimalist program for linguistic theory* (1993), Chomsky fez um balanço dos sucessos e fracassos da TRL, e concluiu que o saldo era positivo. No curto espaço da década anterior houve avanços sem precedentes no acúmulo de generalizações empíricas sobre padrões gramaticais universais e particulares. Avançou-se muito no desenvolvimento de um sistema formal

---

19. Saliento que a Forma Lógica é uma estrutura *sintática*, não uma estrutura semântica (cf. §4.3 e §4.4).

20. Evidentemente, também nessa fase a contribuição de diversos outros autores foi fundamental. Novamente, é impossível apresentar uma lista justa.

unificado para as diversas línguas. Mas o aparato técnico necessário para tal tarefa acabou 'inchado', e muitas supostas 'explicações' mais pareciam descrições moldadas numa metalinguagem com um excesso de ferramentas de natureza axiomática. Assim como houve o momento em que a Teoria Padrão precisou ser *estendida*, aquele era o momento de a TRL ser *reduzida*. Àquelas alturas, o modelo P&P previa, para toda sentença, quatro níveis de representação: Estrutura Profunda, Estrutura Superficial, Forma Fonética e Forma Lógica. Apenas os dois últimos são conceptualmente necessários, pois fazem interface com os sistemas de som e significado, imprescindíveis. Os dois primeiros são justificados apenas por assunções internas à teoria. É certo que toda expressão linguística (atômica ou complexa) é, no mínimo, uma conexão entre som e significado. Logo, qualquer teoria precisa, no mínimo, conceber, para cada sentença, uma estrutura legível pelos processos cognitivos que lidam com som, e outra legível pelos processos psicomotores que lidam com significado.

A aposta é que esse mínimo é o máximo. A gramática não teria níveis internos de estrutura, apenas os que fazem interface com sistemas extragramaticais (por hipótese: um para o som (ou gestos), outro para o significado). Nascia aí o Programa Minimalista (PM), cuja primeira encarnação completa foi o livro *The minimalist program* (1995). O objetivo era reter os ganhos da TRL, corrigindo seus problemas via um enxugamento do aparato formal, reduzindo-o ao mínimo necessário. Não se trata simplesmente de descartar a parte ruim e conservar a boa. É preciso *reformular* o todo, e, antes disso, diagnosticar adequadamente o que é necessário e o que é excessivo. O PM não é uma teoria ou um modelo. É um conjunto de diretrizes para se formular teorias/modelos mais genuinamente explicativos. Todas as condições de boa formação de estrutura se seguiriam ou de demandas das interfaces – tomadas como condições de legibilidade – ou de princípios de economia derivacional do 'sistema computacional' construtor de estrutura. A gramática só teria mecanismos *conceptualmente necessários* para construir, de forma ótima (i.e. com um mínimo de custo computacional), estruturas interpretáveis pelos sistemas de desempenho, o que propicia novas linhas de investigação a nível neurofisiológico e evolutivo.

Outras obras-chave desse período são: *Language and nature* (1995), *Bare phrase structure* (1995), *Some observations on economy in generative grammar* (1998), *Minimalist inquiries: the framework* (2000), *New horizons in the study of language and mind* (2000), *Derivation by phase* (2001), *The faculty of language: what is it, who has it, and how did it evolve?* (2002, coautores: M. Hauser e T. Fitch), *On nature and language* (2002), *Beyond explanatory adequacy* (2004), *Three factors in language design* (2005), *The evolution of the language faculty: clarifications and implications* (2005, coautores: T. Fitch e M. Hauser), *Of minds and language* (2007), *Approaching UG from below* (2007), *Biolinguistic explorations: design, development, evolution* (2007), *On phases* (2008), *Poverty of stimulus revisited* (2011, coautores: R. Berwick, P. Pietroski e B. Yankama), *Language and other cognitive systems: what is special about language?* (2011), *The science of language* (2012), *Poverty of the stimulus stands: why recent challenges fail* (2012, coautores R. Berwick e M. Piattelli-Palmarini) *Problems of projection* (2013), *The mystery of language evolution* (2014, coautores: M. Hauser, C. Yang, R. Berwick, I. Tattersall, M. Ryan, J, Wattumull e R. Lewontin), *Science, mind, and limits of understanding* (2014), *Some core contested concepts* (2015), *What kind of creatures are we?* (2015), e *Why only us: language and evolution* (2016, coautor: R. Berwick).

§2. O Olhar Chomskyano sobre os Fatos Gramaticais

§2.1. (IN)ACEITABILIDADE & (A)GRAMATICALIDADE

Tomemos os exemplos (1a) e (1b) abaixo. Ambos são arranjos admissíveis de *itens lexicais* (ILs) na 'nossa língua'. Cada IL é uma expressão linguística atômica (uma 'unidade saussureana' significante-significado)[1]. O arranjo (1a) é reconhecido e aceito pelos falantes como uma sentença da língua (uma expressão linguística complexa); enquanto (1b) não o é.

(1a) ✎✓ A fada despiu o robô no hangar.   (1b) ✎* Hangar robô fada o a no despiu.

Embora (1a) seja inusitado e inédito, é potencialmente dizível e compreensível num contexto apropriado. Sua forma é familiar, comum a várias sentenças que já dissemos ou escutamos, como A menina beijou o namorado no cinema. Indico tal *aceitabilidade* pelo símbolo '✎'. Logo, é natural supor que (1a) obedece às regras combinatórias da gramática da língua, sendo portanto *gramatical*. Indico essa suposta *gramaticalidade* por '✓'.

---

[1] Dado que o *léxico* é, *grosso modo*, o *vocabulário* da 'língua', cada IL seria um *vocábulo*. Por ora, restringindo-nos à sintaxe, tomemos IL como equivalente a *palavra*, ainda que, a rigor, palavras não sejam unidades atômicas, mas combinações complexas de morfemas (e.g. **desp-i-u**), estes sim itens lexicais (signos).

Em contraste, (1b) nos parece apenas uma sequência aleatória de ILs que não é dizível e/ou compreensível em contexto algum. Indico tal *inaceitabilidade* por '☞'. Isso naturalmente nos faz supor que (1b) não é um produto possível das regras combinatórias da gramática. Indica-se essa suposta *agramaticalidade* por '*'. É crucial distinguir entre *(in)aceitabilidade* e *(a)gramaticalidade* (cf. Chomsky 1965: 10-15). A primeira é fruto de uma reação concreta e observável do falante-ouvinte a um arranjo particular de ILs, logo: um dado factual bruto. A segunda é uma conclusão a que o linguista chega a partir de juízos de aceitabilidade somados a outros aspectos teórico-analítico-metodológicos, que o levam a inferir que as regras da gramática são tais que legitimam certos arranjos e não outros, num plano mais abstrato que aquele do uso efetivo da língua, que é influenciado por fatores extragramaticais, como memória, atenção, expectativa, etc. Logo, (a)gramaticalidade é um construto teórico, que, como tal, é sujeito a questionamento (por isso eu falei acima em *suposta* (a)gramaticalidade). Mas não é um 'mero chute'. É sempre uma hipótese testável e testada, obtida por comparação entre vários dados. A rigor, não há juízo de (a)gramaticalidade, apenas juízo de (in)aceitabilidade.

A partir de casos simples como (1), é tentador pensar que todo arranjo aceitável é aceitável por ser gramatical, i.e. todo arranjo gramatical seria necessariamente aceitável. Inversamente, todo arranjo inaceitável só seria inaceitável por ser agramatical, i.e. tudo que é agramatical seria inaceitável. Mas a realidade é mais complexa. A seguir, adoto a convenção acima quanto ao uso dos símbolos '☺, ☞, ✓, *'; sendo a omissão do símbolo de (in)aceitabilidade um indicativo de que o dado é aceitável, enquanto a omissão do símbolo de (a)gramaticalidade indica que o dado é gramatical[2]. A

---

2. Na literatura técnica, encontramos tipicamente '*' para os exemplos 'ruins', ausência de marcação para os 'bons', e '?' para os casos duvidosos. Infelizmente, não há consistência total entre os autores quanto a essa indicação de 'bom ou ruim' se referir a (in)aceitabilidade ou (a)gramaticalidade. Nos primeiros textos, Chomsky não usava marcação alguma e explicitava o estatuto de (in)aceitabilidade/(a)gramaticalidade no corpo do texto.

concepção de (in)aceitabilidade e (a)gramaticalidade em termos binários ('tudo ou nada') é antes uma opção metodológica (justificável, mas não necessária nem inquestionável) que uma premissa dogmática da GGT. Ambas as dimensões podem ser tidas como graduais/escalares, o que não viola as premissas da GGT, ao contrário do que muitos pensam[3]. Chomsky (1965: 11) defendia que "[t]al como a aceitabilidade, a gramaticalidade é, sem dúvida, uma questão de grau [...], mas as escalas de gramaticalidade e aceitabilidade não coincidem. A gramaticalidade é só um de muitos fatores que interagem para determinar a aceitabilidade". Inicio a discussão pelos famosos exemplos abaixo (cf. Chomsky 1955a: 94-95, 145, 1956: 116, 1957: 15, 1961a: 224, 230, 1965: 149)[4].

(2a) ☞✓Ideias verdes incolores dormem furiosamente. (*Colorless green ideas sleep furiously*)

(2b) ☞*Furiosamente verdes dormem incolores ideias.

---

3. As origens da ideia de *graus de gramaticalidade* estão em Chomsky (1955a: 129-155; 1957: cap 5, n. 2, 7; 1961a: 233-239; 1962b: 178; 1965: 148-153). Com o tempo, Chomsky mostrou-se mais agnóstico quanto a isso, formulando análises em termos de (a)gramaticalidade binária por *default*, sem descartar explicitamente o inverso. O tema divide opiniões entre os praticantes da GGT, mas a maioria tem concebido o sistema em termos de (a)gramaticalidade binária, seja por opção metodológica (deixando aberta a possibilidade da gradualidade), seja por convicção. Há propostas recentes de implementação concreta de um modelo de gramática em que a (a)gramaticalidade é gradual (e.g. Hayes 2000). Em contraste, Hornstein (2015d) frisa que, embora a (a)gramaticalidade gradual seja uma possibilidade a ser considerada, ela não se segue logicamente da gradualidade da (in)aceitabilidade. Pode-se ter (a)gramaticalidade binária, sendo a (in)aceitabilidade gradual por motivos de desempenho. Segundo ele, ainda não há evidências robustas para (a)gramaticalidade gradual.

4. Esse dado é menos original do que se costuma pensar. Em 1953, Lucien Tesnière já havia inventado Le silence vertébral indispose la voile licite (= O silêncio vertebral incomodou a vela lícita) para argumentar a favor da autonomia da sintaxe em relação à semântica e à morfologia. Antes, em 1940, Bertrand Russel inventara Quadruplicity drinks procrastination (= A quadruplicidade bebe a procrastinação). Em 1925 e 1953, respectivamente, já haviam sido criados os jogos *Cadavre Exquis* e *Mad Libs*, através dos quais várias 'sentenças *nonsense*' podem ser geradas para fins lúdicos.

Diante da flagrante estranheza de (2a), a reação mais comum é tomá-lo como inaceitável[5]; e ficamos tentados a considerá-lo agramatical. Na comparação, percebemos que (2b) é ainda mais estranho. O contraste fica mais claro se comparamos os pares em (2) e em (3). Fica evidente que ambos os pares instanciam os mesmos padrões (i) Nome^Adjetivo^Adjetivo^Verbo^Advérbio e (ii) Advérbio^Adjetivo^Verbo^Adjetivo^Nome.

(3a) ✎✓Atletas profissionais desempregados sofrem intensamente.

(3b) ☜* Intensamente profissonais sofrem desempregados atletas.

Ou seja, (3a) seria uma sentença totalmente bem-formada. (2b) e (3b) seriam sintaticamente malformadas, logo *não sentenças*. (2a) seria tão sintaticamente bem-formada quanto (3a), por serem idênticas nesse nível, mas seria *nonsense*, aparentemente violando algum princípio semântico[6]. Os julgamentos de (in)aceitabilidade sobre o par em (3) são robustos, similarmente a (1). Quanto ao par em (2), alguns rejeitam categoricamente (2a), tanto quanto (1b). Outros, embora vejam certa estranheza em (2a), percebem algo muito 'familiar/regular' em sua forma, e aceitam-no, mesmo sem compará-lo a (2b) ou (3a). Os primeiros falantes levam mais em conta o significado para julgar (2a). Os do segundo grupo julgam (2a) mais pela sintaxe. Crucialmente, os do primeiro grupo, mesmo rejeitando (2a), reconhecem um contraste claro entre (2a) e (2b), bem como os paralelos entre (2a) e (3a), e entre (2b) e (3b).

---

5. Chomsky (1957: cap 2) não o rotulava como inaceitável, mas como *nonsense*. Chomsky (1965: cap 4) o classifica entre as expressões com grau baixo de agramaticalidade (cf. n. 15). Comento isso em §4.5 adiante.

6. Jakobson (1959) afirma que (2a) não seria *nonsense*, desde que vários de seus ILs sejam tomados metaforicamente. Exemplos concretos disso estão nos poemas *Colorless Green Ideas Sleep Furiously*, de Dell Hymes, e *Coiled Alizarine*, de John Hollander. Isso, no entanto, em nada afeta o argumento original. Chomsky (1957: 16) antecipou essa crítica, observando que a constatação de que (2a) tem o potencial de ser utilizável num contexto extraordinário não se estende para (2b), o que só evidencia o paralelo entre (2a)/(2b) e (3a)/(3b). Em Chomsky (1961a: 230-235), esse ponto é elaborado em detalhe, numa resposta direta a Jakobson (1959).

A (in)aceitabilidade de (2a) varia conforme o falante e as circunstân-cias[7]. O que diz a GGT sobre isso? E quanto à (a)gramaticalidade, como classificar (2a)? É comum rotularem-no de 'inaceitável e gramatical'. Mas isso depende do nosso olhar teórico sobre a reação de estranheza do falan-te, ainda que ela fosse invariável. Numa visão possível, seria gramatical ape-nas um dado linguístico 'perfeito': totalmente bem-formado em todos os planos (lexical, fonológico, morfológico, sintático, semântico). Assim, pa-rece coerente classificar (2a) como agramatical. Alternativamente, pode-se conceber um dado como gramatical ou agramatical a depender do que se analisa. Por exemplo, se um estrangeiro pronuncia (1a) com sotaque forte, violando regras fonológicas da língua, estaria produzindo algo agramatical naquele plano[8], porém gramatical nos outros. Vista dessa forma, a noção de (a)gramaticalidade seria relativa ao plano em questão (lexical, fonológico, morfológico, sintático, semântico). Consequentemente, (2a) seria gramati-cal em todos os aspectos, exceto o semântico (elaborarei sobre isso adian-te). Sob essa ótica, a gradualidade da (a)gramaticalidade seria inevitável[9].

Essa relativização se coloca de modo ainda mais acentuado para a (in)aceitabilidade. Segundo Chomsky (1957: 92), "[o] processo de 'compreen-der uma sentença' pode ser explicado, em parte, utilizando-se a noção de nível linguístico". Conforme a sensibilidade do falante-ouvinte para cada plano de estrutura gramatical no processamento de um enunciado em

---

7. A confiabilidade dos juízos de aceitabilidade depende do método com o qual os coleta-mos (cf. §2.4).

8. Ainda que eventualmente sejamos capazes de compreendê-lo, devido a um processo mental de 'traduzir aquilo para a nossa gramática com base em pistas contextuais', o que pode ser mais fácil, mais difícil, ou impossível.

9. Essa não é a única maneira de se conceber gramaticalidade em termos graduais. Mesmo restringindo-nos à sintaxe, poderíamos ou não, a depender do referencial teórico, falar em graus de gramaticalidade entre (i) <u>Ele abriu a caixa vermelha</u>; (ii) <u>Ele abriu a vermelha caixa</u>; e (iii) <u>Vermelha ele caixa a abriu</u>; conforme o número e o tipo de regras sintáticas violadas/obedecidas. Pode-se, ainda, conceber regras gramaticais como estabelecendo uma escala de opções melhores ou piores para combinações de partes menores em maiores. *Grosso modo*, seria como se certos tipos de combinações obtivessem da gramática 'nota 9,5' ou 'nota 3,5' (cf. n. 15).

tempo real, (2a) pode ser aceitável ou não. É evidente que o grau de aceitabilidade reflete em grande medida o grau de gramaticalidade. Tendemos a aceitar o que é gramatical e a rejeitar o que não é. Aquilo que segue padrões que usamos em nossa comunicação diária tende a nos parecer mais familiar; e o que não os segue nos seria mais estranho[10]. Mas isso não é tudo. Como acabamos de ver, a nossa percepção e consciência metalinguística pode não acessar todos os componentes da gramática de modo uniforme. Além disso, há outros fatores sutis e intrincados. Comecemos pelos mais simples. Observe os dados em (4).

(4a) ☝✓A capital do Brasil é Curitiba.

(4b) ☝✓Eu moro em Curitiba.

(4c) ☝✓Max mora na melhor cidade da América do Sul.

(4d) ☝✓O Lobo Mau atacou as casas dos Três Porquinhos.

Claramente, (4a) veicula uma infomação falsa. Mas a gramática é indiferente a isso. Temos aí algo gramaticalmente bem-formado e totalmente aceitável enquanto sentença da língua, ainda que isso não nos informe acuradamente sobre o mundo em que vivemos. Se aceitabilidade e gramaticalidade dependessem do vínculo com a verdade, discursos ficcionais seriam impossíveis (ou seriam não linguísticos). A linguagem permite mentir, criar ficção, ou veicular informação falsa por engano. A propósito, a sentença (4b) é verdadeira? Depende de quem a enuncia, e em que circunstâncias. Se *eu* digo isso *hoje*, digo a verdade. Se eu dissesse isso em 1989, seria uma inverdade. Dito por várias pessoas mundo afora, isso não é nem nunca foi verdadeiro. Logo, sentenças, elas mesmas, não são verdadeiras

---

10. Pondo-se de lado 'expressões congeladas', memorizadas como um todo, reconhecidamente não produtivas, como: <u>O amor que tu me tinhas era pouco e se acabou</u>; <u>Fi-lo porque qui-lo</u>; e <u>Filho de peixe peixinho é</u>.

nem falsas[11]. O que é verdadeiro ou falso é um enunciado particular de uma sentença relativamente ao contexto da enunciação (quem fala, para quem se fala, quando e onde se fala, etc.). Que tal (4c)? Considerando que <u>Max</u> se refere a este autor que lhes fala, *eu* considero isso verdadeiro. Muitos discordam dessa minha impressão subjetiva e consideram que a melhor cidade da América do Sul é outra, o que tornaria (4c) falso. Há verdades que são relativas. Por fim, considere (4d). Não hesitamos em tomar isso como verdade, embora isso seja mais fantasioso que (4a). No mundo em que vivemos, não há lobos falantes nem porcos construtores de casas. E daí? Os enunciados não são interpretados em relação ao 'mundo real', que majoritariamente desconhecemos, mas sim em relação a um 'mundo possível' (cf. Borges Neto 2007), seja ele uma fantasia em que optamos por acreditar para apreciar a arte, seja ele algo que – acertando ou errando – acreditamos corresponder fielmente ao 'mundo real', embora nunca possamos ter total certeza (conforme nos ensina o *Mito da Caverna* de Platão).

Por que gasto tanto papel e tinta com truísmos sobre a inexistência de relação entre gramática e verdade?[12] Na medida em que a (a)gramaticalidade é estabelecida *parcialmente* a partir de juízos de (in)aceitabilidade, é preciso, ao coletar tais juízos, certificar-se de que o falante não rejeita certos

---

11. Num futuro hipotético, um enunciado de (4a) poderia ser verdadeiro. Trocando-se <u>Curitiba</u> por <u>Rio de Janeiro</u> ou <u>Salvador</u>, temos enunciados que são falsos hoje, mas que já foram verdadeiros em épocas passadas.

12. O fato de a boa formação semântica de um enunciado de uma sentença não depender da verdade do conteúdo proposicional ali expresso não é incompatível com a amplamente aceita assunção de Tarski (1944, 1956) de que conhecer o significado de (um enunciado de) uma sentença é conhecer as suas *condições de verdade*. Um enunciado da sentença declarativa <u>Lola corre</u> é verdadeiro se e somente se Lola corre, e falso em contrário. O enunciado de <u>Lola corre</u> é uma asserção de que as suas condições de verdade estão sendo satisfeitas. As sentenças interrogativas são menos triviais. Por ora, é suficiente dizer que em <u>Lola corre?</u> temos uma solicitação ao interlocutor para que ele informe se tais condições de verdade estão sendo satisfeitas ou não. Em <u>Quem corre?</u>, temos a pressuposição de que é verdadeiro que alguém corre, e a solicitação pela informação acerca da identidade dessa pessoa. Quando se enuncia a sentença imperativa <u>Corra, Lola, corra!</u>, tem-se um apelo para que Lola faça o necessário para que as condições de verdade de <u>Lola corre</u> passem a ser satisfeitas.

dados por motivos dessa ordem, já que muitas vezes submetemos ao julgamento dos falantes exemplos complexos que veiculam informações fantasiosas, que só são plausíveis em contextos extraordinários. É preciso ter um método de coleta capaz de minimizar 'falsos positivos' e 'falsos negativos', como veremos adiante (cf. §2.4). No limite, isso se aplicaria também a (2a), que, como já apontara Jakobson (1959: 495), pode ser visto como uma sentença semanticamente bem-formada *independentemente de qualquer metáfora*. Sob essa ótica, (2a) seria tão somente falsa, se interpretada de acordo com o nosso mundo de referência ordinário (cf. Chomsky (1964: 7-8, n. 2) para uma posição contrária).

Vejamos agora casos mais interessantes, e que ajudam a entender a afirmação de Chomsky (1957: 15) de que "qualquer procura por uma definição de 'gramaticalidade' baseada em noções semânticas será fútil". Os exemplos abaixo estão marcados com '??', sinalizando uma dúvida inicial dupla com respeito à (in)aceitabilidade e à (a)gramaticalidade.

(5a) ?? A menina comeu uma pizza amanhã.

(5b) ?? A menina comeu um helicóptero na cozinha.

(5c) ?? A menina sorriu um helicóptero na cozinha.

(5d) ?? O constrangimento sorriu um helicóptero amanhã.

(5e) ?? A tova gimblou o borogovo no wabe.

(5f) ?? Wabe tova borogovo o a no gimblou.

À primeira vista, (5a) parece ser sintaticamente bem-formado (estruturalmente, é análogo a (1a)), mas semanticamente malformado. Teria (5a), então, o mesmo estatuto de (2a)? Sua aparente anomalia semântica residiria numa incompatibilidade entre o ato de comer ter ocorrido no passado (como indica a flexão verbal) e no futuro (como indica o advérbio ama-nhã). Embora seja possível formular uma teoria semântica que atribua a (5a) o estatuto de malformado nesse plano, isso parece desnecessário e, no limite, até problemático. O que há de ilógico em se conceber um evento ocorrido no passado, mais precisamente num ponto específico do passado situado após o presente? O absurdo disso não reside na (falta de) lógica, mas no fato de que, no mundo em que vivemos, o tempo é linear, e um evento não pode se situar antes e depois do presente. Por que a semântica deveria se restringir aos limites desse nosso mundo (tal como o percebemos)? E se enunciarmos (5a) numa história de ficção científica em que a menina acabou de retornar de uma viagem no tempo, na qual ela viajou para o futuro, comeu uma pizza, e retornou ao presente? Portanto, há bons motivos para considerarmos que (5a) é semanticamente bem-estruturado, embora necessite de condições de enunciação extraordinárias para ser discursivamente eficaz.

E quanto a (5b)? Por mais absurdo que seja uma pessoa comer um helicóptero, nada nos impede de veicular essa ideia fantasiosa através de (5b), sobretudo num conto de ficção no qual a menina é uma gigante de outro mundo, ou no qual o helicóptero foi triturado e a menina o comeu aos pedacinhos, demoradamente[13]. Novamente, temos algo semanticamente normal, mas que só cabe num discurso instanciado num contexto anormal. E que tal (5c)? Sua estrutura sintática parece ser análoga à de (5a), de (5b), e, crucialmente, de (1a). E quanto ao significado? Há um contraste entre (5b) e (5c). O significado do verbo transitivo <u>comeu</u> pressupõe a existência de algo a ser comido (uma pizza, um helicóptero, etc.), o que força a existência, na sintaxe, de um objeto direto. Por outro lado, <u>sorriu</u> é intransitivo, não comportando ser combinado com um objeto. Logo, há uma anomalia séria em (5c). Se ela é sintática ou semântica, isso depende da ontologia das relações entre predicadores e seus argumentos (que determinam, entre outras coisas, a transitividade de verbos). No quadro

---

13. É irrelevante que <u>helicóptero</u> possa ser o apelido de uma comida, ou se referir a um doce em forma de mini-helicóptero. Isso nos remeteria a um ponto já resolvido acima (cf. n. 6). A propósito, embora a estranheza pragmática de (5b) seja inegável, é importante notar que (1a) também não é nada trivial nesse aspecto.

da GGT, concebe-se essa relação como sendo sintaticamente representada via *papéis temáticos*[14]. Mesmo assim, temos razões para afirmar que (5c) é agramatical, diferentemente de (5a) e (5b)[15]. Uma versão aparentemente mais extrema dessa anomalia seria (5d), em que o sujeito de sorriu não se refere a um ente capaz de sorrir, além da coexistência entre amanhã e um verbo no passado. Porém, esses problemas são da mesma ordem daqueles em (5a) e (5b). Logo, (5d) seria apenas tão agramatical quanto (5c), embora seja bem mais inaceitável.

O dado (5e) é claramente *nonsense*. Seria ele, pois, semanticamente malformado? Sua estrutura gramatical é construída toda a partir de elementos que majoritariamente não são ILs da 'língua'[16]. Logo, não há significados das partes a partir dos quais se possa construir o significado do todo. Interessantemente, a despeito da anomalia no plano lexical e consequente nulidade semântica, temos uma estrutura bem-formada nos planos fonológico, morfológico e sintático. Aliás, mesmo desconhecendo os significados de tova, borogovo, wabe e gimblar (que sabemos serem três nomes e um verbo, respectivamente, a partir das dicas da estrutura morfossintática), não hesitamos em tomar o significado de (5e) como a asserção de que houve no passado um ato de 'gimblação' praticado pela tova, afetando o borogovo, tendo isso ocorrido no wabe. Como se pode 'saber' uma porção do significado do todo mesmo sendo as raízes nominais e verbais sem significado?

---

14. A subparte da GGT (desenvolvida a partir de Chomsky (1981a: 34-48)) que trata disso é a *Teoria Temática* (cf. §4.4.2, adiante). No resto desta seção, simplifico bastante as questões relativas a papéis temáticos, ignorando exemplos e potenciais contraexemplos que seriam relevantes, bem como outros papéis temáticos como *experienciador* e *tema*. Para um aprofundamento, cf. Williams (1994) e Pietroski (2005).

15. Antes do surgimento da Teoria Temática (cf. n. 14), o contraste entre (5b) e (5c) era concebido em termos de graus de agramaticalidade, tal que (5b) viola requerimentos (hierarquicamente mais baixos) de *seleção lexical*, enquanto (5c) viola requerimentos (hierarquicamente mais altos) de *subcategorização* (cf. Chomsky 1965: 75-79, 148-153), ambos operando na interface entre léxico e sintaxe (cf. §4.5).

16. Esse tipo de exemplo, utilizado em psicolinguística experimental, é nomeado de *Jabberwocky*, a partir do poema homônimo de Lewis Carroll, incluso no romance *Through the Looking Glass, and What Alice Found There*.

Segundo a GGT, isso decorre do fato de os *papéis temáticos* (*grosso modo*, relações como *agente* e *paciente* de um *evento*) serem codificados sintaticamente (cf. §4.2.2). Se tais relações fossem codificadas lexicalmente, não teríamos como prever que é impossível interpretar (5e) tomando-se a tova como paciente e o borogovo como agente. Por fim, (5f) é indubitavelmente inaceitável e agramatical, menos por ser construído a partir dos mesmos 'ingredientes estranhos' de (5e), e mais por claramente ferir as regras sintáticas familiares da 'língua'. Tal contraste é análogo ao que vimos acima entre (2a) e (2b) e entre (3a) e (3b).

Como se vê, as noções de (in)aceitabilidade e (a)gramaticalidade não são triviais, mas é possível distingui-las. Agora, deixemos de lado as estranhezas semântico-pragmáticas e apreciemos agora estranhezas puramente sintáticas em exemplos nos quais entendemos muito bem *o que se quer dizer* e que não pode ser dito da *forma* como está colocado.

(6a) ✍✓ Léo alertou você [que Zé espionava Cris].

(6b) ✍✓ Quem$_x$ (que) Léo alertou você [que Zé espionava Ø$_x$] ?

(7a) ✍✓ Léo alertou você [enquanto Zé espionava Cris].

(7b) ☞* Quem$_x$ (que) Léo alertou você [enquanto Zé espionava Ø$_x$] ?

Em (6a) temos a sentença subordinada <u>que Zé espionava Cris</u> como o segundo objeto do verbo <u>alertou</u>. A aceitabilidade de (6b) indica que o objeto do verbo dessa subordinada pode ser realizado como um pronome interrogativo deslocado de sua posição canônica para o início da sentença principal. (7a) se parece muito com (6a). Porém, em (7a), a sentença subordinada não é objeto de <u>alertou</u> – cujo segundo objeto direto, nesse caso, é subentendido: i.e. o interlocutor foi alertado 'sobre alguma coisa'. <u>[E]nquanto Zé espionava Cris</u> é uma subordinada na função de adjunto de <u>alertou</u>, e expressa circunstância de tempo. Espera-se que o deslocamento do objeto de <u>espionava</u> seja possível também em (7b), tal como é em (6b). Surpreendentemente, não é. (7b) é claramente inaceitável. Dada a semelhança aparente com (6b), pode-se pensar que, sintaticamente, não há nada de agramatical em (7b), que seria inaceitável por algum motivo ainda a ser identificado. De acordo com as análises da GGT, (7b) é agramatical, diferentemente de (6b), posto se tratarem de dois tipos distintos de subordinação, e as regras sobre o deslocamento de elementos interrogativos serem sensíveis a tal diferença. Evidentemente, isso não é óbvio e demanda uma argumentação mais detalhada (cf. **§2.6, §5.5, §5.6**). Por ora, note que, de um ponto de vista estritamente semântico, não há diferença relevante entre (6b) e (7b): uma corresponde a "Eu solicito que você me revele a identidade da pessoa *x*, tal que Léo alertou você que Zé espionava *x*"; a outra corresponde a "Eu solicito que você me revele a identidade da pessoa *x*, tal que Léo alertou você enquanto Zé espionava *x*". Acima, vimos dados semanticamente estranhos, mas sintaticamente perfeitos. Agora, vemos que (7b) é semanticamente irretocável, mas mesmo assim é inaceitável. Por quê? Não havendo má-formação nos planos lexical, fonológico e morfológico, resta-nos capitalizar na diferença sintática entre as subordinadas (uma complemento do verbo, outra seu adjunto), e buscar aí uma explicação para o contraste de gramaticalidade. Esclareço isso adiante (cf. **§2.2, §2.6**). Consideremos agora o par em (8):

(8a) ✎✓O rato que o gato que o cão que o homem adestrou mordeu perseguiu comeu o queijo.
(8b) ✎✓O homem adestrou o cão que mordeu o gato que perseguiu o rato que comeu o queijo.

De saída, (8a) soa incompreensível, com uma sintaxe nada corriqueira (quatro verbos principais em sequência!). Sem dúvida, (8a) é inaceitável. Mas é gramatical? Voltarei a esse ponto. Por sua vez, (8b) é facilmente interpretável e soa familiar, apesar de ser mais longa que o habitual (por suas múltiplas subordinações). Comparando atentamente as duas, percebemos que (8a) 'pretende dizer' algo próximo de (8b), e que também é formada por múltiplas sentenças subordinadas (do mesmo tipo: adjunto adnominal) recursivamente encaixadas dentro de um 'grupo nominal'. A diferença básica entre (8a) e (8b) é que o fato de as múltiplas subordinadas estarem no sujeito ou no objeto. Será que as regras sintáticas proíbem uma coisa e permitem a outra? De acordo com as análises da GGT, ambas seriam gramaticais, mas (8a) seria inaceitável por motivos *extragramaticais* (cf. van der Hulst 2010b: xxiv-xxxiv).

O ônus da prova recai sobre os chomskyanos, que afirmam a gramaticalidade de (8a) a despeito de sua flagrante inaceitabilidade. Por ora, simplesmente chamo atenção para o fato de que, no âmbito da sintaxe, qualquer tentativa de permitir as múltiplas subordinações dentro do objeto e proibi--las dentro do sujeito não é nada trivial. Tomemos o 'grupo nominal' isolado [**a aluna**]. Nada impede que se encaixe nele uma subordinada, como em (i) [**a aluna** [**que elogiou o professor**]] ou em (ii) [**a aluna** [**que o professor elogiou**]]. Ambas as estruturas derivadas podem ser sujeito de uma sentença maior, como (iii) <u>A aluna que elogiou o professor leu o livro</u> ou (iv) <u>A aluna que o professor elogiou leu o livro</u>. Em (iii), o sujeito contém uma subordinada dentro da qual há um objeto que se qualifica como um 'grupo nominal' em princípio elegível para ser submetido à mesma regra de encaixe/adjunção de uma nova subordinada (e.g. [**a aluna** [**que elogiou o professor** [**que (...)**]]]). Em (iv), há essencialmente o mesmo, diferindo quanto ao fato de que, dentro da subordinada encaixada/adjungida ao sujeito da sentença principal, o grupo nominal elegível para hospedar uma nova subordinada é um outro sujeito. Em suma, tudo indica que qualquer 'grupo nominal', independentemente de sua função sintática, pode hospedar uma subordinada desse tipo.

Embora não possamos dogmaticamente descartar qualquer tentativa de formular uma teoria que preveja um contraste de (a)gramaticalidade entre (8a) e (8b), vemos, de saída, o quão complexa essa sintaxe teria de ser. As análises de GGT, ao atribuírem a inaceitabilidade de (8a) a algo extragramatical, capitalizam na distinção entre *competência* e *desempenho*, a qual, como veremos em breve (cf. **§2.2**), não é um mero apelo a uma noção forjada *ad hoc* para 'tapar o buraco' daquilo que não se conseguiu explicar. Ao contrário, é a solução mais simples e eficaz possível, baseada numa distinção inexoravelmente inerente a todo empreendimento científico genuíno.

Passemos agora aos dados do inglês em (9) (cf. Fults & Phillips 2004, Wellwood et al. 2015, e obras lá referenciadas):

(9a)👌* More people have been to Russia than I have.
 mais pessoas tinham ido à Rússia do-que eu tinha
(9b)👎* More people have been to Russia than I have been to Rússia.
 mais pessoas tinham ido à Rússia do-que eu tinha ido à Rússia

Sistematicamente, os falantes aceitam (9a). Seria esse dado gramatical? Segundo as análises da GGT, não. A expressão descontínua <u>more N [...] than [...]</u> (*mais N [...] do que [...]*) pede a presença de dois conjuntos 'do mesmo tipo' para compará-los quanto ao número de membros de cada um. Se, em vez de (9a), tivéssemos <u>More people have been to Russia than dogs have</u> (aceitável e, ao que tudo indica, gramatical), a comparação se dá entre número de pessoas que foram à Rússia e o número de cachorros que também foram à Rússia. Não temos isso em (9a). De um lado, teríamos o conjunto de pessoas que foram à Rússia; do outro, teríamos o conjunto de eventos em que o enunciador teria ido à Rússia (expresso por <u>I have</u>). Trata-se, pois, de uma comparação entre incomensuráveis, o que fica evidente quando analisamos (9b), claramente inaceitável (e, ao que tudo indica, agramatical, pelo motivo ora exposto)[17]. Aparentemente, haveria uma relação entre (9a) e (9b), semelhante ao que temos entre (i) <u>They have been to Russia more than I have</u>, e (ii) <u>They have been to Russia more than I have been to Russia</u>; em que (i) é analisável como uma versão de (ii) sobre a qual teria sido aplicada uma regra *opcional* de elipse do material que se segue o verbo auxiliar <u>have</u>[18].

---

17. Nessas comparações, os sujeitos de ambas as cláusulas devem ser *nominais plurais nus* (i.e. nomes sem artigos e afins). A sequência <u>More people have been to Russia than (*the) dogs have</u> é agramatical com o artigo e gramatical sem ele (cf. Wellwood et al. 2015: §1.1). O pronome <u>I</u> em (9a) não é um nominal plural nu.
18. *Grosso modo*, os equivalentes em português de (i) e (ii) são, respectivamente, <u>Eles foram à Rússia mais do que eu</u>, e <u>Eles foram à Rússia mais do que eu fui à Rússia</u>.

A existência de pares como (i) e (ii) aparentemente contribui para a ilusão de que o mesmo ocorreria entre (9a) e (9b), que pareceriam ser ambas gramaticais. Se o dado (9a) fosse gramatical, seu significado seria algo como "O número de pessoas que foram à Rússia é maior do que o número de vezes em que eu fui à Rússia". Porém, os mesmos falantes que aceitam (9a) quando solicitados a julgá-lo à queima-roupa admitem não o interpretar dessa forma. Mais que isso, admitem não conseguir atribuir significado algum a (9a), o que corrobora a ideia de que <u>more N [...] than [...]</u> deve comparar o 'tamanho' de conjuntos *do mesmo tipo*. Vemos, então, em (9a), o exato oposto do que vimos em (8a). Enquanto (8a) é inaceitável e gramatical, (9a) é aceitável e agramatical. Em ambos os casos, (in)aceitabilidade e (a)gramaticalidade não coincidem de estar ambas no mesmo polo (positivo ou negativo), devido a uma *ilusão de (a)gramaticalidade*, induzida por fatores extragramaticais operantes na percepção e no processamento, em tempo real, da linguagem. Fenômenos semelhantes abundam em outros domínios da cognição, como no famoso exemplo de ilusão de ótica em (10). Dois segmentos reta com igual comprimento são percebidos como tendo comprimentos diferentes devido à presença das setas nas extremidades, apontando para dentro ou para fora. E a ilusão se mantém mesmo após efetuarmos as devidas medições (cf. Fodor 1984: 32-34, 40).

(10)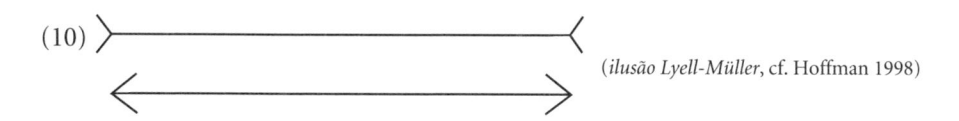

(*ilusão Lyell-Müller*, cf. Hoffman 1998)

Por fim, vejamos um último tipo de não paralelismo entre (in)aceitabilidade e (a)gramaticalidade, denominado *efeito de melhoramento* (cf. Bolinger 1978, Kayne 1983).

(11a)👌✓Akemi guardou os brinquedos na gaveta.
(11b)👌✓Quem$_x$ (que) Ø$_x$ guardou o quê$_y$ na gaveta?
(11c)👎*O que$_y$ (que) quem$_x$ guardou Ø$_y$ na gaveta?
(11d)??O que$_y$ (que) quem$_x$ guardou Ø$_y$ onde$_z$?

Não há controvérsia quanto a (11a) ser aceitável e gramatical. O mesmo vale para (11b), em que, havendo dois pronomes interrogativos em princípio deslocáveis para o início da pergunta, aquele que efetivamente se desloca é o sujeito do verbo, não o objeto (cf. **§3.5, §3.7**). (11c) não é aceita pelos falantes, a despeito de o sentido pretendido ser claro (essencialmente o mesmo de (11b)). De acordo com as análises da GGT, (11c) seria agramatical por violar um requerimento de localidade de deslocamento, segundo o qual, havendo dois candidatos equivalentes a serem deslocados, o que de fato pode ser deslocado é aquele cuja posição de partida é mais próxima da posição de chegada (cf. Chomsky 1973a, Rizzi 1990). Surpreendentemente, para muitos falantes – não todos – (11d) é mais aceitável que (11c), embora ambos apresentem a mesma violação do requerimento de localidade, com o objeto se deslocando para o início, 'passando por cima' do sujeito[19]. Ao que tudo indica, esse efeito de melhoramento é desencadeado pela presença de um terceiro pronome interrogativo, <u>onde</u>, que, a rigor, entraria na competição como o elemento mais distante e, portanto, menos deslocável: o que torna o movimento de <u>o quê</u> menos ruim que um potencial movimento de <u>onde</u>. O estatuto de (in)aceitabilidade de (11d) varia com as circunstâncias, podendo se aproximar mais de (11b) ou (11c). Seu estatuto de (a)gramaticalidade é controverso, dependendo dos detalhes do modelo analítico de referência. Mas, em última instância, trata-se de uma questão empírica (i.e. que se decide observando os fatos), conforme o grau de erro ou acerto das previsões que cada modelo faz para exemplos análogos.

Para análises mais profundas e atualizadas das discrepâncias entre (in) aceitabilidade e (a)gramaticalidade, numa perspectiva integrada a outros aspectos da cognição, sugiro ao leitor Schütze (1996), Boeckx (2010: cap 9), Lewis & Phillips (2015) e Uriagereka (2015).

---

19. Fedorenko & Gibson (2010), Gibson et al. (2011) e Gibson & Fedorenko (2013) contestam a premissa de que (11d) seria mais aceitável que (11c). Uriagereka (2015) propõe uma ousada abordagem unificada desse e de outros efeitos de melhoramento, em termos de *suspensão de agramaticalidade*, que seria uma instância particular, no âmbito do desempenho linguístico, do processo cognitivo mais geral de *suspensão de descrença*.

§2.2. COMPETÊNCIA & DESEMPENHO

Julgamentos de (in)aceitabilidade refletem *parcialmente* a capacidade de reconhecer a (a)gramaticalidade de quaisquer arranjos de ILs[20]. Por isso, embora sejam coisas distintas (o que é evidenciado pelos exemplos em (8a) e (9a) acima), há uma tendência geral para aceitarmos o que é gramatical e rejeitarmos o que é agramatical. Porém, não somos infalíveis nessa tarefa de classificação, assim como não somos infalíveis em geral. Para tudo, há uma diferença entre 'saber fazer' e 'conseguir fazer o que se sabe'. Por exemplo, você é capaz de erguer os braços e fazer o movimento de abre e fecha das mãos 15 vezes seguidas? Claro que é, já que você sabe contar e sabe movimentar seus braços e mãos. Você é capaz de executar esse movimento repetitivo 45 vezes seguidas com os braços sempre erguidos? Cansa, mas é possível. E que tal mil vezes seguidas? Impossível. Mas o fato de você não *conseguir* fazê-lo não significa que você não *sabe* fazê-lo. Fatores externos (basicamente, fadiga muscular) lhe impedem de *desempenhar* bem aquilo que você tem *competência* para fazer. Os diferentes graus de *desempenho* não refletem necessariamente diferentes graus de *competência*. O mesmo ocorre com nossa capacidade de processar operações gramaticais[21].

Retomemos os exemplos (8a) e (8b) acima, agora analisando-os com auxílio de exemplos adicionais, que nos ajudam a entender as estruturas em questão, que os praticantes da GGT tomam como gramaticais, a despeito da

---

20. Por ora, estou tacitamente tomando IL como equivalente a *palavra*, o que é uma grande simplificação (cf. n. 1). Ressalto, desde já, que as mesmas questões de (in)aceitabilidade e (a)gramaticalidade também se colocam nos planos fonológico e morfológico. Por exemplo, ✓[fleh] é uma sequência de fones lícita para formar uma sílaba (cf. <u>flerte</u>), mas *[lhef] não o é. Do mesmo modo, ✓**des-tranc-á-vel** é uma sequência de morfemas lícita, mas *vel-tranc-a-des** não o é. Em ambos os casos, temos 'sintaxe' *lato sensu*: regras determinando combinações possíveis e impossíveis de elementos atômicos para formar arranjos mais complexos.

21. Chomsky (1975b: cap 1) elabora o conceito de *capacidade cognitiva*; e Chomsky (1980a: 59; 1986a: 40; 1988: 24) esclarece que toma *competência* como *estado mental*, e não como *habilidade*.

diferença de aceitabilidade. Através da série em (12), comecemos por disse-
car (8b), que é plenamente aceitável.

(12a)👌✓O homem adestrou [^{SN} o cão]

(12b)👌✓O homem adestrou [^{SN} o cão [^{S} **que mordeu** [^{SN} **o gato**]]]

(12c)👌✓O homem adestrou [^{SN} o cão [^{S} que mordeu [^{SN} o gato [^{S} **que perseguiu**
[^{SN} **o rato**]]]]]

(12d)👌✓O homem adestrou [^{SN} o cão [^{S} que mordeu [^{SN} o gato [^{S} que perseguiu
[^{SN} o rato [^{S} **que comeu** [^{SN} **o queijo**]]]]]]]

Em (12a) temos o objeto direto simples <u>o cão</u>, apresentado entre colchetes
e rotulado como SN (*sintagma nominal*), por ser um agrupamento de ILs
cujo núcleo é o *nome* (substantivo) <u>cão</u>, e cujos demais elementos (no caso,
<u>o</u>) expressam informações adicionais sobre a entidade expressa pelo nome.
Pode-se construir, a partir de (12a), o exemplo ligeiramente mais complexo
<u>O homem adestrou [^{SN} o cão feroz]</u>, no qual se acrescenta ao SN o adjetivo
<u>feroz</u>, que expressa um atributo do cão. O que temos em (12b) é algo bem
parecido, porém a característica atribuída ao cão (i.e. a de ter mordido o
gato) é expressa por uma sentença subordinada (que os gramáticos normativistas classificam como 'adjetiva', porque ela ocupa o mesmo espaço de
um adjetivo dentro de um SN), a saber: <u>que mordeu [^{SN} o gato]</u>. Dentro
dessa sentença subordinada, há outro SN: <u>o gato</u>. Logo, não surpreende que
esse SN também seja elegível para hospedar uma outra oração subordinada adjetiva. É exatamente isso que temos em (12c), que, por sua vez, traz
um novo SN, <u>o rato</u>, que, em (12d (=8b)), tem uma sentença subordinada
combinada a si. Apliquemos o mesmo raciocínio a (8a), com o auxílio dos
exemplos em (13), que, a esse ponto, devem ser autoexplicativos.

(13a)👌✓[^{SN} o rato] comeu o queijo.

(13b)👌✓[^{SN} o rato [^{S} **que** [^{SN} **o gato**] **perseguiu**]] comeu o queijo.

(13c)👎✓[^{SN} o rato [^{S} que [^{SN} o gato [^{S} **que** [^{SN} **o cão**] **mordeu**] perseguiu]]] comeu o
queijo.

(13d)👎✓[^{SN} o rato [^{S} que [^{SN} o gato [^{S} que [^{SN} o cão [^{S} **que** [^{SN} **o homem**] **adestrou**]]
mordeu] perseguiu]]] comeu o queijo.

Tipicamente, (13a) e (13b) são julgados como aceitáveis, e (13c) e (13d (=8a)) como inaceitáveis. Esse ponto de corte pode variar entre pessoas, ou uma mesma pessoa pode apresentar julgamentos que variam conforme as circustâncias: grau de atenção, presença ou não de pausa logo após cada um dos blocos marcados em negrito, velocidade da fala, disponibilidade de tempo para pensar diante do exemplo escrito, etc. No limite, embora o dado (13d) continue sendo inaceitável, a exposição a essa demonstração passo a passo (não presente no uso típico da língua) nos faz vê-lo como menos inaceitável, por nos darmos conta do fato de que a sua estrutura é formada pelo mesmíssimo mecanismo gramatical de subordinação presente em (12d). Se a gramática não permitisse acoplar uma 'sentença subordinada adjetiva' a um SN em função de sujeito, então nem mesmo o dado (13b) seria aceitável, mas ele o é. Se a regra de subordinação pode afetar qualquer SN, seja ele sujeito ou objeto, então prevemos que tanto (12d (=8b)) como (13d (=8a)) devem ser gramaticais.

Que fatores extragramaticais, então, seriam responsáveis pelo contraste de aceitabilidade entre (12d (=8b)) e (13d (=8a))? Em suma, tudo se reduz a uma questão de memória de curto prazo no processamento da sentença em tempo real. (13d (=8a)) sobrecarrega o *buffer* (i.e. memória de curto prazo), mas (12d (=8b)) não (cf. Miller & Chomsky 1963). Em ambos os casos, temos quatro ações: <u>adestrou</u>, <u>mordeu</u>, <u>perseguiu</u> e <u>comeu</u>, cujos agentes são, respectivamente: <u>o homem</u>, <u>o cão</u>, <u>o gato</u> e <u>o rato</u>; e cujos pacientes são, respectivamente: <u>o cão</u>, <u>o gato</u>, <u>o rato</u> e <u>o queijo</u>. Assim, o conteúdo informacional das sentenças é praticamente o mesmo (diferindo quanto ao 'ponto de vista', ao que se coloca em primeiro ou em segundo plano), mas as partes estão organizadas sintaticamente de modos diferentes, causando uma diferença no processamento em tempo real, em relação ao estabelecimento/reconhecimento das relações de *agente de* e *paciente de* com respeito à ação expressa por cada verbo. Abaixo, adoto a convenção de expressar a relação *X é agente da ação Y* por uma seta padrão, e a relação *o paciente da ação Y é Z* por uma seta tracejada.

(14a)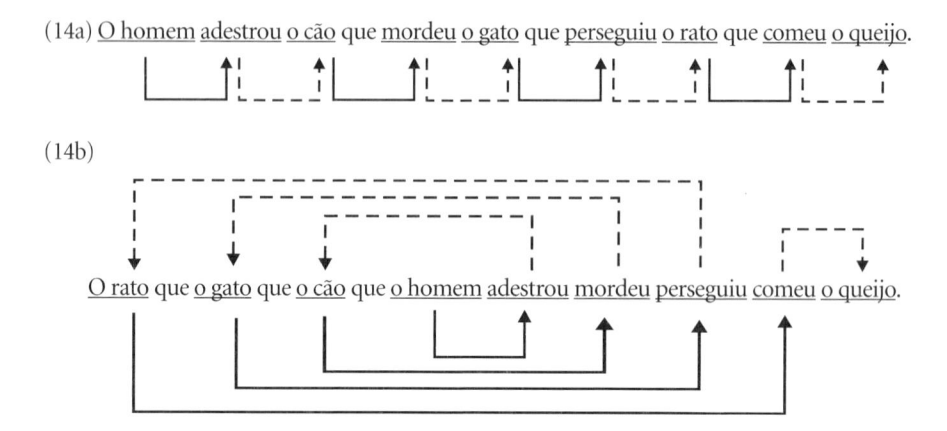

(14b)

No plano puramente sintático, abstraindo o tempo de fala, temos as mesmas relações em ambas as sentenças. Mas há uma grande diferença no estabelecimento/reconhecimento dessas relações em tempo real em virtude das diferentes disposições lineares dos elementos que entram nessas relações. Em (14a), o fluxo da informação não é interrompido. A busca pelo estabelecimento de cada nova relação é iniciada sempre após a consolidação de uma relação anteriormente estabelecida. Não há necessidade de reter nenhuma das informações por muito tempo na memória de curto prazo enquanto outras informações são processadas. Em (14b), algo bem diferente ocorre. O processador primeiro registra o rato, estocando-o na memória enquanto processa outras informações. É preciso aguardar bastante para relacionar o rato a comeu. Enquanto isso, o processador registra o gato, estocando-o na memória; fazendo depois o mesmo com o cão e o homem. Após isso, são estabelecidas as relações *o homem é o adestrador* e *o adestrado é o cão*. Daí em diante, o estabelecimento das outras relações demanda que todos os elementos 'soltos' estejam 'frescos' na memória de curto prazo, com suas ordens de aparição devidamente registradas. Em condições típicas de fala em tempo real, isso não funciona, pois o *buffer* foi sobrecarregado. Quando se chega a mordeu, já não se consegue mais relacioná-lo a o gato, dada a distância entre os dois e o tanto de material intervindo entre eles. Mais difícil ainda é depois relacionar perseguiu a o rato, e o rato a comeu, para finalmente relacionar <u>comeu</u> a <u>o queijo</u>. Em suma, não há nada de agramatical com esse exemplo, mas a imensa dificuldade em usá-lo em tempo real o torna inaceitável[22].

Ironicamente, o fator 'memória de curto prazo escassa', responsável pela inaceitabilidade de dados gramaticais, também pode ter um efeito inverso. Como reportam Gibson & Thomas (1999) e Vasishth et al. (2010), dados agramaticais semelhantes a (15) costumam ser considerados mais aceitáveis que (14b), aproximando-se de (14a) em aceitabilidade, ainda que não gozem de aceitabilidade plena.

(15) ? O rato que o gato que o cão mordeu fugiu rapidamente.

É como se a subsequência <u>o gato</u> (ou <u>o rato</u>) estivesse sobrando, fosse uma intrusão indevida na sequência gramatical <u>O rato que o cão mordeu fugiu rapidamente</u> (ou <u>O gato que o cão mordeu fugiu rapidamente</u>). No decorrer do processamento, quando se chega a <u>mordeu</u>, após <u>o rato</u>, <u>o gato</u>, e <u>o cão</u>, os limites da memória fazem o falante-ouvinte 'esquecer' uma dessas partes, julgando só a parte da sequência que está ativa na memória.

O exemplo anterior de dado aceitável e agramatical apresentado em (9a) é mais complexo, e demandaria uma discussão mais longa na qual eu teria que pressupor certos conhecimentos do leitor (ver discussão nas obras citadas acima). Por ora, é suficiente dizer que fatores extragramaticais oriundos dos processos cognitivos de percepção e analogia 'pregam uma peça' no falante-ouvinte, que não percebe a anomalia da estrutura agramatical (em que os termos da comparação são sintática e semanticamente de tipos diferentes), que acaba passando despercebida, por sua semelhança superficial a estruturas gramaticais.

---

22. O tipo de dificuldade que (14b) impõe aos sistemas de desempenho na produção e compreensão, sobrecarregando a memória de curto prazo, decorre do fato de sua estrutura conter *múltiplas dependências aninhadas* e *autoencaixamento*, no formato [a[b[c[d...d] c]b]a]. As análises contemporâneas desse fenômeno têm suas origens nos trabalhos de Chomsky (1956, 1959a, 1961b) e sobretudo Miller & Chomsky (1963).

Não há nenhuma premissa na GGT que negue que o fenômeno da linguagem verbal, como um todo, seja repleto de faces e interfaces diversas, tangenciando e interseccionando questões de memorização, expectativas, emoções, intenções, obstáculos físicos e fisiológicos, de padrões e valores sócio-histórico-culturais. O que se afirma é que a gramática guarda uma grande independência disso tudo, ainda que o produto final da linguagem (os enunciados e discursos) traga em si o gramatical e o extragramatical amalgamados (cf. Newmeyer 1983: 35-38). A *competência gramatical* do falante é uma das competências que compõem a capacidade comunicativa e interacional, que incluiria também uma *competência pragmática* (cf. Chomsky 1980a: 59, 92, 206, 224-225)[23]. A gramática estabelece que os enunciados tenham determinadas formas e não outras. Entretanto, na prática, as formas e as funções dos enunciados acabam sendo determinadas por essa interação entre a competência gramatical e outros fatores. Na comunicação ordinária, sob variadas condições favoráveis ou adversas, frequentemente falamos e compreendemos enunciados agramaticais ou semigramaticais[24], assim como falhamos ao tentar produzir ou interpretar enunciados de sentenças gramaticais.

Nesse aspecto, a linguagem não difere de nossas outras habilidades e práticas. Por exemplo, considere um músico virtuoso que domina plenamente as técnicas do piano, com plena *competência* para executar exemplarmente todos os movimentos necessários para tocar uma peça musical que ensaiou exaustivamente. Não é impossível que ele, eventualmente, tenha um *desempenho* fraco num concerto, porque está com as mãos machucadas, ou está psicologicamente abalado, ou fisicamente debilitado por uma doença, ou esqueceu os óculos e não enxerga bem a partitura. O *desempenho* não depende apenas da *competência*. Depende também das

---

23. Cf. Pires de Oliveira & Basso (2014) para uma concepção consistente da noção de competência pragmática.
24. E.g. *Ouviram do Ipiranga as margens plácidas de um povo heroico o brado retumbante.

circunstâncias, que, se muito adversas, podem fazer o mais competente dos competentes ter um *desempenho* de um amador. Inversamente, considere um atleta de tiro ao alvo amador, inexperiente e com pouca técnica. Se ele competir 'dopado' com fármacos que diminuam bastante sua frequência cardíaca, ele contará com um tempo muito maior que o normal entre uma batida cardíaca e outra para planejar e executar seu tiro sem o risco de um 'microssolavanco' afetar a precisão milimétrica de seu tiro. Consequentemente, ele pode vir a ter um *desempenho* de campeão, que excede em muito a sua *competência* medíocre.

Em linhas gerais, a dicotomia *competência/desempenho* é basicamente isso, algo trivial, atestado em diversas atividades humanas sob outras formas. Essa dicotomia é chave para compreender outros conceitos fundamentais relativos à definição do objeto de estudo da GGT (e da linguística em geral), seu método, seu arcabouço conceitual, e a legitimidade de sua base empírica, para então fazer avaliações e tirar conclusões. Por fim, devo frisar que, por mais legítima e inexorável que seja a separação entre competência e desempenho, muitas vezes a demarcação da fronteira é difícil de estabelecer; havendo espaço para divergências pontuais mesmo no âmbito da GGT (cf. Chesi & Moro 2015). Essa é uma questão empírica. Mas questões empíricas não se resolvem apenas observando os dados empíricos, pois eles não se apresentam portando rótulos como 'eu sou desencadeado por fatores de desempenho' ou 'eu sou consequência natural da aplicação das regras da competência'. A resolução de questões empíricas, além da observação atenta aos detalhes dos dados, também requer análises minuciosas e comparativas de muitos dados diferentes, e avaliação de hipóteses concorrentes que diferem apenas minimamente quanto a suas previsões. Não se pode, por exemplo, excluir dogmaticamente *a priori* uma tentativa de explicar contrastes do tipo (14a) e (14b) exclusivamente em termos da competência. Igualmente, não se pode desconsiderar de saída a possibilidade de explicar o contraste entre (2a) e (2b) puramente em termos de desempenho. A língua é o que ela é. Cabe a nós descobrir o que é que ela é.

§2.3. O *FALANTE-OUVINTE IDEAL* PAIRA ACIMA DO BEM E DO MAL?

Numa de suas obras mais influentes, em que se explicitam as diretrizes gerais da GGT, Chomsky (1965: 3) faz uma afirmação que – para qualquer um que entende minimamente como a ciência funciona – é trivial, singela, truística; mas que desde então tem sido profundamente incompreendida, despertando a ira de muitos pesquisadores e estudantes:

> A teoria linguística tem como objeto um falante-ouvinte ideal, situado numa comunidade de fala completamente homogênea, que conhece sua língua perfeitamente, e que, ao aplicar seu conhecimento da língua no desempenho efetivo, não é afetado por condições gramaticalmente irrelevantes tais como limitações de memória, distrações, desvios de atenção e de interesse, e erros (ocasionais ou típicos).

Por que estudaríamos as supostas propriedades de um ser ficcional idealizado? A ciência é ou não é o estudo da realidade que nos circunda? Segundo Bagno (2012: 49), a concepção chomskyana de língua e linguística traria uma equivocadíssima "desconsideração absoluta [pelo] sujeito, [pelo] falante como ser historicamente situado, membro de uma sociedade, participante de uma cultura, dotado de vontade política e capacidade de ação e decisão". Ora, como poderia alguém ignorar peremptoriamente a dimensão social da linguagem humana se ela só existe em sociedade, e sua função e natureza está exatamente na interação de indivíduos, que se influenciam mutuamente conforme uma complexa teia de fatores sócio-histórico-culturais? Que razão teríamos para abandonar o senso comum de que a língua é, por natureza, inexoravelmente social, e não individual? Bagno (2012: 51) extrapola:

> Com isso, a teoria chomskiana adquire um ar 'místico', na medida em que – assim como na filosofia platônica – a língua, tal como o gerativismo a entende, não pertence ao mundo do sensível, do audível, do legível, mas a uma esfera transcendente, a um Mundo das Ideias (e é de *ideia* que vem *ideal* em 'falante ideal') habitado pelas formas perfeitas do platonismo.

Sobre objeções a idealizações, de modo geral, Chomsky (1979: 57-58) foi definitivo:

Oposição a idealizações é simplesmente objeção à racionalidade; é meramente insistir que não devemos conduzir trabalho intelectual relevante. Fenômenos que são complicados o suficiente para merecerem estudo geralmente envolvem a interação entre vários sistemas. Portanto, *precisamos* abstrair daí algum objeto de estudo, precisamos eliminar os fatores não pertinentes; ao menos se quisermos investigar algo não trivial. Nas ciências naturais, isso nem se discute; é autoevidente. Nas humanidades, ainda se questiona isso. É lamentável. Quando trabalhamos a partir de uma idealização, talvez deixemos escapar algo superimportante. Isso é uma contingência da investigação racional que sempre foi bem compreendida. Não devemos nos apavorar com isso. Devemos enfrentar o problema e tentar lidar com ele, acomodando-nos a ele. É inevitável. Não há critérios simples para formular a idealização correta, exceto o critério de atingir resultados significativos. Se atingimos bons resultados, então temos razão para crer que não estamos longe de uma boa idealização. Se atingimos resultados melhores mudando a abordagem, então conseguimos uma idealização melhor. Há uma constante interação entre a definição de um domínio de pesquisa e a descoberta de princípios significativos. Rejeitar idealizações é pueril.

De volta ao clássico texto de 1965, é crucial que aquela famigerada passagem de Chomsky seja interpretada dentro de seu contexto original. Comecemos por explicitar a continuação daquele mesmo trecho (op. cit.: 4), frequentemente omitida pelos críticos:

Para estudarmos o desempenho linguístico efetivo temos que considerar a interação de uma variedade de fatores; e a competência subjacente do falante-ouvinte é apenas um entre tantos deles. Desse ponto de vista, o estudo da linguagem não é diferente da investigação empírica de outros fenômenos complexos. Fazemos, portanto, uma distinção fundamental entre competência (o conhecimento que o falante-ouvinte possui da sua língua) e desempenho (o uso efetivo da língua em situações concretas). O desempenho só é um reflexo direto da competência no caso de vigorarem as condições ideais estabelecidas [acima]. Na realidade dos fatos, é óbvio que ela não pode refletir diretamente a competência [...]. Para o linguista, assim como para a criança adquirindo a língua, o problema consiste em se chegar, a partir dos dados de desempenho, ao sistema subjacente de regras internalizado pelo falante-ouvinte e que ele põe em uso no desempenho real. Logo, no sentido técnico, a teoria linguística é mentalista, na medida em que visa descobrir uma realidade mental subjacente ao comportamento observável.

Ou seja, o conceito de *falante-ouvinte ideal* só é absurdo se negarmos a distinção entre competência e desempenho, que já esclareci em **§2.2.** Sendo tal distinção real, é legítimo tomar apenas a competência como objeto de estudo. Chomsky não ignorou a importância de se considerar também o desempenho, posto que ele mesmo reconhece uma conexão entre as duas coisas, tanto que admite que os dados do desempenho são as fontes observáveis a partir das quais se pode inferir indiretamente as propriedades da competência. Ele explicitamente admite que uma teoria geral da linguagem investigue o desempenho linguístico real. Não há qualquer desprezo ao sujeito real e suas circunstâncias mentais e sociais. Há apenas um recorte de objeto de estudo, reconhecendo-se que a teoria gramatical não abarca o grande fenômeno da linguagem como um todo. Em outra obra do mesmo período, fica claro que "teoria linguística" na famigerada passagem equivale à GGT. Chomsky (1964: 7-9) afirma:

> Neste trabalho, restringirei o termo 'teoria linguística' ao sistema de hipóteses que diz respeito às características gerais da linguagem humana proposto na tentativa de explicar uma certa gama de fenômenos linguísticos. [...] O fato central que qualquer teoria linguística minimamente ambiciosa deve abordar é o seguinte: um falante maduro pode produzir uma nova sentença de sua língua na ocasião apropriada, e outros falantes a entenderão imediatamente, embora ela lhes seja igualmente nova. [...] O domínio normal da linguagem envolve não apenas a habilidade de entender imediatamente um número indefinido de sentenças, mas também a habilidade de identificar sentenças desviantes e impor-lhes uma interpretação. [...] Partindo de uma exposição limitada aos dados da fala, toda pessoa normal desenvolveu em si uma competência plena em sua língua nativa. Tal competência pode ser representada – até um ponto por ora indeterminado – como um sistema de regras ao qual podemos chamar a *gramática* de sua língua. [...] A gramática é, então, um dispositivo que [...] especifica o conjunto das sentenças bem-formadas e atribui a cada uma delas (ao menos) uma descrição estrutural. Talvez devamos chamar tal dispositivo de Gramática Gerativa, para distingui-la de postulados descritivos que meramente apresentam inventários de elementos que aparecem em descrições estruturais, e suas variantes contextuais.

Segue-se daí que o início da famigerada passagem equivale a "*A Gramática Gerativa* tem como objeto um falante-ouvinte ideal...". O objeto de estudo dessa 'teoria linguística' é a *competência*, em oposição ao *desempenho* (cf. Newmeyer 1983: 73-76). Um aspecto axial dessa competência é seu caráter gerativo, responsável pela capacidade de produção e compreensão de infinitas sentenças nunca antes encontradas, em oposição a uma suposta capacidade de classificar sentenças preexistentes (cf. **§3.2**). Nessa última passagem, Chomsky reconhece que, além dessa competência gramatical gerativa, "o domínio normal da linguagem envolve [...] também a habilidade de identificar sentenças desviantes e impô-las uma interpretação", o que, adiante (op. cit.: 9), ele reconhece ser dependente de outros fatores e possível apenas quando tal desvio é suficientemente limitado, e feito através da identificação de características formais comuns às sentenças de fato geradas pela gramática. Reconhece-se aí uma certa flexibilidade no uso efetivo da linguagem, na conjunção entre a competência gramatical e outras habilidades, sob influência das circunstâncias.

Ou seja, reconhece-se que há características concretas do *desempenho* linguístico sem as quais o fenômeno da comunicação verbal seria impossível. Reconhece-se a existência de falantes-ouvintes reais, dotados de competências de vários tipos, e cujo desempenho corresponde aos dados empíricos brutos: juízos de aceitabilidade, enunciados efetivamente produzidos e compreendidos, de modo mais prototipicamente gramatical ou desviante. Faz-se, no entanto, um recorte teórico para a definição do objeto de estudo, justificando-o amplamente. Por fim, apreciemos o que diz Chomsky (1962a: 531) sobre esse recorte:

> Está claro, de saída, que a gramática formalizada, tomada como uma teoria preditiva, é uma idealização em ao menos dois aspectos: primeiro, por considerar a estrutura formal independentemente do uso; segundo, porque os seus produtos não são os enunciados que compõem o discurso de fato, mas sim aquilo que falantes nativos sabem ser sentenças bem-formadas, sem terem sido ensinados. O discurso de fato consiste de fragmentos interrompidos, falsos inícios, lapsos, fala embolada, e outros fenômenos que só podem ser entendidos como distorções de um padrão idealizado subjacente. Seria absurdo tentar incorporar esses fenômenos diretamente numa gramática formalizada. A fala real é claramente um processo complexo no qual muitos fatores interagentes exercem papéis, e nem todos cabem no escopo dos estudos gramaticais.

Para Chomsky, absurdo não é estudar a interação de múltiplos fatores na formação do discurso real. Absurdo é empreender tal investigação como parte da construção de uma gramática formalizada e idealizada[25].

---

25. Cf. §2.8, adiante, sobre a inclusão de uma linha de investigação na GGT relativa ao uso efetivo da linguagem.

Como se justificam essa idealização e essa separação, se, na prática, sempre observamos tudo amalgamado? Retomo a famigerada passagem: "o estudo da linguagem não é diferente da investigação empírica de outros fenômenos complexos". Toda e qualquer investigação científica envolve abstrações, recortes, idealizações, sem os quais não chegaríamos a lugar algum, pois rejeitá-las implica a 'missão impossível' de levar *tudo* em conta[26]. Dizer que o objeto de estudo é o *falante-ouvinte ideal* equivale a dizer que o objeto de estudo é a *competência* do falante, sua gramática mental, enquanto *conhecimento* de um sistema de regras combinatórias, uma *capacidade*, uma *potencialidade* que, nos termos de Bagno (op. cit.), 'transcende o sensível'[27].

No mundo real, não se pode observar a competência isoladamente, sem a interferência de efeitos do desempenho. Aplicam-se os métodos científicos usuais para isolar variáveis e testar hipóteses (cf. **§2.2**). As limitações de memória, vieses emocionais, etc., causam efeitos que muito nos revelam sobre o *uso* da linguagem, mas não sobre a estrutura do *conhecimento gramatical*. A *idealização* metodológica do conceito de *falante-ouvinte ideal* diz respeito apenas ao *desempenho* (i.e. idealiza-se um falante-ouvinte com memória infinita, sem fadiga, etc.), e não à *competência* (ou seja, o objeto

---

26. A própria separação do que cabe à linguística (e não à antropologia, ou psicologia, etc.) estudar é um recorte, sem o qual não existiram a linguística, a antropologia, a psicologia, etc.; apenas uma fracassada 'teoria de tudo'.

27. Bagno (2012: 37-79) foge de "idealizações platônicas" e alega "implodir a caverna [do mito de Platão]". Mas idealizações são inexoráveis e existem na alternativa que ele, mesmo incipiente e ingenuamente, propõe. Seu arcabouço conceitual pós-moderno constitui-se de abstrações e idealizações que 'transcendem o sensível' (e.g. *yin-yang, nebulosa, lexicogramática, emergência, dialogismo, monismo materialista*). Mesmo definindo seus conceitos em termos de um *continuum*, ele não escapa da noção de *protótipo*, que lhe permite operar com idealizações como *adjetivo, sintagma, paradigma*, etc., das quais cada evento observável é só um exemplar imperfeito. Classificações discretas (forma/substância, competência/desempenho, significante/significado, etc.) são por ele rejeitadas sem que se forneça uma alternativa concreta que efetivamente faça previsões explícitas, testáveis e acertadas sobre os fatos relevantes. Para análises genuinamente científicas – racionais e embasadas – de fatos reais e espinhosos de gradação de noções gramaticais, cf. Fanselow et al. (2006) e Aarts (2007).

de estudo é a competência do *falante-ouvinte **real***)[28]. A distinção entre *competência* e *desempenho* é tão simplesmente a velha e boa ciência bem-feita (cf. Chomsky 1975c: 304, em resposta direta a quem o acusa de misticismo) como vemos abaixo, a partir de Bogen & Woodward (1988) e Bogen (2009).

Diz-se que o chumbo derrete a 327,46°C. Na prática, é impossível obter sempre esse exato número nas medições de todos os eventos de derretimento de pedaços de chumbo. O que se obtém é *quase* isso, um pouquinho a mais ou a menos. É como se as propriedades físico-químicas do elemento chumbo determinassem que o ponto de derretimento seja 327,46°C; mas, 'na hora H', acaba sendo *quase* isso. Presumivelmente, existe sempre em cada caso a 'maldita' interferência de algum fator que não se consegue controlar ou prever (e.g. alguma impureza no pedaço de chumbo – umas moleculinhas de outra coisa incrustadas na amostra – ou a própria margem de erro do termômetro utilizado, etc.). Mas, *na média*, obtém-se 327,46°C, que é uma *idealização*, uma conclusão a que se chega exatamente *abstraindo* os múltiplos fatores intervenientes. Crucialmente, uma teoria físico-química da estrutura atômica do chumbo que preveja 327,46°C como seu ponto de derretimento é incapaz de prever os muitos valores efetivamente obtidos nas medições dos eventos reais.

Por analogia, pode-se dizer que essa *média* de 327,46°C está para a *competência*, assim como os *números observáveis na prática* estão para os discursos reais do *desempenho*. No limite, qualquer cientista age sempre como se estivesse teorizando sobre um fenômeno **F**; mas a sua teoria, na verdade, não é sobre **F**. É sobre um outro fenômeno **F'**, que coincide exatamente com o que **F** seria num mundo hipotético no qual não existissem os fatores intervenientes presentes no mundo real, cujo impacto nossos métodos não conseguem mensurar, e que estão a todo momento nos confundindo, ofuscando a nossa visão, e criando a ilusão de que **F'** seria **F**. Ou seja, no fundo,

---

28. Não é apenas o desempenho que se abstrai. A já mencionada *competência pragmática* – reconhecida por Chomsky (1980a) como parte da capacidade linguística global – ficaria fora do escopo da teoria gramatical.

o fenômeno que é possível tentar explicar é **F'**, embora se construa toda uma teoria concebendo **F'**, idealizando-o nos termos de **F**, como se **F'** fosse **F**. Sinto frustrar, mas **F** não existe; o que existe é **F'**[29]. Platônico? Chame como quiser, mas isso é inexorável[30]. Isso é que é ciência de verdade![31] Nos termos de Bogen & Woodward (1988: 305-306), isso se resume à distinção entre *dados* e *fenômenos*.

> De acordo com uma visão bastante difundida, teorias científicas preveem e explicam fatos acerca de 'observáveis': objetos e propriedades percebíveis pelos sentidos, às vezes magnificadas por instrumentos. [...] [O]s argumentos nessa direção pressupõem a concepção de que teorias científicas são testadas de acordo com suas previsões sobre o que podemos observar. [...] [E]ssa abordagem [...] é fundamentalmente incorreta: se [...] tomarmos 'observar' como 'perceber' [...], então teorias científicas não preveem nem explicam fatos acerca do que observamos. Os fatos que se espera que teorias científicas típicas expliquem não são, via de regra, fatos acerca de observáveis. [...] Nosso argumento deriva uma importante distinção majoritariamente ignorada nas análises tradicionais da ciência: a distinção entre dados e fenômenos. Dados, que exercem o papel de evidência da existência dos fenômenos, podem em geral ser trivialmente observados; mas dados tipicamente não podem ser previstos ou sistematicamente explicados pela teoria. Por outro lado, boas teorias científicas preveem e explicam fatos acerca dos fenômenos. Fenômenos são detectáveis através de dados, mas em geral não são observáveis em nenhum sentido relevante do termo.

Eis então o que a inexorabilidade nos reserva. Enclausurados na caverna estão os dados, os observáveis, o desempenho, o falante real e suas muitas

---

29. Hornstein (2015c), replicando um argumento de Paul Pietroski, atenta para o fato de astrônomos formularem teorias de mecânica celeste baseados em visões de observatório, em que se vê a posição *aparente* dos astros, e não a *real*. As distorções são 'filtradas' pelas teorias e análises, no limite do conhecimento das distorções. Essa comparação remonta a outra, semelhante e mais profunda, elaborada em Chomsky (1980a: 189-192). Enfim, na ausência de condições ideais de observação direta, fazemos o melhor uso possível do que nos está disponível.

30. Obviamente, isso não significa que o cientista se contenta em estudar um mundo fictício, desprezando a realidade. Ao contrário, tenta-se ao máximo conhecer os fatores intervenientes que nos ofuscam a visão, que nos fazem ver **F'** em lugar de **F**. Busca-se, cartesianamente, chegar o mais próximo possível de **F**. Porém, sabe-se o quão difícil isso é, e o quão valiosa é uma versão aproximada de **F**, em comparação com a ignorância total.

31. Remeto o leitor a Bagno (2011a: 363) para uma defesa do exato oposto, classificando como um "escândalo epistemológico" qualquer investigação acerca da gramática que isole variáveis relativas ao uso.

circunstâncias. Fora, estão os fatos, os fenômenos, a competência, o falante real idealizando-se a ausência de suas circunstâncias extragramaticais. A GGT é uma janelinha que nos possibilita olhar para fora da caverna. Logo, a dicotomia *competência/desempenho*, assim como o conceito de *falante--ouvinte ideal*, são lugares-comuns em ciência, e não devaneios extravagantes de Chomsky[32]/[33].

§2.4. A LEGITIMIDADE DA BASE EMPÍRICA DA GGT

Aproveitando-nos da passagem de Bogen & Woodward (1988: 305-306) em §2.3, vejamos como Chomsky (1961a: 219) concebe a relação entre teoria e empiria na GGT.

> É importante, de saída, fazer uma distinção entre *dados* e *fatos*. Os dados do linguista consistem em certas observações sobre a forma e o uso de enunciados. Os fatos sobre a estrutura linguística que ele almeja descobrir vão muito além dessas observações. A gramática de uma língua particular é, em efeito, uma hipótese sobre os princípios de formação de sentenças nessa língua. Ela representa uma afirmação factual sobre as regras subjacentes aos dados coletados. Julgamos a veracidade ou falsidade dessa hipótese avaliando o quão bem-sucedida é a gramática em organizar os dados, o quão satisfatória é uma explicação que ela fornece para uma gama de observações empíricas, o quão longo é o alcance de suas generalizações, o quão eficazmente ela acomoda novos dados. Uma enormidade de dados está disponível para qualquer falante nativo. No entanto, os fatos mais profundos acerca da estrutura linguística permanecem escondidos dele.

O que Chomsky chama de *dados* e *fatos* é o que Bogen & Woodward chamam de *fatos sobre os dados* e *fatos sobre os fenômenos*. Os dados seriam os

---

32. Aos que teimam em ver 'misticismo' nas abstrações chomskyanas, recomendo Abdalla (2004): uma introdução à física de partículas, à estrutura interna do átomo e suas múltiplas subpartes elementares, cuja existência não é diretamente observável, mas é inferida a partir de idealizações, e corroborada por seus efeitos, estes sim observáveis: evidência indireta para corroborar ou refutar afirmações feitas no plano das ideias.

33. Para uma crítica às abstrações específicas envolvidas na concepção chomskyana de competência muito mais bem-informada e elaborada do que os ataques infundados de Bagno, recomendo Matthews (1979).

'observáveis' do *desempenho* (gravações, escritos, juízos de aceitabilidade, etc.). Os fatos seriam (os produtos d)as engrenagens gramaticais (codificadas na mente do falante), que, quando postas em uso, determinam parcialmente e indiretamente a forma dos dados. A competência é essa gramática não observável que se investiga. Como Chomsky admite nas passagens reproduzidas acima (cf. Chomsky (1965: cap 1; 1986a: cap 1, 2) para discussões mais completas e elaboradas do tema), os dados do desempenho não refletem transparentemente a competência pura; refletem efeitos de muitos outros fatores, os quais a GGT põe de lado. Isso faz muitos declararem que os objetivos e os métodos da GGT são inviáveis, ainda que se aceite o recorte chomskyano da competência como objeto de estudo. Tais objeções – que remontam a Weinreich et al. (1968: cap 1) e Labov (1972: cap 8) – estão bem manifestas em Lucchesi (2004: 215).

> O principal problema metodológico do gerativismo está na aferição de suas hipóteses de análise, através dos juízos de gramaticalidade (*sic*). Desenvolve-se nos espaços do fazer linguístico ainda não hegemonizados por esse modelo uma resistência muito grande à possibilidade de se operacionalizar esses juízos de gramaticalidade na pesquisa, devido ao seu alto grau de subjetividade. [...] O problema é que esses juízos de gramaticalidade são extremamente variáveis entre os falantes de uma mesma língua, ou em um mesmo falante. A questão metodológica que se põe então é: *como filtrar essa variabilidade para se chegar ao domínio da invariância da gramática universal, isto é, da dimensão estrutural e estruturante do fenômeno linguístico?* Nesse ponto, o problema metodológico se transforma em um problema teórico: *como integrar a variabilidade inerente à manifestação concreta do fenômeno linguístico na concepção de objeto de estudo que o gerativismo propõe à linguística?*

Para Lucchesi, a impossibilidade de um método que filtre a 'sujeira' nos observáveis para se chegar à competência pura acaba acarretando um intransponível problema teórico que, em larga medida, deslegitima a concepção de língua e de linguística da GGT[34]. Parte da resposta a essa crítica já foi apresentada nas discussões acima. Continuemos.

---

34. Lucchesi (2011: 239-241) afirma que o problema crucial da GGT não é de método, é de definição do objeto.

Como em qualquer ciência, essa filtragem não se dá apenas na coleta dos observáveis. Conclusões sobre engrenagens gramaticais dependem de conjecturas teórico-analíticas segundo as quais o cientista *interpreta* os *dados* e avalia a eficácia de análises concorrentes, elegendo aquela que melhor organiza o *fenômeno*. Isso implica não apenas prever a distribuição dos dados, mas fazer previsões testáveis acerca do que ainda não se observou, e em termos da obtenção, no plano teórico, de um modelo o mais enxuto e internamente coerente possível, no qual o maior número possível de fenômenos é tratado de modo unificado e generalizante pelo menor número possível de postulados.

Toda explicação é abstrata e extrapolativa. O resto é catalogação de observações.

Mas há um clamor legítimo no incômodo de Lucchesi diante da subjetividade dos juízos de aceitabilidade, à mercê de muitos fatores que fogem completamente ao controle do procedimento rudimentar de apresentar um dado ao informante e solicitar um julgamento. Isso pode tornar o conjunto de julgamentos heterogêneo demais, ficando virtualmente impossível detectar padrões de modo confiável. Chomsky (1964: 56) já antecipava:

> [J]ulgamentos de introspecção não são sacrossantos e acima de qualquer suspeita. Ao contrário, sua acurácia pode ser desafiada e corroborada de muitas maneiras, algumas bem indiretas. Consistência entre falantes de perfis similares, assim como num mesmo falante em ocasiões diferentes, constitui informação relevante.

Contudo, Lucchesi (op. cit.: 216) explicitamente parte da premissa falsa de que a obtenção de julgamentos de aceitabilidade seria necessariamente feita nos termos banais que esbocei acima. Quando alguém é abordado à queima-roupa com a pergunta "Ei, Alice, essa frase é boa pra você? E essa outra?", não se sabe quais são os critérios para a pessoa dizer 'sim' ou 'não'. O bom é o que faz sentido? É o que veicula uma verdade? É o que fala sobre algo bom? É o que 'transmite uma mensagem no final das contas'? É o que soa curto e grosso, direto ao ponto e sem floreios? De fato, a coleta de julgamentos de aceitabilidade pode ser feita de modo desastroso.

Lamentavelmente, muitas vezes o é. Mas a má prática dos maus linguistas não deve ser tomada como um problema inerente à GGT (cf. Chomsky 1961a: 228).

Os problemas que oponentes levantam têm sido discutidos no âmbito da própria GGT. Chomsky jamais se dedicou a aperfeiçoar as técnicas de coleta de julgamentos de aceitabilidade; mas muitos adeptos e praticantes da GGT têm promovido desenvolvimentos significativos nesse sentido desde a década de 1960, construindo assim a *Psicolinguística Experimental*[35]. Num debate ocorrido em 1958, Chomsky (1962b: 177-178) já se mostrava favorável ao desenvolvimento de métodos mais rigorosos e confiáveis de coleta de dados:

> No começo, nos valemos de intuições por falta de algo melhor, e a seguir buscamos um refinamento via testagens. Tanto quanto qualquer um, eu não gosto de me basear em intuições. [...] Se chegarmos a um ponto em que tenhamos refinado nossa base via investigação teórica e testes operacionais, ficarei satisfeito em parar de propor que devamos começar pela intuição do falante nativo.

Pouco tempo depois, ele ponderou os prós e os contras de se concentrarem esforços em questões metodológicas em detrimento das questões teórico-analíticas que ele via como prioritárias naquele estágio inicial da pesquisa. No texto clássico de Chomsky (1965: cap 1), em que se faz um balanço da primeira década da GGT e se explicitam as diretrizes do programa de pesquisa futuro, ele se mostrava cético quanto às sugestões vagas feitas à época acerca de novos métodos objetivos, e defendia que, naquele momento, o aperfeiçoamento da metodologia de obtenção de juízos de aceitabilidade mais finos e precisos, embora bem-vindo, era menos urgente que o aprimoramento do aparato teórico-analítico da GGT para uma vasta massa de dados até então não satisfatoriamente explicados, e cuja robustez de julgamentos era incontestável[36]. Ainda que timidamente, Chomsky (1965:

---

35. Cf. Fodor et al. (1974) para um panorama representativo dos resultados acumulados nos primeiros anos.

36. Chomsky (1962a: 533) já havia levantado esse ponto, que viria a ser retomado em Chomsky (1968: 168), e aprofundado em Chomsky (1980a: cap 6).

21) reconhece o óbvio: "Possivelmente chegará o dia em que informações do tipo que hoje podemos obter abundantemente não sejam suficientes para resolver questões mais profundas da estrutura da linguagem". Logo, rigorosamente falando, ele não se opôs categoricamente ao desenvolvimento e uso de técnicas mais apuradas de coleta de dados. No entanto, na mesma obra, Chomsky (1965: 19) criticava nada timidamente a ênfase dada por seus críticos a esse ponto, e o desprezo de muitos pelo que se pode obter via intuições:

> Existem muito poucos processos experimentais ou de tratamento de dados dignos de crédito para obter informações significativas acerca da intuição linguística do falante nativo. É importante ter em mente que, quando se propõe um procedimento operacional, a sua adequação deve ser posta à prova [...] comparando-o ao padrão fornecido pelo conhecimento tácito que pretende especificar e descrever.

Faz-se pertinente aqui uma analogia. Não há outra forma de se estudar o fenômeno da dor (seus correlatos neurofisiológicos, psicológicos e motores) senão perguntando ao indivíduo se ele sente dor ou não (e quanto) diante de estímulos de diferentes tipos e magnitudes. Pode-se também observar manifestações físicas tipicamente associadas à dor (expressões faciais, gritos, etc., ou mesmo dados observáveis através de metodologias mais sofisticadas como raio-X, ressonância magnética, imagens via técnicas de eletrofisiologia, etc.), mas isso de nada vale se não houver um método de averiguação de que tais eventos observáveis são mesmo manifestações de dor, e, para tal, é inevitável se passar por um estágio em que se pergunte à pessoa se ela sente dor (e quanto) enquanto grita, por exemplo, ou enquanto o aparelho de laboratório exibe um dado padrão em seus medidores. Só assim é que se sabe que tais eventos físicos são manifestações de dor e não de outra coisa.

Phillips & Lasnik (2003), em resposta a críticas de Edelman & Christiansen (2003) semelhantes às de Lucchesi (2004), enfatizam que mesmo a mais simples coleta de juízos de aceitabilidade com papel e caneta é, sim, um experimento científico, e tem boa validade e confiabilidade para o que se propõe se conduzida adequadamente. Isso envolve técnicas bem mais simples do que aquelas dos experimentos de laboratório, mas nem por isso menos importantes. Abaixo, relaciono informalmente alguns dos pontos nos quais se deve prestar atenção ao projetar e executar um experimento desse tipo.

Exceto numa primeira triagem na fase de *brainstorm*, o linguista deve evitar usar as suas próprias intuições (ou as de seus colegas que conhecem bem o seu trabalho), contaminadas com o que a análise dele prevê que aconteceria[37]. Há que se evitar apresentar ao informante dados isolados. Inseri-los num contexto discursivo-pragmático controlado ajuda a eliminar vieses pragmáticos que forcem sua aceitação ou rejeição. Deve-se solicitar do informante uma resposta binária (sim/não) ou deve lhe ser dada uma opção neutra? Nesse caso, pedimos ao informante para julgar o dado numa escala de três valores? De cinco? Dez? Qualquer dessas possibilidades parcialmente induz a certas respostas. É preciso conhecer as consequências de cada escolha, que não são mutuamente excludentes. É importante que o informante não perceba o que está sendo pesquisado (seu emprego da morfologia de concordância, ou ordem de adjuntos adnominais, etc.), ainda que ele saiba que sua linguagem está sob investigação. Caso contrário, ele pode acionar seu conhecimento metalinguístico (possivelmente incluindo

---

37. Chomsky (1965: 20) disse que o linguista pode frequentemente observar suas próprias intuições. A meu ver, tal afirmação, embora não errada em si mesma, foi posta de um modo um tanto leviano, dando margem a que adeptos ou oponentes da GGT interpretem que o procedimento *default* é o linguista usar seus próprios juízos de aceitabilidade, o que, no limite o conduziria a um raciocínio tautológico (cf. Lucchesi 2011: 238-241). Tal foi o entendimento de Bagno (2012: 50), que afirma que, "[p]ara Chomsky, todo falante [...] é perfeito conhecedor de sua gramática, de modo que o linguista não precisa sair a campo coletando dados do uso: ele pode se servir de sua própria intuição linguística para deduzir as regras que põem sua língua em funcionamento". Essa não é a praxe na GGT, muito contrariamente à caricatura que Bagno faz dela. O que ocorre é que, nos momentos de *insight*, de *eureka*, o linguista percebe padrões observando a sua própria fala, e se questiona se outras estruturas caberiam naquela mesma situação. Sua resposta para si mesmo é, potencialmente, a descoberta de um fato. Mas isso precisa subsequentemente passar pelo crivo do julgamento de outros informantes, não comprometidos com a análise sendo desenvolvida (cf. Chomsky 1964: 56). Ao fim, cabe a um linguista estudar o idioleto do outro.

um viés normativista), afetando a naturalidade das respostas. Se possível, é melhor que ele nem saiba que é a sua linguagem que está sob investigação.

Há meios de se disfarçar os testes de aceitabilidade, maneiras indiretas de se obter os juízos, submetendo o informante a uma tarefa que lhe parecerá não linguística (teste de compreensão da história que lhe foi narrada, elicitação de enunciados como resposta a situações comunicativas, etc.), mas que em realidade testa indiretamente sua competência gramatical, de um modo em que se podem controlar alguns fatores externos relevantes[38]. A ordem com que se apresentam os dados ao informante também pode interferir no resultado (e.g. aquilo que se julga ruim no início da sessão pode ser julgado bom ao final da sessão, após uma fase de familiarização). Há técnicas para se contornar esse problema, chamado *efeito de saciação* (cf. Snyder 2000). Outra prática que eleva o grau de confiabilidade dos testes é a inclusão, em meio aos dados a serem julgados, de exemplos não relacionados com o que está sob investigação, e cuja única função é distrair o informante para que ele não perceba do que trata o teste. Tipicamente, o número de dados *distratores* excede o número de dados *alvo*, e eles aparecem estrategicamente intercalados ('embaralhados').

Na condição de haver um enviesamento provocado pelos protocolos experimentais, ele deve sempre se direcionar para o lado de aumentar a probabilidade de o informante dar respostas favoráveis à *hipótese nula*, i.e. aquela contrária à *hipótese experimental* sendo proposta e testada. Se, ainda assim, o informante der respostas que corroboram a hipótese do linguista, pode-se, com mais confiabilidade, afirmar que tal hipótese foi de fato corroborada[39]. Aliás, esse tipo de enviesamento (e só esse) é não apenas

---

38. Tais técnicas envolvem protocolos experimentais mais elaborados (cf. §5.5), e são muito usadas para estudar a linguagem de crianças, as quais não têm a mesma habilidade metalinguística dos adultos para responder se um dado é bem-formado. E elas podem ser aplicadas com informantes adultos também. Para uma introdução a tais técnicas, cf. Crain & Thornton (1998), Crain & Lillo-Martin (1999) e Grolla & Figueiredo-Silva (2014).

39. Como numa partida de xadrez em que o jogador X inicia excepcionalmente com apenas metade das peças, e o jogador Y, com todas. Se, ainda assim, X vencer, temos em X um campeão incontestável.

aceitável como desejável. Isso é um padrão praticado em experimentos nas mais diversas áreas científicas.

Como também apontam Phillips & Lasnik (2003), há décadas já são conduzidos, no âmbito da GGT, experimentos mais sofisticados, que capturam a (in)aceitabilidade com uma granularidade mais fina, e que envolvem um aparato tecnológico específico, incluindo: (i) rastreamento de movimento ocular, (ii) eletroencefalografia, (iii) medição de tempo de reação, etc. Para uma breve introdução ao tema, recomendo Maia (2015). Para detalhes, recomendo começar por Cowart (1997). Além disso, recomendo as obras dos seguintes autores-chave na área: Janet Fodor, Edward Gibson, Colin Phillips e Jon Sprouse.

Phillips (2009), um experimentalista *hardcore*, defende veementemente que, embora os métodos experimentais de última geração sejam absolutamente necessários para detectarmos detalhes finos dos fenômenos, sozinhos eles são inúteis. Eles devem ser complementados por experimentos mais 'rudimentares' feitos com o velho método de lápis e papel e uma solicitação para o falante emitir um julgamento de aceitabilidade acerca de uma sequência de ILs (desde que executados com os cuidados mencionados acima). Mais que isso, antes de vir conectar fios elétricos ao couro cabeludo das cobaias, é preciso, como pré-requisito, ter uma teoria que faça previsões acerca do que se pode ou não encontrar nos medidores dos aparelhos. Sem a teoria (construída com lápis, papel, transpiração, inspiração e intuição), não se chega a lugar algum, pois a tela do computador só vai mostrar manchas cujo significado desconhecemos[40]. Aproximadamente nessa direção, Sprouse & Almeida (2012) defendem a validade dos testes mais rudimentares (bem-feitos) através de uma comparação direta entre duas investigações paralelas da mesma base empírica, composta de 469 dados oriundos de um manual didático (Adger 2003), que inclui uma série de estruturas bem-intrincadas. Uma das investigações nada mais era que

---

40. Cf. Gibson & Fedorenko (2013) para uma crítica a Phillips (2009).

os resultados reportados por Adger, obtidos via testagens 'rudimentares'. A outra investigação foi conduzida pelos autores em laboratório, por meio dos mais avançados métodos e dispositivos tecnológicos, com 440 informantes. Surpreendentemente ou não, 98% da descrição de Adger (2003) converge com a de Sprouse & Almeida (2012). Essa margem de erro de 2% não é tão pequena quanto parece (afinal, quem não gostaria de ter imensos 2% de chance de ganhar na loteria comprando um só bilhete?), mas indica fortemente que, *se bem planejados e executados*, os testes mais 'rudimentares' fornecem dados bastante confiáveis[41]. Resultados e conclusões semelhantes encontram-se também em Sprouse & Almeida (2013a) e Sprouse et al. (2013).

Faz-se pertinente aqui uma observação sobre eventuais discrepâncias acerca de juízos de (in)aceitabilidade (cf. Newmeyer 1983: 53-55). É comum um pesquisador apresentar dados rotulando-os quanto à (in)aceitabilidade e (a)gramaticalidade e ser duramente contestado por alguém, que diz: "Essa frase α que você diz ser ruim é ótima pra mim" (ou o contrário). Qualquer afirmação sobre a realidade empírica pode ser contestada; mas, infelizmente, muitas vezes isso é feito de modo improdutivo. Quando ocorrem discrepâncias de julgamento, muitas são as possibilidades. Uma delas é que o pesquisador de fato coletou seus dados com um método falho, o que torna a crítica pertinente. Mas, nesse caso, o foco da crítica deve ser um questionamento dos métodos, e não uma simples afirmação categórica de que o pesquisador reporta os fatos incorretamente. Se o autor da pesquisa não tem autoridade para arbitrar o que é (in)aceitável, o mesmo vale para o crítico. A crítica construtiva deve buscar o refinamento dos métodos, adiando as conclusões, em vez de concluir em contrário prematuramente. Outra possibilidade é que o pesquisador esteja, de fato, reportando corretamente a realidade que ele observou. Nesse caso, provavelmente estamos diante de

---

41. Cf. Gibson et al. (2013) e Sprouse & Almeida (2013b) para um debate entre posições opostas quanto ao tema.

diferenças dialetais/idioletais entre o autor e seu crítico (lembrando que o dado reportado não necessariamente coincide com o dialeto falado pelo autor). Nesse caso, é inócuo buscar quem tem razão numa pseudodisputa 'meu dialeto *versus* seu dialeto'. É igualmente inócuo simplesmente aceitarmos tal diferença sem discuti-la, achando que, por serem gramáticas diferentes, elas não podem nem devem ser comparadas. É exatamente nesses casos que temos a oportunidade de testar as previsões das nossas análises. Diante de uma discrepância significativa em torno do dado α, devemos nos perguntar que previsão a análise do pesquisador faz para um outro dado β, ainda não observado, com estrutura similar, porém diferindo num detalhe específico. Se a análise que prevê que α é 'ruim' também prevê que β seja 'bom', por exemplo, e se for atestado que os mesmos informantes que antes julgaram α agora julgam β como 'ruim' pelos mesmos métodos, então há um problema sério na análise em foco[42]. Caso contrário, o questionamento levantado apenas corrobora a visão do pesquisador. Para uma discussão mais profunda e elaborada sobre esse tema, recomendo fortemente a leitura de den Dikken et al. (2007).

§2.5. A INEXORABILIDADE DOS JUÍZOS DE ACEITABILIDADE: DADO POSITIVO E DADO NEGATIVO

Retomemos os pares em (6) e (7) acima, renumerados como (16) e (17)[43]:

---

42. Felizmente, há críticas mais lúcidas e construtivas aos métodos chomskyanos de coleta e classificação de dados (e.g. Labov 1972: 192-199; Levelt 1974: cap 2; Moore & Carling 1982: 70-82, 1985: 17-20).

43. Em (16-17), o símbolo 'Ø' indica uma 'lacuna' na posição de objeto da sentença subordinada, interpretada como 'aquele sendo espionado'. O símbolo **x** subscrito na lacuna e no elemento (des)locado na margem inicial indica que ambos os elementos sintáticos são interpretados como se referindo à mesma entidade. Na GGT, (16-17) são analisados em termos do *movimento* de <u>quem</u> da posição da lacuna para a margem inicial. Por ora, o essencial aqui é a *dependência de longa distância* entre posições distintas, quer isso envolva movimento ou não.

(16a) Léo alertou você [que Zé espionava Cris].

(16b) Quem$_x$ (que) Léo alertou você [que Zé espionava Ø$_x$]?

(17a) Léo alertou você [enquanto Zé espionava Cris].

(17b) * Quem$_x$ (que) Léo alertou você [enquanto Zé espionava Ø$_x$]?

O três primeiros exemplos são *dados positivos* (i.e. exemplos de um arranjo gramaticalmente possível de ILs) e o último é um *dado negativo* (i.e. exemplo de um arranjo gramaticalmente impossível de ILs, juntamente com a informação explícita dessa impossibilidade)[44]. Dados positivos abundam nos discursos observáveis, mas dados negativos não. Contudo, há dados positivos muito raros, não facilmente encontrados em qualquer *corpus*. Como saber se um arranjo específico de ILs é um dado positivo da língua? A intuição do falante nativo nos dirá, via juízo de (in)aceitabilidade. Os dados negativos, porém, estariam, por definição, ausentes de qualquer *corpus* típico (retomo esse ponto adiante).

O linguista sabe que os três primeiros dados são aceitáveis/gramaticais porque os falantes os julgam aceitáveis à primeira vista. Não é implausível que isso se desse por analogia a outras sentenças já conhecidas, que tenham o mesmo 'esqueleto estrutural', preenchido por outros ILs. Não há dúvida de que algo como analogia faça parte da inteligência geral humana, aplicável também em várias tarefas cognitivas além da linguagem. Mas analogia envolve a inclusão de novos casos em um paradigma, com base em semelhança. E quais são os critérios para se medir a semelhança? Mesmo nos restringindo aos três primeiros exemplos, não é trivial o fato de os aceitarmos 'por analogia' a outras estruturas semelhantes da língua, a menos que especificados os critérios nos quais essa analogia se baseia, com a devida justificativa. Boa parte da teoria gramatical se ocupa disso através da formulação e testagem de hipóteses sobre as regras gramaticais, seu alcance e seus limites na aplicação a novos casos. Como testar a hipótese de que os três

---

44. O dado agramatical por si só não constitui o dado negativo; é necessária a informação correspondente a '*'.

primeiros dados são previstos pelo sistema da 'língua'? Uma possibilidade é criar esses dados e submetê-los a testes de aceitabilidade, mais rudimentares ou mais sofisticados. Outra seria vasculhar uma quantidade gigante de enunciados efetivamente produzidos e averiguar se achamos ocorrências desses exemplos. Se não acharmos, isso não significa que eles não são previstos pelo sistema da 'língua'. Significa apenas que não os encontramos no *corpus* inspecionado.

Quanto a (17b), como o linguista sabe que ele é inaceitável, estranho, e possivelmente agramatical? Nesse caso, não adianta inspecionar um *corpus* colossal de bilhões de sentenças, coletado a partir da fala e da escrita de muitos falantes. Se (17b) não consta nos registros, isso provavelmente se deve ao fato de ele não ser uma sentença da 'língua'. Mas, atenção: o fato é que (17b) não consta nos registros por não ser dado da 'língua'; e não que ele não é um dado da língua por não constar nos registros. Afinal, os três exemplos anteriores também não constavam nos registros do leitor até a leitura deste livro. E também não constavam nos meus registros até eu os criar, o que fiz usando a minha gramática. Cabe aqui citar a máxima filosófica "ausência de evidência não é evidência de ausência". Ou seja, sem consultarmos a intuição do falante nativo, temos ausência de evidências diretas de que (17b) seja aceitável/gramatical. Mas isso não é evidência de que (17b) esteja ausente do conjunto de sentenças aceitáveis/gramaticais. A rigor, também temos ausência de evidências diretas de que (17b) seja inaceitável/agramatical, até consultarmos a intuição do falante nativo.

A conclusão inescapável é que juízos de aceitabilidade, sejam eles frágeis ou robustos, coletados de modo mais confiável ou menos, são absolutamente imprescindíveis para construirmos uma teoria gramatical. Sem isso, é impossível obter dados negativos (nem mesmo todos os dados positivos de que precisamos). Dados negativos são cruciais por serem as únicas evidências empíricas acerca do que é impossível gramaticalmente. Apreciemos de perto esse caráter imprescindível dos dados negativos comparando os dados acima. Diante da possibilidade de (16a) e de (16b), poderíamos concluir 'por analogia' que (17b) seria possível, posto que (17a), um dado positivo, é análogo a (16a), enquanto (17b) é análogo a (16b). A questão é ainda mais complexa. Observe os dados positivos em (18) e (19)[45].

(18a) Quem$_x$ (que) Léo alertou $\emptyset_x$ [que Zé espionava Cris]?
(18b) Quem$_x$ (que) Léo alertou $\emptyset_x$ [que Zé espionava $\emptyset_x$]?
(19a) Quem$_x$ (que) Léo alertou $\emptyset_x$ [enquanto Zé espionava Cris]?
(19b) Quem$_x$ (que) Léo alertou $\emptyset_x$ [enquanto Zé espionava $\emptyset_x$]?

(18a) e (19a) ilustram o fato trivial de o objeto do verbo principal também poder ser uma lacuna indexada a um pronome interrogativo fronteado. (18b) e (19b) também têm essa característica, e, além disso, trazem uma lacuna como objeto do verbo da oração subordinada. Assim como (18a) e (19a) são análogas, o mesmo vale para (18b) e (19b), em que há duas lacunas (uma em cada posição de objeto) e um pronome interrogativo deslocado, com coindexação entre os três. É importante frisar que (19b) também é análogo ao dado negativo (17b), pois ambos trazem, dentro da oração subordinada adjunto do verbo, uma lacuna indexada a um pronome interrogativo fronteado. Por que, então, (19b) não seria inaceitável/agramatical por analogia a (17b)? Não há nada de ilógico nessas analogias.

---

45. A aceitabilidade de (18a) e (19a) é consensual, assim como a de (19b), o dado crucial para esta discussão. Há alguma controvérsia em torno de (18b). Em 'línguas' como 'inglês', dados com esse mesmo formato geral são aceitáveis ou não, a depender de seus detalhes finos (cf. Chomsky 1986b: 61-62), o que se relaciona a um ponto técnico que vai além do nosso escopo aqui (i.e. o fato de a lacuna legítima c-comandar a lacuna parasita, cf. Chomsky (1982a: 40-42; 1986b: 54-55) e obras lá citadas). Apesar de muitos brasileiros aceitarem (18b) com a interpretação relevante, não se pode descartar a possibilidade de a gramaticalidade de (18b) ser questionável, e sua relativa aceitabilidade ser um efeito colateral do fato de que, diferentemente do 'inglês', o 'português brasileiro' tem mais meios de licenciamento de 'objetos silenciosos' nas mais variadas configurações, independentemente de pronomes interrogativos fronteados. Para fins práticos, tomo (18b) como gramatical. Se o considerarmos agramatical, a discussão certamente ficaria mais complexa, mas não no sentido de refutar a tese principal a favor do inatismo da restrição de ilha e dos mecanismos de licenciamento de lacunas parasitas. Ao contrário, tal complexidade só reforçaria a tese de que a aquisição se dá a partir de uma amostra de dados incompleta e enganadora (cf. §5).

(17b) é estranho, apesar de suas inegáveis semelhanças estruturais com dados positivos.

Essa estranheza tem a ver com o tipo de oração subordinada contendo a lacuna na posição de objeto. Se a subordinada é complemento de <u>alertou</u>, todas as possibilidades de distribuição e indexação de lacunas se verificam. Se a subordinada não é complemento de <u>alertou</u>, a lacuna dentro dela pode estar indexada a uma outra lacuna na posição de objeto da sentença principal (que por sua vez estaria indexada ao pronome interrogativo fronteado); mas não pode estar indexada diretamente ao pronome interrogativo fronteado, sem que tal coindexação seja 'intermediada' pela lacuna legítima no objeto de <u>alertou</u>. O que acabo de fazer é só uma descrição inicial, não uma explicação, a qual demandaria a explicitação de hipóteses testáveis acerca das regras gramaticais que estabelecem essas relações, gerando como resultado o padrão descrito acima. Entretanto, quaisquer que sejam os processos gramaticais envolvidos, primeiramente é preciso o linguista descrever adequadamente o que a gramática permite ou proíbe. Para tanto, ele precisa saber que (17b) é anômalo.

Como saber? Analogias são úteis no processo de construção de hipóteses, como acabamos de ver, mas também podem nos levar a armadilhas perigosas. Nos dados sob comparação, que aspectos seriam ou não relevantes para eles serem tomados como análogos? O único modo de se constatar empiricamente uma impossibilidade gramatical é construindo dados e obtendo juízos negativos de aceitabilidade por parte dos falantes (e posteriormente inferindo sua agramaticalidade com auxílio de raciocínios analíticos auxiliares (cf. **§2.1, §2.2, §2.4**)). Sem isso, jamais teremos certeza da impossibilidade de certos arranjos de ILs, apenas a certeza de que não os encontramos em nenhum *corpus* inspecionado até hoje, o que não nos diz nada de significativo, assim como o fato de <u>Ideias verdes incolores dormem furiosamente</u> estar ausente de todos os *corpora* anteriores a 1955 não significava nada sobre a (in)aceitabilidade e (a)gramaticalidade de tal exemplo. Em debate com estruturalistas na *Third Texas conference* *on problems of linguistic analysis in English* em 1958 (cujos anais datam de 1962), Chomsky (p. 28, 76, 78, 159) salienta que nem mesmo *corpora* gigantescos, virtualmente exaustivos, trazem dados negativos. São uma amostra grande, mas não apontam uma gramática que faça previsões sobre o possível e o impossível. Chomsky (1980a: 198-199) acrescenta que um *corpus* pode conter 'falsos dados positivos' resultantes de desvios de desempenho acidentais, numa quantidade maior ou menor a depender da natureza do *corpus*. Se esse 'ruído' não for devidamente 'filtrado', corre-se o risco de classificar erroneamente dados agramaticais como sendo gramaticais. Tal filtragem passa em larga medida pela coleta, em paralelo, de juízos de aceitabilidade e de elicitação de enunciados.

Além disso, mesmo nos cânones da chamada *linguística de corpus* (cf. Labov 1972: 188, 203), admite-se que os *corpora* de fala e escrita também exibem um tanto de 'sujeira' junto com os muitos dados positivos. Ou seja, há, em meio a sentenças genuínas, sequências de ILs que são decorrentes de 'atrapalhações', pelos mais diversos fatores (o que só reforça a dicotomia *competência/desempenho*, que, ao contrário do que muitos pensam, não é rejeitada *in totum* na perspectiva laboviana). Eventualmente, podemos encontrar num *corpus* algo como *A televisor quebrou, que traz uma clara violação de concordância de gênero entre o nome-sujeito e seu artigo, possivelmente porque o falante pensou em falar televisão em vez de televisor e, na 'hora H', se atrapalhou ou mudou de ideia. Note que isso não é um dado negativo, a menos que venha acompanhado de uma indicação explícita de sua rejeição, o que é raríssimo[46]. Ou seja, há uma margem de erro de 'sujeira' a ser descartada. Os critérios para esse descarte não são triviais, mas, se não fizermos isso, teríamos de atribuir o mesmo estatuto gramatical a ✓O televisor quebrou e *A televisor quebrou, o que

---

46. Não é raro alguém dizer "Desculpa, eu errei, o que eu queria dizer era [...]". Esse tipo de correção, entretanto, não é suficiente para inferir que o erro estava na estrutura gramatical, e em qual parte da estrutura estaria o erro. Sem uma indicação explícita, pode-se pensar que se trata de uma 'inadequação discursiva' de qualquer natureza, uma substituição de uma mensagem por outra.

implicaria a negação categórica de qualquer versão da noção de (a)gramaticalidade (cf. Sampson 2007), sem a qual não há teoria gramatical viável (cf. Pullum 2007).

Independentemente da insatisfação dos antichomskyanos mais fervorosos diante dos juízos de aceitabilidade, não há outro meio de se obter os dados negativos[47], sem os quais não se pode hipotetizar nem testar regra gramatical alguma, a menos que, numa terça-feira, um anjo caído miraculosamente nos sussurre ao ouvido a revelação divina da negatividade de um dado. É surpreendente como algo tão cristalino não seja devidamente reconhecido pelos críticos, que insistem na falácia da suficiência dos dados positivos. Faz-se pertinente aqui citar duas passagens da obra clássica de Labov (1972), muito mais para criticar os 'maus labovianos' do que o próprio Labov, que ao menos modalizou seu discurso. Confrontando Chomsky diretamente, Labov (1972: 202) afirmou:

> Em sintaxe, nossas primeiras análises de uma dada forma são relativamente superficiais; mas, quando são notadas diversas relações com outras estruturas sentenciais, começa a surgir uma gama rica de estruturas subjacentes compatíveis. Há um segundo *paradoxo cumulativo* envolvido aqui: quanto mais se sabe sobre uma língua, mais se pode descobrir sobre ela. As limitações impostas por Chomsky aos dados do *input* o levaram à convicção de que a teoria é subdeterminada pelos dados [...], ou seja, sempre haverá muitas análises possíveis para cada porção de dados, e serão precisos meios internos de avaliação para decidir entre elas. Assumimos a posição oposta. Por meio do estudo direto da língua em seu contexto social, a massa de dados disponível se expande enormemente e nos fornece formas e meios para decidir qual das várias análises possíveis é a correta.

Fora de contexto, esta passagem sugere fortemente um desprezo total pelo método de coleta de juízos de aceitabilidade, sem os quais não obtemos dados negativos, que são cruciais. Infelizmente, é assim que muitos autoproclamados labovianos conduzem suas pesquisas. De fato, na mesma obra, Labov (1972: 191-199) critica duramente o método chomskyano baseado

---

47. Em §5.6, critico a ideia de que se pode obter *evidência negativa indireta* através da massa de dados positivos.

em instrospecção psicológica como base empírica primária. Porém, logo adiante, Labov (1972: 201-202), ainda que sem conferir destaque para a importância crucial dos dados negativos, reconhece que não se pode abrir mão completamente dos dados de intuição[48]:

> A crítica ora apresentada aos métodos linguísticos convencionais não deve ser tomada como sugestiva de que eles sejam abandonados. A elicitação formal de paradigmas, o exame de julgamentos intuitivos, o estudo de textos literários, a experimentação em laboratório, os questionários sobre o uso linguístico – todos eles são modos de investigação importantes e valiosos. Os dois primeiros procedimentos devem ser dominados por qualquer um que almeje conduzir análises linguísticas significativas.

Há mais questões importantes sobre o papel dos dados negativos na teorização gramatical e da sua obtenção via juízos de aceitabilidade em oposição a uma obtenção indireta, observando-se a ausência sistemática de certas estruturas na massa de dados positivos. Retomo esse tema em **§2.7**, **§5.3** e **§5.6**. Até aqui, falo da impossibilidade de o linguista ter certeza de que um dado tipo de arranjo de ILs é impossível a menos que ele colete juízos de aceitabilidade negativos para dados que ele mesmo constrói. Ilustrei isso acima (cf. (16-19)) com um paradigma em que o dado-chave (17b) é negativo. Logo, não há informação suficiente *in natura* para que a gramática seja inteiramente desvendada apenas a partir de dados de fala espontânea. É preciso complementá-los com dados construídos pelo linguista após suas conjecturas, e então submetidos ao julgamento dos falantes. Veremos adiante, em **§5.5**, que uma tarefa parecida é enfrentada pela criança no processo de aquisição da 'língua'. Para ela, isso é ainda mais difícil (a rigor, impossível), porque ela ainda não desenvolveu completamente todo o seu aparato de habilidades perceptuais e cognitivas que possam auxiliá-la na tarefa, e não tem como obter dos falantes ao seu redor juízos de aceitabilidade negativos que lhe ajudem a confirmar ou refutar hipóteses.

---

48. Infelizmente, esta importantíssima diretriz metodológica laboviana é frequentemente ignorada na prática da pesquisa sociolinguística, que acaba por fornecer descrições incompletas, sem dados negativos cruciais.

§2.6. NÍVEIS DE ADEQUAÇÃO: OBSERVACIONAL, DESCRITIVO, EXPLICATIVO E SUPRAEXPLICATIVO

Qualquer teoria (em qualquer área do conhecimento) é tanto mais adequada (bem-sucedida, correta, etc.) quanto mais ela atinge seus objetivos de promover a compreensão dos fatos que ela se propõe a investigar, sendo uns mais simples e outros mais complexos. Mais que isso, os muitos fatos que compõem o grande fenômeno sob o escopo de uma disciplina científica tipicamente se organizam em camadas de complexidade. Em relação à linguagem, a visão chomskyana pode ser sumarizada como em (20):

(20)

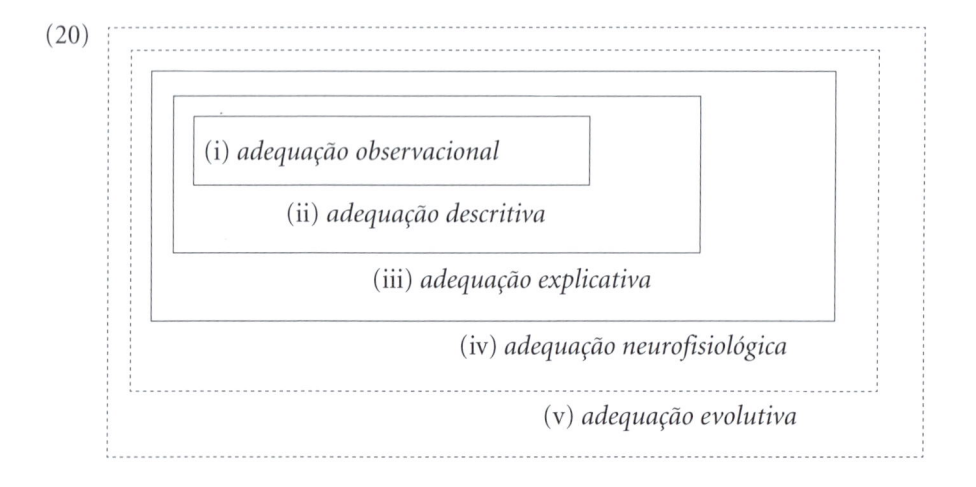

A figura (20) explicita o que chamo aqui de cinco *níveis de ambição* de teorias linguísticas. Uma teoria é tão mais ambiciosa quanto mais ela pretende compreender. A compreensão de certos fenômenos pressupõe a compreensão de outros (i.e. pressupõe que a teoria já tem respostas adequadas para perguntas que são logicamente anteriores). É por isso que a figura traz essas subempreitadas científicas em caixas dentro de outras caixas. A tarefa de se tentar formular uma teoria adequada no nível (20v) pressupõe logicamente que já se tenha uma teoria razoavelmente adequada no nível (20iv), o que pressupõe logicamente um relativo êxito no nível (20iii), o que pressupõe logicamente ter atingido boa parte dos objetivos do nível (20ii), o que pressupõe logicamente ter executado bem a tarefa do nível (20i). Chomsky formula esse raciocínio em termos de *níveis de adequação* da teoria linguística.

Os níveis (20i) e (20ii) são mencionados já em Chomsky (1951: 1-3), referidos repectivamente como *processos de descoberta* e *processos de descrição*. Como culminação de uma reflexão desenvolvida desde Chomsky (1955a: cap II, 1957: cap 2, 1961a, 1962a), os termos *adequação observacional* e *adequação descritiva* são explicitamente definidos em Chomsky (1964: cap 2), que inclui ainda o nível de *adequação explicativa* (20iii) em sua definição de *níveis de sucesso em descrição gramatical*. Chomsky (1965, cap 2) sumariza essas relações entre os níveis (com enfoque em (20ii) e (20iii)) no contexto geral de outras discussões teórico-metodológicas. Os níveis (20iv) e (20v) – cujos nomes dados por mim acima não são terminologia oficial – só começaram a ganhar destaque na GGT há cerca de duas décadas (aglutinados sob o rótulo de *adequação supraexplicativa* (Chomsky 2004)), embora, a rigor, eles já estivessem postos desde as obras de Lenneberg (1960, 1964, 1967).

No nível observacional, o linguista simplesmente (aliás, isso não é tão simples quanto possa parecer) cataloga *os dados observados*, tomados cada um como uma mera sequência de ILs (atrelada a uma dada curva melódica e um significado). Trata-se, enfim, da execução do primeiro passo, que é o reconhecimento do que é ou não é uma sentença da língua. Fora do âmbito da GGT, é comum chamar essa busca por adequação observacional de *descrição linguística* (frequentemente privilegiando os dados positivos em detrimento dos negativos). Tal nomenclatura paralela faz um certo sentido, pois a catalogação dos dados já envolve inevitavelmente um ato de descrição. Mas se trata fundamentalmente da descrição dos dados observados enquanto sequências de ILs, sem maiores preocupações com a natureza exata de suas estruturas internas (que, por ora, indico aqui muito simplificadamente através de colchetes, índices subscritos e rótulos categoriais). Embora a referida catalogação possa ser feita sob a forma de uma gramática, contendo regras declarativas acerca das combinações (im)possíveis, um trabalho que atinge apenas adequação observacional não descreve as engrenagens internas da gramática responsáveis por atribuir a cada dado a estrutura interna que ele tem. Sem uma descrição adequada da gramática, a previsão que a teoria faz quanto aos dados possíveis e impossíveis é mera catalogação, já que não tem como capturar relações importantes entre sentenças, reconhecidas facilmente pela intuição do falante nativo. Ilustro esse ponto começando por (21). Há duas interpretações possíveis, parafraseadas em (22).

(21) Aline vendeu o carro rápido.

(22a) O carro rápido, Aline vendeu.   (22b) O carro, Aline vendeu rápido.

Uma teoria que simplesmente declara que uma sentença pode ter o formato **nome^verbo^artigo^nome^adjetivo** atinge adequação observacional ao prever que (21) é uma sentença possível. Entretanto, ela não captura devidamente a ambiguidade referida, exceto pelo mero fato de reconhecer que ela existe. Uma teoria descritivamente adequada deve dar conta do fato de que cada um dos dados em (22) é não ambíguo. Em (22a), o carro é que é rápido; em (22b), rápido é o modo como a venda foi executada. Uma teoria que concebe sentenças como não apenas sequências de ILs, mas como arranjos de ILs em blocos que se combinam em blocos maiores, pode, a depender de como é formulada, prever a existência de duas estruturas distintas para a mesma sequência em (21), tal como em (23).

(23a) [SUJEITO Aline] [PREDICADO vendeu [OBJETO **o carro rápido**]]

(23b) [SUJEITO Aline] [PREDICADO vendeu [OBJETO **o carro**] rápido]

Assim, prevemos que o dado (22a) só tem a interpretação de 'carro rápido' porque seria derivado de (23a), pelo fronteamento da unidade [**o carro rápido**], na qual a qualidade de ser rápido incide apenas sobre <u>carro</u>, porque <u>rápido</u> está encapsulado num bloco que não contém <u>vendeu</u>. Analogamente, o dado (22b) só tem a interpretação de 'vendeu rapidamente' porque seria derivado de (23b), pelo fronteamento da unidade [**o carro**], que, crucialmente, não contém dentro de si rápido, o qual, estando fora daquele bloco, pode assim incidir sobre vendeu o carro, por haver mais proximidade estrutural entre o verbo e o adjetivo. Uma teoria formulada nesses termos (com organizações em blocos, mecanismos de deslocamento de partes, ou qualquer dispositivo equivalente que seja igualmente poderoso) consegue ir além da adequação observacional e avançar significativamente rumo à adequação descritiva, pois descreve não só os dados, mas o sistema gramatical que *gera* os dados e as relações entre eles, constituindo-se num modelo abstrato da competência do falante nativo (cf. **§3.2**).

Pode-se, por convenção terminológica, adotar a definição bloomfieldiana de *língua* como uma coleção de todos e apenas os arranjos de ILs que constituem sentenças reconhecidas como gramaticalmente bem-formadas pelos membros de uma comunidade de fala. Mas isso, por si só, não nos leva a compreensão alguma do fenômeno linguístico. Para tanto, é preciso investigar as propriedades do sistema gerador dos dados (que por ora podemos chamar de *a gramática da língua*), e consequentemente as propriedades estruturais das representações mentais dos dados, para além do mero sequenciamento de ILs. Assim, em vez de apenas catalogar uma mera coleção de sentenças, temos uma compreensão da natureza do sistema que determina por que cada sequência é ou não é válida enquanto sentença.

Tomemos agora um fragmento mais complexo da língua, retomando os dados de (16) a (19). Lembre-se que (17b) é um dado negativo, não observável, exceto se for primeiramente construído a partir de reflexões teórico-analíticas e subsequentemente submetido ao julgamento do falante, o que já envolve um trabalho no nível da adequação descritiva. Em todo caso, a catalogação daqueles dados, se for muito bem-feita, atinge apenas adequação observacional. Embora não tenhamos, até o momento, explicitado um fragmento de gramática que efetivamente dê conta de todos os detalhes ali

envolvidos[49], temos um bom rascunho de uma resposta geral a ser detalhada, e que poderíamos sumarizar em (24).

(24a) *Um pronome interrogativo fronteado deve estar vinculado a uma lacuna na
posição em que é interpretado.*
(24b) *Se uma lacuna estiver contida numa sentença subordinada que não seja complemento do verbo subordinante, ela não é vinculável a um pronome interrogativo fronteado.*
(24c) *Lacunas 'órfãs' (descritas em (24b)) podem se vincular a uma outra lacuna
legitimamente vinculada a um pronome interrogativo fronteado.*

(24) é uma descrição não técnica do que há na gramática; não explica o
porquê de a gramática ser assim e não de outro jeito. De qualquer modo,
algo próximo disso faria parte da competência do falante adulto da 'língua',
e é por isso que o dado em (17b) é rejeitado, a despeito das já mencionadas
semelhanças com os demais dados do paradigma. A próxima questão que
se coloca é como esse falante adulto veio a internalizar algo como (24b)
em sua competência. Se a criança não teve acesso a dados negativos como
(17b), como ela teria sido capaz de não se deixar enganar pelas aparências
a ponto de acabar incorporando (17b) à sua gramática por analogia aos
dados que pôde observar? Enfim, por que a criança adota essa gramática
com a proibição em (24b) e sua flexibilização em (24c), se uma gramática
sem elas também seria compatível com a sua experiência? Uma teoria que
explique isso atinge o nível da adequação explicativa (20iii). Tal teoria pressupõe adequação nos dois níveis inferiores. Não se pode explicar como a
criança internalizou a gramática G_α (e não G_β) sem termos primeiramente
uma boa caracterização dessa gramática G_α que a criança internalizou, o

---

49. Muitas questões permanecem abertas (cf. n. 43). Seriam as lacunas 'pronomes silenciosos' aos quais o elemento distante se vincula? Seriam elas o vazio deixado pelo deslocamento do elemento que ali esteve (e.g. quem)? Poderia haver vinculação diretamente
com o verbo da oração subordinada? Há toda uma literatura avançada sobre isso, cujas
análises se baseiam nos conceitos de *ilhas de extração* e *lacunas parasitas* (cf. Taraldsen
1981; Engdahl 1983; Chomsky 1982a: 36-78; 1986b: 31-42, 54-68; Culicover & Postal 2001;
Boeckx 2012; *inter alia*).

que, por sua vez pressupõe sabermos quais dados são ou não são geráveis por G_α.

O problema da adequação explicativa é central na GGT. De nada adianta formularmos uma teoria com regras que prevejam corretamente todas e apenas as sentenças da língua se for logicamente impossível para a criança descartar com certeza outras possibilidades de regras com base na sua experiência real (sem dados negativos). Esse parece ser exatamente o caso aqui. A exposição aos dados positivos é compatível também com uma gramática mais simples do que aquela com a proibição em (24b). Nessa gramática hipotética, (17b) seria gramatical. O fato intrigante é que as crianças exibem o conhecimento de que (17b) seria impossível (logo, conhecimento de alguma versão de (24b) ou do que subjaz a isso), a despeito da ausência de evidência para tal. A fala infantil é repleta de supergeneralizações (e.g. *o sapato *cabeu* no meu pé por analogia a ✓a médica *mexeu* no meu pé), mas algumas jamais ocorrem, como a de produzir algo como (17b) sistematicamente. Diante disso, é inescapável concluir que o sistema cognitivo da criança já é, desde o início, *enviesado* para levar em consideração os diferentes tipos de sentença subordinada para interpretar lacunas.

O que é matéria de debate é a natureza desse viés: se (a) ele deriva de algum padrão cognitivo da inteligência geral (logo, aplicável a diversas tarefas cognitivas não linguísticas) que restringe os tipos de analogia que se podem fazer, com base em fatores estabelecidos *a priori* como mais relevantes que outros; ou se (b) ele deriva do conhecimento inato de algum princípio cognitivo especificamente gramatical (tal como (24b)). A GGT tem acumulado muitas evidências empíricas em mais de meio século na direção da conclusão de que, para muitos fragmentos-chave das gramáticas das línguas (não todos, obviamente), a opção (b) é correta. Ou seja, há certos mecanismos gramaticais que não tivemos como aprender, mas os sabemos a despeito disso, portanto nascemos sabendo-os. De qualquer modo, independentemente de a opção correta ser (a) ou (b), o fato é que uma teoria linguística só é explicativamente adequada se ela contém uma caracterização explícita do enviesamento apriorístico das crianças, que as leva a generalizar regras fazendo certos tipos de analogia e jamais outros, inclusive exibindo comportamentos universais nesse sentido, independentemente da 'língua' em questão. Retomo esse ponto adiante em §5.

O nível de *adequação neurofisiológica* (20iv) é atingido quando se tem uma teoria que é explicativamente adequada (consequentemente, adequada nos níveis observacional e descritivo), e cujos vieses cognitivos apriorísticos propostos (sejam eles definidos em termos de inteligência geral ou de habilidades inatas especificamente gramaticais) são compatíveis com o que as melhores teorias neurofisiológicas disponíveis apontarem como 'realista', em termos de sua instanciação no cérebro. Nesse estágio, deixamos de falar em mente e passamos a falar em cérebro, o que, de saída, nos coloca grandes obstáculos de incomensurabilidade entre as teorias e os métodos (cf. Poeppel 2012). Para que uma teoria atinja o nível de *adequação evolutiva* (20v), é preciso que ela, além de satisfazer os critérios de adequação de todos os quatro níveis inferiores, explique o porquê de a espécie *homo sapiens sapiens* ter desenvolvido (via seleção natural), no curso da sua evolução, o aparato neurofisiológico cerebral que desenvolveu, e não um outro, que acarretaria numa linguagem diferente da nossa. Essa explicação precisa ser compatível com os resultados gerais da teoria da evolução contemporânea quanto a mutações, seleções, adaptações, exaptações, etc. Sem dúvida, tudo o que há hoje a esse respeito é muita especulação e pouca conclusão (cf. Hauser et al. 2014). Retomo esses pontos adiante, em §2.8 e §5.6.

§2.7. CONCEPÇÃO DE LÍNGUA (LÍNGUA-I & LÍNGUA-E)

Tomo como ponto de partida a concepção de língua de Saussure (1916), porque (i) ela norteou todas as pesquisas em linguística do Estruturalismo, tradição imediatamente anterior ao surgimento da GGT, e (ii) ela é um ponto de referência conhecido de grande parte dos leitores típicos deste livro. Saussure – ao menos a *persona* histórica, o alter-ego reconstruído postumamente pelos discípulos que compilaram o *Cours de Linguistique Générale*

(CLG) – reconhecia a linguagem como heterogênea, multiforme, heteróclita, ao mesmo tempo individual e social, imensamente complexa e intangível por qualquer investigação humanamente exequível. Ao se impor a tarefa de delimitar o escopo da Linguística, ele reconheceu, de saída, que o objeto de estudo não precede o ponto de vista; ao contrário, o ponto de vista cria o objeto. Não se tratava de relativismo estéril, de negação de uma realidade cartesiana independente do observador. Todo processo de descoberta começa 'tateando no escuro', fazendo uma aposta semicega de que certas coisas pertencem ou não ao mesmo domínio da realidade. Os recortes epistemológicos (e suas idealizações) são inevitáveis, do contrário nossas teorias não passariam de descrições tão complicadas quanto os fatos que pretendem explicar, incorrendo no problema do chamado *Mapa de Borges*[50].

Para Saussure, a linguagem (*langage*) é composta de língua (*langue*) e fala (*parole*). A língua seria o 'sistema de signos', um código compartilhado pelos membros da sociedade, de alguma forma representado nas mentes dos indivíduos, mas "não é uma função do sujeito falante: é o produto que o indivíduo registra passivamente" (Saussure 1916: 30). Esse registro passivo seria parcial e imperfeito. A língua só existiria integralmente num plano exterior ao indivíduo, enquanto *entidade social*, tendo os indivíduos (membros da sociedade) como veículos portadores de seus fragmentos. Saussure (1916: 30) afirma que:

> Se pudéssemos abarcar a união das imagens verbais armazenadas em todos os indivíduos, atingiríamos o entrelaçado social que constitui a língua. Trata-se de um tesouro depositado pela prática da fala em todos os indivíduos de uma mesma comunidade, um sistema gramatical que existe virtualmente em cada cérebro ou, mais exatamente, nos cérebros de um conjunto de indivíduos, pois a língua não está completa em nenhum, ela não existe integralmente se não na massa.

Em oposição à heterogeneidade da linguagem, a língua, assim constituída, seria homogênea. O funcionamento do conjunto de convenções do

---

50. Cf. *Del Rigor en la Ciencia* (1946), do ficcionista argentino Jorge Luis Borges (que dialoga com *Sylvie and Bruno Concluded* (1893) do ficcionista inglês Lewis Carroll), sobre um inútil mapa em escala real que replica toda a complexidade do território, sem lançar luzes sobre a compreensão dele (i.e. não ajuda na localização).

código pressupõe uma homogeneidade, sem a qual a língua não teria um caráter sistemático (op. cit.: 32). De onde vem a heterogeneidade da linguagem, então? Viria do *uso* do sistema. Enquanto a língua (sistema) seria homogênea, os usos que se fazem dela seriam variados. É na fala que residiria a variação linguística que confere heterogeneidade à linguagem. Cada ato de fala particular é uma das muitas instanciações da potencialidade de todos os usos do sistema. Saussure (1916: 38) afirma que "[n]ão há nada de coletivo na fala, cujas manifestações são individuais e momentâneas". Há casos bem simples, como a alternância entre (i) <u>Aline vendeu o carro</u>; (ii) <u>Aline vendeu o automóvel</u>; (iii) <u>O carro foi vendido por Aline</u>, e (iv) <u>O automóvel foi vendido por Aline</u>. Todas essas possibilidades previstas pelo sistema veiculam aproximadamente a mesma mensagem, estando a incidência de uma ou outra sujeita às escolhas de falantes particulares em circunstâncias particulares (ainda que sujeitas a modismos, etiqueta social, etc.). Assim, enquanto a língua seria social, a fala seria individual.

Mas há casos de variação que desafiam esta visão. Discuto abaixo alguns exemplos, aqui rotulados como '??' para contemplar diferentes possibilidades de (in)aceitabilidade e (a)gramaticalidade, conforme cada dialeto do chamado 'português brasileiro' (PB).

(25a)?? Você quer que eu saia? (25b)?? Você quer que eu saio?

(26a)?? Eu dei o livro pro meu pai. (26b)?? Eu dei o meu pai o livro.

(27a)?? Ninguém leu o livro. (27b)?? Ninguém não leu o livro.

(28)?? Ela está dormindinho no sofá.

O primeiro par exemplifica a variação na expressão morfológica do modo subjuntivo. (25a) traz a variante 'padrão': <u>saia</u>. (25b) traz a variante não padrão (estigmatizada): <u>saio</u>, isomórfica à forma do presente do indicativo. Há dialetos (e.g. na periferia da região metropolitana de São Paulo) em que (25b) é a norma mais difundida, a ponto de (25a) soar demasiadamente alheio ao vernáculo, algo aprendido na escola e pouco ou nada dominado (como a mesóclise, por exemplo). No meu dialeto nativo (norma urbana culta de Salvador-BA, geração nascida na década de 1970), (25b) soa bastante estranho, não familiar. O grau de aceitabilidade de (25b) por um falante do meu dialeto depende do seu grau de familiaridade com outros dialetos. Eu, por exemplo, me acostumei com (25b) e compreendo, mas continuo estranhando, o que indica que a *minha gramática pessoal* não legitima esse arranjo morfossintático. O comportamento verbal da minha mãe, por exemplo, vai além. Ela generaliza a morfologia de subjuntivo para enunciados como Eu não sei se eu *saia* agora ou depois; que, aos meus ouvidos, soa tão estranho quanto (25b), embora eu esteja acostumado a isso e entenda. Ela me entende bem se eu digo Eu não sei se eu *saio* agora ou depois, mas ela vê (25b) como muito estranho, até difícil de entender, porque a forma verbal *saio* soa para ela como se estivesse no modo indicativo, uma asserção de que a pessoa sai, semanticamente incompatível com a condição de sentença subordinada ao predicado você quer que [...]. Claramente, há no mínimo duas gramáticas (eu diria três ou mais) coexistindo no chamado PB quanto à expressão morfossintática do subjuntivo. Para muitos falantes, situados nos extremos do *continuum* sociolinguístico, a outra variante é inaceitável, indicando a impossibilidade daquela forma na gramática que eles dominam, sem tanta escolha individual.

O segundo par ilustra uma variação em estruturas com verbos bitransitivos na voz ativa. (26a) é a forma típica, que a maioria dos falantes do chamado PB pensa ser a única[51]: objeto direto seguido de objeto indireto preposicionado. Em (26b), um objeto indireto não preposicionado precede o objeto direto. Essa variante não padrão é largamente desconhecida fora das poucas comunidades em que é usada[52], e é julgada inaceitável pela gran-

---

51. Quando digo *única*, excluo aqui, além da voz passiva, casos de fronteamento com ou sem clivagem ou resumptivo ou elipse (e.g. Foi o livro que eu dei pra meu pai; Meu pai, eu dei o livro pra ele; (Pra) meu pai, eu dei o livro) bem como a ordem não canônica *com* preposição, possível em casos de focalização contrastiva *in situ* do objeto direto (e.g. Eu dei pra meu pai O LIVRO, não o sapato).

52. E.g. dialeto da Zona da Mata Mineira (Scher 1996) e quatro dialetos rurais baianos (Lucchesi & Mello 2009).

de maioria dos brasileiros, para quem isso soa tão 'estrangeiro' quanto inglês maltraduzido (cf. <u>I gave my father the book</u>), tipicamente causando espanto e incompreensão ao primeiro contato. Para a grande maioria dos falantes, não há uma real escolha: apenas (26a) é reconhecida como 'pertencente à língua que se fala'. Mas há dialetos (minoritários) que legitimam (26b).

Em (27a) temos a forma canônica de se dizer "Não existe uma pessoa *x*, tal que *x* leu o livro" no chamado PB. Semanticamente, a negação é sentencial, incidindo sobre a proposição "alguém leu o livro". Morfossintaticamente, ela se realiza no pronome sujeito (cf. **§4.4.3**). Interessantemente, quando o pronome <u>ninguém</u> está em posição de objeto, o normal é expressar essa negação redundantemente, em duas posições, com o acréscimo da partícula <u>não</u> antes do verbo (i.e. <u>O guarda não multou ninguém</u>), sendo bastante estranha a ausência dela (i.e. *<u>O guarda multou ninguém</u>). Em (27b) temos a dupla expressão da mesma negação numa situação em que <u>ninguém</u> é o sujeito. Para a maioria dos chamados falantes do PB, essa estrutura é inaceitável, o que sugere fortemente que, na(s) gramática(s) internalizada(s) por essas pessoas, há regras que distinguem sujeito de objeto quanto às possibilidades de distribuição do pronome <u>ninguém</u> e da partícula <u>não</u>. Mais interessante ainda, para nossos propósitos aqui, é o fato de existirem alguns dialetos em que dados do tipo (27b) são possíveis, aliás um padrão presente em *corpora* de 'português antigo'[53]. Claramente, tais dialetos têm uma gramática com outros mecanismos de negação. O fato de que há falantes que aceitam (27b) e o fato de que suas gramáticas são consideradas, do ponto de vista social, como integrantes do chamado PB não são suficientes para negar o fato de que, nas demais gramáticas, (27b) é agramatical. Os falantes que rejeitam (27b) não o fazem 'por escolha'; fazem-no guiados por suas gramáticas[54].

---

53. Cf. Vitral (1999: §8), Souza (2006: 70), Namiuti (2008: 162), Cavalcante (2012: 336) e obras lá referenciadas.

54. É irrelevante para essa discussão se eventualmente houver usos de (27b), independentemente do dialeto, com leitura equivalente a "Não há ninguém que não leu o livro" ou "Todos leram o livro"; pois o que importa aqui é a gramaticalidade de (27b) enquanto dupla expressão de uma mesma negação; não enquanto dupla negação.

Finalmente, consideremos (28), que, para muitos falantes, expressa algo próximo de <u>Ela está dando uma dormidinha no sofá</u>. O exemplo em questão traz o morfema de diminutivo <u>-inh-</u> inserido na forma verbal gerundiva <u>dormindo</u>. Tipicamente, esse morfema se restringe a nomes e adjetivos. Pode-se argumentar que gerúndios são formas nominalizadas de verbos. Mas isso não muda o fato de que a construção em (28) é impossível na maioria das variantes do chamado PB, quaisquer que sejam as regras que proíbam isso. Passei a maior parte da minha vida sem jamais ter escutado algo desse tipo. Ao me deparar com esses dados pela primeira vez, estranhei muito. Depois, passei a interagir socialmente com falantes desse grupo (para quem gerúndios diminutivizados são plenamente aceitáveis e produtivos), e acabei me familiarizando um tanto com essa construção, que, contudo, nunca perdeu pra mim seu sabor de 'estrangeirismo'. Em meu meio social, escuto com frequência dados desse tipo. Esporadicamente, por razões de empatia sociocomunicativa, arrisco falar desse jeito. Certa vez, um interlocutor me corrigiu por eu estar supergeneralizando a regra a casos em que ela não se aplicaria, como em verbos transitivos cujo objeto está explícito, não elíptico nem subentendido (e.g. *<u>Ele tava lá beijandinho a namorada</u>). Pensei ter fracassado no aprendizado da regra até descobrir que, para outros falantes, tal tipo de construção é plenamente aceitável (porém, não sem certas restrições, e.g. *<u>dandinho um saída</u>, *<u>levandinho bronca</u>, *<u>tomandinho cuidado</u>). Achei então que havia aprendido bem um entre (ao menos) dois dialetos do 'gerúndio-diminutivês', e não uma 'versão pirata' da gramática alheia. Entretanto, volta e meia, me pego em dúvida quanto a certas combinações específicas de auxiliar, verbo, objeto, etc., o que indica que eu tenha de fato internalizado alguma 'versão pirata' da gramática alheia. É preciso ressaltar, porém, que, independentemente de a minha gramática ser deficiente/incompleta quanto ao 'gerúndio diminutivizado', todos nós temos versões piratas das gramáticas uns dos outros. Pondo de lado, então, esses casos de microvariação e voltando aos casos de macrovariação, é um fato inescapável que a gramática de uns legitima (28), mas a gramática de outros não.

Eu poderia facilmente dedicar um livro inteiro apenas a descrever variações gramaticais como essas. Mas os exemplos acima bastam para mostrar que muitíssimos tipos de variação/heterogeneidade residem na coexistência de mais de uma gramática numa sociedade, sendo que cada gramática atribui um estatuto de (a)gramaticalidade distinto ao mesmo dado. Ao levarmos em consideração conjuntamente mais e mais fenômenos como os ilustrados acima, fica evidente que, quanto mais abrangente for a base empírica que observamos (i.e. quanto maior a extensão geográfica abarcada, quanto mais faixas etárias considerarmos, mais classes socioeconômicas, etc.), mais provável é encontrarmos uma gama maior e mais variada de formas linguísticas. Inversamente, quanto mais restringirmos nossa observação ao comportamento linguístico de grupos menores e menores (uma cidade, um bairro, uma família, um indivíduo), menos variação encontraremos. Ou seja, quanto mais social é o que observamos, mais heterogêneo ele é; quanto mais individual, mais homogêneo. A conclusão inescapável disso é que havia um erro grave na concepção saussureana de que a língua seria social e homogênea, e a fala individual e heterogênea.

Pode-se reduzir o problema saussureano a uma magnitude mais solucionável, simplesmente concebendo-se diversas *langues*, diversos 'sistemas gramaticais de signos' espalhados pelo 'espaço lusófono'; afinal, o conceito de *langue* não necessita logicamente estar atrelado ao de país ou nação (cf. Saussure 1916: 270-280). Essa redução quantitativa, contudo, não resolve a natureza qualitativa do impasse. Isso seria o reconhecimento de que (sem negar que um tanto de variação advém mesmo de escolhas individuais) a principal fonte de variação não está nos múltiplos usos de um mesmo sistema, mas sim na coexistência de múltiplos sistemas numa mesma sociedade, que permitem e proíbem diferentes arranjos de ILs[55].

---

55. Em alguma medida, Saussure (1916: 275-278) já reconhecia isso, ainda que parcialmente, quando afirmava que "[d]esde que se vem estudando cada fenômeno em si mesmo, mapeando a sua área de extensão, foi necessário substituir a antiga noção [de dialeto] por outra [...]: existem apenas características dialetais naturais, não existem dialetos naturais; ou [...] há tantos dialetos quanto há localidades". Basicamente, Chomsky leva esse raciocínio ao limite e defende que existem tantas gramáticas quanto pessoas.

Na exposição acima, elegi quatro 'cantinhos' do espaço gramatical em que detectamos facilmente a existência de múltiplas gramáticas coexistindo, havendo falantes que dominam apenas uma (ou muitas) das variantes das respectivas regras, de tal modo que muitos indivíduos não têm tanta escolha ao falar (ou têm muitas). Suas falas refletem as possibilidades que lhe estão disponíveis em suas gramáticas individuais. Alguns falantes podem ser mais 'poliglotas' ou mais 'monoglotas', por assim dizer, em relação a certos aspectos da gramática. Há centenas de outros aspectos gramaticais (fonológicos, morfológicos, sintáticos) que podemos (e devemos) levar em conta para chegarmos a um quadro mais completo e acurado da variação. Quanto mais completamos tal tarefa, mais combinações entre esses aspectos detectamos, e vemos granularidades cada vez mais finas de diferenças dialetais, correspondendo a numerosos sistemas impossíveis de serem associados biunivocamente a uma região geográfica, e/ou faixa etária, e/ou classe socioeconômica, etc.

A rigor, não há sequer um falante real dessa abstração chamada 'português brasileiro', que não pode ser observada na fala de ninguém. Pode parecer, a princípio, que isso corrobora a ideia saussureana de que a língua existe integralmente na sociedade e apenas parcialmente em cada indivíduo. Contudo, na melhor das hipóteses, essa soma de sistemas gramaticais a que chamamos de 'português brasileiro' seria um amontoado de sistemas gramaticais, agrupados por critérios sócio-histórico-políticos. Não seria *um sistema gramatical*, propriamente dito, caracterizável por *critérios gramaticais*. Falta-lhe a homogeneidade que lhe conferiria a sistematicidade, segundo as próprias premissas saussureanas. No limite, haveria tantos sistemas quanto indivíduos, o que nos leva ao cerne da proposta chomskyana.

Para simplificar, ignoremos a explosão exponencial de gramáticas que emergem de centenas de espaços de variação gramatical entrecruzantes. Suponha que só há 30 aspectos na linguagem humana que podem variar (10 na fonologia, 10 na morfologia, 10 na sintaxe), e que em todos eles há apenas duas variantes possíveis (e.g. apenas <u>a gente canta</u> e <u>nós cantamos</u>;

ignorando-se <u>nós canta</u>, <u>nós cantemo</u>, etc.). O cruzamento de todas essas variáveis resulta em 2^{30} possibilidades; ou seja, de acordo com essa estimativa artificialmente supermodesta, haveria 1.073.741.842 gramáticas logicamente possíveis: um número mais de 5 vezes maior do que a estimativa oficial do IBGE para o total da população brasileira enquanto escrevo este parágrafo[56]. Ou seja, não é preciso muito para haver explosão exponencial.

Obviamente, não se segue logicamente daí que *todo* indivíduo tenha uma gramática exclusiva[57]. Nada impede que membros de uma família, ou um grupo de colegas de escola compartilhem uma mesma combinação de possibilidades de cruzamento entre variáveis gramaticais. Também, nada impede que muitas dessas possibilidades de cruzamento acabem nunca existindo na prática, devido à ausência de fatores sociais que fariam uma variante gramatical 'se encontrar' com outra, num dado espaço real de interação e comunicação efetivas. Entretanto, é fácil perceber que, havendo tantas dimensões de variação, e havendo tantas possibilidades de relações e interações sociais – inúmeras trajetórias possíveis que cada pessoa pode trilhar tendo ou não contato com inúmeros ILs, gírias, expressões idiomáticas, sotaques de vizinhos que migraram de outras cidades, ou cujos pais migraram, contato com moradores de fronteira ou não, etc. – fatalmente a variação oriunda de múltiplas gramáticas emergentes é uma consequência natural. No final das contas, cada indivíduo tem a sua gramática própria, que pode até coincidir com a de mais alguém, mas as coincidências são de pouca relevância diante da enormidade de gramáticas, todas elas erroneamente tomadas como sendo 'fragmentos incompletos da língua' numa perspectiva saussureana, pois todas elas se configuram num sistema gramatical completo, com plenos recursos (lexicais, fonológicos, morfológicos, sintáticos) para expressar qualquer pensamento que o falante queira ou precise expressar. Conclusão: *cada cabeça é um sistema*, ou... *minha gramática: minhas regras!*

---

56. Cf. http://www.ibge.gov.br/apps/populacao/projecao/
57. Também não se segue daí que um falante não possa ter mais de uma gramática (cf. n. 67).

E o que é então o português? E o japonês? E o yorubá? A rigor, o português não existe! Nem o japonês, nem o yorubá, nem língua nenhuma. As 'línguas' são ficções tanto quanto o conceito de *raça biológica* – negra, ariana, amarela, etc. (cf. Pena 2005; Sussman 2014; e Wade 2014 para um contraponto). Mas, mesmo admitindo a existência dessa imensa gama de múltiplos sistemas gramaticais (i.e. "cada cabeça é um sistema"), será que não seria igualmente inescapável admitirmos a existência de algo mais ou menos da ordem de grandeza do chamado 'português', ao menos enquanto *dimensão social* dessas múltiplas gramáticas? Saussure (1916: 29) já dizia que "entre todos os indivíduos unidos pela linguagem, é estabelecida uma espécie de meio-termo; todos reproduzirão (não exatamente, é claro, mas aproximadamente) os mesmos signos unidos aos mesmos conceitos".

Esse *meio-termo* existe? Por que não podemos chamar isso de 'português'? Podemos, assim como podemos falar em 'raça amarela' como um *meio-termo* atrelado à coincidência de traços como olhos puxados, rosto redondo, cabelos lisos, etc.; mas isso não significa que 'raça amarela' seja mais que isso: um rótulo classificatório superficial, tanto quanto 'língua portuguesa' o é. Em termos práticos, na vida cotidiana, essa concepção de reconhecer a existência do 'português' é adequada, pois no dia a dia não está em jogo a granularidade fina da variação gramatical e suas origens. Em nada nos ajuda (aliás, só atrapalha) contestarmos que Cervantes e Borges escreveram em espanhol, Pessoa e Bandeira em português, Brontë e Hemingway em inglês. A questão é: qual é o estatuto teórico e ontológico desse *meio-termo*?

Pessoas vivem em sociedade, a todo tempo interagindo no exercício de diversas atividades e se comunicando. Compartilham ideias, valores morais, ideologias políticas, religiões, sensos estéticos, hábitos alimentares, e até micro-organismos que parasitam seus corpos. Quanto mais as pessoas convivem entre si, mais disso tudo elas irão compartilhar, incluindo itens de vocabulário, regras fonológicas, morfológicas, sintáticas e convenções pragmáticas de uso. Quanto maior a interação entre nós, mais semelhanças teremos em todos os aspectos da vida. Porém, o compartilhamento não é total. Cada indivíduo é único em relação a seu conjunto de crenças, valores, objetivos; a como seu corpo interage com o meio físico; e também a como está configurada sua gramática mental.

Ao fim, pessoas unidas por laços sociais fortes acabam apresentando valores culturais semelhantes (em contraste com alguém de um lugar distante, vivendo sob circunstâncias bem distintas), mas isso não torna todos iguais: as pessoas divergem significativamente quanto aos detalhes finos de suas visões de mundo, de tal modo que rótulos generalizadores (e.g. *socialista, liberal, conservador, libertário*) são insuficientes para descrever alguém acuradamente, embora possam ser adequados para uma primeira caracterização aproximada. No plano linguístico, aqueles unidos por laços sociais fortes, por consequência dessas trocas sociais (em que, 'por tabela', são trocados elementos do léxico e da gramática), acabam possuindo gramáticas mentais distintas, porém suficientemente parecidas a ponto de haver a ilusão de que se fala 'a mesma língua', com compreensão mútua na maior parte do tempo a despeito de mal-entendidos que muitas vezes passam despercebidos. Há múltiplas gramáticas num *continuum*, e a distribuição delas (diatopicamente, diastraticamente, diacronicamente, diafasicamente), reflete em larga medida a complexidade da organização social. Mas essa teia de relações sociais, promotora de compartilhamentos, não é, em si, um *sistema gramatical*, e nem gera como produto um sistema gramatical unitário ao qual se possa chamar de 'língua portuguesa, japonesa, yorubá, etc.', a menos que falemos em língua em termos mais frouxos, rótulos descritivos para essas construções sociais ilusórias, tal como quando dizemos que "assistir a jogos de futebol aos domingos é um comportamento tipicamente brasileiro".

Feitas as considerações acima, chego ao ponto de apresentar a concepção chomskyana de língua, desenvolvida em muitas obras (e.g. Chomsky 1964: cap 1; 1975b: cap 2; 1975c; 1980a: cap 6; 1988: cap 1, 2; 1991b; 1995b; 2000a: cap 4, 5, 6) e cuja explicitação canônica se encontra em Chomsky (1986a: cap 1, 2). Em vez de citar vários trechos dessas obras aqui, peço que você as aprecie na íntegra. Para não 'chover no molhado', ofereço, no que se segue, a minha leitura sobre o tema (que, ainda que não seja a única, está longe de ser exótica ou heterodoxa entre os pesquisadores da GGT, sendo até em boa medida 'canônica'), fortemente calcada nos textos clássicos, e na minha prática como pesquisador da GGT.

Tal como Saussure, Chomsky opera com as dicotomias 'sistema & uso do sistema', 'homogêneo & heterogêneo', e 'individual & social'. Porém, o modo como esses conceitos são articulados é bem diferente. Não raro, traçam-se paralelos entre Saussure e Chomsky de modo simplista e equivocado, estabelecendo uma equivalência, de um lado, entre *langue* e *competência*, e, de outro lado, entre *parole* e *desempenho*. O paralelo não é de todo absurdo, posto que os dois primeiros conceitos dizem respeito ao sistema em sua potencialidade, enquanto os dois últimos se relacionam ao uso do sistema no ato de enunciação efetivo[58]. Mas há diferenças cruciais que, se ignoradas, levam ao absurdo. A *langue* saussureana era concebida como 'homogênea e social', enquanto a *competência* chomskyana é concebida como 'homogênea e individual'. É a partir daí que surge a dicotomia chomskyana *Língua-I* (*I* de *Intensional* (com S mesmo!) e *Internalizada na mente/cérebro do Indivíduo*) & *Língua-E* (*E* de *Extensional* e *Externa à mente/cérebro do Indivíduo*), que visa precisamente solucionar os problemas detectados na dicotomia saussureana original, como já exposto.

A *Língua-I* corresponde à *competência gramatical* internalizada na mente de cada indivíduo (um indivíduo como eu e você, não um ser idealizado), o conjunto de regras e princípios de combinatória de elementos gramaticais atômicos para formar expressões gramaticais complexas, tomando-se essas regras e princípios em sua potencialidade gerativa, independentemente das limitações de desempenho. Haveria, portanto, no limite, tantas Línguas-I

---

58. Em toda a sua vasta obra, há um ponto específico em que o próprio Chomsky (1964: 10-11) chega a traçar um paralelo entre a *competência* e a *langue* como um recurso expositivo. Adiante (op. cit.: 23), ele esclarece as diferenças, apontando inclusive que Saussure, embora sempre se referisse à *langue* como um *sistema*, não forneceu sequer um esboço de uma *gramática* efetiva que desse conta da capacidade gerativa desse sistema, concebido mais como um *sistema de signos* (i.e. um inventário de elementos) do que como um *sistema de regras*; ficando a combinatória aparentemente atribuída à *parole* (ou a alguma zona de fronteira nebulosa entre *langue* e *parole*), até onde se pode inferir algo a partir do texto obscuro do CLG, compilado postumamente. Esse ponto é retomado pelo autor em trabalhos posteriores, notadamente em Chomsky (1986a: 19).

quanto indivíduos. A minha Língua-I é vista socialmente como sendo uma variante do chamado 'português'. Se você me entende, então você possui uma Língua-I que, embora distinta da minha nos detalhes finos, é suficientemente parecida com a minha a ponto de ser vista como uma outra variante do chamado 'português'. A minha Língua-I é individual, e a sua também. É possível detectarmos as semelhanças e diferenças entre elas se as observarmos com o devido escrutínio, o que nos levaria a caracterizações do que vulgarmente chamamos de 'o meu dialeto do português' e 'o seu dialeto do português'.

Aliás, é preciso detalhar isso ainda mais. O que é 'o meu dialeto' e o que é 'o seu dialeto'? Quem mais fala cada um desses dialetos? É fácil rotular o meu dialeto ou o seu com uma combinação de critérios relativos a idade, localização geográfica, nível (e tipo) de escolaridade, etc. Caracterizar precisamente cada dialeto (suas regras fonológicas, morfológicas, sintáticas) é bem mais trabalhoso. Mas mesmo uma investigação incompleta do meu dialeto ou do seu – **se feita de modo a efetivamente achar as diferenças e não apenas as semelhanças, o que crucialmente implica dar relevo aos dados negativos** – evidenciará que é muito difícil encontrar alguém que tenha uma Língua-I exatamente como a minha ou como a sua entre aqueles que, pelos mesmos critérios já mencionados, seriam 'os meus pares' e 'os seus pares'. Portanto, a noção relevante aqui não é *dialeto*, mas *idioleto* (*grosso modo*, o dialeto próprio de cada indivíduo), um conceito antigo, que, antes de Chomsky, e antes mesmo de Saussure, já havia sido considerado por Paul (1880) como o lugar por excelência onde jaz a gramática[59 / 60]. Logo, o *meio-termo* no qual eu e você nos encon-

---

59. A primazia do idioleto na teoria gramatical de Paul (1880) fora severamente criticada por Weinreich et al. (1968: 104-119), obra seminal da sociolinguística laboviana. Dados os limites de escopo e espaço, não tenho como comentar tal crítica, mas recomendo fortemente sua leitura, alertando para o fato de que a concepção de língua de Paul, embora similar à de Chomsky no que concerne à primazia do idioleto, é significativamente distinta da noção de Língua-I em vários aspectos. Logo, a crítica de Weinreich et al. à visão de Paul não necessariamente é aplicável à de Chomsky.

60. Crystal (1985: 142) observa que "[a]lguns linguistas delimitam o uso do termo [*idioleto*] aos hábitos de fala de uma pessoa numa determinada variante [dialetal] num dado momento". Vemos aí, claramente, impressões digitais saussureanas na linguística estruturalista e pós-estruturalista como um todo.

tramos é, concretamente, um meio-termo entre gramáticas individuais, ainda que elas sejam o que são em decorrência dos nossos históricos de experiências sociais com um grau considerável de sobreposição entre elas (cf. Hockett 1958, cap 38). Então, existem *meios-termos*, afinal? Haveria um *meio-termo entre todos os meios-termos*? Se todos interagimos socialmente nos comunicando, não seria exatamente por compartilharmos uma porção significativa do léxico e da gramática? Não seria isso, então, o que se convenciona chamar de 'a língua portuguesa'? A natureza disso não seria essencialmente social? Qual é o problema em reconhecermos isso? Por que não podemos equacionar isso com o conceito saussureano de *langue*?

Sim, *grosso modo*, feitas as devidas ressalvas, é legítimo dizer que eu e você 'sabemos português', e que 'português' é esse amálgama de gramáticas se interseccionando num 'espaço sociossemiológico' no qual eu e você 'nos encontramos'. Isso é o que Chomsky chama de Língua-E, e que se assemelha mais à *langue* saussureana. Essa entidade social exterior ao indivíduo, entretanto, não tem materialidade alguma para poder ser objeto de estudo da teoria da gramática; não é passível de ser estudada enquanto sistema gramatical porque não é um sistema gramatical. É um 'balaio de gatos'. Por exemplo, todos aqueles dados em (25-28) acima são 'sentenças do português' concebendo-se o português como Língua-E. Há dados naquele 'balaio' que são gramaticais ou agramaticais, a depender da gramática em questão, do dialeto em questão; aliás, do idioleto em questão, pois dialeto já é uma idealização (uma espécie de *langue* menos abrangente, mas ainda assim um amálgama de gramáticas). Ao considerarmos que *tudo aquilo* é 'português', colocamos no mesmo 'balaio' produtos de gramáticas diferentes: arranjos de ILs que são dados positivos numas gramáticas e dados negativos em outras. Claramente, a Língua-E não é uma gramática. É algo que, na melhor das hipóteses, com muito boa vontade, corresponde aproximadamente à definição bloomfieldiana de língua enquanto "coleção de todas as sentenças possíveis" (ou fórmulas sentenciais possíveis, como

Nome^Verbo^Nome, Nome^Negação^Verbo^Pronome, Artigo^Nome^Verbo^Nome^Advérbio, etc.).

A Língua-E, portanto, é *extensional*, em oposição à Língua-I, que é *intensional*. Para todo e qualquer dispositivo gerador de produtos, existem as engrenagens internas do sistema que, se acionadas, geram os produtos; e existem os produtos geráveis pelas engrenagens acionáveis. Uma cafeteira automática tem como a sua *intensão* toda a sua estrutura física, recipientes, circuitos elétricos, engrenagens mecânicas, etc.; e tem como sua *extensão* todos e apenas os tipos de café que ela está programada para fazer (com água ou leite, mais forte ou fraco, com ou sem açúcar, etc.). Cada tipo de café (*espresso, cappuccino, macchiato, mocha, latte, cortado, pingado*, etc.) é, por assim dizer, uma 'sentença' gerável pela 'gramática' da cafeteira. Por analogia, o que a máquina reconhece como itens lexicais combináveis seriam os grãos de café, água, leite, açúcar, etc. Não adianta colocar vodka, limão e açúcar nos recipientes e apertar o botão esperando que a máquina gere uma caipirinha, que é 'agramatical' para ela, já que a sua intensão não inclui mecanismos que gerem tal produto.

O chamado 'português' é tão somente a coleção das extensões de muitas gramáticas que – por critérios sócio-históricos e não gramaticais – são tidas como pertencendo a uma mesma 'língua'. Adaptando um dito famoso atribuído a Max Weinreich, pode-se dizer que uma língua (i.e. Língua-E) é um dialeto com uma unidade monetária, forças armadas, e uma extensão territorial para chamar de suas. Isso é uma simplificação, obviamente. Línguas-E não precisam corresponder exatamente a um país. Podem corresponder a unidades sociais de um mesmo país politicamente dividido; ou a uma sociedade relativamente unida que extrapola fronteiras de países. A depender da leitura sócio-político-histórica que façamos, podemos falar em 'português' como uma língua única de toda a comunidade lusófona, ou podemos falar em uma 'língua brasileira', distinta das demais variedades da lusofonia.

Diversos linguistas defendem a existência de uma 'língua brasileira' independente segundo critérios gramaticais. De fato, em diversos aspectos (estrutura silábica, distribuição de pronomes, tipos de sujeito oculto possíveis, conjugação verbal, etc.), é possível identificar que certos tipos de expressão (*extensões*) só existem no Brasil. Logo, a noção de 'língua brasileira' não é assim tão descabida, nem é construída artificialmente somente por critérios sócio-político-históricos. Porém, muitos não se dão conta de que, por esses mesmos critérios gramaticais, pode-se falar em múltiplas 'línguas' distintas dentro do Brasil, com intensões e extensões claramente distintas (nem tudo o que existe em uma também existe na outra, e vice versa), embora haja uma interseção significativa entre elas. E aí? Devemos instituir logo de uma vez que existem as línguas baianês, mineirês, gauchês, goianês, etc.? Por coerência, deveríamos ainda reconhecer a independência entre o baianês do sul, baianês do norte, baianês do litoral, baianês da minha geração, da geração dos meus avós, etc. Por que não?

Inversamente, por que não conceber uma única 'língua do mundo lusófono' da qual o 'brasileirês' seria um dialeto com semelhanças e diferenças entre os demais? Afinal, há interseção entre as variantes internacionais. Apesar dos mal-entendidos de praxe (que, em menor escala, ocorrem também entre 'falantes de PB'), eu já me comuniquei satisfatoriamente com portugueses, angolanos e moçambicanos. Outras vezes, os mal-entendidos são enormes. Como traçar a linha que demarca a fronteira entre uma língua e outra? Grau de compartilhamento de recursos lexicais e gramaticais? Identidade cultural? Unidade política? Inteligibilidade mútua? Como medir isso? Também já me comuniquei satisfatoriamente com espanhóis, chilenos e colombianos. E aí? A esse respeito, remeto o leitor a Chomsky (1986a: cap 2) para uma argumentação sólida sobre o quão fracassadas são as tentativas de se delimitar uma língua por *sua extensão*. Para nossos propósitos imediatos, ilustro esse ponto com uma passagem de uma obra recente que ataca fortemente a concepção chomskyana de linguagem e linguística, considerada pelo autor como 'mitologia', e não como ciência. Ironicamente, em relação a esse ponto específico das fronteiras entre línguas, o fragmento abaixo de Evans (2014a: 65-66) converge com a posição chomskyana.

Há hoje entre 6 mil e 8 mil línguas faladas no mundo. É difícil precisar quantas são. Isso se dá porque é inerentemente complicado determinar se um modo de falar conta como um dialeto de uma língua ou como uma língua própria. Pode-se pensar que um jeito trivial de decidir isso seria através do critério da inteligibilidade mútua. Um falante de inglês norte-americano pode (em boa medida) entender um falante de inglês britânico. Em contraste, um falante monolíngue de francês não consegue entender um falante de inglês (de qualquer variedade). Por essa medida, os 'ingleses' norte-americano e britânico são dialetos de uma única língua, enquanto inglês e francês contam como línguas distintas. Entretanto, identidade cultural e considerações sociopolíticas tipicamente intervêm. Sérvio e croata são consideradas línguas distintas por pessoas da Sérvia e da Croácia, respectivamente. Mas elas são mutuamente inteligíveis, e diferem entre si menos acentuadamente que as variedades norte-americana e britânica do inglês. Um colega meu de Niš, na Sérvia, chegou a me dizer que ele acha mais fácil entender falantes da capital da Croácia, Zagreb, a uma distância de 650km, do que alguns dialetos sérvios, falados de 80 a 100km de Niš, no sudeste da Sérvia. Em contraste, Mandarim e Cantonês são considerados dialetos do chinês pelo governo da China, embora a inteligibilidade mútua entre eles seja relativamente pequena.

Enfim, há, infelizmente, um apego infundado à tradição saussureana, ainda presente mesmo entre os que alegam ter outras afiliações teóricas significativamente distintas do modelo saussureano. É esse apego (numa roupagem contemporânea qualquer) que nos impede de seguir fragmentando a língua e descer até o nível do idioleto, reconhecendo que o único sistema gramatical que possui a homogeneidade que Saussure atribuía à *langue* é a Língua-I. Ocorre, porém, que a Língua-I, diferentemente da *langue*, é individual (uma entidade psicológica, não social) e *intensional* (i.e. não é uma coleção de produtos).

Esse olhar chomskyano, cuja curvatura da lente deixa o social fora de foco, na visão periférica, enquanto o individual é magnificado e examinado escrutinadamente num plano fechado, tem sido alvo de fortes ataques desde sempre (cf. Bezuidenhout 2006, para uma análise elucidativa). Mais uma vez, valho-me convenientemente da obra de Bagno, cujas críticas à GGT (e a Chomsky especificamente) sintetizam em si todo um espectro de mal-entendidos comuns, em boa parte oriundos de dogmas extensionalistas e antiformalistas. Ainda que Bagno (2011a: 360-363; 2012: 44-47) também critique explicitamente a noção de *langue* como demasiado idealizada, ele revela ter uma concepção de língua com traços saussureanos (e labovianos) claros: basicamente a insistência na negação do idioleto como o lugar por excelência da gramática, e a idealização insustentável de que existe materialidade em algo tão abrangente e etéreo como 'a língua portuguesa', ainda que, diferentemente de Saussure, e similarmente a Labov, ele rejeite a premissa da homogeneidade do sistema. Eis o que Bagno (2011a: 363) diz sobre a seletividade chomskyana quanto aos dados considerados:

> [A] competência [e o] desempenho que ele propõe não é outra coisa [...] senão a língua que ele mesmo, Chomsky, conhece, fala e escreve, isto é, o inglês americano padrão. Com irritante frequência, a atribuição do rótulo de agramaticalidade a determinadas construções só se explica porque essas construções não pertencem à variedade linguística urbana de prestígio falada pelo linguista. [...] Ora, essa facilidade de atribuição (em tudo ideológica) do rótulo de agramaticalidade não é muito diferente da atitude do purista normativo que diz, por exemplo, que determinada palavra ou frase 'não existe' ou 'não é português' simplesmente porque não foi incluída na norma artificialmente forjada para servir de padrão.

Essa irritação com as atribuições de agramaticalidade frequentes é reveladora de uma grande incompreensão generalizada da obra chomskyana. Ao falar em alta frequência, Bagno sugere ter lido muito da vasta obra de Chomsky. Face à sua incompreensão de conceitos básicos, fica flagrante que Bagno leu bem menos do que sugere ter lido (se leu muito, tanto pior, porque não compreendeu). Não há motivo racional para se irritar com a frequência de algo infrequente. De fato, atribuições de agramaticalidade são frequentes na obra de Chomsky (como vimos, explicitar dados negativos é imprescindível), mas, em geral, com poucas exceções, trata-se de dados em torno dos quais diferenças dialetais são nulas ou mínimas[61], ou

---

61. Há exceções, é claro, como, por exemplo, na sua análise clássica da morfossintaxe do sistema verbal do inglês (Chomsky 1955a, 1957), em que os exemplos de 'inversão do auxiliar' e 'inserção de *do*' incluem dados do tipo (i) <u>Have you read books?</u>, (ii) <u>Are you reading books?</u>, e (iii) <u>Do you have books?</u>; excluindo dados do tipo (iv) <u>Do you be reading books?</u> e (v) <u>Have you books?</u>. O dado (iv) é um equivalente a (ii) em 'inglês vernacular afro-americano'; enquanto (v) é um equivalente a (iii) em dialetos do Reino Unido. Tais variações dialetais já foram analisadas por outros autores no âmbito da GGT com base no mesmo aparato teórico-analítico desenvolvido por Chomsky, feitos os devidos ajustes. A rigor, nada está sendo subtraído!

de dados em torno dos quais as divergências de aceitabilidade gradual são generalizadas para todos os dialetos (cf. Chomsky 1982a; Chomsky 1986b). Esta passagem de Bagno – aliada a outras (cf. n. 31, 37) – sugere que a base empírica de Chomsky se constituiria apenas do 'inglês padrão', o que é falso. Em pontos cruciais, ele analisa exemplos externos ao 'inglês' (com frequência bem menor, mas em pontos-chave da teorização), e costuma se valer muito frequentemente das descrições e análises de outros pesquisadores da GGT, a partir de bases empíricas grandes e variadas, incorporando tais resultados às suas próprias teorizações (e.g. Chomsky 1982b: 74-83). A GGT é um empreendimento coletivo, no qual Chomsky, pessoalmente, contribui menos para a adequação observacional e mais para a adequação descritiva e explicativa, embora ele próprio tenha descoberto muitos fatos importantes, presentes, sob formas variadas, em diversas 'línguas', a partir de observações da 'norma urbana culta do inglês norte-americano da costa leste'.

É infundada a acusação de que Chomsky teria nefastas motivações ideológicas para o seu recorte da base empírica. Seu intenso ativismo político sempre foi contrário à chamada "supremacia da elite burguesa caucasiana judaico-cristã ocidental"[62]. Também é absurda a comparação entre Chomsky e os normativistas. Bagno se incomoda que, ao ser selecionada uma variedade do 'inglês', certos dados são rotulados como agramaticais mesmo que sejam gramaticais em outras variedades. Há incompreensões múltiplas nisso. Cobra-se tacitamente de Chomsky uma descrição do inglês enquanto Língua-E: uma coleção exaustivamente inclusiva dos arranjos de ILs que, do ponto de vista da percepção coletiva ingênua, seriam todos 'sentenças do inglês'. Na medida em que Chomsky está descrevendo *intensões* de gramáticas, e que os dados são apresentados para ilustrar o

---

62. Ao criticar a visão elitista de língua e sociedade de Bernstein (1975), Chomsky (1979: 56) diz: "O trabalho de Bernstein me parece reacionário em suas implicações e talvez nem mereça ser discutido enquanto instância de estudo racional sobre a língua. Há muito tenho acreditado não ser mais necessário afirmar que o linguajar falado numa periferia urbana é uma língua genuína. Mas talvez ainda o seja. Certos educadores parecem levar a sério a hipótese de que há graves limitações na competência [gramatical] de crianças das classes mais baixas".

que os sistemas investigados geram ou não geram como suas *extensões*, é logicamente impossível fundir múltiplas gramáticas como se fossem uma só, com requerimentos contraditórios.

O erro crasso de Bagno decorre de não perceber que dados negativos são tão importantes quanto os positivos para a compreensão dos sistemas gramaticais. Descrever uma língua fictícia em que 'vale quase tudo' exige operar majoritariamente com dados positivos, ignorando a maioria dos dados negativos, reveladores de proibições importantes, presentes de modo mais rígido ou mais frouxo em diferentes gramáticas. A atitude de Bagno é que é normativista: cria-se artificialmente uma 'língua' na qual, por decreto, diversas estruturas devem ser incluídas na força bruta, tornando impossível uma descrição gramatical formalizada, abrindo assim caminho para abordagens pós-modernas de língua, calcadas em conceitos vagos que não fazem previsões testáveis, posto serem demasiado *extensionais*. Bagno expressa sua irritação como se a idealização metodológica de se isolar uma variedade para se descrever um aspecto-chave da gramática fosse um ato irracional de fé na existência de uma comunidade linguística homogênea composta apenas por falantes ouvintes ideais (todos iguais), forjados a partir das intuições do próprio pesquisador apenas (cf. n. 37, 67)[63].

Deve-se ressaltar que esse tipo de recorte feito por Chomsky e demais pesquisadores da GGT é lugar-comum em diversas práticas de teoria e análise gramatical não chomskyanas, como *GPSG* (Gazdar et al. 1985, et seq.), *HPSG* (Pollard & Sag 1994), *LFG* (Bresnan 2001, *inter alia*), ou *Gramática Categorial* (Moortgat 1988; Morrill 1994). Isso se dá porque é impossível hipotetizar uma gramática explícita que faça previsões testáveis acerca dos arranjos (im)possíveis de ILs se não for isolada uma *extensão* para a qual

---

63. É surpreendente que Bagno (2011b) muito sensatamente diga que "existem tantas línguas quantos são os habitantes de um país", sem perceber que essa afirmação correta contradiz suas outras declarações. Ainda que ele tenha querido se referir a múltiplas *normas* de uma mesma língua (cf. Faraco 2008), a contradição é inescapável, pois não haveria na língua uma única intensão compatível com a união das extensões das normas.

seja logicamente possível haver uma *intensão* que forme um todo internamente coerente (embora, nesses outros quadros teóricos, não haja uma preocupação com a realidade psicológica da gramática[64], não existindo, pois, um correlato exato do conceito chomskyano de Língua-I).

Faz-se pertinente aqui um esclarecimento sobre um aspecto da teorização gramatical chomskyana que frequentemente é alvo de mal-entendidos. Se, a rigor, não existe 'o inglês', e se só as Línguas-I são passíveis de investigação, então não seria um contrassenso os chomskyanos formularem análises sobre 'a inversão entre o sujeito e o verbo auxiliar em perguntas *do inglês*'? Isso é *literalmente* ilógico. Mas, no âmbito da GGT, quando se fala em 'o inglês' ou 'o português', trata-se de uma convenção terminológica de conveniência que não se pode tomar literalmente. Ocorre que, em meio a todo o 'balaio de gatos' que o senso comum toma como sendo 'o inglês', há muitíssimas Línguas-I distintas cuja união das extensões corresponde a uma Língua-E. Embora distintas, essas Línguas-I também guardam semelhanças importantes. Para *alguns* aspectos gramaticais, ocorre que *todas* as Línguas-I que subjazem a uma dada Língua-E coincidem. Por exemplo, em 'português' o artigo sempre precede o nome com que se relaciona, nunca o contrário (e.g. ✓o tambor, *tambor o). Nesses casos, chamar tudo de 'português' é um atalho expositivo trivial.

Há muitos casos bem mais complexos, com várias gramáticas em uso numa população socialmente coesa, com inteligibilidade mútua, e uma distribuição das variedades dialetais difícil de isolar, em razão de critérios extragramaticais: local, idade, grau de escolaridade, etc. Nesses casos, chamar tudo de 'português' é bem menos trivial, embora seja igualmente legítimo desde que o escopo e os objetivos da pesquisa estejam claros[65]. Ou

---

64. Em certos casos, rejeita-se explicitamente a abordagem psicológica, e defende-se o estudo da gramática como um objeto puramente matemático (e.g. Gazdar et al. 1985: 1-16). Isso sim é que é platonismo extremo!

65. Cf. adiante, §**3.1**, a discussão em torno dos exemplos (9) e (10) do capítulo seguinte.

seja, 'português' pode ser um rótulo de conveniência para nos referirmos aos aspectos gramaticais sob investigação, isolando-se uma subpopulação considerada, do ponto de vista da Língua-E, como falante do chamado 'português'. Ou seja, 'português' frequentemente equivale a 'a variedade do português que estou pesquisando'. Tipicamente, essas descrições vêm acompanhadas de 'o dialeto X do português', especificando-se X. De fato, por vezes há um certo descuido em se detalhar na descrição os recortes feitos (diatópico, diastrático, diafásico, diacrônico), dando margem a críticas razoavelmente pertinentes. No entanto, como veremos logo adiante, esses rótulos são de menor importância na perspectiva da GGT porque, em última instância, o que se está de fato investigando não é este ou aquele dialeto, nem mesmo este ou aquele idioleto, mas a *Faculdade da Linguagem*, parte da capacidade cognitiva humana. As 'línguas' específicas, como quer que as classifiquemos, são estudadas enquanto etapas intermediárias para se chegar a algo mais abrangente[66]. Retomo esse ponto adiante.

Haveria, para Chomsky, algo equivalente à *parole*? *Grosso modo*, cada ato de enunciação individual é algo como uma instância de *parole*, um ato *individual* de *uso* do sistema gramatical, uma produção de extensão a partir da intensão. Porém, para Chomsky, não é daí que advém a heterogeneidade da linguagem. As falas dos indivíduos, embora não totalmente homogêneas (pois há margem de manobra, opcionalidades previstas pela própria Língua-I, desvios de desempenho, etc.) são majoritariamente homogêneas enquanto instanciações particulares de potencialidades da gramática daquele indivíduo, e não da gramática de outrem (exceto nos casos em que alguém mimetiza a gramática alheia, e mesmo assim ele o faz de acordo com a sua própria 'versão pirata' individual de tal gramática). Há,

---

66. Diante das minhas colocações neste capítulo, creio que tenha ficado claro o porquê de eu utilizar sistematicamente aspas simples nas expressões *língua(s)*, *português*, *inglês*, *japonês*, etc., ressaltando que tais conceitos não têm aqui o mesmo estatuto teórico que têm nas abordagens não chomskyanas. Mantenho essa convenção notacional neste capítulo para marcar posição. Nos próximos capítulos, utilizarei tais termos sem aspas, em prol da fluidez da leitura, mas pressuponho que o leitor terá sempre em mente o conteúdo desta nota.

ainda, a possibilidade de um mesmo indivíduo ser competente em mais de uma gramática. Isso é muito mais evidente em casos de filhos de pais que são, cada um, falante nativo de uma 'língua' distinta, permitindo que a criança internalize duas 'línguas' nativas, tornando-se bilíngue *stricto sensu*. Ela pode ainda ter três 'línguas' nativas, caso ela tenha crescido num ambiente onde se fala uma terceira 'língua' distinta das dos pais. O mesmo pode acontecer de modo menos perceptível. A depender de sua trajetória de vida na infância e juventude, um mesmo falante pode ter desenvolvido múltiplas Línguas-I que são todas socialmente tidas como 'variedades do português'. Logo, muito da variação na fala de um indivíduo pode não ser variação intragramatical, mas fruto da opção de se usar uma ou outra gramática, a depender do contexto discursivo-pragmático[67]. Trata-se de *code-switching* (troca de código), uma ideia muito criticada por Weinreich et al. (1968: cap 3) e Labov (1972: cap 8). De fato, atribuir toda a variação na fala de um mesmo falante a *code-switching* pode ser exagero, posto que gramáticas podem fornecer opções. Porém, diante dos incontestáveis casos reais de bilinguismo pleno, não há nada que impeça, logicamente, que uma pessoa fale vários idioletos bem parecidos, cada um sendo usado no momento oportuno, conforme a competência pragmática. Trata-se de uma questão empírica, afinal.

Uma vez definidos os conceitos básicos que constituem a concepção chomskyana de língua, resta finalmente esclarecer qual é exatamente o objeto de estudo da GGT. A exposição acima deixa claro que nem o desempenho nem a Língua-E se constituem em objetos de estudo possíveis nessa perspectiva (embora sejam fontes de observação de dados brutos). Os conceitos de competência e Língua-I se fundem, e, por constituírem o lugar onde jaz a intensão da gramática, parecem reunir as propriedades necessárias para serem tomados como o objeto de estudo da GGT. Mas a

---

67. Segundo Chomsky (1975c: 318), "[n]o mundo real, não há comunidades de fala homogêneas, e sem dúvida todo falante domina de fato várias gramáticas [...]". Ver também Chomsky (1984: 40-42) para uma elaboração.

questão é um pouco mais complexa. Conforme já discutido acima, a GGT não estuda o falante ouvinte ideal enquanto um ser fictício. Estudam-se falantes reais como eu e você, porém abstraindo-se certos fatores, idealizando-nos como falantes sem a interveniência de fatores de desempenho. O que isso significa? Será que, seguidos os devidos protocolos metodológicos de isolamento de variáveis, a GGT estuda gramáticas individuais? Seria o objetivo da GGT catalogar descrições de milhões e milhões de Línguas-I mundo afora, cada uma tomada individualmente, sem relação alguma com as Línguas-I de outros indivíduos? Não. Embora se possa estudar cada Língua-I separadamente, a GGT não busca uma catalogação de Línguas-I sem relação alguma entre elas.

Que relação de conexão entre elas seria essa, já que a Língua-E é colocada fora do escopo de investigação? Estudar Línguas-I está para a GGT assim como estudar o meu cérebro ou o seu está para a neurologia. A GGT estuda competências individuais como uma forma de capturar o real objeto de estudo, que é a capacidade cognitiva da espécie *homo sapiens sapiens* para o desenvolvimento e uso de competência gramatical. Em última instância, o objeto de estudo é o que se chama de *Faculdade da Linguagem*, cuja existência Saussure (1916: 24-27) já reconhecia, embora isso para ele ficasse fora do objeto de estudo. Para ele (op. cit.: 26), "pode-se dizer que não é a linguagem falada que é natural ao homem, mas a faculdade de se constituir uma língua". Para Chomsky, essa faculdade de se constituir uma língua já seria, ela própria, uma espécie de protogramática dada pela dotação biológica da espécie, um conjunto de mecanismos gramaticais básicos que subjazem a toda e qualquer Língua-I humanamente possível. Isso se relaciona com a noção de *Gramática Universal*, que discutirei adiante (cf. §5), e que é objeto de muitas polêmicas e mal-entendidos.

Nessa perspectiva, a GGT promove explicitamente um divórcio entre a teoria da gramática e as disciplinas das Humanidades. Esse 'divórcio' é também um movimento de retorno parcial a perspectivas pré-saussureanas de liguagem como algo interno à mente em oposição a uma entidade social. Embora a maior parte da concepção chomskyana de linguagem seja bastante original, Chomsky reconhece explicitamente que as origens de suas ideias remontam a pensadores de tempos mais remotos, como Platão (424aC-348aC), R. Descartes (1596-1650), W. Humboldt (1767-1835), *inter alia* (cf. Chomsky 1966a: 52-59; 1968: 1-23; 1975b: cap 1, 2; 1988: 1-17, cap 5; 1991b; 1995b; 2000a, cap 4, 5, 6)[68]. A contraparte desse 'divórcio' é a promoção de um 'casamento' entre a teoria gramatical e a psicologia. Aliás, a psicologia seria a "mãe adotiva" da teoria gramatical, tal que a segunda é subparte da primeira, ainda que a segunda não tenha historicamente surgido da primeira (cf. Chomsky 1979: 43-44). Isso já estava explícito desde pelo menos Chomsky (1965: 4):

> Para o linguista, assim como para a criança adquirindo a língua, o problema consiste em se chegar, a partir dos dados de desempenho, ao sistema subjacente de regras internalizado pelo falante-ouvinte e que ele põe em uso no desempenho real. Logo, no sentido técnico, a teoria linguística é mentalista, na medida em que visa descobrir uma realidade mental subjacente ao comportamento observável.

Tal *mentalismo* implica que a GGT seja um ramo da psicologia. Direto ao ponto, Chomsky (1975c: 304) afirma que "[a] gramática postulada pelo linguista, assim construída, é uma teoria psicológica". Mais contextualizadamente (cf. §**2.8**), Chomsky (1988: 6) afirma:

> As três primeiras questões [cf. (29i/ii/iii) adiante] pertencem ao domínio da linguística e da psicologia: dois campos de investigação que eu prefiro não distinguir, tomando a linguística (mais precisamente, as áreas da linguística das quais me ocupo aqui) como tão somente aquela parte da psicologia que lida com os aspectos particulares dessa disciplina delineada nessas três questões.

Essa ideia de que há uma base cognitiva especializada para a gramática que subjaz a qualquer Língua-I possível (consequentemente, exibindo reflexos indiretos nas Línguas-E) faz a previsão de que, embora haja dife-

---

68. Como contraponto, recomendo a dura crítica de Hamans & Seuren (2010) a Chomsky quanto à sua concepção da genealogia das suas próprias ideias. Antecedentes dessa crítica encontram-se já em Searle (1972).

renças entre as 'línguas', haveria em todas elas certas propriedades universais, inexoravelmente presentes (superficializando-se de forma mais evidente ou menos, a depender da interação com outros fatores) por serem determinadas biologicamente. Para além da questão empírica de haver mesmo tais universais ou não, há uma questão teórica e metodológica que se coloca, e em torno da qual tem havido muitos mal-entendidos desde os primórdios da GGT, em que oponentes atribuem a Chomsky declarações que ele jamais fez. Cito um exemplo recente e muito popular.

Em seu livro que pretende demonstrar que a linguística chomskyana seria anticientífica, constituída de uma série de 'mitos', Evans (2014a: 15, 64, 93) afirma que, segundo Chomsky, as propriedades dessa matriz gramatical biológica poderiam ser investigadas observando-se apenas uma única 'língua', posto que, por definição, os universais linguísticos estariam presentes em todas elas. Esta afirmação é escandalosamente falsa, e repousa na premissa (igualmente falsa, fruto de um erro crasso de interpretação típico de quem não leu o que está criticando) de que os universais linguísticos necessariamente seriam diretamente observáveis nos produtos da extensão das gramáticas, como se eles fossem propriedades das sentenças produzidas.

A concepção chomskyana de universal linguístico diz respeito à intensão das gramáticas. Certos princípios de combinação de elementos seriam propriedades de toda e qualquer Língua-I. Isso teria um impacto na forma das sentenças produzidas, e somente através da observação de enunciados dessas sentenças é que se pode ter evidência empírica da presença de tais princípios numa gramática. Entretanto, o modo como uma gramática se organiza como um todo – seus aspectos universais e particulares, e a interação entre eles – faz com que a observação dos universais linguísticos não seja algo tão trivialmente detectável nos dados. Detectar universais linguísticos implica considerar a *interação* entre regras, que pode ofuscar ou evidenciar os efeitos umas das outras. Erros semelhantes – não distinguir entre universais formais e substantivos (Chomsky 1965: 27-30) e entre universais greenbergianos e chomskyanos[69] – abundam também em Evans & Levinson (2009), e foram devidamente abordados por comentaristas que publicaram suas respostas no mesmo volume.

O livro de Evans (2014a) é dirigido a leigos e estudantes, e tem atingido muito sucesso, gerando grandes debates públicos em plataformas da internet[70]. Suas afirmações repetem velhos e recorrentes mal-entendidos, com uma nova roupagem (cf. Ackerman & Malouf 2016; Berent 2016; Deen 2016; Hinzen 2016; Wijnen 2016). É grave e falsa a acusação de que, na visão chomskyana, bastaria observar uma única língua para se concluir algo sobre os universais da intensão da protogramática mental[71]. Nos referidos debates acalorados na internet, Evans é pressionado a fornecer citações de obras de Chomsky em que tal afirmação teria sido feita. Evans então destacou o seguinte fragmento de Chomsky (1980c: 47-48): "Para os exemplos que acabo de examinar, não hesitei em propor um princípio geral de estruturação linguística com base na observação de uma única língua". Como apontado no debate por David Pesetsky e David Adger, esse fragmento foi escandalosamente recortado fora de contexto. No mesmo parágrafo, Chomsky segue afirmando:

> A inferência é legítima assumindo-se que os humanos não são especificamente adaptados para aprender uma língua e não outra (e.g. inglês em vez de japonês). Assumindo que uma Faculdade da Linguagem geneticamente determinada é uma capacidade comum aos membros da espécie, podemos concluir que um princípio da linguagem é universal se a lógica do raciocínio nos leva a postulá-lo

---

69. Sobre essa distinção, cf. Hornstein (2013, 2014e, 2015b). Os primeiros referem-se ao que Berwick & Chomsky (2016) chamam de *fenótipo* da gramática: generalizações sobre padrões nas formas superficiais de dados das extensões das gramáticas. Os segundos referem-se aos mecanismos comuns às intensões de todas as gramáticas, atestáveis parcialmente e indiretamente no fenótipo, dada a interação entre regras universais e particulares que tornam seus mecanismos mais transparentes ou mais opacos a depender do caso.

70. Cf. Evans (2014b, 2014c), Dunbar et al. (2014), Hornstein (2014a, 2014b, 2014c, 2014d, 2014e, 2015a, 2015b); Pereltsvaig (2015a, 2015b, 2015c, 2015d).

71. Para uma refutação contundente, recomendo os artigos de Adger (2015a, 2015b): o primeiro uma crítica direta a Evans (2014a), o segundo uma tréplica a uma réplica de Behme & Evans (2015).

como 'precondição' para a aquisição de uma língua qualquer. [...] **Para submetermos tal conclusão a teste, teremos naturalmente que investigar outras línguas num nível de detalhamento equivalente** {grifo meu, MG}.

Casos como esse abundam na literatura técnica, sendo que muitas vezes a afirmação complementar que dá sentido ao todo não se encontra na mesma página. Permita-me dizer o óbvio: para compreender Chomsky é preciso ler Chomsky, e muito! Aqui, mostro o 'caminho das pedras', mas se ele não for percorrido, não se chegará muito longe.

Independentemente de quais sejam as reais causas dos mal-entendidos por parte dos antichomskyanos, noto que muitas distorções do que Chomsky supostamente teria dito decorrem de (i) falta de leitura; e (ii) um apego irracional a ideias preconcebidas e equivocadas acerca do conceito de falante-ouvinte ideal, da importância dos dados negativos, e da distinção entre intensão e extensão. Isso gera mal-entendidos gigantescos que, passados adiante, se transformam numa narrativa mitológica acerca das supostas ideias de Chomsky, segundo a qual os universais linguísticos, por estarem presentes na gramática de qualquer indivíduo falante de qualquer língua, poderiam ser integralmente estudados observando-se uma única Língua-I de um falante de uma única Língua-E. Isso é tão absurdo quanto dizer que os neurologistas podem concluir tudo sobre a estrutura do cérebro da espécie *homo sapiens sapiens* observando o cérebro de uma única pessoa, ainda que seja verdade que o cérebro de toda e qualquer pessoa (excetuando-se casos-limite, como lesões com perda de massa encefálica, etc.) exiba as propriedades universais determinadas pelo genoma humano.

Conclusão: o 'ar místico', a 'idealização excessiva' e a 'intangibilidade' são bem maiores numa visão de língua baseada em supostas entidades sociais como 'o português'. A visão chomskyana envolve um alto grau de idealização, como em todo empreendimento científico; entretanto, ela prevê que a realidade das 'línguas' seja um matiz com um número gigantesco de possibilidades, exibindo uma granularidade fina de múltiplas variedades, tal que nenhuma gramática humanamente possível é redutível a uma classificação estanque, forjada por critérios sociopolíticos alheios à gramática em si. Isto é muito mais realista e empiricamente sustentado do que a visão do senso comum de que 'línguas' teriam realidade concreta, podendo ser contadas, medidas, ou diretamente observadas através de atos de fala.

Por fim, sinalizo que há, nesta seção, uma lacuna em relação ao debate em torno do caráter homogêneo ou heterogêneo da língua, e de sua natureza ser individual ou social. Além de Chomsky, outros autores diagnosticaram a inconsistência na concepção saussureana de língua como 'homogênea e social'. Entre eles, William Labov se destaca. Seu trabalho, iniciado na década de 1960, logo após o surgimento da GGT, tem tido enorme influência em quase tudo o que se produz hoje sobre variação e mudança linguística. Para a Sociolinguística Variacionista laboviana, a língua (enquanto *sistema*, não *uso*) seria social, mas heterogênea[72]. A sistematicidade não pressuporia homogeneidade. Ao contrário, o funcionamento do sistema adviria das *regras variáveis socialmente encaixadas*, cujos produtos dependem dos fatores condicionadores, todos dentro de um mesmo sistema heterogêneo.

Essa visão difere da concepção chomskyana de sistema como 'homogêneo e individual'. Não surpreende que Labov tenha feito críticas fortes à visão chomskyana, que repercutem até hoje. Nesse caso, não se trata de 'pitacos desinformados'. O olhar laboviano sobre a distribuição das várias formas de uma mesma expressão, e sobre o quanto isso pode nos fazer compreender a mudança linguística, foi um avanço substancial e merece ser comparado ao

---

72. Por um lado, como aponta Lucchesi (2015: 33), Labov rejeita as premissas da sociologia durkheimiana presentes na concepção saussureana de língua como *fato social* "externo ao indivíduo e que a ele se impõe", e a reconcebe "colocando o falante como agente da mudança, através de suas reações subjetivas às variantes". Por outro lado, como também aponta Lucchesi (2015: 51), "Labov e os sociolinguistas definiram seu objeto de estudo como a comunidade de fala". Isso legitima a classificação "social, mas heterogêneo" da visão laboviana de língua. Lucchesi (2011, 2015: 48-52) faz uma comparação direta das semelhanças e diferenças entre Chomsky e Labov de um modo que eu não endosso, mas que reconheço ser uma interpretação séria sobre as conquistas e as limitações de cada modelo, e sobre o desafio que se impõe à linguística geral de resolver certas tensões entre aspectos sociais e cognitivos da linguagem.

olhar chomskyano com o devido cuidado e detalhamento[73]. Infelizmente, tal tarefa extrapola em muito o escopo deste livro. Adiante (cf. **§5.7**), tecerei alguns comentários cabíveis a esse respeito, a propósito da apresentação da dicotomia chomskyana 'princípios & parâmetros', relativa aos limites da variação e invariância em diferentes gramáticas.

§2.8. AS CINCO PERGUNTAS FUNDAMENTAIS DA GGT

Uma vez estabelecidos o escopo da investigação e seu objeto de estudo, os métodos de investigação, e a hierarquia de níveis de adequação a serem atingidos, podemos formular explicitamente as cinco perguntas centrais da GGT. Cada uma delas se desdobra em múltiplas subperguntas acerca dos detalhes de cada um desses fenômenos que, juntos, constituem a linguagem natural humana[74].

(29) (i) De que se constitui o conhecimento gramatical G de um indivíduo I?

(ii) Como G se forma no curso do desenvolvimento cognitivo de I?

(iii) Como G é posto em uso por I em interação com os demais aspectos não gramaticais de percepção e cognição?

(iv) Quais são os correlatos neurofisiológicos de G no cérebro de I?

(v) Como tal aparato neurofisiológico se desenvolveu no curso da evolução da espécie?

Esta é uma adaptação da formulação de Chomsky & Lasnik (1993), um texto clássico em que se faz um balanço da década antecedente da GGT, e se delineiam diretrizes para pesquisas futuras. Numa das

---

73. Chomsky (1979: 54-57) não compartilhava dessa opinião, e via o paradigma laboviano como pouco relevante. Chomsky (2000a: 156) revê tal posição e afirma que a sociolinguística é uma investigação totalmente legítima.

74. Esses cinco questionamentos têm sido chamados respectivamente de (i) *Problema de Humboldt*, (ii) *Problema de Platão*, (iii) *Problema de Descartes*, (iv) *Problema de Broca*, e (v) *Problema de Darwin-Wallace*; nomeados a partir de eminentes pensadores ocidentais que investigaram diferentes 'grandes questões', das quais cada um dos cinco questionamentos da GGT seria parte. Para uma síntese disso, com as referências bibliográficas indicativas das origens dos nomes desses 'problemas', remeto o leitor a Grohmann (2015: 3).

obras-chave do período avaliado, Chomsky (1986a: 3) explicitara as três primeiras perguntas, já postas em obras anteriores de modo mais difuso, desde a década de 1960. A quarta pergunta já havia sido explicitada em Chomsky (1988: 3, 133).

A resposta ideal para (i) apontaria todos os exatos meios mentais de combinação de ILs em expressões complexas, i.e. a Língua-I. Desde o início, a GGT tem avançado muito nesse sentido, descobrindo padrões gramaticais que antes passaram despercebidos, havendo uma ampliação da base empírica sem precedentes na história da teoria gramatical[75]. Ainda que haja um misto de boas e más análises para muitos desses padrões, o simples fato de o arcabouço teórico-analítico da GGT permitir a descoberta desses muitos fatos é sinal de que a GGT é, no mínimo, uma metalinguagem descritiva muito frutífera e reveladora, e, no máximo, o melhor caminho rumo a ótimas respostas a subperguntas da pergunta geral em (i). Respostas para (ii) vêm sendo desenvolvidas através de estudos experimentais (cf. §**2.4**) que levam em conta vários fatores extragramaticais (e.g. limitações de memória, percepção, etc.) presentes nos atos de produção e percepção de fala (cf. Fodor et al. 1974; Cowart 1997; Lewis & Phillips 2015; Sprouse & Hornstein 2014). A resposta da GGT para (iii), desde meados da década de 1960, consiste em argumentos racionais calcados em vasta evidência empírica (boa parte oriunda de estudos experimentais) corroborando a hipótese de uma *Gramática Universal* (GU) inata, que seria parte do sistema referido em (i), representada na mente da criança desde o nascimento, e que se completa via experiência de exposição a dados de 'línguas' particulares. A criança – tendo sido exposta aos dados a que foi exposta e não tendo sido exposta aos dados a que não foi – acaba internalizando aquela Língua-I específica, e não qualquer outra, por uma interação

---

75. E.g. ilhas, lacunas parasitas, extração *across-the-board*, subjacência, *sluicing, clitic climbing*, localidade nas dependências de longa distância de deslocamento (minimalidade relativizada, superioridade), restrições sobre a correferência de anáforas, pronomes e SNs referenciais, controle, alçamento, *crossover*, reconstrução, *antecedent contained deletion, PRO-gate*, ilhas de LF, e muitos outros casos e subcasos.

de fatores, um deles sendo um conjunto geneticamente determinado de princípios cognitivos de natureza exclusivamente gramatical (i.e. a GU), os outros dois sendo as idiossincrasias da experiência daquela criança com seu meio social imediato, e habilidades cognitivas (e físicas) próprias da espécie *homo sapiens sapiens* que não são exclusivamente voltadas para a gramática[76]. A GU conteria princípios rígidos e universais, bem como um (limitado) espaço de variação (cf. **§5.7** adiante).

Quanto às três primeiras questões (cf. Chomsky 1986a: 3), há um longo caminho adiante, mas muito já foi feito. Quanto às duas últimas, Poeppel (2012) e Hauser et al. (2014) demonstram que respostas plenas ainda estão muito distantes. No entanto, dado o seu objeto de estudo, GGT não pode se furtar a tentar respondê-las. Se a conclusão da investigação da questão (iii) é o inatismo gramatical, firma-se um compromisso com a biologia, o que desencadeia as questões (iv) e (v). Qualquer que seja o formato de GU proposto, ele precisa ser compatível com o que as ciências naturais apontam como sendo biologicamente possível. Na versão mais recente da GGT, o Programa Minimalista (PM), tornou-se possível ambicionar um dia atingir um nível de adequação *supraexplicativo*[77], com respostas para as questões (iv) e (v), já postas antes (implícita ou explicitamente). No seio do PM, floresceu a *Biolinguística*, cuja origem remonta a Lenneberg (1960, 1964, 1967). A atual posição de Chomsky quanto a isso encontra-se sumarizada em Berwick & Chomsky (2016), em que se atesta uma enorme diferença *qualitativa* entre a comunicação humana e a dos demais primatas, apontando para um *salto evolutivo* que só seria plausível se toda a complexidade da GU se resumisse a uma mutação simples que envolvesse um *minimum minimorum* de alteração cognitiva, dado o estreito parentesco entre o *homo sapiens sapiens* e os demais primatas. E se isso lhe soa como uma grande

---

76. Esses seriam os *três fatores-chave* que moldam a linguagem, segundo Chomsky (2005: 6).
77. Cf. Chomsky (2000b, 2004, 2005, 2007), Boeckx (2006a, 2010), Hornstein (2009), Piattelli-Palmarini et al. (2009), Larson et al. (2010), Bolhuis & Everaert (2013), Di Sciullo & Boeckx (2011), Berwick & Chomsky (2016).

novidade, leia Chomsky (1982b: 18-23) – produzido ainda em 1979 – e aprecie uma clara manifestação do embrião dessa ideia.

Como contraponto, recomendo que o leitor se informe sobre a recente pesquisa conduzida por César Ades, Didier Demolin e Francisco Mendes sobre vocalizações nos primatas Muriquis (*Brachyteles hypoxanthus*), que exibem padrões de sequenciamento de símbolos que parecem exigir no mínimo o equivalente a regras sintagmáticas recursivas, e talvez um tanto mais que isso (i.e. regras moderadamente sensíveis a contexto estrutural)[78]. Se isso for verdade, tem-se aí um desafio significativo à conjectura de Berwick & Chomsky (2016).

---

78. Cf. Ades et al. 2007; Mendes et al. 2010; Demolin et al. (2010, 2011).

§3. Estruturas Sintáticas

§3.1. GRAMÁTICA GERATIVA: O QUE É, PARA QUE SERVE, E COMO SE (RE)CONSTRÓI

Investigar a linguagem humana em termos de uma gramática gerativa envolve asserções ousadas sobre a natureza de aspectos centrais da cognição na espécie *homo sapiens sapiens*. A visão cartesiana que norteia nosso fazer científico e o caráter explícito das nossas hipóteses colocam-nos em constante estado de vulnerabilidade, pois qualquer contraexemplo escancara uma falha de formulação. Fica a sensação de que 'a conta não fecha'. Quem não compreende a cientificidade da GGT vê isso como um defeito imperdoável e incorrigível.

Entretanto, essas 'feridas abertas' são, ao contrário, uma grande virtude. A GGT não dispõe de 'poções mágicas' que forjam seu estancamento via pseudoexplicações holísticas, apelando para supostas conexões obscuras e não testáveis entre gramática e discurso, psicanálise, história, antropologia, política, etc.[1] Assim, a parte da conta que 'não fecha' nos aponta claramente

---

1. Não se trata de negar toda e qualquer conexão entre gramática e outros fenômenos (cf. §2.2). O problema está no apelo a tais fatores como um *deus ex machina* que miraculosamente "explica" o funcionamento da linguagem negando a existência de mecanismos gramaticais *determinantes*, assumindo que há múltiplos fatores em ação que só apontam *tendências*. Tal "teoria" não é testável, sendo imune a críticas, porque todo e qualquer dado parece compatível com ela, já que ela não prevê categoricamente que nada seja impossível (cf. Popper 1963). A eficácia de tais abordagens é ilusória. No confronto de ideias na academia, elas são tão intelectualmente honestas quanto um convite para se jogar um jogo cuja regra é *"par eu ganho, ímpar você perde"*.

onde acertamos e onde erramos, e nos guia na direção de aparar arestas, lapidar a duríssima pedra bruta passo a passo, rumo a uma compreensão sólida e genuína da gramática das línguas naturais, em termos de modelos matemáticos cada vez mais rigorosos.

Em muitos pontos mais difíceis em que ainda somos incapazes de prover um formalismo totalmente explícito, permitimo-nos semiformalizações (categorias, regras, princípios, etc., calcados em nossas ferramentas cotidianas de diagramação arbórea e afins) imprecisas nos planos de adequação superiores, porém satisfatórias nos inferiores, dando assim o primeiro passo lógico rumo a explicações genuínas (cf. Chomsky 1982b: 75-79, 100-103; 1990: 145-146; Smith 2004 [1999]: 147-150). Mas há o compromisso constante de, tão logo consigamos descrever bem o padrão com um jargão semiformal, formalizarmos efetivamente o fenômeno, fazendo previsões cada vez mais explícitas e testáveis, saindo aos poucos da clausura da caverna guiados pela chama da razão. Não se faz isso nas trevas do empiricismo destituído de compreensão da dimensão transcendente aos dados brutos, nem nas trevas do transcendentalismo puramente matemático desvinculado da realidade empírica.

Retomemos a analogia anterior (cf. §2.7) entre uma cafeteira automática e a gramática de uma Língua-I. A cafeteira tem como a sua *intensão* toda a sua engrenagem interna; e sua *extensão* são todos e apenas os tipos de café que ela é capaz de fazer (com água ou leite, mais forte ou fraco, com ou sem açúcar, etc.). Cada tipo de café é uma 'sentença' gerável pela 'gramática' da cafeteira, que reconhece como ILs combináveis os grãos de café, a água, o leite, o açúcar, etc., mas não, por exemplo, vodka ou limão. Uma caipirinha não é gerável pela cafeteira, logo é 'agramatical', não apenas pelos ILs irreconhecíveis, mas também porque faltam mecanismos para gerá-la (e.g. um cortador e amassador de limões).

Suponha que estamos num passado remoto em que não existe cafeteira automática. Imagine então que alguém acaba de inventá-la. Há apenas um exemplar da máquina, que, por fora, é uma 'caixa preta', com botões, portas de entrada para os ingredientes, e uma torneira de onde sai o café. Ponha-se no lugar de um empresário interessado em fabricar a cafeteira em série. Você faz uma proposta ao inventor quanto ao uso da patente e participação dele nos lucros das vendas. Ele diz não ter interesse algum, pois criou a máquina para uso próprio apenas. Após insistência, ele faz a contraproposta de lhe dar de graça os direitos de patente desde que você seja capaz de construir uma réplica da máquina apenas observando ela funcionar. Você pode examinar minuciosamente todos os ingredientes e todos os produtos da cafeteira (pode até submetê-los a uma análise química laboratorial), pode experimentar combinações de botões, mas não pode abrir a máquina para examinar suas engrenagens internas. Mesmo com auxílio de excelentes engenheiros e baristas, seu desafio é enorme!

Desvendar a estrutura de uma gramática é similar. Conhecemos razoavelmente bem os ingredientes dos quais sentenças são feitas (i.e. os ILs), bem como o formato geral das sentenças, que tipos de IL se combinam mais proximamente com quais outros, suas relações de precedência, as conexões de significado entre eles, as marcas de concordância que eles portam. É fácil examinar a curva melódica do enunciado falado; podemos medir detalhes finos de pronúncia de cada consoante ou vogal num laboratório de fonética. Os significados das sentenças são majoritariamente claros. Embora nos seja difícil precisar exatamente sua ontologia e estrutura interna numa metalinguagem técnica, sabemos bem o que cada sentença 'quer dizer'. Os 'ingredientes' e as 'bebidas prontas' de uma 'máquina mental de gerar sentenças' não nos são tão misteriosos assim. Quanto às engrenagens internas da gramática, não temos nenhuma evidência direta, apenas indícios fragmentados e confusos. A tarefa parece fácil diante de uma sentença simplória como Pedro corre, para a qual qualquer programador de *software* amador propõe um cálculo formal em que 'a conta fecha'. Tão logo encaramos dados um pouco mais complexos, a magnitude do desafio é evidente, demanda o trabalho árduo de gerações de pesquisadores, que hipotetizam sucessivas réplicas imperfeitas do 'gerador mental de sentenças', aperfeiçoando-as até se obter uma que seja *descritivamente adequada* (cf. **§2.6**: (19ii); **§2.8**: (28i)) tanto quanto possível.

Um dos requisitos cruciais para se atingir adequação descritiva é a réplica ser capaz de gerar tudo e apenas aquilo que o dispositivo a ser replicado gera. No caso da cafeteira, a réplica perfeita é aquela que produz todos e apenas os tipos de café que a cafeteira original prepara. Se a réplica deixar de gerar algum tipo de café, ela falha porque *subgera*, i.e. gera menos do que o esperado. A réplica *sobregera* se ela falhar no sentido contrário, i.e. gerar algum produto diferente daquele que a máquina original gera. Do mesmo modo, nossa réplica do 'gerador mental de sentenças', i.e. a nossa teoria da gramática, não pode subgerar nem sobregerar; deve gerar todas e apenas as sentenças da Língua-I em questão, prevendo para cada uma os significados e as prosódias a elas associados. Em (1) e (2), ilustro a seguir esse procedimento a partir de um fragmento da gramática de um dialeto coloquial do PB.

(1a) ✓ Maureen beijou Ringo.　　　　(1b) ✓ Maureen beijou ele.

(2a) ✓ Ela beijou Ringo.　　　　　　(2b) ✓ Ela beijou ele.

Todas as sentenças significam que houve um ato de beijar que afetou um homem cuja identidade é explícita em (1a) e (2a), mas não em (1b) e (2b), executado por uma mulher cuja identidade é explícita em (1a) e (1b), mas não em (2a) e (2b). No nível observacional, constata-se que [**sujeito**^**verbo**^**objeto**] é a ordem canônica nessa gramática, o que é corroborado pelos dados negativos a seguir[2]: (1c) *Maureen Ringo beijou; (1d) *Ringo

---

2. O estatuto de agramaticalidade dos arranjos de ILs a seguir refere-se à interpretação indicada. Para nossos propósitos imediatos, é irrelevante, por exemplo, que uma versão de (1d) com uma pausa após *Ringo* seja gramatical com uma interpretação equivalente a *Por falar no Ringo, Maureen beijou ele*; tampouco importa se (1f), (1j), (2f) e (2j) são gramaticais com o sentido de que Ringo é quem beija e Maureen a beijada.

Maureen beijou; (1e) *Beijou Ringo Maureen; (1f) *Ringo beijou Maureen; (1g) *Maureen ele beijou; (1h) *Ele Maureen beijou; (1i) *Beijou ele Maureen; (1j) *Ele beijou Maureen; (2c) *Ela Ringo beijou; (2d) *Ringo ela beijou; (2e) *Beijou Ringo ela; (2f) *Ringo beijou ela; (2g) *Ela ele beijou; (2h) *Ele ela beijou; (2i) *Beijou ele ela; e (2j) *Ele beijou ela. Esse mini-*corpus* sugere que a gramática subjacente seja algo como (3)[3]:

(3) [a] S→SN^SV;   [b] SN→(D)^N;   [c] SV→V^(SN)

Cada regra legitima um agrupamento no qual uma unidade maior (à esquerda da seta) contém unidades menores (à direita da seta, dispostas na ordem estabelecida pela regra como a legítima para que o agrupamento se dê). *Grosso modo*, o pouco que temos formalizado até aqui corresponde à análise da gramática pedagógica tradicional, que reconhece a sentença (i.e. S em (3a)) como composta de um sujeito imediatamente seguido de um predicado (i.e. SN e SV em (3a), respectivamente); um verbo (i.e. V em (3c)) que é o 'núcleo do predicado'; um objeto do verbo (i.e. SN em (3c)); e nomes (ou pronomes) que são os núcleos do sujeito ou do objeto (i.e. N em (3b)). Os diagramas em (4) explicitam o paralelo[4].

---

3. S = sentença; SN = sintagma nominal; SV = sintagma verbal; N = nome; e V = verbo. Os parênteses em (3c) indicam que o SV pode conter um SN seguido a V ou não, conforme a (in)transitividade do verbo (cf. ✓Ela dormiu, ✓Ela beijou Ringo, *Ela dormiu Ringo). Em Chomsky (1955a: 121), a opcionalidade é indicada por parênteses angulares '< >'. Em Chomsky (1951: 8-9), há uma distinção sutil entre '( )' e '< >'. A mesma opcionalidade há em (3b) em relação ao D(eterminante) – e.g. artigo –, já que em vez de Maureen e Ringo poderíamos ter a bela e a fera. A (im)possibilidade de coocorrência de artigo com nome próprio (e.g. a Maureen) varia conforme o dialeto considerado. Uso aqui meu dialeto nativo por pura conveniência.

4. Por razões expositivas, omito outras possibilidades de análise (e.g. [ˢ **SN^V^SN**] ou [ˢ [ˢᵛ **SN^V**]^**SN**]) cujo descarte precisaria ser fundamentado empiricamente e teoricamente com rigor. Retomo esse ponto em **§4.4.2.**

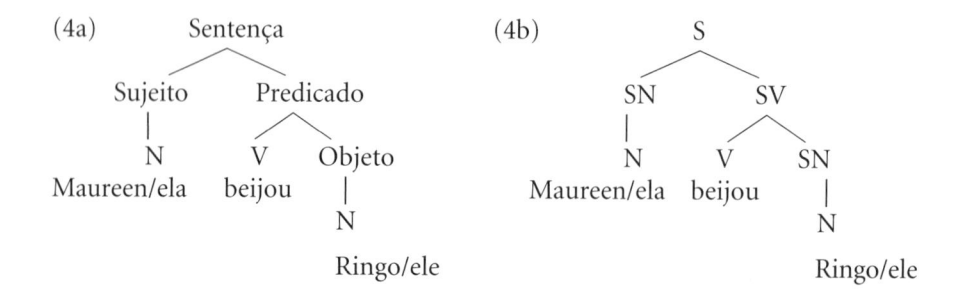

Até aqui, foi conveniente tratar pronomes como equivalentes a SNs não pronominais em nossa álgebra gramatical. Isso se justificava pelo fato de pronomes poderem ser sujeito ou objeto, comportando-se tal qual SNs não pronominais. Contudo, diante dos dados em (5) – que representam o meu dialeto coloquial de referência – vemos que a gramática em (3) enfrenta sérios problemas, pois sobregera (5a) e subgera (5b).

(5a) * Maureen beijou me.   (5b) ✓ Maureen me beijou.

Quanto à subgeração de (5b), isso parece ter fácil solução postulando-se uma quarta regra que legitima que o objeto preceda o verbo, como na gramática em (6).

(6) [a] S→SN^SV;   [b] SN→(D)^N;   [c] SV→V^(SN);   [d] SV→(SN)^V

Embora a gramática (6) dê conta da geração de (5b), persiste o problema de (5a) ser prevista como gramatical (gerável por (6c) = (3c)), embora seja agramatical. Além disso, a regra (6d) sobregera dados negativos como (1c), (1g), (2c) e (2g), agravando o problema. Basicamente, a gramática hipotetizada legitima dois 'esqueletos estruturais' distintos, sendo que ambos parecem necessários à primeira vista, mas ela não tem meios de controlar como os ILs podem ou não preencher tal esqueleto. O problema está descrito em (7):

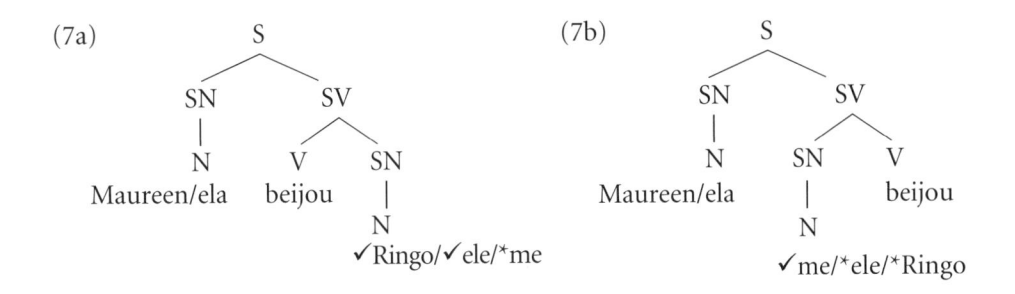

(7a) tree: S → SN (N: Maureen/ela) + SV (V: beijou, SN → N: ✓Ringo/✓ele/*me)

(7b) tree: S → SN (N: Maureen/ela) + SV (SN → N: ✓me/*ele/*Ringo, V: beijou)

Parece tentador buscar a solução num acréscimo de regras tal que pronomes seriam elementos distintos dos demais SNs, pertencendo a uma categoria própria: Pron. Pode-se, assim, hipotetizar uma regra parecida com (6d), porém legitimando a ordem sujeito-objeto-verbo apenas para objetos pronominais (i.e. **SV→(Pron)^V**). Isso bloqueia a sobregeração de dados como (1c) e (2c), mas o problema da sobregeração de (1g) e (2g) persiste. Além disso, para prever a geração de dados como (1b), (2a) e (2b), as regras (6a=3a) e (6c=3c) teriam de ser replicadas em novas regras contendo Pron em lugar de SN (i.e. **S→Pron^SV e SV→V^(Pron)**). Esse problema fica tanto maior quanto mais ampliarmos a base empírica, considerando todos os casos em que pronomes e SNs podem ocupar as mesmas posições. A proliferação de 'regras irmãs' acaba revelando o quanto, apesar de atingirmos adequação observacional, fracassamos no objetivo de atingir adequação descritiva, pois a numerosa lista de regras coincide com os muitos tipos de dados encontrados. Isso seria descrever a extensão do sistema num jargão técnico em vez de desvendar de fato qual é a intensão do sistema.

Uma tentativa parecida, porém menos dramática, seria isolar o tipo de pronome que apresenta um ordenamento excepcional em relação ao verbo, identificando os membros desse conjunto (i.e. me, te, se, lhe, nos...) e concebendo uma categoria gramatical própria para eles, a que podemos rotular de Obl em alusão ao que a gramática pedagógica tradicional chama de 'pronomes oblíquos', que têm uma distribuição mais restrita, não podendo, por exemplo, ocorrer em posição de sujeito (e.g. *me sou linguista) ou ser regidos por preposição (e.g. *ela deu o livro para me)[5]. Nossa nova hipótese para a gramática seria tal como (8). Ao reexaminar os dados acumulados até então, o leitor constatará que essa nova gramática não exibe os mesmos problemas de subgeração e sobregeração apontados anteriormente.

(8) [a] S$\rightarrow$SN^SV; [b] SN$\rightarrow$(D)^N; [c] SV$\rightarrow$V^(SN); [d] SV$\rightarrow$(Obl)^V

Já desvendamos o enigma? Longe disso! Encaremos o próximo desafio.

(9a) * Lola fez [eu$_x$ sorrir]   (9b) * Lola eu$_x$ fez [ø$_x$ sorrir]

(10a) * Lola fez [me$_x$ sorrir]   (10b)✓ Lola me$_x$ fez [ø$_x$ sorrir]

Tenha em mente que os indicadores de (a)gramaticalidade acima restringem-se ao meu dialeto de referência. (9a) é gramatical em certos dialetos/idioletos[6], assim como (10a) o é em outros[7]. A depender de como a gramática de cada dialeto/idioleto se organiza internamente (e.g. restrições quanto ao infinitivo flexionado, aspectos morfoprosódicos de pronomes átonos, estratégias de focalização, morfologia de caso, etc.), é possível que um falante aceite apenas (9a); ou apenas (10a); ou apenas (10b); ou (9a)

---

5. A 'pergunta que não quer calar' é: *por que* Obl não pode figurar como sujeito nem como objeto seguido ao verbo? Mas isso não faz com que a gramática em (8) tenha os mesmos problemas já mencionados quanto a disfarçar um grau relativamente baixo de adequação descritiva através de regras que codificam em si as observações. As perguntas sem resposta não anulam a virtude de (8) sobre suas concorrentes quanto aos padrões serem capturados de modo compacto (sem excesso de regras que não passam de observações listadas em jargão técnico), sendo apenas a exceção no plano observacional tratada como exceção no plano descritivo.

6. Não me refiro aqui a situações de *foco contrastivo estreito* sobre eu (e.g. Lola fez **EU** sorrir, e não ele), o que caracteriza uma outra sentença, com outra estrutura, outra prosódia, e um significado próprio, e que tem alto grau de aceitabilidade em praticamente todos dialetos, inclusive no que tomo por referência.

7. Tipicamente em dialetos de Portugal, bem como na norma padrão da escrita formal brasileira, que, diferentemente das variedades faladas, prioriza a ênclise sobre a próclise (como neste livro, por exemplo).

e (10a) covariando; ou (9a) e (10b) covariando. De nada adianta declarar que os dados (9a), (10a) e (10b) são todos possíveis em português, se ao final estamos falando de extensões de gramáticas distintas em suas intensões. É importante descobrir os limites da variação e da invariância dentro de uma mesma gramática, e entre as várias gramáticas humanas possíveis. Mas, antes disso, precisamos isolar devidamente as gramáticas distintas, descrevê-las, para depois compará-las.

Nas estruturas em (9) e (10), o objeto de _fez_ é uma sentença subordinada (reduzida de infinitivo), i.e. o que Lola fez foi algo que causou o sorriso do enunciador da sentença. Logo, _me_ é o sujeito de _sorrir_[8 / 9], não o objeto de _fez_. Não se pode, então, postular que a subsequência _me^fez_ tenha sido gerada por (8d). Isso nos leva a hipotetizar a gramática em (11) que difere qualitativamente das outras de um modo substancial.

(11) regras sintagmáticas: [a] $S \rightarrow SN^{\wedge}SV$;   [b] $SN \rightarrow (D)^{\wedge}N$;   [c] $SV \rightarrow V^{\wedge} \left\{ \begin{matrix} SN \\ S \end{matrix} \right\}$

regra transformacional: [d] $V^{\wedge}N_x \rightarrow N_x^{\wedge}V / N_x \in \textit{OBL}$

As regras sintagmáticas (11a) e (11b) dispensam comentários. (11c) é essencialmente o mesmo que (3c=6c), que determina que SV contém imediatamente um V seguido ou não de um objeto. Nos parênteses há chaves com uma coluna de opções do que pode ser objeto do V transitivo: SN ou S[10]. Além das regras sintagmáticas, há também a regra transformacional (11d), que se aplica ao produto das regras sintagmáticas, e reconhece qualquer subsequência **V^N** na estrutura global, não importando se o SN

---

8. Do mesmo modo que, em Eu fiz Lola sorrir, temos que Lola é sujeito de sorrir, não objeto de fiz.

9. Vemos, portanto, que a afirmação feita há pouco sobre os pronomes oblíquos era imprecisa. Eles podem ser sujeitos, desde que numa sentença subordinada não finita (i.e. reduzida de infinitivo, gerúndio ou particípio).

10. Esse incremento na regra é independentemente necessário para acomodar dados como Eu fiz Lola sorrir.

nucleado pelo N em questão é objeto do V que o precede ou sujeito de um V que o segue. A subsequência **V^N** é convertida em **N^V** se for encontrada a condição especificada após o símbolo '/', nesse caso, o N em questão deve pertencer ao conjunto dos ILs da categoria Oblíquo, um subtipo de pronome, que morfoprosodicamente funciona como um prefixo verbal. Como tal, seria de se esperar que <u>me</u> pudesse se prefixar a <u>sorrir</u> em (10a); mas a prefixação se dá com <u>fez</u>, evidenciando a existência de algo como (11d). Além disso, não havendo (11d), não seria possível satisfazer a natureza prefixal de <u>me</u> em (5b). A transformação aqui esboçada, ao mesmo tempo que mantém o conjunto de regras sintagmáticas intacto, simples e geral, também unifica o tratamento de casos como (10b) e (5b) sob um só mecanismo, capitalizando no que há de verdadeiramente idiossincrático nos pronomes oblíquos, a despeito da diferença substancial entre as sentenças quanto ao pronome ser objeto do V anterior ou sujeito do V posterior. Esse procedimento não afeta outros elementos nominais, logo não sobregera. Omito aqui detalhes técnicos importantes, mas a proposta é que a transformação não afeta apenas a sequência de ILs, mas a estrutura sintagmática como um todo, tal como exposto em (12) e (13) abaixo[11].

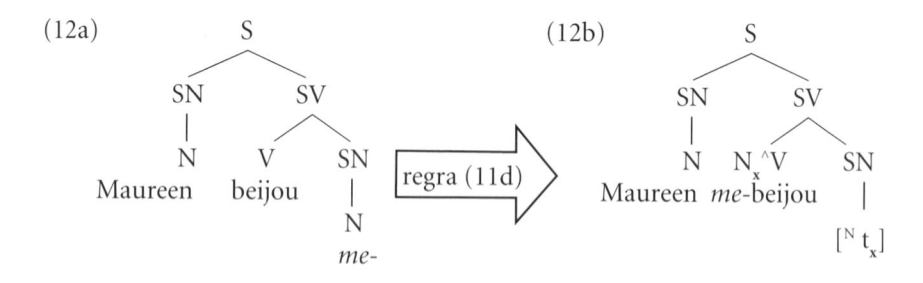

---

11. A notação [^{N} t$_x$] indica que <u>me</u> foi retirado de sua posição original para se prefixar ao verbo anterior, deixando em seu lugar original um vestígio silencioso (**t** remete a *trace*, do inglês, que se traduz por *vestígio*). Veremos em **§4.4.3** como esses vestígios indexados (aqui, o índice é **x**) formam dependências entre sintagmas distantes.

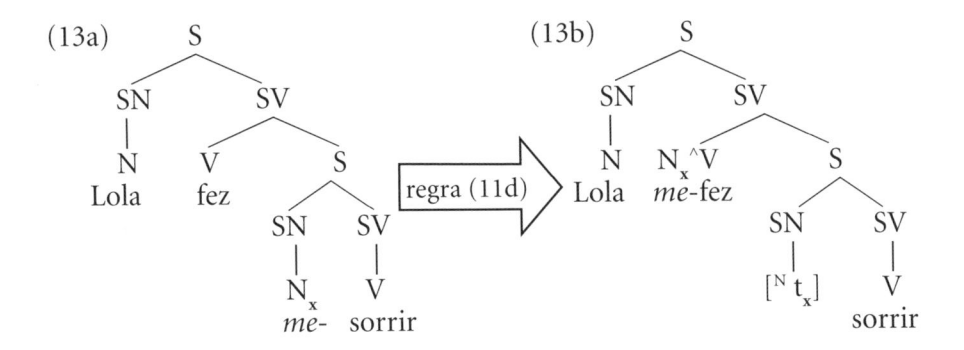

Sucessivos desafios com complexidade crescente forçam-nos a modificar nossas hipóteses sobre a forma da intensão da gramática gerativa, a fim de darmos conta do máximo possível de dados (positivos e negativos) de modo simples e unificado, com um mínimo de regras e premissas auxiliares. Além de reconhecer idiossincrasias da língua específica sob investigação e hipotetizar sobre os mecanismos subjacentes, precisamos também identificar aquilo que é próprio da Faculdade da Linguagem como um todo, que se manifesta em todas as línguas ainda que com algumas variações superficiais, articulando assim a investigação da gramática de uma língua no contexto de uma *teoria geral da gramática*, que compreenderia ferramentas teórico-analíticas gerais como a noção de *regra sintagmática* acima, entre outras. Isso possibilita comparações efetivas e produtivas entre línguas, de modo que o estudo de uma ilumine o estudo de outra. Do contrário, linguistas estariam mais para 'colecionadores de borboletas' do que para 'zoólogos entomólogos' (cf. Chomsky 1979: 57). Em uma de suas obras clássicas que delinearam as bases da GGT, Chomsky (1965: 4-6) afirma:

> A gramática de uma língua pretende ser uma descrição da competência intrínseca do falante-ouvinte ideal. Se, além disso, a gramática for perfeitamente explícita [...], podemos [...] chamá-la de *gramática gerativa*. Uma gramática plenamente adequada deve atribuir a cada uma de uma gama infinita de sentenças uma descrição estrutural indicando como a sentença é compreendida pelo falante-ouvinte ideal. Este é o problema tradicional da linguística descritiva, e as gramáticas tradicionais oferecem uma boa dose de informações sobre as estruturas das sentenças. Contudo, [...] [elas] são deficitárias na medida em que não capturam muitas das regularidades básicas da língua de que tratam. Isso é particularmente evidente no plano sintático, em que nenhuma gramática

tradicional ou estruturalista vai além da classificação de exemplos particulares, não chegando ao estágio da formulação de regras gerativas com alcance significativo. [...] [U]ma propriedade essencial da linguagem consiste em seus meios para expressar um número indefinido de pensamentos e para reagir apropriadamente a uma gama indefinida de novas situações [...]. A gramática de uma língua particular deve, então, estar integrada a uma gramática universal que dê conta do aspecto criativo do uso da linguagem e que codifique as regularidades mais básicas, as quais, por serem universais, são omitidas da gramática específica. [...] Apenas quando integrada a uma gramática universal é que a gramática de uma língua dá conta plenamente da competência do falante-ouvinte.

As gramáticas consideradas nesta seção foram todas construídas a partir do arcabouço teórico-analítico chomskyano (da segunda metade da década de 1960). Isso não exclui a possibilidade de executarmos essencialmente o mesmo procedimento explorando álgebras formais distintas, oriundas de outros quadros teóricos. Chomsky (1986a: 4-5) enfatiza que a gramática gerativa não é propriamente uma teoria defendida por uns e não outros. É um tópico passível de investigação científica, tal como a estrutura química da matéria, que alguns se dedicam a estudar, podendo haver diferentes teorias concorrentes nesse campo. Bem antes, Chomsky (1965: 8) já deixava claro que "o que [ele] entend[e] por gramática gerativa é simplesmente um sistema de regras que, de algum modo explícito e bem definido, atribui descrições estruturais a sentenças". Adiante (op. cit.: 28), o autor acrescenta que "o estudo dos universais linguísticos é o estudo das propriedades intrínsecas a qualquer gramática gerativa de uma língua natural". Em suma (cf. op. cit., cap 1, §6, para uma discussão detalhada), o objetivo último da teoria gramatical é descobrir, dentre inúmeras teorias da gramática gerativa formuláveis, qual delas é a melhor em termos empíricos e conceituais, i.e. a mais adequada em todos os níveis de adequação. Não necessariamente esta 'melhor teoria' seria formulada em termos das ferramentas de análise formal que Chomsky propôs (e.g. transformações, estrutura profunda, lacunas, vestígios, etc.).

É por esse motivo que eu – e não estou sozinho nisso – faço questão de chamar o paradigma chomskyano de *Gramática Gerativo-Transformacional*, e não apenas *Gramática Gerativa*[12]. De acordo com as bases teóricas estabelecidas pelo próprio Chomsky (1965: 8-9), numa das obras seminais de seu paradigma, outras propostas de formalização algébrica para as gramáticas das línguas naturais também podem, em princípio, se configurar como 'gramáticas gerativas' possíveis, a serem avaliadas quanto à satisfação ou não dos requisitos de cada nível de adequação. O que a vertente chomskyana tem de mais característico é a aposta na ideia de que a gramática gerativa geral tem um *componente transformacional*, com mecanismos que correlacionam estruturas distintas numa mesma sentença. Além disso, há, no paradigma chomskyano, um comprometimento mais explícito com a dimensão psicológica da gramática e o consequente enfrentamento de questões aquisicionais, neurofisiológicas e evolutivas, que em outros paradigmas são deixadas de lado em maior ou menor grau.

§3.2. INFINITUDE, RECURSIVIDADE E CRIATIVIDADE

É consensual a ideia de que a gramática permite a formação de infinitas expressões através de meios finitos, que remonta à visão de W. Humbolt. Não se pode demonstrar isso listando as infinitas expressões da extensão da gramática, o que nos demandaria espaço e tempo infinitos. No entanto, pode-se inferir isso indiretamente, via lógica dedutiva. Analogamente, o mesmo ocorre ao se afirmar que há infinitos números. Todos sabemos contar 'até o infinito'. Começamos por "1, 2, 3..." e terminamos quando atingimos o número que nos interessa (e.g. o número de caracteres impressos neste

---

12. Lamentavelmente, é frequente teóricos da gramática novatos ou experientes referirem-se aos supostos modelo transformacional e modelo não transformacional do quadro teórico chomskyano, sendo o não transformacional o mais recente, que teria superado o primeiro. Trata-se de um erro grave. Parte do equívoco deve-se à premissa falsa de que *transformação* e *derivação* seriam sinônimos (ou que um pressupõe o outro), somado ao fato de que o *esquema X-Barra* – concebido como uma alternativa superior às regras sintagmáticas desta seção e da próxima – gera estrutura sintagmática sem haver derivações. A noção de transformação continua exercendo um papel crucial, como sempre, embora os detalhes técnicos em torno dela sejam sempre objeto de debate.

livro), ou quando cansamos, ou quando chegamos a um número cujo nome não sabemos, etc. Apesar do término de uma contagem particular, sabemos que há infinitos números para além daquele que marcou o fim daquela contagem. Não sabemos isso porque teríamos todos os infinitos números pré--listados na mente, pois nossa memória, embora enorme, é *finita*. Sabemos da infinitude dos números porque sabemos aplicar a operação "mais um" (tecnicamente, a *função de sucessor*) ao maior número que obtivemos até então, para então obtermos um número ainda maior, ao qual, por sua vez, pode-se aplicar *recursivamente* a operação "mais um" para obtermos o próximo número, *ad infinitum*. A definição exata de *recursividade* em termos matemáticos, embora importante, não é necessária para nossos propósitos imediatos[13]. Aqui, é suficiente entender que uma estrutura é recursiva se ela é formada pela aplicação de uma dada operação ao produto de outra aplicação daquela mesma operação (ou, alternativamente, se ela contém em si uma subestrutura com as mesmas propriedades relevantes do todo). Vejamos em (14) como isso se verifica empiricamente na sintaxe da linguagem natural.

(14a) [^{S} Anita mentiu]

(14b) [^{S} Karen provou [^{S} *que* **Anita mentiu**]]

(14c) [^{S} Janice disse [^{S} *que* **Karen provou** [^{S} *que* **Anita mentiu**]]]

(14d) [^{S} Cassie sabe [^{S} *que* **Janice disse** [^{S} *que* **Karen provou** [^{S} *que* **Anita mentiu**]]]]

Em (14b), a sentença simples (14a) é encaixada dentro de uma sentença maior, exercendo ali a função de objeto direto. Em (14c), aquela mesma sentença maior é o objeto direto de outra sentença maior ainda. Em (14d), há uma sentença 'grandona', que traz em seu objeto direto todas as anteriores. O *mesmíssimo* mecanismo gramatical de encaixe de uma sentença na posição de objeto direto de outra (que pressupõe a regra **SV→V^S**, ou

---

13. Recomendo Partee et al. (1993: 179-183) ao iniciante e Tomalin (2007) e van der Hulst (2010a) ao iniciado.

equivalente)[14] permite que (14d) seja encaixada numa sentença ainda mais 'grandona', que por sua vez também é encaixável em uma sentença 'gigante', igualmente encaixável em outra ainda mais gigantesca, etc. Obviamente, limites da ordem do desempenho nos impedem de usar sentenças 'grandes demais' na comunicação cotidiana (faltam-nos memória, atenção e fôlego)[15]. Mas nossa competência admite que sentenças se encaixem em outras sentenças *ilimitadamente*, através da aplicação recursiva dos mesmos meios combinatórios que geram (14b), em que há tão somente uma sentença 'pequenina' dentro de outra 'maiorzinha'. A isso chamamos de *recursividade sentencial*. Há outros tipos de recursividade, como ilustrado em (15), em que temos SNs dentro de SNs, e SPs dentro de SPs, intercalando-se.

(15a) Eu vi [$_{SN}$ a professora]

(15b) Eu vi [$_{SN}$ a amiga [$_{SP}$ d[$_{SN}$ **a professora**]]]

(15c) Eu vi [$_{SN}$ a prima [$_{SP}$ d[$_{SN}$ **a amiga** [$_{SP}$ **d**[$_{SN}$ **a professora**]]]]]

(15d) Eu vi [$_{SN}$ a mãe [$_{SP}$ d[$_{SN}$ **a prima** [$_{SP}$ **d**[$_{SN}$ **a amiga** [$_{SP}$ **d**[$_{SN}$ **a professora**]]]]]]]

Há vários pontos sobre recursividade que merecem discussão. Primeiramente, uma sentença pode se encaixar em outra ocupando várias posições que não apenas a de objeto direto, e uma sentença 'grandona' como (16b) pode conter em si múltiplos *tipos* de encaixe.

(16a) [$_{S}$ [$_{SN}$ a notícia] preocupa os acionistas [$_{SA}$ inconsequentes] [$_{SP}$ por motivos óbvios]].

---

14. Há múltiplas análises possíveis. Bem simplificadamente, na visão típica da GGT, a sentença encaixada não seria S, mas sim S': uma 'sentença estendida', formada pela combinação de S com que através da regra **S'→**_que_**^S**. O encaixe de S' se daria pela regra **SV→V^S'**. Alternativamente, pode-se propor uma regra como **SN→**_que_**^S**, cujo efeito não é encaixar S diretamente como complemento de V, mas sim a criação de um SN, que se encaixaria em outra sentença do mesmo modo como qualquer outro SN ordinário.

15. Como vimos em **§2.2**, o grau de dificuldade de processamento de sentenças complexas em tempo real depende não só do número de encaixamentos recursivos, mas também do tipo deles.

(16b) [^{S} [^{S} que a empresa demitiu 70% dos funcionários] preocupa os acionistas [^{S} que investiram nela todas as suas economias] [^{S} porque o risco de falência é evidente]].

Diferentemente da recursividade de SNs dentro de SNs (cf. (15)), que desde a incepção da GGT eram reconhecidas como consequência natural das regras sintagmáticas (cf. Chomsky 1955a: 171-172), vale ressaltar que a recursividade sentencial não era concebida como diretamente decorrente das regras sintagmáticas (e.g. **SV→V^S**) durante a primeira década da GGT (cf. Chomsky 1955a: 516-519). Um dado como (14d) era tido como derivado a partir de quatro sentenças básicas independentes, *aproximadamente* como: (i) Anita mentiu; (ii) Karen provou *algo*; (iii) Janice disse *algo*; (iv) Cassie sabe *algo*. Os encaixes de sentenças umas nas outras não se dariam por regras sintagmáticas, mas por regras transformacionais do subtipo das *transformações generalizadas*, que tomam sentenças independentes e as combinam conforme certas características delas, modificando suas estruturas originais. *Grosso modo*, (i) substitui algo em (ii), que substitui algo em (iii), que substitui algo em (iv), com ajustes adicionais relativos à inserção de que.

Chomsky (1965: 132-137) abandona a noção de transformações generalizadas, por considerar que suas formulações eram demasiado arbitrárias e complexas. Os mesmos resultados poderiam ser obtidos em termos puramente sintagmáticos (acrescendo-se regras como **SV→V^S**), feitos os devidos ajustes no subcomponente transformacional, composto de *transformações singulares*. Estas já eram assumidas nas versões anteriores da GGT, e cuja natureza consiste em identificar, na estrutura de uma sentença básica gerada pelas regras sintagmáticas, um ou mais elementos, definido(s) pela posição estrutural que ocupa(m), afetando-o(s) de modo a mapear uma estrutura sintagmática em outra estrutura sintagmática correspondente (tal que ambas tomadas *in tandem*, compõem a estrutura transformacional da sentença). Assim concebida, essa estrutura inicial *unificada*, formada somente por regras sintagmáticas (capazes de codificar recursividade sentencial do tipo (14d) já *na base*), foi denominada *Estrutura Profunda* (a partir da qual todo o significado seria extraído)[16]. Sobre ela as transformações singulares seriam aplicadas, resultando na *Estrutura Superficial* (a partir da qual toda a estrutura morfofonológica seria extraída). Gradativamente, essa concepção geral da 'arquitetura da gramática' foi bastante reelaborada nos anos subsequentes, até as versões mais recentes da GGT, nas quais há um retorno *parcial* a algumas concepções de derivação, regras sintagmáticas e transformacionais oriundas da primeira década da GGT, numa versão mais 'enxuta', feitos diversos ajustes para acomodar as generalizações empíricas acumuladas ao longo do tempo (cf. Chomsky 1955a, 1965, 1970b, 1981a, 1986a, 1986b, 1995a; Frank 2002; Lasnik 2015). Elaboro sobre isso adiante, cf. **§4.3**.

Para Chomsky (1955a: cap VII; 1957: 41), *orações subordinadas reduzidas* como (17) eram geradas na base, via regras sintagmáticas, gerando SNs e SAs complexos trazendo em si um 'SV nominalizado' (não S). Isso envolveria, adiante, transformações singulares reorganizadoras dos morfemas relevantes de infinitivo, gerúndio e particípio.

(17a) Eu vi *você acordar*. (17b) Eu vi *você acordando*. (17c) Eu vi *você acordada*.

Entretanto, nessas mesmas obras (Chomsky 1955a: cap X; 1957: 72, 113), tais construções são reanalisadas em termos de *transformações de nominalização* aplicadas a sentenças independentes que se encaixam na sentença principal via transformações generalizadas.

---

16. Cf. Chomsky (1970b), *inter alia*, para uma revisão dessa assunção, e a admissão de que parte do significado estaria codificado na Estrutura Superficial; bem como trabalhos subsequentes em que o nível ulterior de Forma Lógica é postulado, culminando com uma das hipóteses centrais do Programa Minimalista, segundo a qual não há Estrutura Profunda nem Estrutura Superficial, e todo o significado é codificado em Forma Lógica.

Chomsky (1965) propõe que subordinadas de todos os tipos envolvam uma unidade do tipo S gerada na base, via regras sintagmáticas (e.g. **SV→V^S**, ou equivalente). Na década de 1980, a partir de debates entre Edwin Williams e Timothy Stowell, ressurge a ideia de que dados como (17) envolvem unidades menores que S geradas na base. Nascia então o conceito de *minioração*, que seria algo como uma sentença destituída (totalmente ou parcialmente) de certos elementos gramaticais característicos de S, mas com uma estrutura completa de 'predicador e argumentos' (cf. discussão sobre papéis temáticos em §4.4.2 adiante). Remeto o leitor a Mioto & Foltran (2007: 5-7) para uma breve e informativa apresentação do tema. Não faltam, no entanto, propostas antigas e recentes contrárias à ideia de minioração, ou restringindo as miniorações a subtipos específicos de orações reduzidas.

Nada nas primeiras versões da GGT proibia que estruturas com recursividade de SNs dentro de SNs do tipo exemplificado em (15d) fossem geradas já *na base*, via regras sintagmáticas (e.g. **SN→(D)^N^(SP)** e **SP→P^SN**). Isso não impedia que eventualmente instâncias de 'SN dentro de SN' pudessem ser geradas por transformações generalizadas, como em casos de coordenação, conforme exemplificado em (18b), gerado a partir de (18a)[17].

(18a) S_1 = [^{S} [^{SN} civis] [^{SV} morreram]] S_2 = [^{S} [^{SN} militares] [^{SV} morreram]]

(18b) S_1 = [^{S} [^{SN} [^{SN} civis] e [^{SN} militares]] [^{SV} morreram]]

---

17. A transformação generalizada de coordenação (Chomsky 1955a: 224-227, 556-561; 1957: 36) era formulada de modo suficientemente geral para dar conta da coordenação de sintagmas de qualquer tipo (SN, SV, SA, SP, S). Coordenações de sintagmas de tipos diferentes (e.g. **vestido** [[^{SA} ***preto***] **e** [^{SP} ***com bolinhas***]]) representavam um problema para aquele modelo, e passaram a ser mais bem acomodadas em análises mais recentes (e.g. Camacho 2003; Zhang 2010), baseadas na noção de que a conjunção coordenativa é um elemento com identidade categorial neutra que deve se combinar com sintagmas que compartilhem características relevantes, o que não implica identidade categorial plena. É importante reconhecer que esse avanço foi alavancado por críticas e contrapropostas muito pertinentes oriundas de fora da GGT, dentre as quais destaco Sag et al. (1985).

Com o abandono das transformações generalizadas, estruturas como (18b) passaram a ser analisadas como geradas na base, diretamente via regras sintagmáticas[18].

Dos muitos outros subfenômenos da recursividade de unidades sintáticas, menciono finalmente a adjunção, que, desde as origens da GGT até hoje, tem sido tradicionalmente analisada (pondo de lado algumas abordagens heterodoxas minoritárias) em termos de estruturas com uma unidade sintática de um dado tipo (digamos, SN) *imediatamente* contida em outra unidade do mesmo tipo[19], não havendo limites para quantas vezes esse 'empilhamento' de sintagmas do mesmo tipo poderia ocorrer. Considere os exemplos abaixo.

(19a) Aline vendeu um carro.
(19b) Aline vendeu um carro conversível.
(19c) Aline vendeu um carro conversível importado.
(19d) Aline vendeu um carro conversível importado azul.

Há fatos importantes a se observar em paradigmas como esse. Qualquer que seja o núcleo do sintagma, adjuntos nunca são obrigatórios, o que corrobora a ideia de que adjuntos não seriam previstos (sequer como acessórios, entre parênteses) na regra básica do sintagma. O fato de poder haver ilimitados adjuntos num mesmo sintagma sugere que cada adjunto forma com o sintagma ao qual se adjunge um bloco que se configura num sintag-

---

18. A rigor, nunca houve um consenso total quanto à estrutura exata das coordenações. Além de análises assumindo a geração de (18b) na base, há também aquelas segundo as quais o subcomponente sintagmático sempre coordena sentenças inteiras, havendo posteriormente uma transformação de elipse que 'silencia' as partes homófonas, e.g. [^{S} [^{S} [^{SN} civis] [^{SV} ~~morreram~~]] e [^{S} [^{SN} militares] [^{SV} morreram]]].

19. Esse recurso técnico que envolve recursividade imediata leva o nome de 'adjunção chomskyana', pois foi o próprio Chomsky (1955a: cap IX) quem primeiro o definiu (em termos transformacionais, em conjunção com os conceitos de substituição, deformação e permutação).

ma do mesmo tipo do 'hospedeiro' da adjunção, sendo essa unidade capaz de hospedar mais um adjunto, indefinidamente. Assim, adjuntos nominais envolveriam algo como a regra **SN→SN^SA**, por exemplo, prevendo a estrutura em (20) para o dado (19d)[20].

(20)

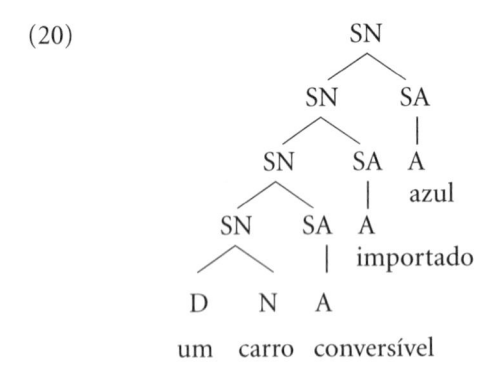

Eis outro fato sugestivo de que adjunção envolve estruturas como (20). O SN <u>um animal pequeno grande</u> descreve, por exemplo, um inseto gigante, mas não um filhote de elefante, que pode ser descrito pelo SN <u>um animal grande pequeno</u>. Em ambos os casos, o animal em questão é "grande e pequeno", mas há uma diferença quanto ao que se atribui as propriedades

---

20. A título de comparação, considere primeiro (i) e (ii), atentando para os complementos verbais e nominais, quanto à sua obrigatoriedade ou opcionalidade, e quanto a ser ou não possível haver mais de um deles.

(ia) O vândalo destruiu [SN a praça]; (ib) *O vândalo destruiu; (ic) *O vândalo destruiu [SN a praça] [SN a casa]; (id) O vândalo destruiu [SN [SN a praça] e [SN a casa]].

(iia) Eu vi a destruição [SP da praça]; (iib) Eu vi a destruição; (iic) *Eu vi a destruição [SP da praça] [SP da casa]; (iid) Eu vi a destruição [SP [SP da praça] e [SP da casa]].

A maioria dos dados é trivial. Algo como (i-b) é possível somente num contexto que licencie a elipse do objeto, previamente mencionado, mas não num enunciado dito 'à queima-roupa'. A aceitabilidade de (i-d) e (ii-d) só evidencia que (i-c) e (ii-c) são agramaticais devido a 'não caber mais de um complemento' na estrutura (cf. Kayne 1994: 11-12). A coordenação é um recurso que toma dois (ou mais) sintagmas (tipicamente da mesma categoria) e forma um único sintagma que os contém, e que pode ser o 'complemento único' (cf. n. 17). (ii-b) é o único dado que foge ao padrão geral. Por motivos ainda não totalmente claros, complementos nominais ou adjetivais não são tão obrigatórios quanto os verbais, que, por sua vez, não o são tanto quanto os preposicionais.

de pequenez e grandeza. Em um animal pequeno grande, grande expressa um atributo de um membro do conjunto dos animais pequenos. Em um animal grande pequeno, pequeno expressa um atributo de um membro do conjunto dos animais grandes. Isso sugere fortemente as estruturas em (21), em que cada SA tem escopo sobre a estrutura com a qual ele está combinado diretamente, no mesmo nível. Há um SA mais externo e um mais interno, resultando em interpretações distintas[21]: 'grande entre os pequenos' e 'pequeno entre os grandes'. Se, para esses dados, assumirmos uma estrutura mais 'achatada' e não recursiva, como (22a) ou (22b), é mais difícil acomodar esse fato acerca da interpretação de adjuntos[22].

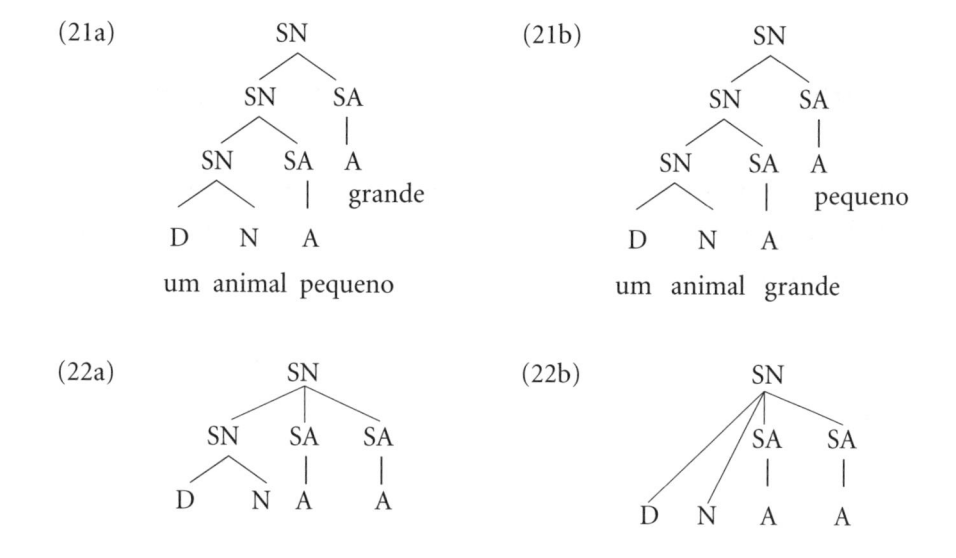

(21a) / (21b) / (22a) / (22b)

---

21. No domínio verbal, verifica-se algo semelhante. Considere os exemplos em (i). Em ambos, [duas vezes] e [três vezes] são adjuntos do SV cujo 'cerne' é [defendeu pênalti]. Em (i-a), [três vezes] se adjunge ao SV maior e [duas vezes] ao menor. Em (i-b), ocorre o contrário. Semanticamente, temos em (i-a) que, por três vezes, Taffarel defendeu dois pênaltis num jogo; e em (i-b) que, por duas vezes, ele defendeu três pênaltis num jogo.

(i-a) Taffarel [^{SV} [^{SV} [^{SV} defendeu pênalti] [duas vezes]] [três vezes]].

(i-b) Taffarel [^{SV} [^{SV} [^{SV} defendeu pênalti] [três vezes]] [duas vezes]].

22. Essa não é a única abordagem possível para o tema em pauta, nem é livre de questões; mas os dados em (21) são mais uma evidência favorável à hipótese em discussão, corroborada independentemente por outros fatos.

Analogamente, adjuntos verbais envolveriam uma regra como **SV→SV^SAdv** (e variantes, e.g. **SV→SV^SP**), conforme exemplificado em (23)[23].

(23a) Senri Kawaguchi tocou bateria.

(23b) Senri Kawaguchi tocou bateria [neste teatro].

(23c) Senri Kawaguchi tocou bateria [neste teatro] [maravilhosamente].

(23d) Senri Kawaguchi tocou bateria [neste teatro] [maravilhosamente] [dez vezes].

Assim, os muitos tipos de recursividade sintática podem ser divididos em dois grupos principais: a recursividade imediata (cf. (24)) e a não imediata (cf. (25)):

(24) $\alpha \rightarrow \beta^\wedge\alpha$ 　　　　(25) [a] $\alpha \rightarrow \beta^\wedge\gamma$; [b] $\gamma \rightarrow \delta^\wedge\epsilon$; [c] $\epsilon \rightarrow \zeta^\wedge\alpha$

Além disso, é relevante notar que recursividade imediata e não imediata também existem na morfologia, conforme se pode atestar em (26) e (27)[24], respectivamente.

(26) [elit]*ismo* → *anti*[[elit]ismo] → *anti*[anti[[elit]ismo]] → *anti*[anti[anti[[elit]ismo]]]

(27) [^{N}forma] → [^{A}[^{N}form]*al*] → [^{V}[^{A}[^{N}form]al]*izar*] → [^{A}[^{V}[^{A}[^{N}form]al]izá]*vel*]

---

23. (i-ii) evidenciam a adequação de estruturas com recursividade de SV para casos de múltiplos adjuntos verbais.

(i) Senri Kawaguchi tocou bateria neste teatro maravilhosamente; (ii) Akira Jimbo também, dez vezes.

Em (ii) teríamos o acréscimo de um adjunto a uma cópia de um SV de (i) submetido a elipse. Tal SV pode ser <u>tocou bateria</u>, <u>tocou bateria</u> *neste teatro* ou <u>tocou bateria</u> *neste teatro maravilhosamente*, contemplando as três interpretações disponíveis, pois há em (i) três SVs retomáveis por (ii), um sendo uma subparte própria do outro.

24. Em (27), embora não haja um mesmo morfema sendo aplicado mais de uma vez na derivação da palavra maior, tem-se um caso de recursividade não imediata da formação de adjetivo a partir de um não adjetivo, com as sufixações de <u>-al</u> e <u>-vel</u>, na formação da segunda e da quarta palavras, respectivamente.

Assim como a evolução das espécies é um fato inegável que diferentes versões da teoria da evolução abordam diferentemente, a recursividade e a infinitude na morfossintaxe da linguagem humana é um fato inegável para o qual qualquer teoria da gramática deve propor um tratamento formal. Deve-se reconhecer a recursividade e a infinitude não apenas como propriedades da língua enquanto abstração; mas como parte da nossa competência gramatical, codificada em nosso aparato neurofisiológico[25]. É graças a isso que somos psicologicamente aptos a 'veicular infinitas mensagens a partir de meios finitos', e podemos dizer o que jamais se disse, e compreender o que jamais nos disseram antes. Ainda que essa infinitude de pensamentos possa ter raízes fora da própria gramática, o fato é que, para produzir e compreender as infinitas expressões desses infinitos pensamentos, é preciso que a intensão da Língua-I tenha meios de codificar esse 'pulo do gato'. Logo, uma teoria da Gramática Gerativa se faz necessária, caso contrário não se pode prever tal infinitude, que está na base do 'aspecto criativo da linguagem humana', que faz dela um objeto irredutível a uma lista de expressões ou mesmo de moldes estruturais (cf. Chomsky 1968: 11-12). Tal 'criatividade' não é uma extrapolação do 'código' para além de seus limites. Quando 'criamos' uma sentença nova e inovadora em sua forma e conteúdo, não estamos inventando nada que já não estivesse previsto pelo sistema. É legítimo, no entanto, chamarmos isso de 'criatividade', bem como é legítimo falar que um enxadrista é criativo e surpreende seus adversários com jogadas inesperadas e 'originais', mas que estavam todas previstas pelas regras do jogo.

Ao incorporarmos a recursividade em nossa teoria, qualquer erro de formulação pode ser fatal em sobregerar infinitamente ou subgerar infinitamente. Isso é bom, pois nos permite detectar facilmente nossos erros e corrigi-los. Como já dito, é inevitável na investigação científica a constante

---

25. Remeto o leitor a Postal (2009) e Pullum & Scholz (2010) para surpreendentes, intrincadas e ousadas argumentações de que o truísmo ora exposto seria uma falácia absurda.

sensação frustrante de que 'a conta nunca fecha', pois sempre há infinitos dados (positivos e negativos) cuja geração ou não geração não prevíamos. Temos sempre que avaliar nossos infinitos sucessos e infinitos fracassos, e remodelar nossa teoria[26].

§3.3. SENTENÇA E DESCRIÇÃO ESTRUTURAL, CAPACIDADES GERATIVAS FRACA & FORTE

Partamos das definições de *Língua* e de *Gramática* em (28), adaptadas de Chomsky (1955a: 71; 1957: 13-15; 1965: 30-37), que serão retomadas e reelaboradas adiante em conformidade com a definição de Língua-I (cf. Chomsky 1986a) apresentada em **§2.7**.

(28) Toda língua natural é um conjunto (infinito) de sentenças (i.e. sequências[27] de ILs, cada uma com comprimento finito) legitimamente disponíveis para o falante usar. Dada uma língua específica L, (um)a gramática G de L é um sistema finito de regras e princípios que, se aplicados, têm o poder de gerar todas e apenas as sentenças de L e suas descrições estruturais correspondentes, prevendo os significados a elas associados e as características essenciais de suas pronúncias.

Sob essa ótica, consideremos o dado em (29), classificável como uma 'sentença ambígua'. Sua aceitabilidade plena sugere tratar-se de 'uma sentença da língua'. Sua 'ambiguidade' deve-se ao fato de ela poder veicular o mesmo significado de (30a) ou o mesmo de (30b), que veiculam, cada uma, significados unívocos e distintos (sendo, pois, sentenças não ambíguas).

---

26. Mensurar o grau de sucesso de uma teoria não é trivial. Não se trata apenas de qual é o percentual dos fatos empíricos que se explica. Trata-se também do quanto de cobertura empírica se tem relativamente à complexidade do sistema postulado para se construir a explicação. Mais que isso, às vezes 'bater na trave mil vezes em mil' pode ser melhor do que 'fazer dez gols em mil e chutar para fora 990 vezes', por assim dizer. A esse respeito, remeto o leitor a Epstein & Seely (2006: 1-4) para uma discussão iluminadora.

27. Traduzo *string* por 'sequência'. A rigor, há uma diferença entre *string* e *sequence*, que às vezes é relevante. Chomsky (1955a: 106) nota ser possível unificar os conceitos, mas não de modo trivial.

(29) Aline vendeu o carro rápido.

(30a) Aline vendeu o carro rapidamente.

(30b) Aline vendeu o carro que anda rápido.

Nessa visão, uma coisa seria a sentença (uma sequência gramatical de ILs), outra seria a sua estrutura gramatical. A sentença em (29) teria duas estruturas sintáticas associadas a ela (*aproximadamente* como (31a) e (31b)), correspondendo às duas interpretações de (29), parafraseáveis como (30a) e (30b) respectivamente. Isso exemplifica o que Chomsky (1955a: 177, 215-216, 271, 297-298, 490, 509; 1956: 118; 1957: 86) chamou de *homonímia de construção*:

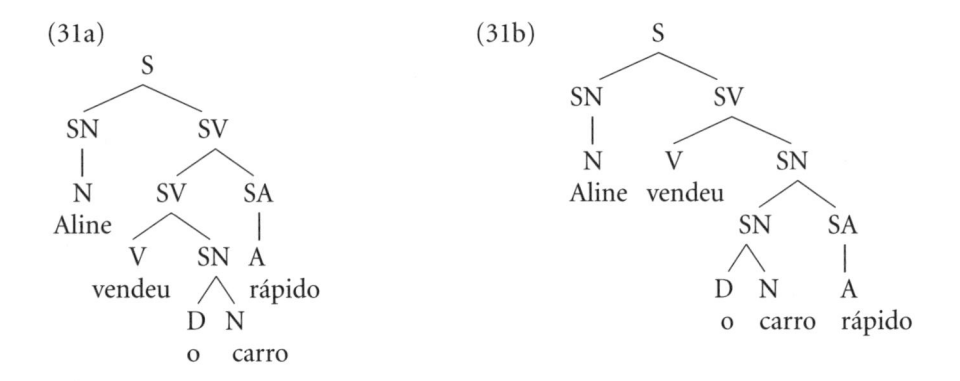

Para fins práticos, adoto a visão (não trivial) de que (31a) e (31b) são arranjos sintáticos distintos dos *mesmos* ILs[28]. Em ambos os casos, teríamos a mesma sequência de ILs, mas em arranjos que diferem num nível de análise mais abstrato, no qual se reconhecem partes e subpartes da sequência, agrupadas diferentemente. Só assim se pode capturar a ambiguidade de

---

28. A questão que se coloca é se ambos os casos trariam em si instâncias do *mesmo* vocábulo rápido, que, em (30b-31b), designa 'um atributo do carro', e, em (30a-31a), designa 'o modo como a venda ocorreu'. É mais comum conceber aí dois ILs distintos, um A(djetivo) e um Adv(érbio), o segundo sendo uma versão reduzida de rapidamente. A opção que adotei, por razões expositivas, embora não trivial, se baseia numa proposta concreta de Chomsky (1970a, 1981a), adotada e elaborada por uns e rejeitada por outros.

(29), que na superfície (excetuando-se a prosódia) se reduz a Aline^ven-deu^o^carro^rápido, mas que, no plano lógico, corresponderia ao par de estruturas em (31).

No jargão das versões iniciais da GGT (também usado em teorias não transformacionais), dizia-se que (31a) e (31b) seriam duas *descrições estruturais* possíveis para a mesma sentença (29). Já (30a) e (30b) teriam, cada uma, apenas uma descrição estrutural, *simplificadamente* explicitadas em (32a) e (32b), respectivamente.

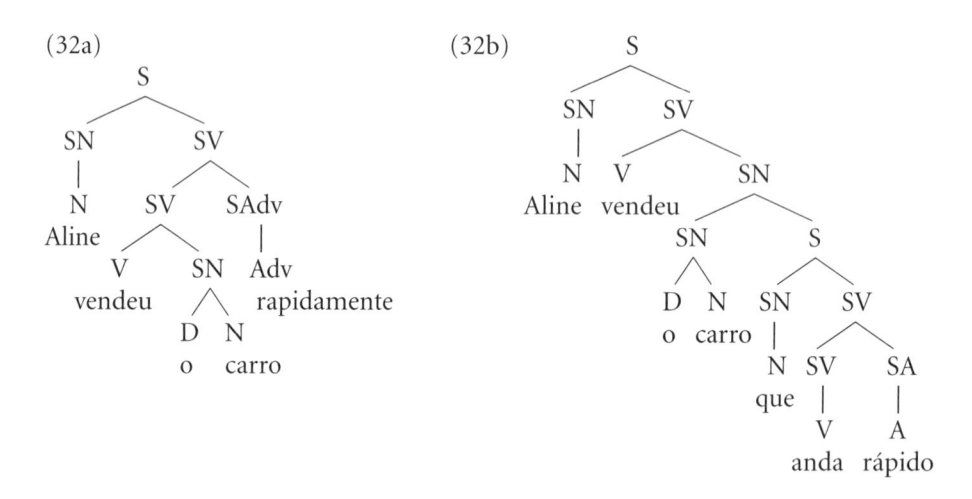

Nessa perspectiva, diz-se que uma teoria gramatical dá conta plenamente do dado em (29) se ela *gera fracamente* a sequência de ILs em (29) e também *gera fortemente* as descrições estruturais em (31a) e (31b), associando-as a esta mesma sentença. Logo, *geração fraca* e *geração forte* são *capacidades* distintas de uma gramática (cf. Chomsky 1963). Ambas as gramáticas (33) e (34) geram fracamente (29). Mas nenhuma delas captura a sua ambiguidade, pois (33) gera fortemente apenas (31a), e (34) gera fortemente apenas (31b).

(33) [a] S→SN^SV; [b] SN→(D)^N; [c] SV→V^(SN); [d] SA→A;
    [e] **SV→SV^SA**
(34) [a] S→SN^SV; [b] SN→(D)^N; [c] SV→V^(SN); [d] SA→A;
    [e] **SN→SN^SA**

A diferença em *capacidade gerativa forte* entre (33) e (34) reside apenas em suas regras de adjunção. (33e) estabelece que um SV pode conter em si um SV menor, seguido de um SA com função de adjunto verbal, expressando uma circunstância da ação verbal. (34e) estabelece que um SN pode conter em si um SN menor, seguido de um SA com função de adjunto nominal, expressando um atributo da entidade expressa pelo SN menor.

Uma gramática apenas com as três primeiras regras compartilhadas por (33) e (34) não tem sequer *capacidade gerativa fraca* para gerar (29), por não ter meios de gerar estruturas contendo SAs. Aliás, mesmo que tenha também a quarta das regras acima, uma gramática que não tenha nenhuma regra como (33e) ou (34e) não tem como integrar um SA à estrutura global. Uma gramática mais adequada que (33) e (34) seria uma que tivesse ambas as regras (33e) e (34e), ou uma outra regra mais abrangente que fizesse o papel dessas duas, sem sobregerar nenhuma estrutura de adjunção não própria da língua, nem subgerar nenhuma que lhe seja própria[29]. Para os nossos propósitos imediatos, adotemos a gramática em (35):

(35) [a] S→SN^SV;   [b] SN→(D)^N;   [c] SV→V^(SN);

    [d] SA→A;   [e] SV→SV^SA;   [f] SN→SN^SA

Assim, é dado um tratamento à ambiguidade de (29) em termos de uma gramática que gera fracamente a sentença (29) e gera fortemente as descrições estruturais (31a) e (31b), ambas associadas a (29). Como ressalta Chomsky (1957: 86-87), homonímias de construção como a descrita acima constituem um de muitos argumentos contra a visão simplista de que sentenças seriam meras sequências de ILs sem agrupamentos em blocos

---

29. Pode-se propor, por exemplo, a regra **SX→SX^SY**, em que **X** e **Y** são quaisquer 'classes de palavra'. Isso dá a várias adjunções um tratamento unificado, o que seria bom ou ruim, a depender do quanto todas elas exibem propriedades equivalentes. Uma fórmula tão geral corre o risco de sobregerar, pois não restringe o que **X** e **Y** possam ser. Ou seja, qualquer sintagma poderia se adjungir a qualquer outro, a menos que a gramática (geral ou particular) também tenha restrições que filtrem algumas possibilidades. Volto a esse ponto em §3.6.

menores dentro de blocos maiores. Sem estrutura sintagmática, tem-se a sequência Aline^vendeu^o^carro^rápido, e só. A interpretação correspondente a (31b) talvez possa ser acomodada[30], devido a carro e rápido estarem adjacentes. Frente a exemplos um pouco mais complexos, vemos que nem isso se sustenta[31]; mas, mesmo assumindo que sim, o caráter problemático de uma sintaxe puramente linear se mostra insolúvel em relação à interpretação (31a), que exige, no mínimo, uma estrutura como Aline^**SV**^rápido, na qual vendeu^o^carro tem seu significado interno calculado à parte e *compilado* numa unidade do tipo SV, que então se combina a rápido.

Em suma, a capacidade gerativa forte de gramáticas puramente lineares é *zero*, ainda que elas pudessem, no limite, gerar fracamente as sequências desejadas. Isso não apenas impossibilita o tratamento de fatos 'semânticos', como também deixa escapar certas regularidades prosódicas associadas[32]. Por exemplo, como mostro em Guimarães (1998: 134, 193-196), há um correlato métrico-rítmico às duas interpretações do SN o professor de balé russo. Na leitura em que o balé é russo (associada à estrutura em (36a)), tipicamente se obtém 'retração de acento', ocasionando a pronúncia 'BÁle--RÚsso'. Na leitura em que o professor é russo (associada à estrutura em (36b)), tal retração não se verifica. Detalhes técnicos à parte, é fácil notar, pelos diagramas, que balé e russo estão *estruturalmente* mais próximos em

---

30. Muito condescendentemente, parto da premissa questionável de que o artigo o funciona como um pronome que expressa uma coisa específica que foi vendida, enquanto carro expressa que tal coisa é um carro.

31. Basta considerarmos o dado não ambíguo A amiga de Aline vendeu o carro para reconhecermos a necessidade de tomarmos [a^amiga^de^Aline] como uma unidade sintagmática, pois o sujeito de vendeu não é Aline. Para que possamos dizer que vendeu está adjacente a seu sujeito, é preciso conceber a existência do SN a amiga de Aline. A questão se coloca ainda mais acentuadamente em exemplos ambíguos envolvendo *dependências de longa distância*, como Quando você disse que Aline sumiu?, em que o pronome interrogativo quando deslocado para o início da sentença pode remeter ao dizer ou ao sumiço. O problema fica ainda mais complexo diante de Quando você disse se Aline sumiu?, em que não há ambiguidade, de tal modo que quando só pode remeter ao dizer. Gramáticas puramente lineares não têm meios de descrever esses padrões.

32. Bem como regularidades morfológicas, cf. (37) e **§3.5** adiante.

(36a) do que em (36b). Tal proximidade estrutural é um fator condiciona-
dor da interação entre as estruturas métricas de ILs adjacentes, formando
uma unidade rítmica.

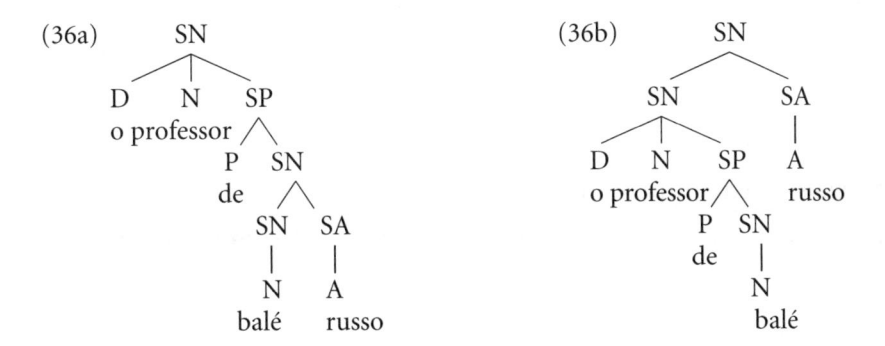

Além disso tudo, há arranjos sintáticos que uma gramática puramente linear não é capaz de gerar nem mesmo fracamente. Remeto o leitor
a Chomsky (1956; 1957, cap 3; 1959a) e Chomsky & Miller (1963) para a
argumentação clássica, a Lasnik (2000, cap 1; Carnie 2010: 12-17) para ex-
posições didáticas, e a Lasnik (2015) para uma reflexão crítica e histórica.
Por ora, é suficiente ilustrar esse ponto com uma versão adaptada do argumento clássico, inspirada em Carnie (2010: 15), a partir dos dados em (37).

(37a) Eu *desejo* [que [as pessoas [que tomaram o remédio]] *fiquem* curadas]

(37b) Eu *sei* [que [as pessoas [que tomaram o remédio]] *ficaram* curadas]

Em (37a), há uma dependência entre desejo e fiquem, tal que desejo
determina o modo subjuntivo de fiquem, sendo impossível obter *fica-
ram/*ficam/*ficarão nesse caso. Isso independe de quantos e quais são os
elementos entre os verbos relacionados. Entre eles, há o verbo tomaram,
cujo modo independe de desejo e que não interfere no modo de fiquem[33].
Em (37b), com sei em vez de desejo, temos ficaram/ficam/ficarão em vez de

---

33. Em (37a), poderíamos ter tomarem em vez de tomaram, sem que isso interfira no
modo de fiquem.

*fiquem. Não há como capturar essa regularidade numa sintaxe puramente linear. É preciso, no mínimo, reconhecer um bloco que compreenda desde que até curadas, tal que desejo e sei se combinam com esse bloco (uma sentença subordinada), que, por sua vez, herda certas propriedades de seu subcomponente relevante: o verbo fiquem ou ficaram, que confere a toda a sentença subordinada a propriedade de estar no modo subjuntivo ou indicativo. Por outro ângulo, desejo e sei imporiam aos seus complementos sentenciais o requerimento do modo subjuntivo ou indicativo, que seria morfologicamente expresso no radical verbal fic-. O verbo tomaram não interfere nessa relação porque está profundamente encaixado na oração subordinada adjunto nominal do sujeito da sentença subordinada que é objeto de desejo ou sei. Conforme indicado pelos colchetes em (37), embora desejo/sei esteja *linearmente* mais próximo de tomaram, a proximidade *estrutural* é maior em relação a fiquem/ficaram. Numa sintaxe puramente linear não haveria correlato algum de tais colchetes.

Os dados positivos em (37) podem até ser fracamente gerados por uma sintaxe puramente linear. Um sequenciador de ILs que opere sem restrições seria capaz de gerar fracamente todo dado positivo. Mas essa falta de restrições o faria sobregerar todo dado negativo. Numa formulação mais refinada – em termos de possibilidades e restrições quanto a certos tipos de relações de adjacência entre ILs – o sequenciador pode permitir ou proibir várias relações de adjacência entre ILs. Porém, por não reconhecer unidades sintagmáticas, um simples sequenciador não captura efetivamente dependências entre ILs distantes.

Ainda que uma sintaxe puramente linear fosse capaz de gerar fracamente todas e apenas as sequências de ILs legítimas, isso não seria suficiente (embora necessário) para ela ser adequada nos níveis descritivo e explicativo (e nos superiores). A capacidade gerativa forte de uma gramática proposta é de suma importância. Não basta prever quais sequências de ILs existem ou não na língua. É preciso prever suas propriedades relevantes (não só as sintáticas). A associação entre diferentes prosódias e diferentes significados, ilustrada em (36a) e (36b), é uma de muitas evidências de que a sintaxe é mais que mero sequenciamento de ILs, e que diferentes estruturas hierárquicas na sintaxe (com blocos estabelecendo relações de parte e todo uns com os outros) determinam parcialmente outras propriedades dos enunciados. A ambiguidade de (29) é outra evidência da necessidade de a gramática prever a geração de estruturas hierárquicas em sentenças (às vezes, mais de uma por sentença). Explorando-se o paradigma de dados do qual (29) faz parte, podemos detectar, para cada sentença, outras propriedades que demandam estruturas hierárquicas na sintaxe, e portanto demandam que a gramática gerativa tenha capacidade gerativa forte para gerar as estruturas hierárquicas adequadas a cada caso, compatíveis com as propriedades observáveis. Comecemos retomando um par de dados já visto em §2.6.

(38a) O carro, Aline vendeu rápido.　　　(38b) O carro rápido, Aline vendeu.

Ambas as sentenças são muito semelhantes a (29), diferindo apenas pelo fato de um elemento ocupar a posição de ênfase, antes do sujeito. Entretanto, nenhuma delas exibe a ambiguidade de (29). (38a) só pode ter o significado de (31a): 'Aline vendeu o carro rapidamente', com ênfase sobre o carro. Em (31a), o SN objeto é simplesmente o carro, que não inclui em si o SA rápido. Por isso mesmo, o SA não é carregado junto com o fronteamento do SN objeto, até porque, em (31a), não existe uma unidade estrutural que contenha toda a subsequência o carro rápido e exclua todo o resto. Logo, com base em (31a), não há como se manipular essa subsequência para fronteá-la e enfatizá-la. Inversamente, (38b) só pode ter o significado de (31b): 'Aline vendeu o carro que anda rápido', com ênfase sobre o carro rápido. Isso pressupõe a existência de um SN que corresponda à subsequência o carro rápido, o que se dá somente em (31b). Aqui, o fronteamento de o carro rápido é trivial.

Nesse ponto, o leitor talvez se pergunte por que (38a) também não poderia ser gerável a partir de (31b), já que, dada a estrutura assumida, haveria dois SNs no objeto, sendo um (o carro) subparte do outro (o carro rápido). Por que não se poderia mover o SN menor (o carro), sem carregar junto o SA rápido? Se isso fosse possível, (38a) seria ambíguo, podendo também significar que Aline vendeu o carro que anda rápido. A pergunta é pertinente. Mas note que o problema seria bem maior se (38b) pudesse significar que Aline vendeu o carro rapidamente. Isso seria incompatível com as nossas assunções de que: (i) não há em (31b) uma unidade estrutural correspondente a o carro rápido que possa ser movida; e (ii) a interpretação equivalente a "Aline vendeu o carro rapidamente" depende da estrutura (31a) na base. Nosso problema é menor porque a impossibilidade de fronteamento do SN menor o carro a partir de (31b) não é incompatível com a estrutura (31b) nem com a interpretação que ela induz. Mas a inexistência dessa interpretação para (38a) nos revela que provavelmente há algum mecanismo gramatical proibitivo, cuja natureza precisa ser determinada para que tenhamos uma compreensão plena da gramática. Por ora, note-se que o dado (39) nos fornece evidência adicional que corrobora nossas assunções sobre as descrições estruturais de (29).

(39) Aline vendeu *ele* rápido.

Em (39), ele pode significar o carro. Nesse caso, o significado global de (39) só pode ser "Aline vendeu o carro rapidamente" (cf. (31a)), mas não "Aline vendeu o carro que anda rápido" (cf. (31b)). A rigor, ele em (39) também pode significar "o carro rápido", caso, por exemplo, (39) seja precedido no discurso por algo como O carro rápido não está mais na loja. Porém, nesse caso, o significado global de (39) necessariamente seria "Aline rapidamente vendeu o carro que anda rápido", confirmando que a subsequência ele rápido em (39) não forma um SN. Seguindo estritamente a gramática (35) e a estrutura (31b), não é imediatamente claro por que (39) não poderia ter <u>ele</u> como o SN menor que forma, junto com o SA <u>rápido</u>, um SN maior <u>ele rápido</u> que significasse "o carro rápido". Esse fato, embora represente um desafio à nossa análise (obrigando-nos a descobrir o porquê de o pronome não poder ser o 'SN menor' da subestrutura de adjunção), sugere que as nossas assunções gerais estão no caminho certo, pois tanto o uso de SNs pronominais como o deslocamento de SNs para fins de ênfase exibem o mesmo padrão: (i) são consistentes com as estruturas postuladas em (31) e com os significados a elas associados, e (ii) quando suas possibilidades lógicas de realização não são todas atestadas, aquelas que não se realizam efetivamente têm em comum a preferência por 'afetar' o SN maior quando houver um SN incluso em outro, o que sugere haver um princípio mais geral da gramática em ação, para o qual várias implementações técnicas foram propostas (e.g. princípio A-sobre-A, ciclo transformacional, etc.), e cujos efeitos são observáveis em diversos fenômenos.

O quadro apresentado até aqui ainda é impreciso e incompleto, mas é suficiente para se ter a dimensão da importância da capacidade gerativa forte em teoria gramatical[34]. A postulação de regras específicas e estruturas específicas geradas por elas demanda uma base empírica maior que apenas o dado específico cuja (a)gramaticalidade se pretende explicar. Uma descrição estrutural deve explicar não apenas a existência da sentença, como também a inexistência de outras não atestadas. Sobretudo, deve explicar paradigmas inteiros com muitos dados, prevendo as propriedades atestadas quanto a padrões sonoros e de significado.

A partir de Chomsky (1986a), passou-se chamar de *sentença* o que antes se chamava de *descrição estrutural*; e o que antes era chamado de *sentença*

---

34. Cf. Miller (1999) para uma discussão aprofundada, elaborada fora do arcabouço da GGT, avaliando, de um ponto de vista 'neutro/externo', até que ponto há equivalência formal entre diferentes teorias sintáticas.

passou a ser chamado simplesmente de *sequência terminal*[35]. Por trás da nova terminologia, há a concepção de que o que realmente importa ao final é a capacidade gerativa forte da gramática gerativa proposta, sendo que toda sentença (propriamente concebida) contém em si uma única sequência terminal como parte de sua estrutura. Terminologia à parte, tal concepção geral já havia sido explicitada ao menos duas décadas antes, como enfatizado em Chomsky (1966b: 47-48)[36 / 37].

> Suponhamos que fosse de fato possível recodificar uma gramática transformacional em termos de uma gramática de estrutura sintagmática estendida de tal modo que sejam satisfeitos os requerimentos de *equivalência gerativa fraca* (ou seja, tal que a versão [com transformações codificadas sintagmaticamente] gera o mesmo conjunto de sequências, mas não o mesmo conjunto de estruturas). [...] Qual seria exatamente a significância linguística que essa demonstração teria? A resposta é: absolutamente nenhuma. [...] [l]evar em consideração a capacidade gerativa fraca só é relevante se isso fornece *evidência negativa*, relativamente a uma teoria linguística particular – se isso mostra [...] que a teoria é tão incompatível com [as sentenças d]a língua que nem mesmo o conjunto de sentenças pode ser gerado com sucesso. [...] [C]onsiderações de adequação descritiva e explicativa são as únicas que podem ser usadas para validar uma proposta de gramática ou teoria linguística. O fato de que uma gramática gera fracamente [as sentenças d]a língua não tem relevância alguma. O que importa é que isso seja feito de tal modo que a cada sentença sejam atribuídas suas estruturas profunda e superficial corretas, atingindo com sucesso o objetivo de modelar a capacidade gerativa forte [da língua] de um modo internamente motivado.

---

35. Katz & Postal (1964: 24-25) já haviam se dado conta das armadilhas terminológicas e conceituais associadas às chamadas 'sentenças ambíguas', e propuseram o conceito de *sentoide* como sendo aquilo gerado pela sintaxe, e que se definia como uma sequência terminal associada a uma única descrição estrutural. Nessa perspectiva, (29) seria uma sentença que corresponde a duas sentoides.

36. É por esse motivo (além da limitação de espaço) que não demonstro aqui a *hierarquia chomskyana* (Chomsky 1956, 1959a, 1963), segundo a qual, *grosso modo*, a capacidade gerativa *fraca* das gramáticas lineares é um subconjunto próprio da capacidade das gramáticas sintagmáticas, que por sua vez é um subconjunto próprio daquela das gramáticas transformacionais. Estruturas com dependências aninhadas (formato *abccba*) exigiriam no mínimo meios sintagmáticos para serem geradas; e estruturas com dependências cruzadas (formato *abcabc*) exigiriam no mínimo algo um pouco mais poderoso que meios sintagmáticos (cf. Partee et al. 1993: 429-561). Para uma discussão atualizada, recomendo Uriagereka (2008: cap 7).

37. Cf. Chomsky (1982b: 65, 73) sobre gramáticas sintagmáticas fracamente equivalentes às transformacionais.

Segundo Chomsky (1986a) – o cânone do modelo P&P –, a estrutura global de uma sentença i envolveria subestruturas associadas entre si num quádruplo $<EP_i, ES_i, FL_i, FF_i>$: estrutura profunda, estrutura superficial, forma lógica e forma fonética (cf. §4.3, para detalhes).

Sob essa perspectiva, (29) não é uma sentença ambígua. Embora (31a) e (31b) tenham sequências terminais idênticas, elas são estruturas sintáticas distintas: i.e. organizações sintagmáticas distintas dos mesmos ILs dispostos na mesma ordem linear. Assim, quando se pronuncia a sequência terminal de uma sentença, pronuncia-se também a sequência terminal da outra. A depender do contexto discursivo, o enunciado da sequência terminal pode ter uma ou outra interpretação, ou ambas. A ambiguidade estaria no enunciado, não nas sentenças.

O enunciado (29) pode ser interpretado como a sentença não ambígua (31a) ou como a sentença não ambígua (31b). A quem ainda resiste à ideia de que (29) não é uma sentença ambígua, sugiro considerar o par de dados em (40) e suas respectivas estruturas em (41).

(40a) Ozzy ama Sharon. (40b) Sharon ama Ozzy.

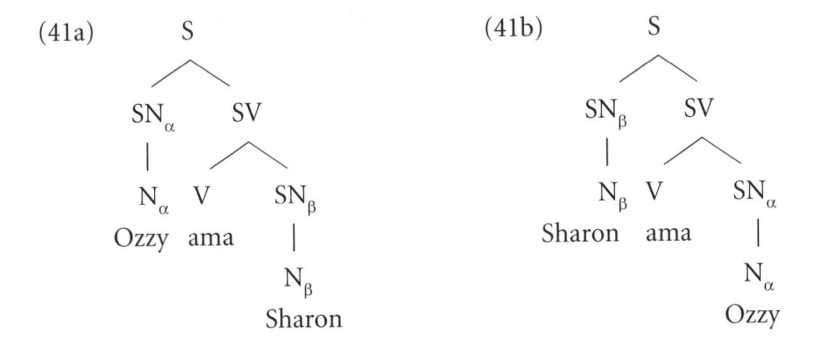

Não é controverso que (40a) e (40b) sejam duas sentenças distintas, com significados distintos, formadas a partir dos mesmos ILs, combinados diferentemente. A diferença entre esse cenário e aquele em (29), (31a) e

(31b) é apenas que, no caso anterior, as duas combinações distintas dos mesmos ILs coincidiam quanto à ordem de pronúncia dos ILs, ao passo que no último caso a ordem de pronúncia dos ILs é distinta. Essa única diferença tem o efeito de possibilitar ambiguidades no plano do enunciado, embora as sentenças continuem não ambíguas. O que acabo de afirmar parte da premissa (questionável) de que, no plano prosódico (curva melódica, pausas, duração de sílabas, distribuição de acentos, etc.), (31a) e (31b) seriam idênticas. Assim, qualquer enunciado do tipo (29) seria potencialmente ambíguo, e sua associação com (31a) ou (31b) dependeria apenas do contexto discursivo. Entretanto, como visto em (36) acima, há casos em que diferentes organizações sintagmáticas afetam a prosódia de modo mais sutil ou mais explícito. No limite, pode haver duas sentenças distintas que têm a mesma sequência terminal e que jamais se confundem, pois a prosódia é suficientemente distinta para eliminar, de saída, qualquer ambiguidade (embora, na escrita, a ambiguidade possa existir devido à ausência de prosódia).

Por fim, chamo atenção para um detalhe que se segue dessa concepção. Não há 'sentenças gramaticais e sentenças agramaticais'. Estritamente, o que é agramatical não é uma sentença. Há sequências terminais que são não sentenças, porque não são geráveis pela gramática (i.e. são agramaticais). Há também sequências terminais plenamente gramaticais e que, contudo, não são, por si mesmas, sentenças. Uma sentença pressupõe, além da sequência terminal gramatical, a existência de toda uma estrutura hierárquica gerada pelo mesmo conjunto de mecanismos gramaticais que gera a sequência terminal. Logo, em vez de 'sentença agramatical', é mais acurado dizer 'não sentença' ou 'sequência terminal agramatical'. Por outro lado, toda sentença é, por definição, gramatical. Ao concebermos a estrutura de uma sentença em termos do quádruplo $<EP_i, ES_i, FL_i, FF_i>$, este raciocínio se torna mais elaborado. Cada uma das quatro subestruturas pode ser gramatical em si mesma sem que a combinação delas necessariamente o seja.

Continuemos tomando por referência o dado em (29). Por ora, considere apenas a interpretação em que rápido designa um atributo da coisa designada por carro, conforme a estrutura da sentença (31b). Considere a gramática em (42), cujo funcionamento será detalhado a seguir, primeiramente de acordo com as versões iniciais da GGT.

(42) [a] S→SN^SV; [b] SN→(D)^N; [c] SV→V^(SN); [d] SA→A;

[e] SN→SN^SA;

[f] N→Aline; [g] V→vendeu; [h] D→o; [i] N→carro; [j] A→rápido.

Cada regra se aplica a uma sequência de símbolos, e afeta exatamente um dos seus símbolos. O símbolo afetável pela regra é indicado na fórmula como sendo aquele que aparece antes da seta. O efeito da aplicação da regra a uma sequência é a *reescritura* (i.e. substituição) do símbolo afetado pela sequência de símbolos indicada na fórmula após a seta[38], mantendo-se intacto o resto da sequência original, antes e depois do símbolo afetado. O símbolo '^' que aparece intercalando-se entre os demais é um indicador da existência de *concatenação* entre símbolos (a rigor, entre sequências), estabelecendo relações de adjacência entre eles[39]. Um símbolo reescrevível

---

38. Tal sequência de símbolos pode conter um só símbolo (no limite, poderia até ser a *sequência nula*).

39. Faz-se oportuno aqui um alerta ao leitor que tem familiaridade com as versões recentes da GGT, mas não com as antigas, para que ele não faça uma leitura anacrônica desta passagem. Uso aqui o termo *concatenar* no seu sentido matemático clássico. Da aritmética básica, sabemos que a multiplicação é uma operação associativa (i.e. $[12 \times 3] \times 2 = 12 \times [3 \times 2]$), mas a divisão não o é (i.e. $[12 \div 3] \div 2 \neq 12 \div [3 \div 2]$). No primeiro caso, ambas as contas resultam em 72; no segundo, uma resulta em 2, e a outra em 8. A concatenação é associativa. Logo, se x^y & z são concatenados, formando x^y^z; esse resultado é o mesmo obtido ao se concatenar x & y^z. Se for feita a primeira opção (i.e. [x^y]^z), ainda assim existe uma subsequência y^z em que y & z estão concatenados, independentemente de, naquela derivação particular, ter havido uma operação que tivesse manipulado y & z para formar y^z. A concatenação opera sobre sequências (às vezes de um único símbolo, ou mesmo a sequência nula) e gera relações de *precedência imediata* entre elas, e, consequentemente,

por alguma regra é *não terminal* (pois a construção de uma sentença não termina nele, continua a partir de sua reescritura). Parênteses indicam a opcionalidade da presença do material neles contido. Haveria também os símbolos terminais, correspondendo basicamente aos ILs. Cada IL codificaria em si mesmo uma 'regra de inserção lexical', que reescreve um símbolo não terminal por um terminal (cf. (42f/g/h/i/j)). Axiomaticamente, assume-se que há um 'símbolo inicial' S^{40}, a partir do qual as regras de reescritura se aplicam, como que 'preenchendo uma sentença vazia com material sintático cabível'. Esse seria o que chamo de 'passo zero' na geração de uma sentença. Os próximos passos (i, ii, iii... *n*) sempre envolvem, cada um, uma sequência de símbolos formada por uma única aplicação de uma regra sintagmática. A cada passo, apenas a sequência criada no passo imediatamente anterior está disponível para ter um de seus símbolos reescrito. A essa construção passo a passo que culmina numa sequência contendo apenas ILs, chama-se *derivação*. Uma derivação termina quando não há nenhum símbolo não terminal na sequência formada no passo anterior. É por isso que os ILs são chamados de *elementos terminais*, já que não são reescrevíveis por nenhuma regra[41].

Gramáticas baseadas numa álgebra de concatenação desse tipo específico são chamadas de [Σ, **F**], em que Σ é o conjunto de sequências iniciais admissíveis (em (42), apenas S), e F é o conjunto de regras de reescritura de símbolos terminais (Chomsky 1956: 117; 1957: 29). Cada sequência terminal fracamente gerada é um produto da gramática.

---

entre subsequências nas extremidades delas. Diferentemente da noção contemporânea de *conexão* (cf. n. 73 adiante), a concatenação, por si só, não gera constituintes, nem relações de irmandade ou dominância. Isso se obtém através da relação de *representação*, definida a seguir. A conexão, por sua vez, é não associativa (i.e. [[discos^e^livros]^antigos] ≠ [discos^e^[livros^antigos]], algo determinado pela própria aplicação da operação de conexão).

40. Em Chomsky (1955a: 179, 194), a derivação se inicia por *J*^S^*J*, sendo *J* um símbolo de fronteira. Chomsky (1956, 1961b, 1959a, 1965) adota a variante #^S^#, em que # também é inserível em fronteira de palavras.

41. Símbolos não terminais também são ILs (compõem o 'vocabulário básico'), ainda que de um tipo diferente.

Vejamos agora duas derivações distintas, porém equivalentes, para a estrutura (31b):

(43a) SEQUÊNCIA	REGRA APLICADA	(43a) SEQUÊNCIA	REGRA APLICADA
S	Σ	S	Σ
i: SN^SV	(4a)	i: SN^SV	(4a)
ii: N^SV	(4b)	ii: SN^V^SN	(4c)
iii: N^V^SN	(4c)	iii: SN^vendeu^SN	(4g)
iv: N^V^SN^SA	(4e)	iv: SN^vendeu^SN^SA	(4e)
v: N^V^D^N^SA	(4b)	v: SN^vendeu^D^N^SA	(4b)
vi: N^V^D^N^A	(4d)	vi: N^vendeu^D^N^SA	(4b)
vii: Aline^V^D^N^A	(4f)	vii: N^vendeu^D^N^A	(4d)
viii: Aline^vendeu^D^N^A	(4g)	viii: N^vendeu^D^N^rápido	(4j)
ix: Aline^vendeu^o^N^A	(4h)	ix: N^vendeu^D^carro^rápido	(4i)
x: Aline^vendeu^o^carro^A	(4i)	x: Aline^vendeu^D^carro^rápido	(4f)
xi: Aline^vendeu^o^carro^rápido	(4j)	xi: Aline^vendeu^o^carro^rápido	(4h)

O que nessas derivações as torna *equivalentes*? É preciso que ambas culminem na mesma sequência terminal (i.e. ou 'a mesma sentença', conforme a terminologia pré-1986). Além disso, é crucial que ambas as derivações envolvam as mesmas regras, aplicadas cada uma o mesmo número de vezes, diferindo quanto à ordem de aplicação das mesmas[42]. Considere, por exemplo, a subsequência o^carro^rápido (que é uma unidade estrutural em (31b), mas não em (31a)). Em ambas as derivações em (43), se examinarmos todas as sequências da última até a primeira, sem saltar nenhuma, pode-se traçar a 'origem' de o^carro^rápido como sendo o mesmo SN, aquele

---

42. Pode-se objetar que essa definição de equivalência de derivações é imprecisa porque não força a identidade do modo como um dado símbolo não terminal é reescrito por uma regra que inclui opcionalidade em sua formulação. Por exemplo, **NP** pode ser reescrito pela regra (35) como **N** ou como **D**^**N**. Note, porém, que, dada a outra condição que define equivalência, as sequências terminais devem ser idênticas, fazendo com que essa terceira condição mencionada aqui se siga como consequência natural.

que se concatena logo após V. No limite, pode-se fazer isso com qualquer unidade estrutural, verificando que ambas as derivações correspondem ao mesmo diagrama arbóreo em (31b) acima, um gráfico informal que indica as várias instâncias da relação formal relevante: a *representação* (cf. Chomsky 1955a: 173-194). Para toda subsequência ψ (terminal ou não), diz-se que um símbolo não terminal X representa ψ se e somente se há um percurso derivacional de reescritura passo a passo no qual o lugar ocupado por X na sequência global acaba sendo ocupado por ψ. Portanto, em (43a) e (43b), o SN concatenado logo após V *representa* a subsequência o^carro^rápido[43]. O mesmo não se daria numa derivação qualquer de (31a), pois não haveria nenhum símbolo não terminal que represente o^carro^rápido. Como se vê no diagrama em (31a), não há nenhum símbolo não terminal tendo 'debaixo de si' *toda* a subsequência o^carro^rápido *e nada mais*. Que fique claro: os diagramas (31a) e (31b) não têm estatuto teórico algum, não são eles que determinam as relações de representação. Eles são apenas recursos pictóricos que refletem tais relações, estabelecidas nas derivações. Porém, tendo os diagramas, é prático usá-los como guia.

A definição de *representação* acima é uma simplificação informal. Para detalhes, recomendo a introdução de Lasnik (2000: 16-34) e as apresentações completas de Chomsky (1955a: cap VII, VIII) e Lasnik & Kupin (1977). Provisoriamente, chamemos de *marcador sintagmático* (MS) o conjunto de todas e apenas as sequências geradas na derivação D de uma sentença *i*. A noção de MS é crucial porque ela é que define as propriedades da geração forte de uma sentença. O que a gramática gera fortemente é um MS. É nele que está a sequência terminal gerada fracamente. Um símbolo não terminal X representa uma subsequência ψ se e somente se, para todas as sequências em D contendo X, existe em D uma outra sequência idêntica àquela, diferindo apenas pelo fato de ψ figurar exatamente no lugar de X,

---

43. Chomsky (1956, 1957) usa outra terminologia (já presente em Chomsky (1955a: 176)), referindo-se ao inverso da mesma relação: i.e. o^carro^rápido *é um* SN (em que "A *é um* B" é o oposto de "B *representa* A").

sem diferença quanto ao que precede ou segue as partes intercambiáveis. Logo, temos em (43a) que **SV** representa V^SN (compare (ii) com (iii)); assim como, em (43b), **SA** representa rápido (compare (vi) com (viii)). Pelo mesmo critério, não temos como estabelecer, nem em (43a) nem em (43b), que o SN menor do objeto direto representa o^carro. Para tanto, precisaríamos que houvesse, entre as sequências geradas por cada uma dessas derivações, ao menos um par de sequências do tipo relevante (e.g. SN^V^SN^SA & SN^V^o^carro^SA; ou Aline^vendeu^SN^rápido & Aline^vendeu^o^carro^rápido). Tal como definida a relação de representação, a presença dessas outras sequências no MS é crucial para que se determine que o^carro é o SN menor, contido no SN maior o^carro^rápido.

Esse 'entrave técnico' obrigou Chomsky (1955a) a definir MS de modo um tanto mais complexo, tal que as relações de representação desejadas pudessem ser precisamente definidas, sem que nenhuma 'escapasse por acaso'. Tais relações de representação são a base para se definir a noção de *constituinte*, as relações de parte e todo que posteriormente viriam a ser definidas em termos de *dominância*. De um lado, representação é uma relação estabelecida entre um único símbolo não terminal atômico e uma sequência de símbolos que decorre (diretamente ou indiretamente) da sua reescritura[44]. De outro, dominância é uma relação estabelecida entre dois símbolos atômicos α e β (sendo α não terminal e β não terminal ou terminal), tal que α domina β se β está integralmente contido em α.

A noção de 'integralmente contido' demanda uma definição precisa que não cabe neste momento (cf. Partee et al. 1993: 437-444). Por ora, podemos apelar para os diagramas arbóreos e perceber intuitivamente que cada símbolo 'contém integralmente' cada um dos outros símbolos

---

44. A rigor, segundo sua concepção original (cf. Chomsky 1955a: cap vii) a relação de representação também pode se dar entre duas sequências. Permito-me aqui uma simplificação técnica para nossos propósitos imediatos.

que aparecem 'abaixo' dele, conectados a ele por um caminho de 'galhos e nódulos arbóreos'[45]. Todos os símbolos (propriamente) dominados surgem na estrutura como consequência de alguma reescritura que se segue da reescritura do símbolo dominante. Assim, por exemplo, em (41b), **SV** domina **V, SN**$_\alpha$, **N**$_\alpha$, **ama** e **Ozzy**, e nada mais[46].

De volta ao 'entrave' no formalismo de Chomsky (1955a, 1957), deve-se compreender que, por exemplo, para a geração forte de (31b), seria necessário estabelecer precisamente que, entre outras relações relevantes, a subsequência vendeu^o^carro^rápido é um constituinte de Aline^vendeu^o^carro^rápido, mas vendeu^o não o é. Sabemos disso através de *testes de constituência* como os esboçados acima[47] (i.e. fragmentos que podem ou não ser alvo de elisão, fronteamento, pronominalização, etc.). Como garantir que, para toda e qualquer derivação equivalente às de (43), tal constituência se verifica? A propósito, nem em (43a) nem em (43b), dadas como exemplo, podemos concluir isso pelos critérios estabelecidos acima. Para tanto, seria preciso que o sistema fosse capaz de determinar que vendeu^o^carro^rápido é representado por SV. Isso demandaria a existência de um

---

45. É possível definir a dominância a partir da representação (cf. Lasnik & Kupin 1977), ou tomá-la como um conceito primitivo (Partee et al. 1993: 438), numa álgebra diferente daquela inaugurada por Chomsky (1955a), ou ainda derivá-la a partir de outras bases (cf. Frank & Vijay-Shanker 2001). No contexto desta seção, podemos dizer que α domina β se existe uma sequência Z tal que α representa Z, e β é uma subsequência de Z.

46. Pelas definições canônicas de dominância, todo símbolo não terminal domina a si próprio (o que valeria para SV nesse caso). Segundo concepções alternativas (e.g. Chomsky 1986b: 92, n. 11; 1995a: 247; Kayne 1994: 134, n. 8), nada dominaria a si próprio. É essa visão que adotarei ao longo deste livro, por razões meramente expositivas, dado ser mais intuitivo ler os diagramas arbóreos considerando que cada 'nódulo da árvore' só 'contém' o que está 'abaixo de si'. Como demonstram claramente Frank & Vijay-Shanker (2001), é possível definir dominância de um modo ou de outro obtendo gramáticas com capacidades gerativas fraca e forte absolutamente equivalentes, desde que sejam feitos os devidos ajustes nas partes relevantes do sistema.

47. Cf. Phillips (1996, 2003) para uma abordagem de casos em que diferentes testes apontam para diferentes conclusões acerca de quais subsequências seriam ou não constituintes, o que parece ser um paradoxo. Segundo o autor, tais casos se explicam em termos da interação entre regras que ofuscam os efeitos uma da outra.

par de sequências como N͡P^SV & N͡P^vendeu^o^carro^rápido, ou N͡^SV & N͡^vendeu^o^carro^rápido, ou ainda A͡line^SV & A͡line^vendeu^o^carro^rápido. Por acaso, não é isso o que temos nem em (43a) nem em (43b), embora pudéssemos ter isso em outras derivações equivalentes a essas, as quais, contudo, não teriam como ter todas as sequências necessárias para o estabelecimento de todas as relações de constituência necessárias. Ou seja, qualquer que seja a derivação equivalente tomada como referência, não se pode confiar que ela será suficiente para expressar completamente todas as propriedades relevantes da geração forte da sentença.

A saída de Chomsky (1955a) para esse entrave foi definir que o MS de uma sentença é o conjunto união das sequências geradas por *todas* as muitíssimas derivações equivalentes daquela sentença, como em (44a). Assim, não faltaria no MS nenhuma sequência necessária para que se definam todas as relações de representação (e dominância) relevantes.

(44a)   MS = {S, SN^SV, N^SV, Aline^SV, SN^V^SN, SN^V^SN^SA,
        SN^V^SN^A, SN^V^SN^rápido, SN^vendeu^SN, SN^vendeu^SN^SA,
        SN^vendeu^SN^A, SN^vendeu^SN^rápido, N^V^SN, N^V^SN^SA,
        N^V^SN^A, N^V^SN^rápido, N^vendeu^SN, N^vendeu^SN^SA,
        N^vendeu^SN^A, N^vendeu^SN^rápido, Aline^V^SN, Aline^V^SN^SA,
        Aline^V^SN^A, Aline^V^SN^rápido, Aline^vendeu^SN,
        Aline^vendeu^SN^SA, Aline^vendeu^SN^A, Aline^vendeu^SN^rápido,
        SN^V^D^N^SA, SN^V^D^N^A, SN^V^D^N^rápido, SN^vendeu^D^N
        ^SA, SN^vendeu^D^N^A, SN^vendeu^D^N^rápido, N^V^D^N^SA,
        N^V^D^N^A, N^V^D^N^rápido, N^vendeu^D^N^SA,
        N^vendeu^D^N^A, N^vendeu^D^N^rápido, Aline^V^D^N^SA,
        Aline^V^D^N^A, Aline^V^D^N^rápido, Aline^vendeu^D^N^SA,
        Aline^vendeu^D^N^A, Aline^vendeu^D^N^rápido, SN^V^o^N^SA,
        SN^V^o^N^A, SN^V^o^N^rápido, SN^vendeu^o^N^SA,
        SN^vendeu^o^N^A, SN^vendeu^o^N^rápido, N^V^o^N^SA,
        N^V^o^N^A, N^V^o^N^rápido, N^vendeu^o^N^SA,
        N^vendeu^o^N^A, N^vendeu^o^N^rápido, Aline^V^o^N^SA,
        Aline^V^o^N^A, Aline^V^o^N^rápido, Aline^vendeu^o^N^SA,
        Aline^vendeu^o^N^A, Aline^vendeu^o^N^rápido, SN^V^D^carro^SA,
        SN^V^D^carro^A, SN^V^D^carro^rápido, SN^vendeu^D^carro^SA,
        SN^vendeu^D^carro^A, SN^vendeu^D^carro^rápido, N^V^D^carro^SA,
        N^V^D^carro^A, N^V^D^carro^rápido, N^vendeu^D^carro^SA,

N^vendeu^D^carro^A, N^vendeu^D^carro^rápido,
Aline^V^D^carro^SA, Aline^V^D^carro^A, Aline^V^D^carro^rápido,
Aline^vendeu^D^carro^SA, Aline^vendeu^D^carro^A,
Aline^vendeu^D^carro^rápido, SN^V^o^carro^SA, SN^V^o^carro^A,
SN^V^o^carro^rápido, SN^vendeu^o^carro^SA, SN^vendeu^o^carro^A,
SN^vendeu^o^carro^rápido, N^V^o^carro^SA, N^V^o^carro^A,
N^V^o^carro^rápido, N^vendeu^o^carro^SA, N^vendeu^o^carro^A,
N^vendeu^o^carro^rápido, Aline^V^o^carro^SA, Aline^V^o^carro^A,
Aline^V^o^carro^rápido, Aline^vendeu^o^carro^SA,
Aline^vendeu^o^carro^A, Aline^vendeu^o^carro^rápido}

Embora essa concepção de MS cumpra o seu papel, fica flagrante o quão 'pesado' é esse formalismo, que pressupõe que a geração de uma sentença necessita que todas as múltiplas derivações equivalentes dela sejam executadas em paralelo para que se possa extrair delas a totalidade das sequências geradas[48]. Esse foi basicamente um 'fardo' que a GGT carregou durante anos, até que Lasnik & Kupin (1977) brilhantemente simplificaram todo o sistema, substituindo a noção de MS pela de MSR (i.e. *marcador sintagmático reduzido*). Os detalhes dessa proposta ultrapassam os limites desta introdução. Atenho-me apenas ao essencial, mas alerto o leitor que esse trabalho teve uma importância capital na construção da concepção de estrutura sintagmática da fase seguinte da GGT: a *Teoria X-Barra*. Não se pode verdadeiramente compreender um sem o conhecimento do outro. Em suma, o MSR correspondente à sentença (31b) das derivações em (43) seria como em (44b):

(44b)   MSR = {S, Aline^SV, Aline^V^o^carro^rápido, Aline^vendeu^SN,
Aline^vendeu^SN^rápido, Aline^vendeu^o^carro^SA,
Aline^vendeu^o^carro^A, Aline^vendeu^o^N^rápido,
Aline^vendeu^D^carro^rápido SN^vendeu^o^carro^rápido,
N^vendeu^o^carro^rápido, Aline^vendeu^o^carro^rápido}

---

48. A *história derivacional* aqui tratada refere-se apenas a operações no plano abstrato da competência, e não a um passo a passo do desempenho efetivo (cf. Chomsky 1961b). Para uma reflexão ampla sobre o problema da realidade psicológica de teorias da competência recomendo acompanhar a obra de Colin Phillips.

Esse objeto matemático corresponde exatamente ao diagrama arbóreo em (31b) acima. Nele, encontramos todas e apenas as sequências necessárias para que se estabeleçam todas as relações de representação desejadas, conforme o critério explicitado acima. Um MSR, por definição, contém exatamente uma sequência terminal e um número qualquer de *monossequências* (definidas como sequências contendo exatamente um símbolo não terminal e um número qualquer de símbolos terminais). Lasnik & Kupin (1977) definem então as condições necessárias para que um MSR seja gramaticalmente bem-formado. Detalhes técnicos à parte, o símbolo não terminal de cada uma das monossequências deve representar alguma subsequência da sequência terminal. Isso inclui o símbolo S, que representa a sequência terminal inteira (uma subsequência não própria de si mesma).

O mais importante sobre esse modelo é que um MSR não é construído a partir de um MS, retirando-lhe as sequências 'inúteis'. Um MSR é construído diretamente a partir dos símbolos terminais e não terminais do léxico, pela concatenação desses símbolos e a formação de sequências, em conformidade com os requerimentos de boa formação de MSRs. Isto significa que um MSR é formado 'numa tacada só', sem todos aqueles passos derivacionais do modelo inaugurado em Chomsky (1955a). Nesse sistema, o formato dos sintagmas não é determinado por regras de reescritura, mas por regras declarativas de boa formação de estrutura, conforme as relações de dominância e precedência entre suas partes. Para além da simplificação do sistema como um todo, a importância da reconcepção da estrutura sintagmática em termos de MSRs reside no fato de que, no subcomponente não transformacional da gramática, o sistema não é derivacional. Tudo o que se tem é uma representação sintática da sentença. O MSR é a coleção de todas as relações de representação que definem a sentença. O subcomponente sintagmático da gramática passa a ser reconcebido como um conjunto de requerimentos sobre a forma das representações, e não como um conjunto de procedimentos para se gerar, serialmente, as sequências que, juntas, definem uma sentença. Isso abriu caminho para as concepções mais contemporâneas de estrutura sintagmática e transformacional do modelo de Princípios & Parâmetros (cf. **§3.6** e **§3.7**).

Esta seção descreve a concepção de transformações hegemônica na GGT antes do advento dos MSRs que culminaram na Teoria X-Barra, a ser tratada em **§3.6**. A concepção contemporânea de transformações será apresentada em **§3.7**.

Como vimos em **§3.4**, a concepção de estrutura sintagmática que subjaz à concepção de subcomponente transformacional das primeiras duas décadas e meia da GGT é toda baseada em regras de reescritura que determinam uma derivação, gerando, serialmente, sequências de símbolos. Não se deve confundir aquilo com as transformações propriamente ditas[49]. Tal como definidas, as regras de reescritura não são transformacionais, ainda que a aplicação de cada regra implique na criação de uma nova sequência a partir de uma sequência anterior. Mas essa substituição de um símbolo por uma subsequência dentro de uma sequência maior não é o que se entende tecnicamente por transformação. Regras de reescritura são *insensíveis a contexto estrutural*. Ou seja, a regra '**SN→(D)^N**' afeta todo e qualquer SN, independentemente de onde ele possa figurar na sequência de origem (e.g. (i) **<u>SN</u>^VP**, (ii) **D^N^V^<u>SN</u>**, (iii) **D^N^P^<u>SN</u>^V^SAdv**, etc.). Regras transformacionais afetam um ou mais elementos da estrutura a depender de certas relações estruturais que ele(s) mantenha(m) com outros elementos da estrutura. Chomsky (1965: 89) esclarece:

> Uma transformação gramatical [...] tipicamente se aplica a uma sequência *com uma descrição estrutural particular*. Logo, a aplicação de uma regra desse tipo à última linha de uma derivação depende em parte das linhas anteriores. Uma transformação gramatical é, enfim, uma regra que se aplica a marcadores sintagmáticos, e não a sequências formadas a partir do vocabulário de símbolos terminais e não terminais da gramática.

As menções anteriores a transformações foram apenas esboços. Através de alguns exemplos-chave é possível avançarmos rumo a uma compreensão

---

49. Uma exceção a isso é o modelo específico de Chomsky (1965), no qual as regras de inserção lexical do próprio subcomponente sintagmático são caracterizáveis como 'transformações locais' (cf. **§3.6**).

satisfatória para nossos objetivos imediatos. O que se segue é uma adaptação do argumento clássico de Chomsky (1955a, 1957) a favor de regras transformacionais, cuja base empírica são dados do inglês[50]. A essência do fenômeno é verificável também em português, e em diversas línguas. Como em qualquer adaptação didática, alguns detalhes não correspondem exatamente ao original. A argumentação original envolvia uma base empírica maior, e a interação entre vários outros fatos relacionados à morfologia verbal; o que torna aquela argumentação mais forte que esta.

Os dados abaixo são idênticos quanto ao verbo principal (<u>beber</u>), o sujeito (<u>Alice</u>), o objeto (<u>chá</u>) e o tempo verbal (pretérito imperfeito do indicativo). O que os distingue são as (im)possibilidades de organização dos verbos auxiliares <u>ter</u>, <u>estar</u> e <u>dever</u>: como eles interagem entre si e com <u>beber</u>. Comecemos pelo paradigma básico de dados positivos.

(45a) Alice bebia chá. (45b) Alice estava bebendo chá.

(45c) Alice tinha bebido chá. (45d) Alice tinha estado bebendo chá.

(45e) Alice devia beber chá. (45f) Alice devia estar bebendo chá.

(45g) Alice devia ter bebido chá. (45h) Alice devia ter estado bebendo chá.

A partir deles (e de dados negativos relacionados a seguir), chegamos, no nível observacional, às nove generalizações empíricas em (46) quanto ao sistema verbal.

(46a) A presença do verbo principal é obrigatória (cf. *<u>Alice chá</u>; *<u>Alice tinha estado chá</u>);

(46b) A presença da flexão verbal principal (Flex = tempo & concordância) é obrigatória (cf. *<u>Alice beb- chá</u>; *<u>Alice est- bebendo chá</u>; *<u>Alice t- bebido chá</u>);

(46c) A presença de verbos auxiliares é opcional (cf. (45a));

50. Remeto o leitor a Lasnik (2000: cap 3) e Trautwein (2013) para desenvolvimentos contemporâneos desta análise, aplicados a uma base empírica do inglês e do português, respectivamente.

(46d)[51] Quando há verbos auxiliares (todos os três, ou quaisquer dois, ou qualquer um), a ordem entre eles é sempre MODAL+TER+ESTAR (cf. *Alice estava devendo beber chá; *Alice estava devendo ter bebido chá; *Alice tinha devido beber chá, *Alice tinha estado devendo beber chá).

(46e) Havendo qualquer auxiliar, este se localizará 'entre o sujeito e o predicado' (cf. *Está Alice bebendo chá; *Alice bebendo está chá; *Alice bebendo chá está);

(46f) A realização de Flex ocorre sempre no elemento verbal (principal ou auxiliar) que for o primeiro entre os elementos verbais da estrutura global, qualquer que seja ele (cf. *Alice estando beb*ia* chá; *Alice tido beb*ia* chá, *Alice poder beb*ia* chá);

(46g) Sempre que houver um MODAL, o elemento verbal imediatamente seguinte (qualquer que seja ele) carrega a morfologia de infinitivo -r (cf. *Alice devia estado bebendo chá; *Alice devia tendo bebido chá, *Alice devia bebendo chá);

(46h) Sempre que houver o auxiliar TER, o elemento verbal imediatamente seguinte (qualquer que seja ele) carrega a morfologia de particípio -do (cf. *Alice tinha bebendo chá; *Alice tinha beber chá, *Alice podia ter bebendo chá);

(46i)[52] Sempre que houver o auxiliar ESTAR, o elemento verbal imediatamente seguinte (qualquer que seja ele) carrega a morfologia de gerúndio -ndo (cf. *Alice tinha bebendo chá; *Alice tinha beber chá, *Alice podia ter bebendo chá).

51. Para efeitos de exposição, escolhi o modal dever, que é mais 'bem-comportado' nesse sentido. Um modal como poder, por exemplo, apresenta mais flexibilidade de ordenamento (cf. ✓Alice podia ter estado bebendo chá, ✓Alice tinha podido estar bebendo chá, ✓Alice tinha estado podendo beber chá). Nisso, poder difere significativamente da sua contraparte em inglês (i.e. can), cujo ordenamento no início da sequência é rígido. Sobre esse assunto, remeto o leitor a Trautwein (2013), que aborda a questão a partir de recursos técnicos mais contemporâneos (cf. Lasnik 2000; Guimarães & Mendes 2013). Por ora, restrinjamos nossa base empírica a casos com modais de ordenamento mais rígido, cientes de que, se formos utilizar o aparato técnico clássico para modelar plenamente os dados do português, precisaríamos flexibilizar a regra sintagmática em (48b) quanto ao ordenamento do modal em relação aos demais auxiliares.

52. Dados como Alice está feliz não são propriamente contraexemplos a (46i), pois feliz não é um elemento verbal. Dados como Alice está cansada parecem um pouco desafiadores, já que cansada se assemelha a uma forma participial de cansar. Contudo, se a análise de Trautwein (2013) estiver certa, teríamos aí um adjetivo.

Pode-se tomar cada generalização dessas como uma regra do sistema, devidamente formulada com o aparato técnico da teoria. Mas isso não passaria de uma coleção aleatória de requerimentos não relacionados. Alternativamente, em vez de 9 regras que 'implementem' os fatos em (46), poderíamos ter 8 regras de reescritura de SV, como em (47).

(47) [a] SV→V^Flex^(SN);

    [b] SV→est-^Flex^V^Ger^(SN);

    [c] SV→t-^Flex^V^Part^(SN);

    [d] SV→t-^Flex^est-^Part^V^Ger^(SN);

    [e] SV→Mod^Flex^V^Inf^(SN);

    [f] SV→Mod^Flex^est-^Inf^V^Ger^(SN);

    [g] SV→Mod^Flex^t-^Inf^V^Part^(SN);

    [h] SV→Mod^Flex^t-^Inf^est-^Part^V^Ger^(SN);

Essas 8 versões da regra de reescritura de SV estão de acordo com os fatos em (46), mas elas apenas catalogam uma lista de tipos de sequência admissíveis, sem capturar efetivamente nenhuma das generalizações, pois não há qualquer relação entre as regras, cada uma com um formato singular, e todas coexistindo por pura coincidência. Elas não passam de versões mais 'formulaicas' das sentenças efetivas em (45), um típico *mapa de Borges*!

Pondo de lado detalhes de implementação técnica de três versões da mesma ideia, a solução dada por Chomsky (1955a, 1957, 1965) parte das duas regras em (48) no subcomponente sintagmático (omitindo as regras de reescritura de SN e de SV, já vistas).

(48) [a] S→SN^Aux^SV   [b] Aux→Flex^(Mod^Inf)^(Ter^Part)^(Estar^Ger)

A regra (48a) dá conta do fato em (46e), e também de (46a), porque o SV pressupõe um V^{53}. A regra (48b) tem várias partes. O fato de Flex ser o único elemento obrigatório (não parentetizado) dá conta de (46b) e de (46c). A ordem fixa entre os auxiliares expressa em (46d) está codificada na regra (48b) através da ordem entre os elementos parentetizados. O fato em (46f) se segue de Flex ser o primeiro elemento da sequência e os demais opcionais, fazendo com que qualquer um dos elementos verbais possa figurar imediatamente após Flex, mesmo que não seja 'o primeiro da fila' na fórmula, pois seu(s) precedente(s) pode(m) estar ausente(s). Os parênteses abrangem sempre um verbo auxiliar – MOD, TER, ESTAR – necessariamente junto com um afixo de natureza aspectual específico – Inf, Part, Ger, respectivamente – de modo que a presença de um dado auxiliar implica a presença de um certo afixo, e vice versa. Isso dá conta parcialmente dos fatos em (46g), (46h) e (46i). Há, porém, uma discrepância grande quanto à ordem linear dos elementos. Chegaremos lá.

Aplicando-se (48a) e (48b), teríamos o esqueleto básico em (49), cujo elemento Aux pode ser expandido de qualquer das formas listadas em (50), todas oriundas de (48b)[54]:

---

53. Nas análises originais de Chomsky (1955a, 1957), os auxiliares eram concebidos como formando um constituinte junto com o verbo principal dentro do SV, excluindo o objeto, i.e. [^{SV}[^{Verb}**Aux**[^{V}**beb-**]][^{SN}**chá**]]. Chomsky (1965: 102, 106-108), postulou o *Sintagma Predicado*, formado por Aux seguido de um SV que por sua vez contém o verbo principal e o objeto. Tais detalhes não afetam a essência desta apresentação, baseada num esqueleto sintagmático que foi adotado por grande parte dos autores ao longo das décadas de 1960 e 1970.

54. Pode-se objetar que a forma de apresentação de (48b), com parênteses, seria apenas um truque notacional para abreviar o que de fato seriam 8 regras (cf. (50)). Cf. Chomsky (1965: 42-44) para uma extensa argumentação de que, embora os parênteses sejam atalhos expositivos, eles expressam generalizações robustas sobre regras possíveis em linguagem natural que excluem 'pacotes de regras' não abreviáveis via parênteses.

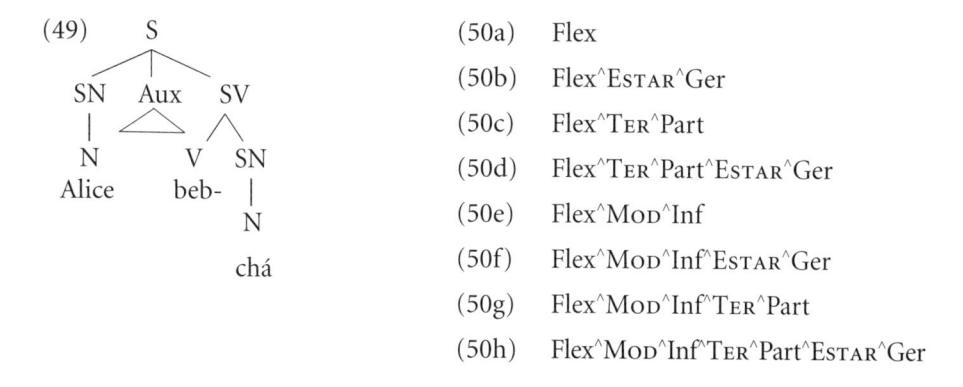

(50a) Flex

(50b) Flex^Estar^Ger

(50c) Flex^Ter^Part

(50d) Flex^Ter^Part^Estar^Ger

(50e) Flex^Mod^Inf

(50f) Flex^Mod^Inf^Estar^Ger

(50g) Flex^Mod^Inf^Ter^Part

(50h) Flex^Mod^Inf^Ter^Part^Estar^Ger

Disso decorrem as sequências em (51), que correspondem aos dados em (45) acima, em que a maioria dos fatos foram capturados, exceto o importantíssimo detalhe da ordem.

(51a) Alice^-ia^beb-^chá

(51b) Alice^-ia^est-^-ndo^beb-^chá

(51c) Alice^-ia^t-^-do^beb-^chá

(51d) Alice^-ia^t-^-do^est-^-do^beb-^chá

(51e) Alice^-ia^dev-^-r^beb-^chá

(51f) Alice^-ia^dev-^-r^est-^-ndo^beb-^chá

(51g) Alice^-ia^dev-^-r^t-^-do^beb-^chá

(51h) Alice^-ia^dev-^-r^t-^-do^est-^-ndo^beb-^chá

Aos produtos em (51) gerados pelas regras em (50) aplica-se a transformação (52)[55] tantas vezes quanto for preciso, dado o número de afixos verbais de tempo (Flex) e aspecto (Inf, Ger, Part), representados por *Af*; e de 'elementos verbais', representados por *v*, que engloba a superclasse de V e auxiliares, que têm a capacidade de servir de base para a sufixação de *Af*. V e auxiliares também codificam propriedades semânticas relacionadas a eventos (cf. Lasnik 1990: cap 5, n. 5, para detalhes formais da ontologia de *Af* e *v*).

(52) $Af\char`^v \rightarrow v\char`^Af\char`^\#$ (Chomsky 1956: 120; 1957: 39, 113)

---

55. Isso não significa que (52) seria a primeira transformação a afetar o produto das regras sintagmáticas. Chomsky (1955a, 1957) postulava transformações 'anteriores' a (52), incluindo a inserção lexical do morfema que reescreve Flex, de modo sensível ao contexto estrutural, conforme as características do SN sujeito.

A regra de *salto do afixo* em (52) estabelece que um *Af* se desloca para imediatamente após o elemento terminal que o segue imediatamente, se e somente se este elemento for um *v*; e após o deslocamento é inserido um símbolo de fronteira de palavra '#' logo após *Af*. A título de exemplificação, tomemos (45d) acima, e vejamos como aplicações sucessivas de (52) a ele acabam por gerá-lo. É o que temos no fragmento de derivação em (53) abaixo. O impacto disso na estrutura da sentença em termos de geração forte está ilustrado no par de diagramas em (54), cujos detalhes técnicos estão explicados de forma acessível em Lasnik (2000, cap 2).

(53a)   Alice ^ -ia ^ t- ^ -do ^ est- ^ -ndo ^ beb- ^ chá

(53b)   Alice ^ t- ^ -ia ^ # ^ -do ^ est- ^ -ndo ^ beb- ^ chá

(53c)   Alice ^ t- ^ -ia ^ # ^ est- ^ -do ^ # ^ -ndo ^ beb- ^ chá

(53d)   Alice ^ t- ^ -ia ^ # ^ est- ^ -do ^ # ^ beb- ^ -ndo ^ # ^ chá   (=45d)[56]

(54a)   S   [diagrama arbóreo de (53d)]

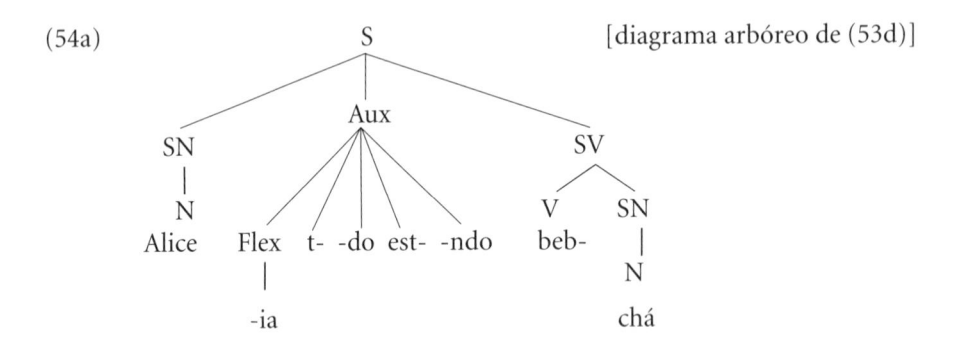

56. Entre (53d) e (45d), aplicam-se ainda regras do componente morfofonológico que convertem cada elemento terminal da sintaxe de sua forma mais abstrata em sua forma efetivamente pronunciável, devidamente ajustada ao contexto morfofonológico imediato (Chomsky 1951, 1955a, 1957, 1965; Chomsky & Halle 1968).

(54b)

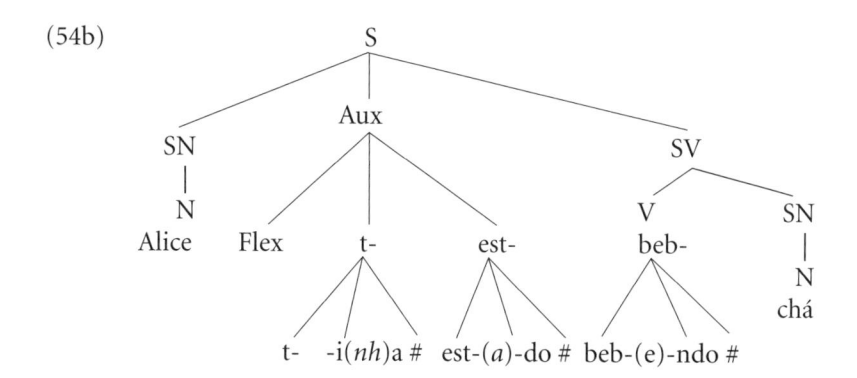

Um aspecto dessa análise que salta aos olhos é que tanto regras sintagmáticas como transformacionais manipulam não apenas palavras e sintagmas, mas também morfemas. Aliás, o estabelecimento do que é uma palavra só se dá em definitivo ao final do processo sintático (aliás, já na interface com a morfofonologia, cf. Chomsky & Halle 1968: cap 8). Uma versão da GGT bastante produtiva hoje, a *Teoria da Morfologia Distribuída* (cf. Halle & Marantz 1993, et seq.) leva essa ideia ao extremo, não fazendo distinção alguma entre combinatória de morfemas e combinatória de palavras. Tudo seria sintaxe, na qual distinguimos entre microssintaxe e macrossintaxe apenas para fins descritivos. É importante notar que a semente dessa ideia já estava presente nas primeiras versões da GGT[57].

Extrapolando o exemplo ilustrativo acima, é preciso identificar as características que definem uma regra como sendo uma transformação. O que se segue nesta seção se restringe às primeiras versões da GGT. Elaborações ulteriores serão tratadas na seção **§3.7**.

Como já dito, regras sintagmáticas são insensíveis ao contexto estrutural do elemento afetado (i.e. *livres de contexto*), enquanto regras transformacionais são sensíveis a ele (i.e. *sensíveis a contexto*). Toda transformação

---

57. Sejamos justos. O *insight* de que morfologia e sintaxe seriam indistinguíveis (ambas calcadas em relações sintagmáticas e associativas) foi de Saussure (1916: 170-188). Porém, para além do *insight*, ele não forneceu um sistema concreto de combinatória morfossintática *integrada* que faça previsões testáveis específicas.

tem especificada em sua definição uma *análise estrutural* (AE), que consiste na especificação do(s) elemento(s) afetado(s) juntamente com o contexto estrutural no qual ele(s) aparece(m). Além disso, é especificada uma *mudança estrutural* (ME), que define a forma da estrutura produzida pela aplicação da regra. Essa sensibilidade ao contexto estrutural (na 'entrada' e na 'saída' da regra) implica que uma transformação lide necessariamente com MSs inteiros, não com uma sequência, muito menos com um símbolo isolado. Vejamos um exemplo concreto disso a partir de (55).

(55a) O professor recomendou qual livro aos alunos.

(55b) $[_{SN}$ qual livro$]_1$ o professor recomendou t$_1$ aos alunos?

Em (55a) temos o que seria a estrutura de partida para a aplicação da regra de fronteamento de sintagmas interrogativos em português, que então gera (55b). Em (56), temos uma versão simplificada do que seria tal regra, especificadas a AE e a ME (cf. Chomsky 1964: 38)[58].

(56) AE [i] = X – α – Y; ME = $\chi_1 - \chi_2 - \chi_3$ → $\chi_2 - \chi_1 - \chi_3$
      [ii] = X – $qu^{\wedge}$W – Y;

Comecemos pela AE, que, nesse caso, se define em duas partes. X, Y e W são variáveis que representam quaisquer subsequências de símbolos. O símbolo α é um nódulo não terminal (aqui um SN, mas podendo ser um SA, SAdv ou SP). A parte (i) da AE especifica, portanto, a sequência X$^{\wedge}$α$^{\wedge}$Y como parte da 'entrada' da regra, tal que se identificam nela três *termos*, separados por travessões. O termo-chave aqui é α, correspondente ao sintagma a ser fronteado. A parte (ii) especifica que aquele termo α precisa representar uma subsequência $qu^{\wedge}$W para que ele seja passível

58. Dados como (38) acima exemplificam o que ora chamo informalmente de 'fronteamento enfatizador' (sem distinguir entre *focalização* e *topicalização* para nossos propósitos), cuja regra responsável seria semelhante a (56), diferindo quanto à presença ou não da condição [ii] na AE, bem como quanto à especificação de α.

de fronteamento. Essa subsequência representada por α está especificada como iniciando por um IL do tipo QU (i.e. qual, quanto, quem, quando, etc.) imediatamente seguido de uma subsequência W qualquer, que pode também ser uma sequência nula (o que X e Y também podem ser, aliás)[59]. Em (55) α é o SN objeto direto, e $qu^\wedge W$ corresponde a qual$^\wedge$livro (e também a qual$^\wedge$N).

Passemos à ME. Os símbolos χ_1, χ_2 e χ_3, separados por travessões, referem-se aos mesmos três termos especificados na AE, sendo os índices numéricos indicadores da ordem de aparição deles na AE. A seta indica que a sequência ao lado esquerdo, presente no MS de entrada, tem como correspondente no MS de saída a sequência dada à direita da seta. Nesse caso, por se tratar de uma transformação de movimento, houve um rearranjo na ordem dos termos. Outros tipos de transformação podem apagar termos, acrescentá-los, ou substituí-los por outro material, ou fazer alguma combinação dessas coisas. Transformações tomam como 'entrada' um MS inteiro e dão como 'saída' outro MS inteiro, sendo eles diferentes quanto às especificações da transformação e idênticos em todo o resto. Outro ponto importantíssimo é que, dado o formato da ME, e dado que χ_2 corresponde tanto a α como a $qu^\wedge W$, o impacto de aplicação da regra é o fronteamento tanto de α como de quaisquer subsequências representadas por α (incluindo $qu^\wedge W$). Assim, o MS 'de saída' apresenta um rearranjo na ordem de termos em várias das sequências correlatas àquelas indicadas na AE. Uma transformação, portanto, correlaciona toda uma 'estrutura arbórea' previamente dada com toda uma 'estrutura arbórea' nova. Mas as noções de 'velha' e 'nova' não devem ser tomadas literalmente, 'cronologicamente' (cf. Chomsky 1961b). Volto a esse ponto adiante em **§3.7**[60].

---

59. Exemplos em que W, X e Z são nulos seriam, respectivamente, (i) Quem o professor apresentou t para os alunos?, Qual professor t leu o livro? e Qual livro o professor leu t?

60. A título de completude, apresento abaixo a regra de *salto do afixo* em (52) segundo esse formalismo.

(i) SA = X − *Af* − *v* − Y; ME = $\chi_1 - \chi_2 - \chi_3 - \chi_4$ → $\chi_1 - \chi_3 - \chi_2 \# - \chi_4$ (Chomsky 1957: 113).

Quando das primeiras formulações de transformações (Chomsky 1955a), tinha-se um modelo poderoso demais, no qual nada impedia, *a priori*, que uma tranformação qualquer pudesse afetar a estrutura de entrada de modos imprevisíveis pela teoria geral da gramática. A despeito do relativo sucesso na formulação de muitas regras, havia o problema de que quaisquer rearranjos imagináveis eram bem recebidos como potencialmente possíveis pela teoria geral da gramática. Obviamente, em última instância, era uma questão empírica verificar se uma dada transformação hipotetizada correspondia ou não aos fatos. Porém, em primeira instância, uma teoria geral sem freios rígidos quanto ao que pudesse ser uma transformação numa língua particular enfrentava um sério problema quanto à adequação explicativa, pois concebia-se que a criança não tinha nenhum viés significativo quanto ao que pudesse ser descartado de antemão como hipótese de transformação subjacente aos dados que ela escutava. Ao longo da década de 1960, começou-se a desenvolver toda uma ideia de restrições sobre o formato geral das transformações, atribuindo tais freios à GU inata. Entre as muitas obras a esse respeito, destaca-se a revolucionária tese de doutorado de John R. Ross (1967), *Constraints on variables in syntax*, orientada por Chomsky. Em (57), apresento uma versão adaptada e muito simplificada de uma dessas restrições[61], que estaria por trás dos dois casos de 'escolha por afetar o SN maior em detrimento do SN menor' abordados anteriormente em (38) e (39).

(57)   Para qualquer transformação T cuja ME afete um SN (deslocando-o, apagando-o, substituindo-o por outro elemento, etc.) previsto na AE, se houver dois SNs em princípio afetáveis por T, tal que um domine o outro, então T deve necessariamente afetar o SN dominante, em detrimento do dominado.

Além de prever os padrões observados em (38) e (39), a restrição em (57) também dá conta de casos conhecidos como *ilha de SN complexo*

---

61. Essa formulação foi sugerida em Chomsky (1964: 46) e reconhecida como "poderosa demais", algo que Ross (1967) elaborou bastante a respeito. Contudo, ela se presta bem para os nossos objetivos imediatos.

como exemplificado abaixo[62]. Primeiramente, constate-se a aceitabilidade do dado (58b), gerável a partir de (58a), evidenciando que um SN interrogativo pode se deslocar entre posições muito distantes, com várias camadas de encaixamento entre elas. Em (58b), embora o movimento atravesse várias camadas, nenhuma delas é um SN, não violando (57), portanto.

(58a) Você disse [^{S} que [^{SN} o jornalista] noticiou [^{S} que [^{SN} Anita] atacou [^{SN} **quem**]]]

(58b) [^{SN} **quem**]$_1$ você disse [^{S} que [^{SN} o jornalista] noticiou [^{S} que [^{SN} Anita] atacou **t**$_1$]]?

O mesmo não ocorre com (59b), cuja inaceitabilidade pode ser atribuída à restrição em (57), que proíbe que o SN quem seja movido para fora do SN maior no qual está contido (i.e. a notícia de que Anita atacou quem). Note-se que, do ponto de vista estritamente semântico-pragmático, não há anomalia alguma quanto ao significado pretendido de (59b), i.e.: "Eu e você sabemos que existe uma pessoa x tal que você alardeou a notícia de que Anita atacou x; e eu peço que você me revele a identidade de x". Isso indica que a agramaticalidade do dado se deve a uma restrição puramente sintática, como (57). Em (59c), temos uma situação em que todo o SN complemento de alardeou é realizado como um pronome interrogativo e então fronteado, não violando (57), portanto.

(59a) Você alardeou [^{SN} a notícia [^{SP} de [^{S} que [^{SN} Anita] atacou [^{SN} **quem**]]]]

(59b) * [^{SN} **quem**]$_1$ você alardeou [^{SN} a notícia [^{SP} de [^{S} que [^{SN} Anita] atacou **t**$_1$]]] ?

(59c) [^{SN} **o que**]$_1$ você alardeou **t**$_1$?

Após essas considerações gerais sobre o formato básico das transformações, esboço agora considerações gerais de outra ordem, concernentes ao formato geral do subcomponente transformacional segundo as primeiras

---

62. Esta restrição é da 'mesma família' da restrição sobre extração de dentro de adjuntos esboçada em §2.6.

versões da GGT, o qual estabelece como as várias transformações interagem para produzir o formato final de uma sentença.

Primeiramente, há a distinção entre as transformações de aplicação obrigatória e as de aplicação opcional. A regra de *salto do afixo* em (52) é um exemplo de transformação obrigatória. A regra de fronteamento de sintagmas interrogativos, esboçada em (56), tem correlatos em diversas línguas, com algumas diferenças em torno do formato básico. Seu estatuto em português brasileiro é um tema complexo que não há como elaborar aqui. Por ora, assumamos simplificadamente que se trata de uma regra opcional dado ser possível formar uma interrogativa genuína estruturada essencialmente como (58a) ou (59a), acrescendo-se apenas os devidos ajustes prosódicos indicadores de interrogação. Chomsky (1955a, 1957: 45-46) define como *sentença nuclear* (*kernel sentence*), uma sentença cuja geração envolveu, além de regras sintagmáticas, apenas transformações obrigatórias. Esse conceito é distinto do de Estrutura Profunda introduzido por Chomsky (1965), que se refere ao produto da aplicação de regras sintagmáticas apenas. Há, no entanto, uma equivalência parcial entre eles, tomados como o 'elo comum' entre sentenças superficialmente diferentes que compartilham propriedades-chave. O exemplo canônico disso à época era a dicotomia ativa/passiva (e.g. Gru adotou Agnes; Agnes foi adotada por Gru), que aliás veio a ser questionado posteriormente, como veremos em **§4.3**.

Em segundo lugar, nas versões iniciais da GGT, a fim de explicar a interação entre certos processos gramaticais, assumia-se, com base em padrões observáveis, que as transformações de uma gramática particular são ordenadas em relação umas às outras, numa 'fila' que codifica o 'momento' da aplicação de uma transformação como anterior ou posterior ao da aplicação de outra. Muito se investigou na época sobre ordenamentos intrínsecos e extrínsecos (i.e. casos em que a AE de uma transformação pressupõe logicamente uma subestrutura cuja geração depende da aplicação de outra transformação, e casos em que o ordenamento ditado pela gramática é arbitrário) ou até 'livres'.

Em terceiro lugar, friso que a dicotomia 'obrigatórias e opcionais' não exibe correlato com a dicotomia 'primeiras e últimas', podendo transformações intercalar-se de vários modos; e isso é um dos fatores que distanciam o conceito de *sentença nuclear* do de Estrutura Profunda. Outro fator é a já mencionada dicotomia entre transformações singulares (que afetam elementos dentro de um único MS) e generalizadas (que 'mesclam' dois MSs desconexos e derivacionalmente independentes num terceiro, unificado). O conceito de Estrutura Profunda pressupõe um único MS unificado já na base, antes das transformações.

Outra tipologia importante concerne às *operações elementares*, que constituem o rol básico das MEs que a teoria geral da gramática previa para as transformações. São elas: (i) substituição de um termo por outro, (ii) apagamento de um termo da sequência; (iii) permutação de termos na ordem da sequência; (iv) adjunção de um termo a outro; e (v) adjunção de material novo antes ausente na AE de 'entrada'.

O esquema abaixo resume o 'fluxo' derivacional dentro do subcomponente transformacional nas primeiras versões da GGT. Em (60), MS_1 é a estrutura de 'entrada': o MS produto de uma derivação terminada do subcomponente sintagmático; e MS_f é o último MS gerado pelo subcomponente transformacional, após sucessivas aplicações de transformações $(T_1, T_2, T_3, T_4, ... T_f)$ que geram MSs intermediários.

$$(60)\ MS_1 \longrightarrow MS_2 \longrightarrow MS_3 \longrightarrow MS_4 \longrightarrow ... \longrightarrow MS_f$$
$$\qquad\quad T_1 \qquad\qquad T_2 \qquad\quad T_3 \qquad\quad T_4 \qquad T_f$$

Nas versões anteriores a Chomsky (1965) – e portanto anteriores ao conceito de Estruturas Profunda e Superficial – a parte transformacional da construção de uma sentença era entendida como envolvendo uma série de transformações tal que o MS gerado por uma servia como ponto de partida para a aplicação da próxima transformação. Ou seja, apenas a primeira transformação tem acesso à estrutura sintagmática pura MS_1. As demais transformações se aplicam a MSs, cujos formatos derivam de transformações previamente aplicadas.

Nesse modelo, a estrutura que interage diretamente com o componente fonológico da gramática é MS_f. Quanto à interação com o subcomponente semântico, a conjectura mais completa à época foi consolidada em Katz & Postal (1964), que muito refletiram sobre qual seria a estrutura a ser interpretada semanticamente: se MS_1, se algum MS intermediário específico (e.g. aquele correspondente à sentença nuclear), se MS_f, se todos os MSs conjuntamente, etc. Disso dependia saber se transformações afetam ou não o significado básico extraível a partir de MS_1.[63] Especialmente Chomsky (1955a: cap IX, X) e Katz & Postal (1964) elaboram o conceito de Marcador Transformacional (=MT), que seria um construto complexo obtido a partir de todos os MSs e das transformações envolvidas na geração de uma sentença completa. Em última instância, o que a sintaxe gera fortemente é um MT: a descrição estrutural completa de uma sentença.

A natureza formal exata dos MTs tem muitos detalhes sutis que não cabem nesta introdução (logo, não redutível ao diagrama em (60)). Em Chomsky (1965: 130-136; 1966b: 52-56) encontram-se apresentações simplificadas de MT, já formuladas no então recém-proposto modelo sem transformações generalizadas, e com a interpretação semântica toda feita a partir do MS_1, equacionado à Estrutura Profunda, partindo-se da assunção de Katz & Postal (1964) de que transformações afetam a inter-

---

63. Dadas as premissas assumidas na época, parecia claro à primeira vista que certas transformações não afetariam o significado (e.g. $T_{PASSIVIZAÇÃO}$: Gru adotou Agnes → Agnes foi adotada por Gru) e outras sim (e.g. $T_{PERGUNTA-QU}$: Gru adotou alguém → Quem Gru adotou?). Uma inspeção mais minuciosa revela que nada disso é óbvio. Amparados por argumentos, Katz & Postal (1964) fizeram uma aposta, que Chomsky (1965) levou adiante, e que viria a ser questionada depois pelos proponentes da Semântica Gerativa, com contra-argumentos que motivaram novas mudanças na GGT, como veremos em **§4.3.**

pretação semântica apenas na medida em que inter-relacionam de modo fixo MSs independentemente interpretáveis. Durante aproximadamente as três décadas seguintes, essa foi a visão hegemônica na GGT[64].

§3.6. ESTRUTURA SINTAGMÁTICA – PARTE II (RAMIFICAÇÕES)

Voltemos às estruturas sintagmáticas, retomando a história de onde a interrompemos para tratarmos de transformações, ou seja: os MSRs de Lasnik & Kupin (1977). Antes, porém, é preciso retroceder até Chomsky (1965) para introduzir um importante detalhe que havia sido omitido. Considere a estrutura em (61) e os dados em (62).

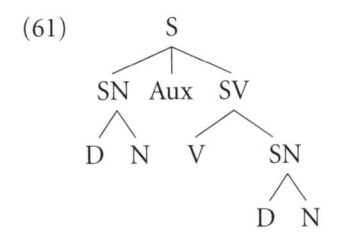

(61)

(62a) As mães vão amamentar os bebês.

(62b) * A mãe vão amamentar os bebês.

(62c)?*As mães vão amamentar os livros.

(62d)?* Os mistérios vão publicar os bebês.

(62e) *As mães vão trovejar os bebês.

Considerando apenas as categorias morfológicas, todas as sequências terminais em (62) 'se encaixariam' perfeitamente na sequência pré-terminal D^N^Aux^V^D^N de (61). Na prática, apenas o dado (62a) é incontestável. No outro extremo, (62b) é incontestavelmente malformado, porque o auxiliar e o sujeito não concordam em número. Como a teoria prevê a impossibilidade de geração de (62b)? Até aqui, eu assumia tacitamente a aplicação de alguma versão da 'regra de concordância' definida em Chomsky (1957: 39, 112) em termos transformacionais. Ou seja, a regra de inserção lexical que reescreve Aux não é sintagmática, porque não é alheia ao contexto estrutural no qual Aux ocorre. Os traços de número e pessoa do SN imedia-

64. Lemle (1984: 7-36) explica em mais detalhe o impacto da visão de Katz & Postal (1964) na concepção da Teoria Padrão (Estendida) sobre as transformações e sua (não) relação com o significado.

tamente anterior a Aux determinam a morfologia exata de Aux. Logo, isso se daria no subcomponente transformacional[65]. As estranhezas em (62c), (62d) e (62e) parecem ser de outra natureza, mais relacionadas a 'incompatibilidade semântica'; e já foram abordadas no **§2.1**. É importante notar que, nas análises anteriores de Chomsky (1965), dados assim eram geráveis pelo subcomponente sintagmático, o que poderia ser encarado como um problema de sobregeração, ou como uma consequência não problemática, ficando a cargo do componente semântico legitimar ou não tais combinações 'estranhas'.

A inovação de Chomsky (1961a, 1962a, 1962b, 1965: cap 2) – elaborada em Chomsky (1970b) – foi reconceber *todas* as regras de inserção lexical como transformações locais. Assim, a capacidade gerativa fraca das regras sintagmáticas só iria até o ponto das sequências pré-terminais, como D^N^Aux^V^D^N. Sequências terminais decorreriam de inserções lexicais, definidas como em (63), que se lê: "V se reescreve como amament- no contexto em que V é imediatamente seguido por um SN do tipo [+animado,+mamífero,-adulto], e precedido por um SN do tipo [+animado,+mamífero,+adulto,+fêmea]" (cf. Chomsky 1965: 107 [regra (xix)]).

(63) V $\rightarrow$ *amament-* / SN$_{[+animado,+mamífero,+adulto,+fêmea]}$^Aux^___^SN$_{[+animado,+mamífero,-adulto]}$

Nesse modelo, portanto, o subcomponente de base, que constrói a Estrutura Profunda, não é totalmente sintagmático, já que inserções de ILs seriam transformações. Outra característica importante é o fato de os símbolos não terminais serem reconcebidos como entidades mais complexas, que codificam características em termos de traços binários, tal como na fono-

---

65. A mesma questão se coloca para a concordância entre D e N dentro do SN, da qual não trato aqui (cf. Chomsky (1957: 29, n. 3) para um primeiro esboço, ainda numa tentativa de solução por meios sintagmáticos).

logia de Jakobson et al. (1952), desenvolvida posteriormente em Chomsky & Halle (1968).

Dados desviantes como (62c), (62d) e (62e) eram tratados por Chomsky (1965, cap 2) em termos de agramaticalidade parcial, conforme o grau de desvio entre o IL inserido e o contexto local especificado. Apesar de suas virtudes na cobertura empírica (não geração de estruturas agramaticais, e previsão de que a 'estranheza semântica' se apresenta em tipos e magnitudes diferentes), tal sistema se mostrou um tanto redundante. Cada IL codificava em si uma porção considerável de informação também codificada nas regras sintagmáticas. Por exemplo, as regras sintagmáticas '**SV→V^SN**' e '**S→SN^Aux^SV**', juntas, especificam que V deve ficar "entre um SN sujeito e um SN objeto"; enquanto a regra em (63) especifica que <u>amament-</u> é um V, e que ele demanda a presença de um SN sujeito e um SN objeto, antes e depois dele, respectivamente. A redundância é ainda maior se levarmos em conta que, em Chomsky (1965, cap 2), os elementos pré-terminais não são exatamente como nas duas regras esboçadas acima (e.g. V), mas sim complexos feixes de traços – e.g. [+V, +transitivo, +sujeito humano, +objeto humano], cf. Chomsky (1965: 90) – tal como temos em (63).

A detecção e abordagem desse problema foi quase imediata. No clássico *Remarks on nominalization*, cujo manuscrito data de 1967, Chomsky (1970a) inicia a eliminação dessas redundâncias diagnosticando aspectos importantes dos sintagmas e do léxico. Primeiramente há um paralelo claro entre estruturas de tipos categoriais distintos quanto às suas 'demandas semânticas': e.g. <u>a destruição da cidade pelos inimigos</u> (SN), e <u>Os inimigos destruíram a cidade</u> (S), sugerindo, nesse caso, que o nome <u>destruição</u> e o verbo <u>destruir</u> são, num nível mais abstrato, 'a mesma coisa', e que se manifestam sintaticamente de modos diferentes (e.g. presença/ausência da preposição, morfologia e ordens não totalmente idênticas), porém compartilhando um 'esqueleto estrutural' bem semelhante[66]. Outro ingrediente importantíssimo dessa guinada teórico-analítica (cuja semente estava em Chomsky (1970a), mas cujos frutos mais robustos se encontram em Stowell (1981)) advém da iniciativa de unificar o tratamento das estruturas sintagmáticas dos diferentes tipos de sintagma (SN, SV, SA, SP, ...) conforme o grau considerável de isomorfia observável entre eles quanto à ordem canônica de núcleos e complementos, bem como de 'especificadores'. Considere (64).

(64a)	Nós <u>adoramos</u> cinema.	(64b)	nossa <u>adoração</u> [por cinema]
(64c)	totalmente <u>sem</u> dinheiro.	(64d)	muito <u>orgulhosa</u> [do filho]

Em todos os casos, o elemento sublinhado é o núcleo do sintagma em questão (SV, SN, SP e SA, respectivamente), o elemento à sua direita é seu complemento, e o elemento à sua esquerda é seu 'especificador'. Embora essa descrição simplificada levante dúvidas – e.g. (64a) não seria uma S?; o que é *especificador*?; e por que ele parece mais essencial em (64a) e mais acessório nos demais exemplos? – ela já deixa claro que há algo em comum entre os tipos de sintagma. Primeiramente, todos eles aparentam ter um e apenas um núcleo, cuja identidade categorial (verbal, nominal, adjetival, etc.) coincide com a do sintagma como um todo. Ou seja, sintagmas são *endocêntricos*. Em segundo lugar, há uma ordem canônica fixa para o núcleo, seu complemento e seu especificador, que independe não apenas do IL particular, mas também do tipo de sintagma em questão[67]. Em (64), todos os complementos se seguem ao núcleo, por exemplo. Juntas, essas generalizações, sugerem fortemente que o componente sintagmático consiste no esquema básico em (65), independente da categoria.

---

66. Isso já havia sido abordado antes sob várias formas (cf. Chomsky 1955a: 457-474; 1964: 47-50; 1965: 184-192, 235; Katz & Postal 1964: 120-148), porém é em Chomsky (1970a) que o 'esqueleto estrutural' e as 'demandas semânticas dos ILs' passam a ser reconcebidas como mecanismos gramaticais genuinamente separados.

67. Veremos em **§5.7** como a teoria acomoda casos de línguas com ordem 'complemento^núcleo' uniforme.

(65) [a] X'→X^(YP);   [b] XP→(ZP)^X';   [c] XP→ $\begin{bmatrix} XP^WP \\ WP^XP \end{bmatrix}$; [d] X→K^X

A partir daqui, uso as siglas em inglês para você se familiarizar com a praxe da bibliografia da GGT que venha a consultar. 'P' significa *phrase*, que é sinônimo de *sintagma*. Logo, VP (*verb phrase*) equivale a SV (*sintagma verbal*). O resto é autoexplicativo. O esquema em (65) constitui a *Teoria X-Barra*, uma concepção específica do subcomponente sintagmático que conta com muitas versões na GGT. As origens de sua versão canônica remontam a Chomsky (1970a), Lasnik & Kupin (1977) e Stowell (1981)[68]. Por ora, deixemos de lado as regras (c) e (d), atendo-nos a (a) e (b). Note que essas não são *regras de reescritura* como as de antes, mas *metarregras*, fórmulas gerais aplicáveis a quaisquer categorias. Ou seja, X, Y e Z são variáveis que podem corresponder a quaisquer categorias (V, N, A, P...). Além disso, a endocentricidade está codificada no esquema e prevista como característica inerente de todo e qualquer sintagma. Se há um V, há um VP e vice versa; se há um A, há um AP e vice-versa; etc. Antes da *Teoria X-Barra*, essa generalização básica não era verdadeiramente capturada[69]. Nada, além de 'simples coincidência', impedia que houvesse uma regra não endocêntrica como '**VP→A^PP**', por exemplo.

A ordem 'núcleo^complemento' está codificada em (65a) como uma propriedade sintática geral, independente de categoria. Note que (65a) estabelece a existência de uma unidade intermediária X' (leia-se: "X-Barra") menor que o sintagma e maior que o IL. Logo, em todo VP há um V', em todo AP há um A', etc. Os parênteses em torno de YP indicam que a presença ou ausência do complemento depende da natureza transitiva ou intransitiva

---

68. Para versões menos canônicas do esquema X-Barra, cf. Jackendoff (1977), Speas (1990), e Kayne (1994).

69. Aliás, ao longo de todo o período pré-X-Barra, regras semiendocêntricas ou não endocêntricas foram ocasionalmente propostas em casos especiais, como nominalizações (e.g. NP→*nom*^VP, em que *nom* é um morfema nominalizador) ou subordinação sentencial (e.g. NP→S).

do IL que instancia o núcleo X. Note que, conforme (65a), só pode haver um complemento (cf. n. 20), que é sempre um sintagma completo, um YP, não um Y' ou um Y. A ordem 'especificador^núcleo' está codificada em (65b), que não combina ZP e X diretamente, mas sim ZP e X', seguindo-se daí a ordem em questão. Está previsto que só pode haver um especificador, e que ele deve ser um sintagma completo.

Nesse sistema, todos os símbolos não terminais são organizações não atômicas de propriedades; diferentemente do sistema de Chomsky (1965) em que isso valia apenas para os elementos pré-terminais. Nas versões anteriores da GGT, VP era um símbolo atômico, não analisável em *Verb* e *Phrase*. No esquema X-Barra, VP, V' e V são respectivamente abreviações para $<[+v,-n],2>$, $<[+v,-n],1>$ e $<[+v,-n],0>$. A parte $[+v,-n]$ indica que tais unidades são da categoria verbal. O índice numérico indica o 'nível de projeção' do elemento pré-terminal (0 = núcleo ou projeção mínima; 1 = projeção intermediária; 2 = projeção máxima ou sintagma). Apesar da coincidência de caracteres, não se deve confundir $[+v]$ com V, nem $[+n]$ com N. Os traços $[\pm v]$ e $[\pm n]$ são unidades mais elementares a partir das quais categorias são formadas. Chomsky (1970a) propôs que V = $[+v,-n]$, N = $[-v,+n]$, A = $[+v,+n]$ e P = $[-v,-n]$[70]. Algumas generalizações transcategoriais podem ser capturadas assim. Por exemplo, só categorias $[-n]$ podem licenciar a propriedade de *caso* a seus complementos, o que explica a ausência da preposição em <u>Os inimigos destruíram a cidade</u>, e a sua presença em <u>a destruição da cidade pelos inimigos</u> (cf. Vergnaud 1977; Chomsky 1986a: 186-204; Lasnik 2008).

Saliento que as metarregras do esquema em (65) não são regras de reescritura que se aplicam a sequências geradas uma a uma num processo

---

70. Como já mencionado (cf. n. 28), neste modelo adjetivos e advérbios seriam a mesma categoria $[+v,+n]$.

derivacional. A Teoria X-Barra é uma concepção *puramente representacional* de estrutura sintagmática. As metarregras são preceitos declarativos que estabelecem se cada arranjo hierárquico é ou não é bem-formado sintaticamente[71]. Em suma, qualquer que seja a identidade categorial de X, todo X é imediatamente dominado por um X'; todo X' domina imediatamente um X; todo X' é imediatamente dominado por um XP; todo XP domina imediatamente um X'; todo X' pode dominar imediatamente um (e apenas um) YP disposto logo após X; todo XP pode dominar imediatamente um (e apenas um ZP) disposto logo antes de X'[72]. Conforme as propostas canônicas da Teoria X-Barra (cf. Stowell 1981; Chomsky 1981a), essas diretrizes gerais aqui apresentadas de modo simplificado estariam baseadas no formalismo matemático preciso de Lasnik & Kupin (1977). Ou seja, embora, na prática, as análises conduzidas com base na Teoria X-Barra sejam apresentadas majoritariamente em termos de diagramas arbóreos, por conveniência notacional, o fato é que todo o raciocínio pressupõe a existência de MSRs, que são conjuntos de monossequências, nas quais os elementos não terminais são símbolos não atômicos, e a partir das quais são definidas as relações de constituência fundamentais, como *dominância* e seus derivados (*irmandade*, *maternidade*, *c-comando*, etc.).

Por fim, uma das mais importantes características da Teoria X-Barra é o fato de ela, ao eliminar por completo as coleções de regras de reescritura particulares de cada língua, eliminar também aquela redundância entre léxico e sintaxe que fora detectada no sistema de Chomsky (1965). Cada IL codifica em si suas demandas, como, por exemplo, ter ou não um com-

---

71. Isto não significa que *toda* a gramática seja não derivacional, tampouco não transformacional. Conforme essa versão da GGT (Chomsky 1991a, 1986a), o subcomponente transformacional seria um sistema derivacional.

72. Diz-se que α domina imediatamente β se e somente (i) α domina β, e (ii) não existe um γ tal que α domina γ e γ domina β. Se α domina imediatamente β e δ ($\delta \neq \beta$), diz-se que α é mãe de β e de δ, e que β e δ são irmãos.

plemento, qual a categoria desse complemento, e seus traços semânticos. A sintaxe é cega em relação a isso, e fornece apenas o 'esqueleto estrutural' no qual cada IL se 'projeta'. Nesse sentido, a estrutura sintagmática seria uma 'projeção do léxico'. Ao mesmo tempo, a sintaxe restringe fortemente o que seriam os ILs possíveis. Dados os limites do 'esqueleto', somente podem 'participar' de uma estrutura sintagmática os ILs que não demandam 'geometrias' não previstas sintaticamente (e.g. sintagmas sem núcleo ou com múltiplos núcleos, ou com múltiplos complementos irmãos, etc.). Os diagramas abaixo sumarizam o que vimos até aqui.

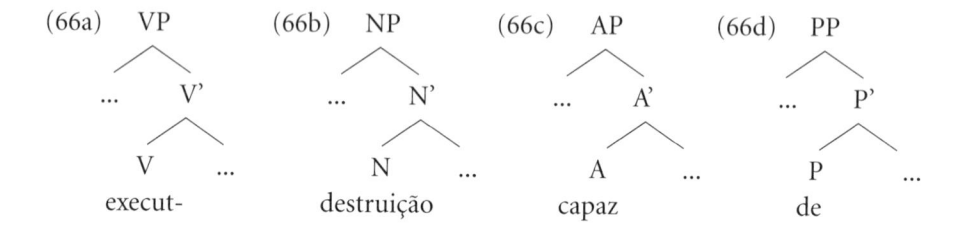

Com o desenvolvimento dessas e de outras ideias que culminaram no modelo P&P, a concepção de estrutura sintagmática caminhou na direção de uma uniformização ainda maior, com a adição de *categoriais funcionais*, entre as quais as mais consensuais são I (flexão), C (complementizador) e D (determinante). A rigor, tais categorias sempre existiram na GGT. A novidade foi reconcebê-las em termos do esquema X-Barra, como discuto a seguir.

Do muito que se pode dizer sobre *sintagmas determinantes* (DPs), limito-me ao básico. Após os trabalhos pioneiros de Szabolcsi (1983) e Abney (1987), *inter alia*, tornou-se hegemônica na GGT a visão de que Ds não ocupam posição dentro do NP. Ao contrário, NPs são complementos de Ds, que se projetam até o nível DP, em conformidade com o esquema X-Barra. Para além desse argumento da uniformidade, há vários outros, baseados em padrões empiricamente atestados. Por exemplo, comparemos as duas paráfrases em (67) para "um carro antigo adquirido recentemente" (cf. discussão em torno de (21) acima).

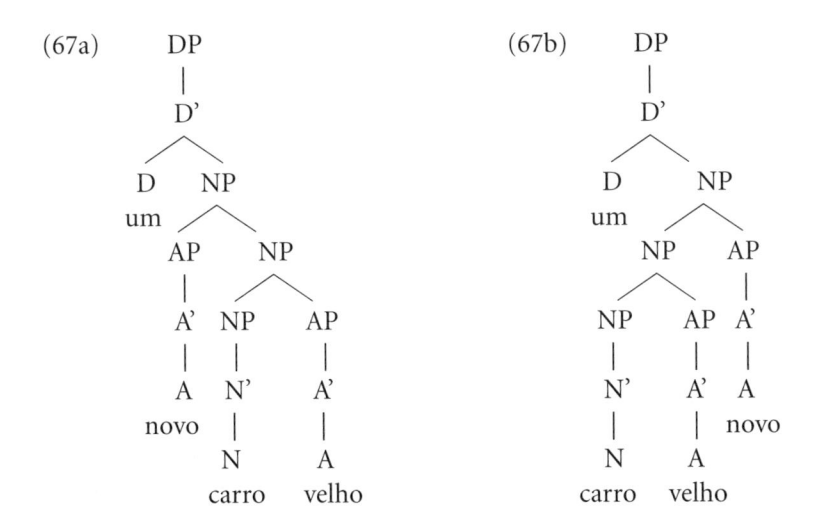

Como já discutido, a relação de escopo de um AP (<u>novo</u>) sobre o outro (<u>velho</u>), aliada ao caráter ilimitado da múltipla adjunção, sugere fortemente uma estrutura com recursivas camadas de NP, nas quais cada AP se encaixa. (67a) e (67b) se equivalem hierarquicamente, diferindo linearmente, o que evidencia que o ordenamento de adjuntos é mais flexível, embora não totalmente livre (cf. ✓<u>a bola vermelha</u> e *<u>a vermelha bola</u>), sendo determinada por uma complexidade de fatores, corroborando a hipótese de que a metarregra de adjunção de sintagmas a sintagmas é tal como (65c) acima. Logo, D não pode ser um especificador de NP, senão teríamos em (67a) a ordem *<u>novo um carro velho</u> ou ainda *<u>novo velho um carro</u>. Se D fosse um adjunto a NP, não se teria como barrar a geração dessas duas últimas ordens, bem como de *<u>novo carro velho um</u>, ou *<u>carro velho novo um</u>, por exemplo.

Para entender o *sintagma flexional* (IP), tomemos como ponto de partida a estrutura de S tal como concebida no sistema de Chomsky (1965), conforme (61) acima, em que S seria não endocêntrico. Uma reconcepção de S em termos do esquema X-Barra toma Aux (renomeado como I(inflection)) como o núcleo da estrutura, que projeta um I' e um IP. Pois é, o morfema de flexão verbal (i.e. tempo e concordância), ora realizado como uma 'palavra independente', ora como um afixo verbal, seria o núcleo da sentença. A posição hegemônica nesse modelo é que a posição de especificador de IP não é preenchida na Estrutura Profunda, mas acaba abrigando o DP sujeito ao longo da geração da sentença, já no subcomponente transformacional, pelo movimento do sujeito que teria sido gerado como especificador de VP, conforme a hipótese do sujeito interno ao VP (cf. Koopman & Sportiche 1991). Para ilustrar esse argumento, valho-me de uma adaptação de um exemplo de George Lakoff (cf. Mendoza Ibáñez 1997: 35-36), originalmente usado como contra-argumento à visão chomskyana de gramática nas décadas de 1960 e 1970, e que, ironicamente, acaba se tornando um argumento a favor da visão chosmkyana prevalente nas décadas de 1980 e 1990.

(68) A Alemanha derrotou o Brasil de goleada em 2014. *Isso* não vai acontecer em 2018.

(68) é um minidiscurso composto de duas sentenças. Analisaremos a primeira a partir da segunda. A que o pronome <u>isso</u> remete? *Grosso modo*, ao evento de derrota imposto pela Alemanha ao Brasil. Ou seria, mais especificamente, à derrota do Brasil para a Alemanha *de goleada*? Na verdade, as duas possibilidades estão disponíveis; e parece que a segunda interpretação é mais saliente. Importa aqui que o adjunto <u>de goleada</u> pode ou não fazer parte do conteúdo 'retomado' por <u>isso</u>. Importa também que tal conteúdo retomado deve necessariamente remeter a uma derrota imposta pela Alemanha ao Brasil; não a uma derrota qualquer, nem uma derrota imposta ao Brasil por qualquer outro vencedor, nem uma derrota imposta pela Alemanha a qualquer outro vencido. Ou seja, sujeito, verbo e objeto estão necessariamente inclusos na unidade retomada. Por fim, note que essa retomada pronominal não recupera a informação de tempo passado da primeira sentença. Descritivamente falando, é como se o que fosse retomado fosse um VP de cujo núcleo V tivesse sido subtraída a morfologia de tempo. Mas esse VP deveria incluir em si o sujeito! Como todas essas generalizações podem fazer sentido ao mesmo tempo? Observe (69).

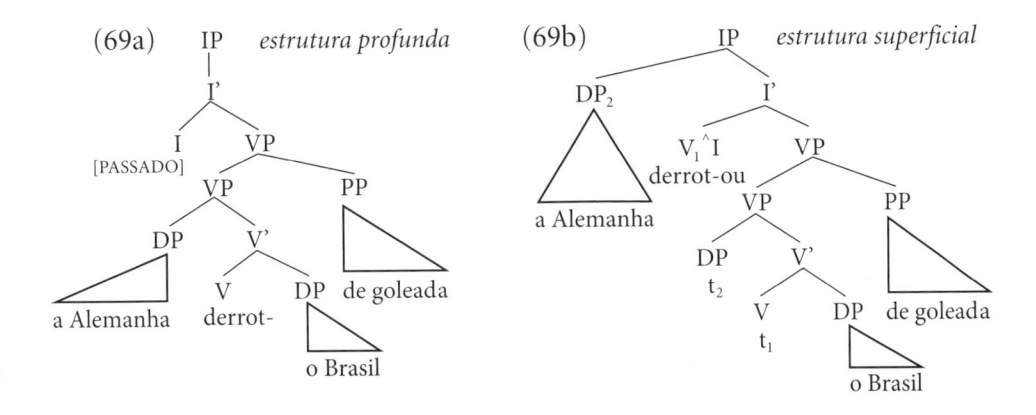

A estrutura profunda em (69a) não é como nas versões anteriores da GGT no que concerne à posição em que o sujeito é gerado, i.e. no especificador de VP. Essa assunção, juntamente com a de que o pronome isso da sentença seguinte retoma um VP, assegura que a informação retomada contém necessariamente o sujeito, o verbo e o objeto. A opcionalidade de isso incluir ou não a informação de goleada na retomada vem do fato de haver dois VPs na estrutura de adjunção, podendo o menor ou o maior ser retomado. Além disso, em (69a), o verbo não contém em si a flexão de tempo (e concordância), a qual é gerada como o núcleo do IP que toma o VP como complemento, o que explica por que a retomada pronominal não inclui tal informação se a unidade a ser retomada é o VP da estrutura profunda.

O VP codifica um *evento* (ou *estado*) não instanciado no tempo; e o núcleo do IP codifica em si um tempo de referência no qual o evento expresso pelo VP ocorre. Por mapear um evento no tempo, o IP seria uma *proposição* acerca do evento: algo que pode ser avaliado como verdadeiro ou falso, e portanto assertado, questionado, etc. A separação entre V e I na estrutura profunda é, como já vimos, herança dos primórdios da GGT. A união morfológica entre V e I se dá no subcomponente transformacional, pelo movimento de V para I, como em (69b), em que também o sujeito se moveu para o especificador de IP. As motivações para tais movimentos são um tema complexo ora simplificado. Consideremos que a natureza afixal de I 'puxa' V para si; o que não acontece se I for um auxiliar morfologicamente autônomo, como em (70). O fato de vai preceder imediatamente o VP corrobora a hipótese de que se trata de um núcleo de IP cujo complemento é o VP, em obediência à metarregra (65a).

(70) O Brasil vai derrotar a Alemanha em 2018.

Contudo, em (70), assim como em (69b), o sujeito já não mais está em VP. Seu deslocamento para o especificador de IP é o que possibilita a concordância entre o sujeito e I (seja I morfologicamente autônomo ou afixal), numa relação local do tipo especificador-núcleo.

Assim como as camadas VP e IP são os correlatos sintáticos do evento e da proposição, respectivamente, haveria a camada CP, correspondente ao enunciado. O núcleo C codificaria a força ilocucionária, tomando seu complemento IP como o conteúdo cuja verdade está sendo assertada (sentença afirmativa), questionada (sentença interrogativa), etc., a depender do subtipo de C presente na estrutura. Em orações subordinadas, é mais comum que C porte material morfofonológico (e.g. que ou se). O fato de tais ILs precederem imediatamente o IP evidencia que se trata de núcleos que tomam o IP como complemento, conforme a metarregra (65a) prevista pelo esquema X-Barra. A posição de especificador de CP seria dedicada a sintagmas de algum modo 'enfatizados', seja por topicalização (informação velha) ou focalização (informação nova). Sintagmas interrogativos (com morfologia QU) são um subtipo de foco, codificam a informação nova que se quer saber, a subparte do conteúdo proposicional de IP que não é pressuposta. Por isso tal posição é o 'ponto de chegada' dos elementos-QU no final da derivação. Confira o par em (71).

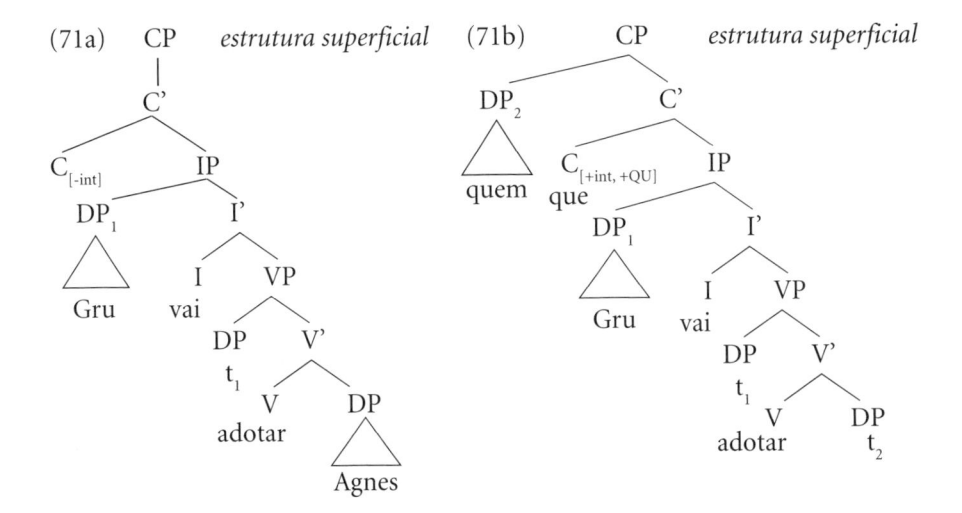

(71a) CP *estrutura superficial*

asserção de que é verdade que Gru
adotará Agnes

(71b) CP *estrutura superficial*

pressuposição de que é verdade que Gru adotará
alguém e que tal conhecimento é compartilhado
com o interlocutor; e solicitação da informação
sobre a identidade da pessoa a ser adotada

A partir de meados da década de 1990, com o advento do PM, a Teoria X-Barra passa por reformulações e já conta com diversas revisões. O que apresento aqui tem por base a reformulação de Chomsky (1995a: cap 4) e inovações de Hornstein (2009). Sob tal ótica, o componente sintagmático volta a ser concebido em termos derivacionais. As características básicas do esquema X-Barra (i.e. *endocentricidade, binariedade, uniformidade,* etc.) são tidas como decorrentes da mecânica derivacional, cuja operação básica de construção de estrutura sintagmática é *Conectar*[73], responsável por combinar itens lexicais formando sintagmas, recursivamente combi-

73. O termo original em inglês para essa operação é *Merge*, cuja tradução literal seria 'fundir'. Em Guimarães (1998), traduzi-o como *Conectar*. Uns tantos linguistas brasileiros adotaram essa terminologia, mas a maioria adota outras nomenclaturas. A mais comum é *Concatenar*. Lamento essa má escolha terminológica, que remonta ao influente texto de Epstein (1999) – difundido como manuscrito em 1995 – em que o autor, escrevendo em inglês, refere-se a *Merge* com o nome de *Concatenate*. Como já apontei acima (cf. n. 39), o termo *Concatenar* (crucial nas fases iniciais da GGT, mas não aplicável à teoria sintagmática hegemônica do PM) é consagrado na matemática para descrever uma operação associativa, coisa que *Merge* não é.

náveis em sintagmas maiores, constituindo-se assim numa versão mais 'enxuta' da antiga Teoria X-Barra: a *Estrutura Sintagmática Pura* (ESP; em inglês, *Bare Phrase Structure*). *Conectar* toma dois constituintes sintáticos independentes (atômicos ou complexos) x & y, e, da combinação entre eles, gera o sintagma [^{x} x y]. Cada conexão forma um novo objeto matemático quase tão simples quanto um mero conjunto formado pelos dois objetos sintáticos combinados[74], exceto quanto ao fato de tal conjunto recém-formado ter atribuído a si um rótulo categorial, herdado de um de seus membros[75]. É isso que indica o x sobrescrito junto ao colchete de abertura em [^{x} x y]. Ou seja, o constituinte formado pela conexão entre x e y é do mesmo tipo categorial de x[76]. No início da derivação, as unidades sintáticas disponíveis para combinação são ILs. Desses 'átomos' vão sendo formadas unidades mais complexas, que herdam suas identidades categoriais de suas partes imediatas. Contrariamente às versões pré-TRL, o fluxo derivacional na ESP se dá das partes para o todo, similarmente ao que fora proposto nos modelos não transformacionais da Gramática Categorial iniciados aproximadamente duas décadas antes da GGT. Façamos a pergunta minimalista relevante. Ainda que a existência de estrutura sintagmática (algo como X-Barra) seja *empiricamente* justificada, o que faria dela *conceptualmente necessária* (em oposição a meras sequências de ILs, sem relações de parte e todo)?

---

74. Assim sendo, posto que a relação de pertencimento a um conjunto não implica nenhum tipo de ordem (i.e. {x, y} = {y, x}), então, contrariamente à tradição da GGT tão contundentemente defendida em Chomsky (1965: 123-127), a estrutura sintagmática não codificaria relações de precedência temporal entre os constituintes.

75. Na versão original da ESP (Chomsky 1995a: cap 4), a conexão entre x e y não gera simplesmente {x, y}, mas o objeto matemático (também definível em termos de teoria de conjuntos) mais complexo {x, {x, y}}, no qual se codifica uma assimetria entre os dois elementos combinados, o que determina qual deles se projeta.

76. Poderia, inversamente, ser do mesmo tipo de y, mas jamais de um terceiro tipo z distinto de x e de y, nem poderia não ter tipo categorial. É assim que esse sistema codifica o princípio da endocentricidade de sintagmas.

Para Hornstein (2009), *Conectar* é, a rigor, resultado da interação entre as operações *Combinar* e *Rotular*. *Combinar* agrupa quaisquer dois elementos gramaticais com rótulo categorial, formando um 'bloco' que os contém, e que pode, recursivamente, ser agrupado para formar blocos maiores. *Rotular*, por sua vez, opera em cima do produto imediato de *Combinar*, e toma aquele bloco recém-formado como um todo, analisa-o em suas partes imediatas, e atribui-lhe um rótulo, conferindo-lhe o mesmo estatuto categorial de uma das partes que o compõem, convertendo o 'bloco' num *sintagma*, de caráter endocêntrico. É graças à rotulação que um bloco/sintagma passa a ser conectável a outros. O sistema só conecta ILs (todos rotulados *a priori*), e *Rotular* converte uma combinação complexa num 'IL derivado'. Por exemplo, dado o verbo **beb-**$_V$, que é um *predicador de dois lugares*, e o argumento **chá**$_N$, forma-se o bloco [**beb-**$_V$ **chá**$_N$], que, após rotulado, torna-se [^{V} **beb-**$_V$ **chá**$_N$], que é um *predicador de um lugar* (assim como **dorm-**$_V$), que pode se combinar ao argumento **Alice**$_N$, formando o bloco [**Alice**$_N$ [$_V$ **beb-**$_V$ **chá**$_N$]], que, rotulado, torna-se [^{V} **Alice**$_N$ [$_V$ **beb-**$_V$ **chá**$_N$]], equivalente a um verbo a-argumental, um *predicado monádico* (e.g. **chov-**$_V$).

Nessa concepção minimalista de estrutura sintagmática, *Combinar* não seria uma operação exclusiva da gramática; é parte do aparato cognitivo geral, fruto da capacidade de agrupar quaisquer elementos (representações mentais) formando um 'bloco' que as contém, tal que esse bloco pode, recursivamente, ser agrupado para formar blocos maiores. Assim, uma parte da superoperação *Conectar* é conceptualmente necessária de modo trivial, porque deriva de fatores cognitivos externos à gramática[77]. A própria composicionalidade semântica (cf. §4.4) depende de relações parte e todo entre agrupamentos de itens lexicais. Se ela for entendida como uma demanda do sistema que interpreta a estrutura sintática, a presença de algo como

---

77. Por que, na sintaxe, Combinar se restringe a *dois* termos? Sobre essa questão complexa, por ora apenas sugiro que restringir Combinar a dois elementos reduz a um mínimo a complexidade computacional da *busca* pelo rótulo do todo feita a partir da inspeção das propriedades das partes combinadas (cf. Chomsky 2013).

Combinar na gramática é inescapável. *Rotular* seria uma operação exclusivamente gramatical, responsável por converter 'blocos' em 'sintagmas', conferindo-lhes um caráter endocêntrico, de modo que a complexidade computacional de cada passo é sempre a mesma, e a menor possível, pois o sistema está sempre a combinar átomos, cuja estrutura interna fora 'esquecida' por efeito da compilação/atomização resultante da rotulagem. Essa concepção fatorada de *Conectar* reduz o estritamente linguístico a um mínimo, oferecendo uma alternativa plausível do ponto de vista da adequação para além do nível explicativo, nos termos esboçados em **§2.6**.

Quanto à ordem linear entre os ILs, ela seria imposta pela natureza do sistema articulatório-perceptual que faz interface com a sintaxe, pois a fala se instancia na linearidade do tempo real. Na impossibilidade de pronunciar múltiplos ILs simultaneamente, é preciso, de alguma forma, sequenciá-los no plano fonológico. Entretanto, isso não significa necessariamente que tal ordenamento deva estar codificado na sintaxe (cf. n. 74). Na maioria das versões do PM, a precedência linear é estabelecida fora da sintaxe, no mapeamento entre a sintaxe e a fonologia, como veremos adiante (cf. **§4.3**).

Vejamos agora um exemplo de como se dá a derivação de estruturas sintagmáticas de acordo com a ESP, a partir do dado em (72), considerando apenas a sua subestrutura VP.

(72) Quem$_x$ o jornalista vai criticar t$_x$?

Primeiro, combinam-se ***criticar***$_V$ e ***quem***$_D$, formando o bloco [***criticar***$_V$ ***quem***$_D$], satisfazendo assim a 'valência interna' do verbo. Segue-se a rotulagem do bloco, gerando [^{V} ***criticar***$_V$ ***quem***$_D$][78]. Em paralelo, combinam-se ***o***$_D$ e ***jornalista***$_N$, formando o bloco [***o***$_D$ ***jornalista***$_N$], subsequentemente rotulado, gerando [^{D} ***o***$_D$ ***jornalista***$_N$]. Os resultados dessas combinações são então combinados, e o bloco formado disso é subsequentemente rotulado, gerando (73).

---

78. Note que uma rotulagem inversa impossibilitaria tratar o sintagma formado como um 'predicador monoargumental' a ser saturado pelo sujeito.

(73)

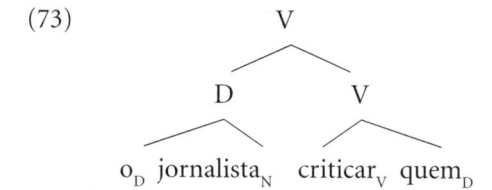

Esse diagrama dá impressão de que se perdeu a distinção entre projeções mínimas, intermediárias e máximas. Entretanto, isso está plenamente codificado em (73). Na ESP, os 'níveis de barra' são definidos relacionalmente e derivacionalmente. Projeções mínimas são constituintes da ordem de grandeza de um IL, que não contêm nenhum constituinte sintático. Projeções máximas são unidades não contidas em outra de rótulo idêntico ao seu. Projeções intermediárias são unidades que não são projeções mínimas nem máximas[79]. Tomemos os três constituintes rotulados como V. O mais encaixado é o IL $criticar_V$, que já traz o rótulo do léxico[80]. O mais alto é projeção máxima de V (=VP). O do meio é sua projeção intermediária (=V'). O estatuto de uma projeção pode mudar ao longo da derivação. No ponto mais remoto em que ainda não fora conectado ao sujeito, o constituinte verbal [^{V} $criticar_V$ $quem_D$] é uma projeção máxima. Uma vez conectado ao sujeito, torna-se projeção intermediária (posto que seu nódulo-mãe também é um V). Duas observações se fazem pertinentes. [^{D} o_D $jornalista_N$] é uma projeção máxima (=DP) que não traz dentro de si uma projeção intermediária (=D'), desnecessária nesse sistema, que não depende de uma metarregra $XP{\rightarrow}(ZP)^{\wedge}X'$ – na qual X' é obrigatório – para gerar um XP. Por fim, como definido acima, tanto $jornalista_N$ como $quem_D$ são, simultaneamente, projeções mínimas e máximas (N=NP e D=DP). Isso é possível nesse sistema mais enxuto, com menos unidades, mas sem perda de informação estrutural relevante. Adiante, por razões expositivas, vou abreviar *Combinar-&-Rotular* como *Conectar*, e usar a notação tradicional de níveis de barra.

---

79. Cf. Chomsky (1995c). Esta visão relacional dos 'níveis de barra' remete à obra de Muysken (1982).

80. Em ESP não há mais a distinção redundante entre nódulo terminal e pré-terminal.

§3.7. ESTRUTURA TRANSFORMACIONAL – PARTE II (RAMIFICAÇÕES)

É chegada a hora de compreender o essencial das concepções mais recentes de estrutura transformacional à luz dos avanços acerca de estrutura sintagmática vistos em **§3.6**. Nosso ponto de partida serão os pares declarativa/interrogativa do holandês em (74) e (75).

(74a) Hij rijdt de auto.
ele dirige o carro
'Ele dirige o carro.'

(74b) Rijdt hij de auto?
dirige ele o carro
'Ele dirige o carro?'

(75a) Hij kan de auto rijden.
ele pode o carro dirigir
'Ele pode dirigir o carro.'

(75b) Kan hij de auto rijden?
pode ele o carro dirigir
'Ele pode dirigir o carro?'

(75c) * Rijden hij kan de auto?
dirigir ele pode o carro

Excetuando-se a questão da ordem entre verbo e objeto (cf. Biberauer, Holmberg & Roberts 2014), note que declarativas e interrogativas exibem, respectivamente, as ordens sujeito-verbo e verbo-sujeito. Como visto em em **§3.6**, o núcleo de CP codifica a distinção asserção/interrogação. O fenômeno acima pode ser descrito como o movimento do elemento verbal mais próximo para $C_{[+int]}$. O dado (74b) parece simples, como se V se movesse para C. A rigor, V se move para I, formando, via adjunção (cf. (65d)), o núcleo complexo $[^{I}\ V{^\wedge}I]$, o qual, por sua vez, se move para C. Logo, V apenas 'pega carona' no movimento de I para C. Os dados (75b) e (75c) evidenciam isso, pois o auxiliar <u>kan</u> ocupa a posição I, não havendo razões morfológicas para se mover V para I. A demanda de C quanto a ter 'um elemento verbal' adjungido a si só pode ser satisfeita pelo movimento de I (cf. (75b)), não pelo movimento de V (cf. (75c)).

O paradigma acima ilustra um fenômeno mais amplo da sintaxe das gramáticas em geral: a localidade dos movimentos de adjunção de núcleo a núcleo, que já fora atestado e capturado na análise de Chomsky (1955a, 1957) para a morfossintaxe verbal do inglês, pela transformação de *salto do afixo*, definida em termos locais, não havendo saltos envolvendo *Af* e *v* não adjacentes (cf. **§3.5**). Na passagem entre as décadas de 1980 e 1990, a visão predominante era que, conforme o esquema X-Barra, um núcleo H só pode ocupar sua posição original de projeção mínima de HP, ou estar adjungido a outro núcleo em conformidade com a metarregra (65d). Tal adjunção se obtém via movimento, em que os radicais se movem 'para cima' em direção aos afixos. Tal movimento obedece a uma condição de localidade conhecida por *Restrição de Movimento de Núcleo* (RMN, cf. Travis 1984; Chomsky 1986b: 71; Baker 1988), que defino abaixo do modo mais conveniente para nossos objetivos:

(76) RMN: Um núcleo H só pode se adjungir ao núcleo J tal que HP é complemento de J[81].

Em (77) temos uma estrutura mais abstrata que estaria por trás do dado (74b) acima, se tomarmos XP, YP e ZP como CP, IP e VP, respectivamente.

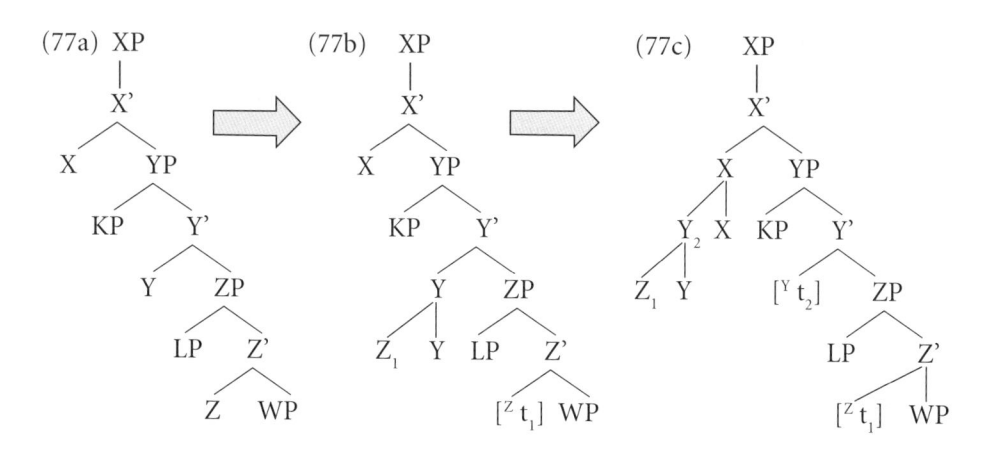

81. Ou, inversamente, o núcleo J só pode hospedar o núcleo H, tal que HP é complemento de J.

Em (77a) teríamos a estrutura profunda. Em (77b), temos V (=Z) adjungido a I (=Y), em conformidade com a RMN. Em (77c), temos a adjunção local de I (=Y) a C (=X), na qual V 'pega carona'. A única posição à qual Z pode se adjundir é Y, o único elemento que Y pode 'hospedar' é Z. Igualmente, Y só pode se adjungir a X, e X só pode hospedar Y. Em termos lineares, existe, entre Y e Z, ao menos um outro núcleo: L, o qual, conforme a RMN, não é elegível para interferir no movimento (nem Z pode se adjungir a L, nem L pode se adjungir a Y). Pela mesma lógica, o núcleo K que figura linearmente entre X e Y não interfere na localidade entre X e Y. A depender das demandas morfológicas de cada núcleo, não há nenhum movimento (cf. (75a)), ou há movimento de Z para Y apenas (cf. (74a)), ou de Y para X apenas (cf. (75b)), ou de Z para Y com subsequente movimento de Y para X, no qual um Y complexo se move carregando Z dentro de si (cf. (74b)).

A eventual presença de 'potenciais interventores' que, na prática, não interferem no movimento de núcleo já havia sido notada por Chomsky (1955a: 443) em casos em que há advérbios que 'quebram' a adjacência entre *Af* e *v*, e mesmo assim o salto do afixo se dá, como se não houvesse o advérbio ali. É o que vemos em (78), em que o afixo -r (gerado junto a dev-) salta até est- passando por cima de sempre[82].

(78) Alice devia sempre estar bebendo chá.

Lasnik (2000: cap 3) mostra que dados como (78) são analisáveis através da mesma mecânica em (77), na qual X = dev-, Y = -r, Z = est-, e W = -ndo. O advérbio nesta análise seria o KP (mais precisamente, um adjunto), que não interfere no salto do afixo, conforme a RMN.

---

82. A solução provisória de Chomsky (1955a: 443) resume-se, *grosso modo*, à regra $Af\,^{\wedge}(\mathbf{Adv})^{\wedge}v \rightarrow (\mathbf{Adv})^{\wedge}Af\,^{\wedge}v$.

Retomemos agora um padrão visto em **§3.6**, reconstruído como em (79).

(79a) *Akemi*$_x$ adorou *os brinquedos*$_y$.

(79b) *Quem*$_x$ t$_x$ adorou *o quê*$_y$?   (79c) * *O que*$_y$ *quem*$_x$ adorou t$_y$?

(79d) *Quem*$_x$ t$_x$ adorou *os brinquedos*$_y$? (79e) *O que*$_y$ *Akemi*$_x$ adorou t$_y$?

Em (79) há, digamos, uma 'disputa' entre dois sintagmas-QU (sujeito e objeto de <u>adorou</u>) para ocupar a posição de especificador de CP, *locus* do 'foco da pergunta'. Nessa disputa, <u>quem</u> ganha de <u>o quê</u>, pois, antes do movimento, <u>quem</u> está mais perto da posição de chegada do que <u>o quê</u> está. Chomsky (1973a) analisou esses padrões em termos da *Condição de Superioridade*, segundo a qual <u>quem</u> está numa posição *hierarquicamente superior* a <u>o quê</u>. Não se trata de proximidade em termos lineares. A relação crucial aqui é *c-comando*, que, para os nossos propósitos, pode ser definida como em (80)[83 / 84].

(80) α c-comanda β se e somente se: (i) α ≠ β; (ii) α não domina β; e (ii) tudo que domina α também domina β.

Parto dos mesmos diagramas em (77a) e (77b) para analisar os dados em (79). Considere que <u>ador-</u> se projetaria em V-V'-VP correspondendo a Z-Z'-ZP no diagrama, <u>quem</u> e <u>o quê</u> corresponderiam a LP e WP respectivamente. Y-Y'-YP e X-X'-XP corresponderiam a I-I'-IP e C-C'-CP respectivamente. (77a) seria a estrutura profunda de (79b). Em (77b), KP cor-

---

83. Neste livro, assumo que nada domina a si próprio (cf. n. 46), o que torna necessária a condição em (80i).

84. O c-comando é uma noção antiga (cf. Klima 1964; Langacker 1969; Reinhart 1976; Lasnik 1976). Ao longo do desenvolvimento da GGT, ele foi se mostrando mais e mais relevante, ao ponto de, na década de 1990, ter se tornado a noção mais central da teoria, relevante para o estabelecimento de quase todas as relações gramaticais. Isso levou Frank & Vijay-Shanker (2001) a redefinirem c-comando como a noção mais básica, a partir da qual as outras (dominância, maternidade, irmandade) são derivadas.

responde a <u>quem</u> e LP é seu vestígio. Note o movimento de V para I (Z para Y) que forma o verbo flexionado <u>adorou</u>. Este é o estágio imediatamente anterior ao movimento do sintagma-QU. Dada a Condição de Superioridade, <u>quem</u> tem prioridade sobre <u>o quê</u> porque ambos são c-comandados pelo núcleo atrator C (=X) e <u>quem</u> c-comanda <u>o quê</u>, dado que tudo o que domina o DP <u>quem</u> (=KP) – i.e. IP (=YP), C' (=X') e CP (=XP) – também domina o DP <u>o quê</u> (=WP), e não há relação de dominância entre os dois DPs distintos que disputam pela posição de especificador de CP (=XP). Inspecionando-se o diagrama, é fácil constatar que o inverso não é verdadeiro, i.e. <u>o quê</u> não c-comanda <u>quem</u>[85].

Na TRL, avanços significativos surgiram a partir da noção de *Minimalidade Relativizada* (MR) de Rizzi (1990), que unificou diversos fenômenos distintos de localidade de movimento, como os dois que acabamos de ver, tomando-os como meras instanciações particulares do mesmo princípio. Todo movimento é regulado por MR, em que *minimalidade* se refere à distância estrutural entre as posições de origem e de chegada do movimento, que deve ser a mínima possível; e ela é *relativizada* porque depende do tipo de elemento que está sendo movido (para satisfazer algum requerimento gramatical)[86]. A menor distância possível pode ser maior ou menor em cada caso específico, a depender de quantos e quais sejam os 'concorrentes do mesmo tipo' presentes na estrutura, e que posições eles ocupam, o que impacta nas relações de c-comando. Elementos c-comandantes têm preferência sobre elementos c-comandados; mas desde que se trate de elementos do mesmo tipo, caso contrário não há concorrência entre eles. É por isso

---

85. Não há anomalia na estrutura final de (79c) quanto a requerimentos gramaticais de boa formação. Mas (79c) é agramatical por (79b) ser melhor quanto à *economia derivacional*, pois um movimento é mais custoso que outro. Há abordagens representacionais para tal contraste (e.g. Brody 1995: 24, 45, 69-75); mas a visão derivacional tem prevalecido, face a tipos mais intrincados de movimento (cf. Müller 1998; Guimarães 2003).

86. O conceito de *minimalidade* remonta a Chomsky (1986b: 10), e por sua vez se baseia no conceito de *regência*, que também norteia a formulação original da MR. Nesta apresentação adaptada, ponho de lado a regência.

que (79e) é tão gramatical quanto (79d), pois em ambos os casos só há um sintagma-QU, sem 'concorrente do mesmo tipo', sendo automaticamente o mais próximo do alvo do movimento. Sintagmas-QU disputam apenas entre si, núcleos disputam apenas entre si, etc. A RMN definida provisoriamente em (76) pode ser redefinida em termos de c-comando, unificando assim as análises[87].

A partir da MR e seus refinamentos e desdobramentos (em especial Lasnik & Saito (1992) e Chomsky (1995a: cap 3)), a concepção de transformações de movimento foi drasticamente simplificada, com consequente aumento de poder explicativo. Alguma propriedade de um IL que é núcleo de um sintagma deflagra a necessidade de que um constituinte de algum tipo específico se mova para que haja uma relação sintática local entre os dois elementos envolvidos. O movimento sempre se dá de uma posição c-comandada para uma posição c-comandante; e é com base na mesma noção de c-comando que se dá o desempate em caso de disputas, tal que a MR fornece a métrica para se medir distâncias. Além disso, haveria restrições de ilha (cf. **§2.6**, (24b)) e de subjacência (Chomsky 1986b, 2000b, 2001, 2008), que estabelecem que certos domínios sintáticos são 'intransponíveis'. Esses poucos princípios compõem o submódulo *Mova-α* do componente transformacional.

Além do movimento, o subcomponente transformacional conta ainda com um submódulo de *Regras de Construção* (do inglês, *construal*), responsável por padrões relacionados à 'conexão semântica' entre sintagmas, incluindo elementos silenciosos. Essa parte do subcomponente transformacional é tradicionalmente concebida em termos representacionais[88].

---

87. I.e. Um núcleo H pode se adjungir a um núcleo J se e somente se; (i) J c-comanda H; (ii) não há nenhum núcleo G tal que J c-comanda G imediatamente (i.e. não existe nenhum núcleo c-comandado por J que c-comande G), e tal que G seja dominado por um constituinte que c-comanda mutuamente J.

88. Para uma visão radicalmente derivacional dos mesmos fenômenos, cf. Hornstein (1999, 2001, 2009), Hornstein & Polinsky (2010), Boeckx et al. (2010).

Basicamente, trata-se do estabelecimento de relação de correferência entre elementos distantes de uma mesma sentença, a partir das relações estruturais que eles mantêm entre si por intermédio da estrutura como um todo. É importante ter isso em mente, porque muitos pensam que toda transformação pressupõe derivação, o que não é verdade. As regras de *construção* são representacionais, declarações de boa formação (de SS ou LF) que legitimam ou não certas dependências de longa distância entre sintagmas de modo sensível ao contexto estrutural (logo, são transformações). Ilustro a seguir um dos fenômenos regulados por mecanismos de *construção*. Considere os dados em (81).

(81a) Alice disse que ela bebeu chá. (81b) Ela disse que Alice bebeu chá.
(81c) Alice disse que Alice bebeu chá. (81d) [A amiga d[ela]] disse que Alice bebeu chá.

Em (81a), os DPs <u>Alice</u> e <u>ela</u> podem ter o mesmo significado ou não, a depender do contexto pragmático. Isso parece banal, posto que <u>ela</u>, por sua própria natureza dêitica, 'pega emprestado' o significado de outro DP, dentro ou fora da mesma sentença. Em (81b), <u>Alice</u> e <u>ela</u> não podem ter o mesmo significado, mesmo que todas as circunstâncias pragmáticas conspirem para que tal interpretação seja a única plausível. Enfim, <u>ela</u> só pode remeter a outra mulher que não Alice. Essa outra mulher pode coincidentemente também se chamar Alice; o que não muda o fato de a correferência ser impossível em (81b). Curiosamente, em (81c), as duas instâncias de <u>Alice</u> não podem ter o mesmo significado. Qualquer que seja o contexto, trata-se de duas mulheres distintas com o mesmo nome. Claramente, embora o fenômeno seja relacionado ao significado, o fator determinante não é semântico nem pragmático, nem puramente lexical. Nos mesmos contextos em que a correferência é impossível em (81b) e (81c), ela é possível em (81a). (81c) é particularmente revelador, pois não há um DP dêitico; evidenciando que a impossibilidade de correferência em (81b) não se deve a uma restrição sobre <u>ela</u>, mas sim sobre <u>Alice</u>. Por fim, em (81d), temos que <u>Alice</u> e <u>ela</u> podem ser correferentes ou não, mas <u>Alice</u> e <u>a amiga dela</u> não podem ser correferentes.

Tudo isso (e mais) é explicado pela *Teoria de Ligação* (TL) – cf. Chomsky 1980b, 1981a: cap 3, 1986a: 164-184; Chomsky & Lasnik 1993 – que ora apresento de modo informal e incompleto, mas suficiente para os objetivos presentes. A TL reconhece três tipos de DPs quanto às (im)possibilidades de correferência com outros DPs: (a) anáforas (e.g. <u>se</u>, <u>si mesma</u>); (b) pronomes (e.g. <u>ela</u>, <u>eu</u>); e (c) expressões referenciais (e.g. <u>Alice</u>, <u>a amiga dela</u>, etc.). Esses três tipos de DP estão sujeitos às regras de *construção* conhecidas por *Princípio A*, *Princípio B* e *Princípio C*, respectivamente. Muito simplificadamente, o Princípio C determina que um DP do tipo (c) não pode compartilhar seu *índice referencial* com nenhum DP que o c-comande (independentemente do tipo do DP c-comandante)[89].

Para verificar a aplicabilidade disso aos dados simples em (81) não é necessário nos apoiarmos em diagramas X-Barra mais detalhados. Utilizando apenas os recursos sintagmáticos da Teoria Padrão, já se pode facilmente atestar que em todos os exemplos em (81) o DP sujeito de <u>bebeu</u> é c-comandado pelo DP sujeito de <u>disse</u>. No primeiro caso, a correferência é possível porque o sujeito de <u>bebeu</u> não é do tipo que deve obedecer ao Princípio C. Nos três últimos, <u>Alice</u> não pode ser correferente ao sujeito de <u>disse</u>, mas é livre para ser correferente a qualquer DP fora da sentença, ou mesmo dentro da sentença, desde que não seja um DP c-comandante, como <u>ela</u> em (81d).

Após essa breve e seletiva apresentação das características básicas do subcomponente transformacional da TRL, passo agora a uma exposição (também fragmentada e simplificada) de como essa concepção tem se desenvolvido no âmbito do PM, em que há uma retomada *parcial* de uma

---

89. Nessa concepção, o índice referencial (indicado por caracteres subscritos) de um DP seria um elemento morfossintático da sua estrutura, através do qual o componente interpretativo (que constrói o significado global da sentença a partir dos significados de suas partes) atrela ou não os significados de DPs distintos um ao outro.

concepção de derivação anterior à TRL e mesmo à Teoria Padrão. Parto agora do ponto em que parei no final da seção §3.6, no qual consideramos a sentença (82) no que concerne à sua estrutura sintagmática mais básica, no domínio do VP, tal como em (83).

(82) Quem$_x$ o jornalista vai criticar t$_x$?

(83) [^{VP} [^{DP} o$_D$ jornalista$_N$] [$^{V'}$ criticar$_V$ quem$_D$]]

Mostro agora como a derivação segue até sua completude, conforme um sistema no qual operações sintagmáticas e transformacionais se aplicam intercaladamente, não ficando segregadas em etapas distintas. A operação sintagmática básica (*Conectar*) assemelha-se à clássica noção de transformação generalizada, pois, em qualquer passo derivacional, unidades complexas (contendo em si estruturas formadas via transformações) podem ser conectadas através do mesmo mecanismo básico de formação de sintagmas simples. Cada unidade conectada seria como um mini-*kernel*, por assim dizer. Após (83), <u>vai</u>$_I$ se integra à estrutura, conectando-se ao VP, que passa a ser seu complemento. Forma-se o IP em (84).

(84) [^{IP} vai$_I$ [^{VP} [^{DP} o$_D$ jornalista$_N$] [$^{V'}$ criticar$_V$ quem$_D$]]]

Nesse ponto, move-se o sujeito interno ao VP, realocando-o próximo a I para satisfazer requerimentos morfossintáticos[90]. Na TRL, concebia-se um vestígio silencioso no lugar de origem do movimento, coindexado ao elemento movido. No PM, propõe-se algo mais simples, calcado em mecanismos mais elementares, mais *conceptualmente necessários* como parte da cognição geral, adaptados às necessidades da linguagem, dispensando-se os vestígios indexados. Não há uma operação *Mover*, propriamente. Ela seria fruto da interação entre *Copiar* e *Conectar*. *Copiar* seria tão somente a

---

90. Cf. discussão acima em torno de (69b) e (70).

criação de outra ocorrência de um objeto mental já existente; i.e. uma versão gramatical de uma capacidade cognitiva geral, sem custo para a teoria linguística. Na sintaxe, *Copiar* criaria 'clones' de constituintes já formados. Critérios de economia previnem a multiplicação desenfreada de sintagmas. Cópias só são feitas quando requeridas. Voltemos a (84), em que temos um IP ainda sem especificador.

O 'movimento' de $[^{DP}$ o$_D$ jornalista$_N]$ se dá em duas etapas. Via *Copiar*, cria-se outra ocorrência desse DP, que fica separada aguardando ser integrada à estrutura principal, como em (85a). Depois, essa cópia é conectada a IP, como em (85b), quando o que era um IP se torna um I', e um novo IP se forma como nódulo-mãe do I' e do DP sujeito recém-conectado.

(85a) $[^{IP}$ vai$_I$ $[^{VP}$ $[^{DP}$ o$_D$ jornalista$_N]_1$ $[^{V'}$ criticar$_V$ quem$_D]]]]$ … $[^{DP}$ o$_D$ jornalista$_N]_1$

(85b) $[^{IP}$ $[^{DP}$ o$_D$ jornalista$_N]$ $[^{I'}$ vai$_I$ $[^{VP}$ $[^{DP}$ o$_D$ jornalista$_N]$ $[^{V'}$ criticar$_V$ quem$_D]]]]$

Não havendo vestígios coindexados, os referentes das duas ocorrências de o jornalista são idênticos por um ser cópia do outro. Após (85b), conecta-se esse IP a C, gerando (86a). C então 'atrai' o sintagma-QU quem$_D$ para o seu especificador (a rigor, só existirá especificador após o 'movimento' de quem$_D$). Isso deflagra uma cópia de quem$_D$, que paira em paralelo no espaço derivacional no passo (86b). Em (86c), essa cópia é conectada ao CP, que passa a ser um C', e um novo CP se forma como nódulo-mãe do C' e do QU recém-conectado.

(86a) $[^{C'}$ C $[^{IP}$ $[^{DP}$ o$_D$ jornalista$_N]$ $[^{I'}$ vai$_I$ $[^{VP}$ $[^{DP}$ o$_D$ jornalista$_N]$ $[^{V'}$ criticar$_V$ quem$_D]]]]]$

(86b) $[^{C'}$ C $[^{IP}$ $[^{DP}$ o$_D$ jornalista$_N]$ $[^{I'}$ vai$_I$ $[^{VP}$ $[^{DP}$ o$_D$ jornalista$_N]$ $[^{V'}$ criticar$_V$ quem$_D]]]]]$ … quem$_D$

(86c) $[^{CP}$ quem$_D$ $[^{C'}$ C $[^{IP}$ $[^{DP}$ o$_D$ jornalista$_N]$ $[^{I'}$ vai$_I$ $[^{VP}$ $[^{DP}$ o$_D$ jornalista$_N]$ $[^{V'}$ criticar$_V$ quem$_D]]]]]]$

Há duas cópias de quem$_D$ e duas de $[^{DP}$ o$_D$ jornalista$_N]$ em (86c), sendo que apenas uma de cada é efetivamente pronunciada. Empiricamente, é inescapável conceber a superoperação *Mover* como mais que a interação entre *Copiar* e *Conectar*. Seria necessária outra operação: *Elidir* (cuja existência é independentemente motivada por fenômenos de elipse em geral)[91], que afetaria as cópias mais profundamente encaixadas, resultando em (87).

(87) $[_{CP}$ quem$_D$ $[_{C'}$ C $[_{IP}$ $[_{DP}$ o$_D$ jornalista$_N]$ $[_{I'}$ vai$_I$ $[_{VP}$ $[_{DP}$ ~~o$_D$ jornalista$_N$~~$]$ $[_{V'}$ criticar$_V$ ~~quem$_D$~~$]]]]]]$

Isso não é mero truque notacional para esconder a velha noção de vestígio. *Na sintaxe*, as múltiplas cópias de um sintagma 'movido' existem de fato em todas as posições, o que é crucial para se capturar uma série de fenômenos com o mínimo de aparato técnico. *Elidir* seria aplicada no mapeamento entre a sintaxe e a fonologia. Duas questões emergem: (i) qual é a motivação para elidir as cópias mais encaixadas? Por que não se pode pronunciar todas as múltiplas cópias? (o que parece mais econômico, pois, quanto mais se aplica *Elidir*, mais custoso isso seria); e (ii) em havendo elipse de cópias, por que a cópia conservada é a que c-comanda todas as demais? Há diversas propostas de resposta para essas perguntas (e.g. Hornstein 2001; Nunes 2004). Para fins expositivos, sugiro pensarmos na necessidade de elipse de cópias em termos de *Economia de Representação* no nível fonológico: i.e. por *default*, nenhum elemento é redundantemente super-representado. A razão pela qual não há tensão entre economia derivacional e economia representacional residiria no fato de *Elidir* se aplicar fora da sintaxe, portanto não interferindo no cálculo de economia de suas derivações.

Entre a sintaxe e a fonologia, a elipse é necessária para tornar a representação fonológica mais econômica. A questão que sobra é por que cópias mais c-comandantes têm preferência para serem pronunciadas. Por ora, sugiro que o mapeamento sintaxe-fonologia se dá como proposto em

---

91. A intuição básica (Chomsky 1995a: cap 3) é que essa 'elipse de elo de cadeia' seja uma instanciação particular da mesma elipse que se dá em outros casos (e.g. *Ele fugiu, mas ela não fugiu*.), porém com algumas propriedades específicas, decorrentes do fato de se aplicar sobre cópias em relação de c-comando.

Fukui & Takano (1998), para quem o componente fonológico constrói a sequência terminal tomando a 'árvore' como um todo, começando pelo nódulo mais dominante (i.e. aquele que domina todos os demais, o chamado *nódulo raiz*), e 'desmontando-a' em suas partes, como num castelo de cartas que se desfaz: i.e. a última carta a ser colocada é a primeira a cair, e a primeira a ser colocada é a última a cair. Sucessivas desconexões (imagem espelhada da história de conexões) alinham na 'fila de pronúncia' os elementos encontrados mais cedo (i.e. os mais c-comandantes) antes daqueles encontrados mais tarde (i.e. os mais c-comandados). Nessa perspectiva, quando um elemento é reencontrado, é ignorado, pois já foi representado na estrutura fonológica em construção.

Além do enxugamento do sistema ao se conceber movimento em termos de cópias em vez de vestígios, há também ganhos empíricos. No que concerne ao nível fonológico, encontramos em Bošković & Nunes (2007: 48-69) vários casos em que fatores morfológicos ou prosódicos forçam o sistema a executar elisões de cópias de modo não canônico, como em (88), em que um sintagma-QU é pronunciado em mais de uma posição. É difícil prever tais padrões num sistema baseado em vestígios, sem apelar para um formalismo pesado e *ad hoc*.

(88) Wen glaubt Hans wen Jakob gesehen hat?   (alemão não padrão)
    Quem pensa Hans **quem** Jakob visto teve
    'Quem Hans pensa que Jakob viu?'

Quanto a aspectos de significado, uma das evidências empíricas a favor de cópias advém dos chamados *efeitos de reconstrução*, que tinham esse nome na TRL por serem concebidos como um movimento tardio – após SS e antes da interpretação do significado – no qual o elemento movido retorna ao seu lugar original. Essa 'sintaxe pingue-pongue' implicava um formalismo adicional não justificado (complicando as definições das restrições sobre movimento), mas parecia se fazer necessária diante de dados como (89):

(89) [^{CP} [^{DP} quais [^{NP} fotos [^{PP} de [^{DP} *si mesma*$_{k/*j}$]]]]]$_1$ [$^{C'}$ C [^{IP} *Audrey*$_k$ escolheu t$_1$]]]

Tem-se aqui um sintagma-QU complexo: um DP com um determinante-QU cujo complemento é um NP que domina o DP anafórico si mesma, que deve ser correferente ao DP Audrey na posição de sujeito. O fato a princípio supreendente nesse dado é que ele parece contrariar generalizações robustas acerca das estruturas contendo DPs anafóricos, respaldadas por uma vasta base empírica. A título de comparação, examinemos (90), em que si mesma deve remeter a a mãe de Audrey, jamais a Audrey, ou a qualquer outro DP externo.

(90) [^{IP} [^{DP} a [^{NP} mãe [^{PP} de [^{DP}*Audrey*]$_2$]]]$_1$ [$^{I'}$ vai [^{VP} t$_1$ [$^{V'}$ olhar [^{PP} pra [^{DP}*si mesma*]$_{1/*2/*3}$]]]]]]

Pelo *Princípio A* da TL, uma anáfora deve ter o mesmo índice referencial do DP que a c-comanda mais proximamente e que está contido na menor oração não reduzida que a contém. Note que si mesmo é c-comandado por a mãe de Audrey, mas não por Audrey. Esse princípio explica (90) e inúmeros dados intrincados, mas parece falhar na descrição de (89), em que a anáfora si mesma claramente não é c-comandada por Audrey, embora ambos os DPs sejam interpretados como correferentes. Se o sintagma-QU complexo em (89) estiver em sua posição argumental interna ao VP, Audrey c-comanda si mesma, o que explica a correferência (cf. Princípio A). Tal configuração se obtém em Estrutura Profunda (cf. (91)).

(91) [^{CP} [$^{C'}$ C [^{IP} [^{VP} *Audrey*$_k$ escolheu [^{DP} quais [^{NP} fotos [^{PP} de [^{DP} *si mesma*$_{k/*j}$]]]]]$_1$]]]]

Contudo, assumir que princípios da TL se aplicam a (91) é inviável por motivos empíricos e conceptuais cuja elaboração não cabe aqui (cf. Chomsky 1995a: 200-212). Descartadas as estruturas profunda e superficial, segue-se que, para (89), o sintagma-QU complexo está, no nível da Forma Lógica, na mesma posição em que figura em (91), resultante de um suposto movimento de retorno (reconstrução) do sintagma-QU à sua posição original, o que faria com que, nessa situação, a Forma Lógica fosse praticamente isomórfica à estrutura profunda. Em termos minimalistas, se *Mover* é *Copiar+Conectar(+Elidir)*, então, na Forma Lógica, a estrutura de (89) é (92). A *reconstrução* é um epifenômeno de um processo de seleção de cópias a serem interpretadas naquele nível de representação[92].

(92) $[_{CP}$ $[_{DP}$ **qu- ~~fotos de si mesma~~**$_{k/*j}]_1$ $[_{C}$ C $[_{IP}$ **Audrey**$_k$ escolheu $[_{DP}$ ~~qu-~~ fotos de **si mesma**$_{k/*j}]_1]]]$

---

92. A cópia a ser escolhida para interpretação na Forma Lógica não precisa necessariamente coincidir com aquela escolhida para ser pronunciada. Neste exemplo, interpreta-se semanticamente justamente a cópia 'silenciosa'.

§4. A Abordagem Sintaticocêntrica da Conexão entre Som & Significado

Este capítulo é dedicado a esclarecer que a GGT, ao mesmo tempo em que é explicitamente *sintaticocêntrica*, não é uma teoria apenas sintática que trata os aspectos da sintaxe isoladamente daqueles do som e do significado, tampouco toma sentenças como se elas fossem barulhos sem sentido. A GGT é sintaticocêntrica desde suas origens, mas o termo se tornou popular a partir de um modelo proposto por Culicover & Jackendoff (2005), que incorpora uma severa crítica às versões canônicas da GGT, cujo maior defeito, segundo os autores, seria o sintaticocentrismo, definido por eles como se segue (op. cit.: 17):

> Nas versões hegemônicas da GGT, toda a riqueza combinatória da linguagem deriva de regras do componente sintático; as propriedades combinatórias da fonologia e da semântica são caracterizadas inteiramente em termos do modo como elas derivam da estrutura sintática. A propriedade básica da linguagem – i.e. que ela é um mapeamento entre significados e sons codificados foneticamente – se segue do modo como um significado e uma codificação fonética são derivados de uma estrutura sintática comum.

Nuanças à parte, chomskyanos típicos não fazem objeção à caracterização acima. Os autores legitimamente questionam a validade empírica e conceitual do sintaticocentrismo e propõem uma alternativa, que igualmente pode ser legitimamente questionada (como tem sido). É crucial, porém, ter em mente que o sintaticocentrismo – seja ele acertado ou equivocado – é uma concepção de gramática que visa explicar padrões de som e significado e as conexões (im)possíveis entre eles (cf. Chomsky 1975d). Não se trata de ignorar questões relativas ao som e ao significado ou relegá-las a um plano inferior, de pouca importância. Infelizmente, é muito difundido o mito de que a GGT despreza questões relativas ao significado. Nada poderia ser mais falso! Quanto à fonologia, a percepção geral é menos distorcida, pois sabe-se bastante da existência da *Fonologia Gerativa*, cujos alicerces remontam ao clássico tratado de Chomsky & Halle (1968). O que não é tão conhecido do público geral é como a GGT, em cada uma de suas versões, concebe a relação entre a estrutura sintática e o significado.

Enfim, o sintaticocentrismo não é uma tentativa malévola dos sintaticistas de monopolizar a linguística. É apenas um corpo de hipóteses testáveis e em grande parte (mas não totalmente) corroboradas, acerca de como som e significado se relacionam. Esta abordagem não é *a priori* superior nem inferior às outras abordagens sobre a conexão entre som e significado. A superioridade, inferioridade ou equivalência das abordagens só pode ser estabelecida *a posteriori*, comparando-se a cobertura empírica e o grau de elegância e consistência formal de cada uma (lembrando que é preciso atingir adequação nos cinco níveis descritos em **§2.6**, ou ao menos nos três primeiros). Não faltam na linguística abordagens classificáveis como *lexicocêntricas, semanticocêntricas, pragmaticocêntricas*, etc., bem como abordagens 'descentralizantes', como a de Culicover & Jackendoff (2005). Em princípio, todas elas são tentativas legítimas e dignas de consideração. Ao dizer isso, não estou defendendo a posição relativista de que todas as abordagens estão igualmente corretas, que se trata de 'variantes estéticas', modos de apresentação da mesma verdade. Trata-se de uma disputa real pelo modelo o mais próximo possível da realidade. Mas a disputa não se encerra na escolha inicial das premissas; e sim no resultado final atingido, comparativamente às alternativas. Uma comparação completa e efetiva ultrapassaria em muito o escopo deste livro. Atenho-me, portanto, a expor a concepção da GGT para a conexão entre som e significado, esclarecendo alguns mal-entendidos comuns.

§4.2. COMPONENTES E NÍVEIS DE REPRESENTAÇÃO: FATORAR É INEVITÁVEL!

Tendo em mente o conceito de representação, tal como definido em **§3.4**, considere o dado (1), analisado como um complexo de vários níveis como em (2).

(1) Quem$_x$ Natália viu t$_x$ nos espelhos?

(2a) $[^S [^{NP}[^N \text{Natália}]] [^{Aux}_{PASS}] [^{VP} [^V \text{v-}] [^{PP} [^{NP}\text{que}[^N\text{pessoa}]] [^P\text{em}]$ $[^{NP}\text{os}[^N\text{espelhos}]]]]]$

(2b) $[^{S'} [^{NP}\text{que}[^N\text{pessoa}]]_x [^S [^{NP}[^N\text{Natália}]] [^{Aux}\text{v}_{Y^-PASS}] [^{VP}[^V\text{t}_Y] [^{PP}\text{t}_x [^P\text{em}]$ $[^{NP}\text{os}[^N\text{espelhos}]]]]]]$

(2c) $\#^\wedge\#^\wedge\text{que}^\wedge\text{pessoa}^\wedge\#^\wedge\#^\wedge\text{Natália}^\wedge\#^\wedge\#^\wedge\text{v-}_{PASS}^\wedge\#^\wedge\#\text{em}^\wedge\text{os}^\wedge\text{espelhos}\#^\wedge\#$

(2d) /#^k^e^n^#^n^a^t^a^l^i^a^#^v^i^u^#^n^o^s^e^s^p^e^ʎ^o^s^#/

(2e) [k̪ẽ^j^.^n^a^.^t̪a^.^ʎ^ɐ^.^v̪i̪w^.^n^ʊ^.^z^i^s^.^p̪e^.^ʎ^ʊ^s]

Esse esquema replica *simplificadamente* a argumentação de Chomsky (1955a: cap III, IV), retomada em Uriagereka (2002: cap 1). Todas as discussões das últimas seis décadas sobre 'arquitetura da gramática' (sobretudo as mais recentes, no âmbito do PM) pressupõem, ainda que implicitamente, esse raciocínio clássico. A despeito de detalhes técnicos próprios de cada abordagem, havia realmente algo de totalmente novo nisso em 1955? Não e sim.

Não, porque, desde o Estruturalismo que antecedeu a GGT já se reconheciam, de algum modo, níveis de análise: sintático, morfológico, fonológico, fonético, etc. Sim, porque em (2) tem-se explicitamente: (i) a inclusão do nível transformacional, (ii) uma concepção particular de morfologia feita dentro da própria sintaxe, (iii) assunções específicas sobre os primitivos e os princípios combinatórios de cada nível, e, por último, mas não menos importante, (iv) a integração de todos esses níveis através do conceito de *representação*, aplicando-se entre níveis, tal que a compilação de uma complexa combinação de unidades atômicas em um nível atua como uma única unidade atômica no nível superior. (2a), (2b), (2c), (2d) e (2e), correspondem aos níveis sintagmático, transformacional, léxico-morfológico, morfofonêmico e fonético, respectivamente. Ou seja, em suas versões iniciais (Chomsky 1951, 1955a), a GGT tomava *todos* os níveis estruturais como internamente organizados em termos de uma álgebra de concatenação que opera com sequências, geradas numa derivação, uma a partir da outra, via regras que reescreviam símbolos não terminais. A relação de representação que vimos em **§3.4** seria definível de modo semelhante em todos os níveis. Além disso, haveria a representação entre níveis. Por exemplo, em (3) temos quatro objetos formais distintos, presentes nos níveis (2b), (2c), (2d) e (2e), respectivamente, tal que o primeiro representa os três seguintes, o segundo representa os dois seguintes, e o terceiro representa o quarto. Enfim, há uma equivalência entre o objeto fonético [k^ẽ^j] e o objeto sintagmático [$_{NP}$que[$_N$pessoa]], por exemplo.

(3) [$_{NP}$que[$_N$pessoa]] ➔ #^que^pessoa^# ➔ /k^e^n/ ➔ [k^ẽ^j].

Se quisermos nos afastar dos conceitos linguísticos mais abstratos (por serem platônicos, intangíveis, idealizados), o que há de mais concreto é o sinal acústico, analisável em suas propriedades físicas: frequência, amplitude e duração, mensuráveis num *continuum* numérico. Nesse ponto, já não haveria mais nada de *linguístico*. Seria preciso dar ao menos um passo atrás, e focar na nossa 'abstração menor' (ainda assim, não pequena): o nível fonético. Partamos de (2e), repetido abaixo em (4a), que é a representação da sentença (1) no plano fonético. (4b) seria a representação fonética de <u>Nos espelhos Natália viu quem</u>, cuja aceitabilidade é passível de questionamento. Em (4c), temos <u>Lhosno peviu zistalha quem na</u>, claramente inaceitável, exceto nos níveis fonológico e fonético. (4d) soa como uma mera sequência aleatória de sons, violando qualquer padrão sonoro próprio da língua.

(4a) [kẽj.na.ta.ʎɐ.viw.nʊ.zis.pe.ʎʊs] (4b) ? [nʊ.zis.pe.ʎʊz.viw.na.ta.ʎɐ.kẽj]

(4c) * [ʎʊz.nʊ.pe.viw.zis.ta.ʎɐ.kẽj.na] (4d) ** [znpsi.wnʎʊ.kʊtsv.iɐ.aj.e.a.ẽʎ]

Sem os níveis mais abstratos, como analisar os três últimos dados? Será que ao menos o contraste entre (4a) e (4d) poderia ser analisado apenas no nível fonético? Isso é bastante questionável, dada toda a evidência acumulada de que uma explicação adequada dos padrões sonoros requer no mínimo um nível fonológico de representação, no qual são codificadas alofonias, são definidos os ambientes de distribuição de alofones de um mesmo fonema, etc. No entanto, ainda que seja possível capturar tudo isso em termos puramente fonéticos, não haveria como explicar por que (4a) é gramatical, mas, por exemplo, (4c) não é. Para tanto, precisaríamos no mínimo identificar morfemas, sintagmas, etc. Qualquer tentativa de explicar o contraste entre (4a) e (4c) exclusivamente em termos de combinações possíveis e impossíveis de segmentos fônicos está fadada ao fracasso, ou será meramente uma lista das infinitas combinações possíveis, sem capturar generalização alguma.

Chomsky (1955a: 93) sumarizou a inexorabilidade da postulação de níveis assim:

> A língua é um sistema enormemente complexo. A teoria linguística busca reduzir essa imensa complexidade a proporções manejáveis através da elaboração de um sistema de *níveis linguísticos*, cada um deles disponibilizando um certo aparato descritivo para a caracterização da estrutura linguística. Uma gramática [hipotetizada] reconstrói a complexidade total da língua passo a passo, separan-

do a contribuição de cada nível linguístico. A adequação de uma teoria linguística contendo um dado conjunto de níveis abstratamente formulados pode ser testada pela aferição de quanto as gramáticas resultantes da rigorosa aplicação dessa teoria (i) satisfazem certas condições formais de simplicidade; e (ii) nos levam a análises intuitivamente satisfatórias, i.e. oferecem explicações em bases formais para a intuição do falante nativo.

Posto que a estrutura de uma sentença é um complexo de várias subestruturas relacionadas entre si (Chomsky 1955a: cap III), as perguntas são: (a) quantas são essas subestruturas?; (b) como cada uma é organizada internamente?; (c) como elas se relacionam entre si e com as demais partes do aparato cognitivo?; (d) quais mecanismos constroem cada subestrutura?; e (e) quais mecanismos relacionam as subestruturas umas às outras? Nenhuma dessas perguntas tem uma resposta óbvia e autoevidente. Dada a complexidade do fenômeno linguístico geral, nenhuma teoria escapa da necessidade de fatorá-la e codificá-la de algum modo peculiar, onerando certas partes do sistema mais que outras. Mas tudo isso precisa ser bem justificado, e a grande questão nunca é 'matéria vencida'. Sempre se pode questionar e fazer contrapropostas, desde que muito bem fundamentadas empiricamente e conceitualmente, sem apelar para noções pós-modernas holísticas e escorregadias.

Foram necessárias muitas gerações de cientistas para 'mapear' o corpo humano, saber quais são seus órgãos, suas formas e funções e como eles interagem (a rigor, esse empreendimento científico ainda não acabou). E isso envolve não apenas observação, mas muitas conjecturas abstratas. Com a gramática não é diferente. A princípio, muitas hipóteses concorrentes parecem igualmente (im)plausíveis até que elas sejam desenvolvidas, testadas, e então corroboradas ou refutadas (parcial ou totalmente). Não raro, encontramos por aí ingênuos que acreditam dogmaticamente em máximas como "a forma segue a função", ou "a estrutura sintática é determinada semanticamente", ou "só existe uma estrutura sintática: a do nível de superfície, na qual não há ILs/sintagmas silenciosos", etc. Cada conjectura dessas pode até ser verdadeira, mas nenhuma delas é autoevidente; assim como não são autoevidentes as conjecturas da GGT sobre o formato geral da gramática.

É igualmente ingênuo 'dar de barato' a existência de Estrutura Profunda e regras de movimento, por exemplo. Esse é um erro muito cometido por novatos entusiasmados que acabaram de ter contato com a GGT, e, precipitadamente, acham que dados como (1) acima, sozinhos, são, por si sós, evidência definitiva e inquestionável de que quem é gerado numa posição entre viu e no, e subsequentemente movido para a margem inicial. A maioria dos proponentes da GGT (eu, inclusive), defende que essa é a melhor análise disponível[1]. Mas as razões para se concluir isso passam por muito mais dados que somente aqueles do tipo (1), que pode ser analisado em termos não transformacionais. Por trás dos argumentos pró-transformações, está sempre o objetivo de unificar as explicações para uma complexa teia de fenômenos distintos, concebendo-os como subfenômenos de um mesmo fenômeno geral. E isso envolve raciocínios complexos acerca da chamada 'arquitetura da gramática' como um todo, o papel de cada (sub)componente e como eles interagem. Trato disso na próxima seção.

Antes, porém, é preciso clarificar minimamente a noção de *componente da gramática*, que, *grosso modo*, corresponde à de *nível de representação*. A discussão completa ultrapassa em muito os limites deste capítulo. Aos interessados, recomendo a leitura de Chomsky (1957: cap 6, 9), Chomsky (1955a: cap III, IV) e Uriagereka (2002: cap 1), nessa ordem. Por ora, é suficiente termos em mente que, para cada sentença particular S, há um conjunto de estruturas (chamemo-las de S_i, S_j, S_k, etc.) que são cada uma a representação de S nos níveis i, j, k, etc., respectivamente, e que cada representação é construída por um componente, no caso, I, J, K, etc., respecti-

---

1. É seguro dizer que todos os chomskyanos defendem que (1) envolve alguma versão da noção de transformação de movimento-QU. Algumas, porém, se parecem à primeira vista com análises não transformacionais. Brody (1995), por exemplo, defende que quem seria gerado diretamente no especificador de CP e o vestígio estaria presente entre viu e no desde o início. Tal concepção continua sendo transformacional na medida em que a coindexação entre quem e o vestígio é uma regra sensível a contexto estrutural. Essa implementação técnica alternativa já havia sido prevista por Chomsky (1973a, 1976a), e a equivalência formal entre ambos os sistemas transformacionais já havia sido diagnosticada por Chomsky (1982b: 71-72).

vamente, cada um sendo um conjunto de regras que atuam sobre estruturas de certo tipo e geram estruturas de outro tipo determinado. Para fins práticos, definamos nível de representação como em (5) abaixo, a partir de Uriagereka (2002: 1), que, por sua vez, é uma simplificação a partir de Chomsky (1955a: 108; 1965: 222-223).

(5) Um nível de representação da gramática, por definição, compreende: (i) um vocabulário de símbolos; (ii) procedimentos para formar associações entre os símbolos; (iii) uma classe de objetos formais admissíveis pelo nível particular; (iv) um procedimento de unificação; e (v) um procedimento de mapeamento dos diferentes níveis entre si.

Dada essa definição, e dada a argumentação anterior sobre a necessidade de postularmos múltiplos níveis, a grande questão passa a ser saber quais são exatamente os níveis da gramática, quais são os detalhes que caracterizam cada um e como esses níveis se articulam entre si, em termos de qual fornece os ingredientes para qual outro construir suas estruturas.

§4.3. CONSIDERAÇÕES GERAIS SOBRE A ARQUITETURA DA GRAMÁTICA

Dados os limites de espaço, esta seção sobre a articulação entre os níveis de representação em diferentes fases da GGT tem seu escopo histórico restrito ao período que começa com a Teoria Padrão (Chomsky 1965) e termina nas primeiras versões do PM.

Na Teoria Padrão, a organização geral da gramática era resumível como em (6):

(6) léxico → *regras de base* → **DS** → *transformações* → **SS**

               ↓   ↓

[representação semântica]   [representação fonológica]

Nesse modelo, regras do subcomponente de base (de dois tipos: regras sintagmáticas e transformações locais de inserção lexical; cf. Chomsky (1965: 111-127)) constroem derivacionalmente um MS que define a Estrutura Profunda (*Deep Structure* = DS), a qual é interpretada pelo componente semântico além de ser submetida a operações sintáticas adicionais de transformação que culminam na Estrutura Superficial (*Surface Structure* = SS), que é processada pelo componente fonológico. Vimos acima (cf. **§3.5**) que, de acordo com a visão de Katz & Postal (1964), que constitui uma das bases para o modelo de Chomsky (1965) em (6), transformações não afetam a interpretação semântica, exceto na medida em que inter-relacionam MSs interpretáveis independentemente de modo fixo (cf. Lemle (1984) para uma apresentação pormenorizada desse modelo). Ilustro o funcionamento de (6) valendo-me da então assumida *transformação de passivização* em (7) que se aplicaria antes do *salto do afixo* e da *concordância sujeito-verbo*.

(7) DE: $NP_\alpha - Aux - V - NP_\beta$ (Chomsky 1957: 43, 112)

    ME: $\chi_1 - \chi_2 - \chi_3 - \chi_4$ $\rightarrow$ $\chi_4 - \chi_2 - {\rm SER}^\wedge {\rm Part} - \chi_3 - {\rm por}^\wedge \chi_1$

Nessa perspectiva, a mesma DS em (8) seria o ponto de partida comum para a derivação de ambas as sentenças em (9)[2]. A transformação em (7) supostamente preservaria as relações semânticas básicas acerca de quem é o agente e o paciente da ação, o tempo da ação, etc.

(8)   Beatrix – [passado] – assassin- – Bill

(9a)   Beatrix assassinou Bill.   (9b)   Bill foi assassinado por Beatrix.

O sintaticocentrismo deste modelo é evidente. As posições sintáticas ocupadas por <u>Beatrix</u> e <u>Bill</u> em (9a) e (9b) são distintas, mas em ambos os

---

2. É importante frisar que (9a) e (9b) seriam derivadas de uma DS comum; e não que (9b) seria derivada a partir de (9a), embora (9b) sofresse uma transformação a mais. Essa é uma confusão frequente que é preciso evitar.

casos <u>Beatrix</u> é agente e <u>Bill</u> é paciente. Essas funções semânticas estariam determinadas na DS comum em (8). Em (9b), há, entre a DS e a SS, uma mudança substancial de posições, que – segundo se argumentava – afetaria apenas a fonologia (ordem de pronúncia e prosódia), mantendo a semântica intacta. Diante da estrutura transformada (9b), a 'recuperação' do seu significado por parte de quem vai interpretar só é possível com a intermediação da sintaxe (i.e. a 'aplicação reversa' da transformação em (7)), que estabelece o elo entre semântica e fonologia.

Essa análise específica das sentenças passivas passou a ser contestada diante de dados como (10) e (11), apontados por Klima (1964). A discussão que se segue abaixo é baseada em Lemle (1984: cap 2), que por sua vez se baseia em Lakoff (1970) e Jackendoff (1972).

(10a) Muitas pessoas leem poucos livros.

(10b) Poucos livros são lidos por muitas pessoas.

(11a) Muitas flechas não atingiram o alvo.

(11b) O alvo não foi atingido por muitas flechas.

Os pares (10) e (11) apresentam contrastes de significado muito mais substanciais que aquele que porventura possa ser atribuído a (9)[3]. (10a) e (10b) não são sinônimos. Em (10a) tem-se que <u>muitas pessoas</u> se refere a um numeroso conjunto determinado de pessoas, tal que cada uma leu poucos livros, não estando especificados quais, nem se são ou não os mesmos para cada leitor. Em (10b) tem-se que <u>poucos livros</u> se refere a

---

3. Diz-se que (9a) veicula informação sobre Beatrix: ela matou Bill; ao passo que (9b) veicula informação sobre Bill: Beatrix o matou. Embora isso seja um fato a ser tratado pela teoria linguística de algum modo, é defensável que isso nada tenha a ver com a sintaxe, e talvez nem com a semântica, pois o conteúdo proposicional e os contextos que tornam (9a) verdadeiro também tornam (9b) verdadeiro e vice versa; e os contextos que tornam (9a) falso tornam (9b) falso e vice versa. Trata-se de um contraste de 'ponto de vista' no âmbito do conteúdo informacional, potencialmente atribuível à competência pragmática que interpreta as representações semânticas de (9a) e (9b), que de algum modo confere um estatuto especial de *tópico default* à posição de sujeito.

uma pequena coleção determinada de livros, tal que cada um deles foi lido por muitas pessoas, consequentemente, cada uma dessas muitas pessoas necessariamente leu os mesmos livros dessa pequena coleção, o que não é necessariamente o caso em (10a). Em (11a) tem-se que há um numeroso conjunto de flechas específicas, tal que nenhuma atingiu o alvo; mas isso não implica necessariamente que o alvo não tenha eventualmente sido atingido por (muitas) flechas de um outro conjunto específico. Em (11b) tem-se que o alvo não foi atingido por muitas flechas, tendo sido atingido apenas por poucas, ou por nenhuma. Apenas (11b) pode ser sinônima de o alvo foi atingido por poucas flechas.

Para Klima (1964: 272), tais fatos indicavam que transformações afetariam o significado, contrariamente ao que defendiam Katz & Postal (1964) e Chomsky (1965). Para Lakoff (1970), isso seria evidência empírica para se postularem DSs diferentes para cada membro dos pares, o que o autor propôs no âmbito do quadro teórico da Semântica Gerativa, antagônico à perspectiva de Chomsky (1965). Além de quantificação e negação, outros fenômenos – como foco e pressuposição, e discrepâncias entre papel semântico e caso morfossintático de NPs – apresentavam desafios semelhantes em tipo e magnitude para a organização de gramática em (6), ao ponto de ela se mostrar inviável. Chomsky (1970b) faz um diagnóstico meticuloso dos casos críticos e pavimenta o caminho para a reformulação do modelo em (6) em termos de (12), que ficou conhecido como Teoria Padrão Estendida.

(12) léxico → *regras de base* → **DS** → *transformações* → **SS** → [representação fonológica]

[representação semântica]

Um ingrediente-chave para essa reformulação advém de Chomsky (1973a), para quem toda SS cuja derivação envolve transformações de movimento contém vestígios (cf. **§3.1**, n. 11) nas posições em que os elementos movidos ocuparam em DS. Isso viabiliza uma implementação técnica sintaticocêntrica da proposta de Jackendoff (1972) de que o componente semântico dispõe de um mecanismo interpretativo que lê ambas a DS e a SS e as mapeia em uma estrutura semântica que codifica simultaneamente a estrutura argumental básica (i.e. noções como agente ou paciente de uma dada ação) e relações de escopo, como as que se alteram com a transformação de passivização em (10) e (11)[4]. Jackendoff (1972: 332-333) nota que, além das passivas, transformações de movimento em geral alteram relações de escopo, como em (13) e (14), que corresponderiam, respectivamente, às interpretações em (15) e (16).

(13a) [Muitas pessoas]$_x$ leram [poucos livros]$_y$.

(13b) Foram [poucos livros]$_y$ que [muitas pessoas]$_x$ leram t$_y$.

(14a) [o alvo]$_y$ não foi atingido t$_y$ [por muitas flechas]$_x$.

(14b) [Por muitas flechas]$_x$ [o alvo]$_y$ não foi atingido t$_y$ t$_x$.

(15a) Para muito x tal que x é pessoa, há pouco y tal que y é livro e x lê y. ($\equiv$13a)

(15b) Para pouco y tal que y é livro, há muito x tal que x é pessoa e x lê y. ($\equiv$13b)

(16a) Para muito x tal que x é flecha, é falso que x atingiu y tal que y é o alvo.   ($\equiv$14a)

(16b) É falso que para muito x tal que x é flecha, x atingiu y tal que y é o alvo. ($\equiv$14b)

A análise esboçada acima está bem sumarizada nas palavras de Lemle (1984: 29-30):

> Vejamos como esse tipo de procedimento interpretativo reflete as percepções semânticas elicitadas pelas sentenças. Na forma lógica de [15a], o fato de a determinação do conjunto contendo x (pessoas) preceder a do conjunto y (livros) equivale a tratar x como uma variável independente e y como uma variável dependente, o que é exatamente o equivalente lógico da percepção que se quer captar. A forma lógica de [15b] dá exatamente o contraste desejado, o de que

---

4. A propósito de uma compreensão mais completa do desenvolvimento dessas ideias na GGT, acrescento que o livro de Jackendoff (1972) deriva de sua tese de doutorado (Jackendoff 1969), orientada por Chomsky. Logo, vê-se que o caminho tomado (i.e. interpretação de estruturas de derivação tardia) foi uma reação rápida às constatações dos limites e falhas do modelo de Chomsky (1965).

> na sentença passiva concebemos o conjunto de *y* (livros) como a variável independente e o conjunto de *x* (pessoas) como a variável dependente. Na forma lógica de [16a], a quantificação do conjunto de flechas precede a negação, o que se presta a representar o fato de que a quantificação está fora do âmbito da negação. [...] Ao contrário, para a sentença [16b], a forma lógica, tendo a negação antes da quantificação, coloca esta dentro do âmbito daquela [...].

Ainda sobre a Teoria Padrão Estendida, faço duas observações. Primeiramente, alerto que, na passagem de Lemle acima, a autora descreve as relações de escopo (dizer que a variável *x* é independente e a variável *y* é dependente equivale a dizer que *x* tem escopo sobre *y*) em termos de precedência, o que é uma forma simplificada de introduzir o assunto. A rigor, relações de escopo decorrem de relações hierárquicas entre os elementos relacionados (*grosso modo*, *x* tem escopo sobre *y* se *x* c-comanda *y* (cf. May 1977: 25; 1985: 5)). Em segundo lugar, alerto que, em (13) e (14), eu propositalmente acrescentei vestígios, que não constavam nos dados originais de Jackendoff que Lemle adaptou para o português. Como veremos na próxima seção, vestígios (ou algo equivalente, como cópias, cf. §3.7) são cruciais para que as interpretações em (15) e (16) sejam obtidas por meios sintaticocêntricos, com o significado representado na própria estrutura sintática, posto que o elemento movido e seu vestígio formam uma *cadeia* com dois elementos *ligados* através de seus índices (i.e. *x*, *y*), o que permite se obter o significado e as relações de escopo de modo bem transparente.

O modelo descrito acima foi uma fase de transição relativamente curta da GGT. Diante dos dados-chave que colocaram em xeque (mate) certas bases do modelo de Chomsky (1965), tomou-se então o caminho de reconhecer que certas propriedades do significado são extraídas da SS, pois as relações sintáticas que forneceriam tal informação não se fazem presentes na DS. Por outro lado, aspectos básicos do significado, como relações de agente ou paciente, dependeriam das configurações sintagmáticas da DS, o que motivou o modelo no qual o componente semântico acessa ambas as estruturas sintáticas. Durante essa fase, que culminaria na TRL (Chomsky 1981a, et seq.), algumas obras-chave – dentre as quais se destacam

Chomsky (1975b), e as teses de doutorado de Ivan Sag (1976) e de Robert May (1977), orientadas por Chomsky – levaram um passo adiante a ideia da extração do significado a partir de níveis sintáticos mais tardios, com a postulação de um terceiro nível de representação *sintático*: a Forma Lógica (*Logical Form* = LF), gerada a partir da SS, após a derivação se 'bifurcar' e a informação de SS ser mapeada pelo componente fonológico no nível da Forma Fonética (*Phonetic Form* = PF), conforme o esquema em (17).

(17)   léxico $\rightarrow$ *esquema X-Barra* $\rightarrow$ **DS** $\rightarrow$ *mova-α* $\rightarrow$ **SS** $\rightarrow$ *mova-α* $\rightarrow$ **LF**
          critério theta   *construal* $\downarrow$ *construal*
                                                           PF

Nesse modelo, a DS é projetada a partir do léxico por meios puramente representacionais (regras declarativas de boa formação de sintagmas), que se resumem ao esquema X-Barra (cf. **§3.6** acima) e ao *Critério Theta*, de que tratarei em **§4.4.2**. Em DS estão codificadas as noções mais básicas do significado (e.g. transitividade, o que é agente ou paciente, qual é o evento, adjuntos, etc.). Desse ponto, as demais relações sintáticas são construídas derivacionalmente a partir de DS, aplicando-se a transformação de movimento até se obter SS, que, por sua vez, deve obedecer a regras representacionais de boa formação, que também são transformacionais por relacionarem elementos em referência ao contexto estrutural em que ocorrem (e.g. controle, princípios de ligação A, B e C, etc.) – cf. **§3.7**[5].

Assim como ocorre com DS, as regras representacionais aplicáveis em SS são *filtros*, que 'barram' estruturas que não obedecem a seus requisitos e 'deixam passar' as que os obedecem; não são regras que 'constroem' a estrutura desejada. SS é então submetida a mais uma 'rodada' de transformações de movimento (essencialmente do mesmo tipo, com algumas diferenças

---

5. Cf. Haider & Netter (1991: 1-15) para uma lúcida reflexão sobre a dicotomia *representação/derivação* na TRL.

sutis que infelizmente não cabem nesta apresentação), culminando com a estrutura LF, que, como já dito, é um nível de representação *sintático*, mas que codifica em si uma série de propriedades que em outras abordagens são atribuídas a uma estrutura pós-sintática, de natureza puramente semântica. Elaborarei um pouco sobre isso em **§4.4.1**. Devido a LF ser formada por transformações aplicadas a SS, há uma certa 'discrepância' entre o som e o significado de uma sentença (PF e LF, respectivamente). Ambos derivam de SS, mas as transformações ocorridas entre SS e LF não são refletidas em PF. Logo, diferentemente do que se cogitou durante a Teoria Padrão Estendida, a representação do significado na TRL não estaria na superfície, mas na 'pós-superfície'. A rigor, parte do significado estaria na pré-superfície (DS) e outra parte na pós-superfície (LF).

A concepção esboçada acima foi posteriormente reformulada segundo as diretrizes do PM, que busca reduzir o aparato formal ao mínimo necessário, eliminando redundâncias. A mais flagrante delas diz respeito a uma herança da Teoria Padrão Estendida quanto à representação do significado estar fatorada entre a DS e LF. A partir do momento em que se assume que (i) SS e LF contêm vestígios dos sintagmas movidos nas posições em que eles foram gerados, e (ii) tais vestígios estão ligados (via índices) aos elementos movidos, então a necessidade de se postular o nível DS se torna mais questionável, pois, em princípio, informações tradicionalmente concebidas como codificadas em DS (e.g. agente ou paciente de um evento) podem ser extraídas diretamente de LF por meio de vestígios.

Se a Teoria Padrão foi ampliada, a TRL veio a ser reduzida. O modelo em (17) previa, para toda sentença, quatro níveis de representação: DS, SS, PF e LF. De um lado, PF e LF são inescapáveis. Qualquer abordagem precisa conceber, para cada sentença, uma estrutura legível pelos processos cognitivos que lidam com som, e outra legível pelos processos cognitivos que lidam com significado. A hipótese minimalista é que a gramática não possui os níveis de representação internos DS e SS, apenas os que fazem interface com sistemas extragramaticais. Assim, a arquitetura da gramática seria como em (18).

(18) *léxico* —————————————▶ LF

PF

Em (18), ILs combinam-se (por meios sintagmáticos e transformacio-nais intercalados) até a formação de LF: o único nível de representação sintático. Ao longo da derivação, não há nem DS nem SS, apenas estruturas sintáticas parciais, versões incompletas de LF. A bifurcação em (18) não corresponde a SS; apenas a um passo intermediário da construção de LF no qual se aplica uma regra de transferência do material morfofonológi-co carregado até então para o componente relevante, que constrói PF. Tal transferência é deflagrada pelas propriedades morfofonológicas dos ILs en-volvidos e pelas demandas do componente fonológico, que determinam o momento em que a transferência se dá.

Nessa visão, todas as condições de boa formação de estrutura se seguem ou de demandas dos níveis de interface – tomadas como condições de le-gibilidade – ou de princípios de economia derivacional do 'sistema com-putacional' construtor de estrutura. A gramática só contém mecanismos *conceptualmente necessários* para construir, de forma ótima (i.e. com o *mi-ninum minimorum* de custo computacional) estruturas interpretáveis pelos sistemas de desempenho[6]. Dispensar DS e SS implica reconceber princípios antes entendidos como aplicáveis nesses níveis, tomando-os agora como aplicáveis em LF (ou PF).

§4.4. HÁ LUGAR PARA A SEMÂNTICA NA LINGUÍSTICA CHOMSKYANA?

Nas centrais de boatos da academia, uma das mentiras contadas milha-res de vezes até atingirem o estatuto social de verdade é que a abordagem

---

6. A gênese dessa ideia já se encontrava em Chomsky (1951: 52): "o aumento da simplicida-de se obtém [...] pela redução do comprimento das derivações". Chomsky (1986a) também é uma referência-chave nesse sentido.

chomskyana de gramática ignora solenemente questões relativas à semântica das sentenças, tratadas como meros arranjos de ILs que obedecem a regras combinatórias totalmente cegas à função comunicativa dos enunciados das sentenças. Há, porém, uma meia-verdade nisso, e que precisa ser devidamente esclarecida porque ela não é o que parece ser a olhos desavisados. Primeiramente, é importante entender que, esteja Chomsky certo ou errado, sua posição parte de um questionamento da visão do senso comum quanto ao que seja a semântica e a sintaxe, e como elas se relacionariam. Numa das pedras fundamentais da GGT, Chomsky (1965: 159) deixa claro que não 'dá de barato' que existe um componente semântico que abarque os fenômenos tradicionalmente rotulados como semânticos[7].

> Decidir sobre onde estabelecer a fronteira entre sintaxe e semântica (se é que existe uma) não é pré-requisito para o estudo teórico e descritivo de regras sintáticas e semânticas. Ao contrário, a questão da delimitação certamente permanecerá aberta até que esses campos sejam muito mais bem compreendidos do que são atualmente. Exatamente o mesmo pode ser dito sobre a fronteira que separaria sistemas semânticos de sistemas de conhecimento e crença. Há muito tem-se notado que essas coisas se interpenetram de maneiras obscuras.

A visão chomskyana sobre questões do significado sempre foi 'sintaticocêntrica' (cf. §4.1). Ao longo do desenvolvimento da GGT, os praticantes das versões mais hegemônicas foram gradativamente tendendo a responder negativamente ao questionamento "se é que ela existe" da passagem acima, sobre uma eventual fronteira entre sintaxe e semântica. A posição que se firmou, então, é a de que, no limite, não existiria um componente semântico propriamente dito na gramática. Mas isso não significa, de modo algum, que questões relativas ao significado devam ser negligenciadas. Fenômenos relativos ao significado sempre ocuparam lugar de destaque na pesquisa na GGT, e sempre serviram como evidências contra e a favor de análises morfossintáticas específicas. Reformulo então, em termos mais gerais, a pergunta que abriu esta subseção.

---

7. É digno de nota que, norteando uma discussão contemporânea sobre interface entre semântica e pragmática, Cappelen (2007: 19-20) conclui que a distinção entre as duas disciplinas é equivocada.

§4.4.1. Há lugar para a semântica na teoria linguística?

Desde as primeiras discussões sobre a independência da gramática ou autonomia da sintaxe, ilustradas com o famoso exemplo <u>Ideias verdes incolores dormem furiosamente</u> (cf. §2.1), tem sido difundida a crença generalizada de que tal autonomia (i) seria uma premissa, uma opção metodológica; e (ii) implicaria excluir da linguística o estudo de quaisquer questões semânticas, tidas como irrelevantes, sobretudo aquelas relativas aos atos de fala no uso real da língua. Há nisso muitos mal-entendidos graves a serem esclarecidos.

Quanto a (i), trata-se de uma meia-verdade. Enquanto hipótese de trabalho num empreendimento científico pautado na dedução[8], a autonomia da sintaxe tem um inevitável caráter apriorístico, como qualquer generalização abstrata acerca da realidade como um todo, feita antes de se averiguar sua validade caso a caso, exaustivamente. Cabe ressaltar, porém, que tal hipótese tem sido amplamente testada e corroborada em muitíssimos casos, não lhe faltando embasamento empírico. Logo, trata-se, sobretudo, de uma *conclusão* (ainda que com detalhes abertos a questionamento, podendo talvez não se mostrar 100% verdadeira em sua versão extrema), e não de uma mera conjectura não testada e sem embasamento empírico. Quanto a (ii), do ponto de vista chomskyano, embora o estudo do significado das expressões linguísticas seja crucial para *qualquer* teoria linguística, defende-se que a melhor abordagem para o significado não está numa teoria semântica, mas numa teoria sintática. Esta visão já estava claramente posta no texto seminal da GGT, em que Chomsky (1955a: 93-94) afirma:

> Em lugar do desafio costumeiro "como se poderia fazer análise linguística sem recorrer ao significado", é perfeitamente apropriado se perguntar em quais pontos noções semânticas poderiam exercer um papel determinante para o estabelecimento de noções gramaticais. Não é nada evidente que haja qualquer

---

8. Para uma distinção entre *indução* e *dedução*, bem como uma defesa da última como método de investigação, cf. Bach (1965) e Chomsky & Fodor (1980), além da vasta obra do filósofo Karl Raimund Popper.

maneira de vencer esse desafio. Até sermos apresentados a alguma maneira interessante e promissora de cumprir tal meta, devemos evitar asserções como "tal e qual é uma tentativa de construir uma teoria gramatical sem apelo ao significado". Ainda que isso seja literalmente verdadeiro, é muito enganador, pois a implicação de que existe uma alternativa não foi demonstrada. [...] É verdade que nossas intuições sobre a forma linguística podem ser úteis no processo de coleta e organização de dados linguísticos, mas isso não implica que nossas intuições sobre o significado sirvam aos mesmos propósitos. O que quer que o significado seja, ele certamente não é intuição sobre a forma.

A passagem acima deve ser devidamente interpretada no contexto da argumentação completa, a qual não cabe aqui reproduzir nem resenhar. Apenas acrescento que, três parágrafos adiante, aparece pela primeira vez na história o famoso exemplo <u>Ideias verdes incolores dormem furiosamente</u>, apresentado como forte evidência de que a forma não depende do significado, em contraposição à posição de Willard van Orman Quine, para quem as noções de *sinonímia* e *significância* deveriam nortear a investigação gramatical. Isoladamente, esse fragmento pode sugerir um grande desprezo de Chomsky por questões de significado como um todo, o que não era o caso na época, muito menos nas fases posteriores da GGT, em que mais e mais fenômenos relativos ao significado passaram a ser investigados.

A visão inicial de Chomsky acerca do significado fica um pouco mais clara em seu livro de dois anos depois, na apresentação didática do capítulo intitulado *Syntax and Semantics*. Em meio a uma apresentação de fatos e argumentos que refutam pontos-chave (amplamente aceitos na época e ainda hoje) da visão de que não seria possível construir uma teoria gramatical sem recorrer fortemente ao significado, Chomsky (1957: 101-102) reafirma[9]:

[Tais] contraexemplos não devem nos cegar para o fato de que há correspondências surpreendentes entre as estruturas e os elementos descobertos por uma análise gramatical, formal, e funções semânticas específicas. [...] Parece[m] exist[ir] correspondências inegáveis, [embora] imperfeitas, entre características formais e semânticas da linguagem. [A inexatidão de tais correspondências] sugere que o significado é inútil para servir de base para a descrição gramatical. [...] In-

9. Essa concepção de relação entre estrutura e significado já estava em Chomsky (1955b), em resposta a Bar-Hillel (1954). O tema é retomado posteriormente em Chomsky (1970b, 1986a, 2000), e outros textos.

tuições importantes sobre a estrutura linguística podem ser perdidas se pistas semânticas vagas forem seguidas excessivamente de perto. [...] O fato de que as correspondências entre as características formais e semânticas existem [...] não pode ser ignorado. [Elas] devem ser estudadas dentro do panorama de uma teoria mais geral da linguagem, que incluirá uma teoria da forma linguística e uma [...] do uso da língua. [...] [E]xistem [...] relações bem gerais entre esses domínios que merecem um estudo mais detalhado. Uma vez determinada a estrutura sintática da língua, podemos estudar o modo com que [ela] é posta em uso no funcionamento real da língua. Uma investigação da função semântica de níveis gramaticais [...] poderia se configurar em um passo razoável em direção a uma teoria das interconexões entre Sintaxe e Semântica. [...] [A]s correlações entre a forma e o uso da língua podem até mesmo fornecer certos critérios brutos de adequação para uma teoria linguística e [...] as gramáticas [para as quais ela aponta]. Podemos julgar as teorias formais em termos de sua habilidade para explicar e elucidar uma variedade de fatos sobre o modo como as sentenças são usadas e compreendidas. [...] [Pretendemos] que o [arcabouço] sintático da língua, isolado e exibido pela gramática, [seja] capaz de sustentar a descrição semântica, e naturalmente daremos mais valor a uma teoria da estrutura formal que conduza a gramáticas que satisfaçam esse requisito de modo mais completo. A[s] estrutura[s] sintagmática e transformacional parecem fornecer os principais instrumentos sintáticos disponíveis na língua para a organização e a expressão do conteúdo.

Na mesma linha, Hornstein, (1984: ix) em seu livro *Logic as grammar*[10], enfatiza:

Creio que as abordagens atuais para o significado oferecidas pela *Semântica de Modelos*[11] fazem pouco para explicar a natureza das habilidades interpretativas do falante nativo. Creio também que os interessados no tema do significado em línguas naturais fazem um desserviço a si mesmos ao ignorar a abordagem da Gramática Gerativa (tanto sua metodologia geral como seu aparato técnico específico) para o significado. [...] De um lado, a importância da perspectiva gerativista para questões da teoria do significado é subestimada; de outro, a centralidade de noções semânticas [e.g. *verdade, referência, objeto, propriedade, modelo*] para a teoria das línguas naturais é frequentemente superestimada[12].

---

10. Esse título contrasta com *Grammar as logic*, de Morrill (1989), que defende a Semântica de Modelos (SM).

11. Bach (1989), Borges Neto (2003), e Hodges (2013) são introduções acessíveis à SM.

12. Chomsky (1957: 103) já afirmava que "[n]oções semânticas como referência, significação e sinonímia não desempenham qualquer papel na discussão". Isso não significa que essas noções não tenham seu lugar na teoria linguística (sejam elas primitivas ou derivadas). Questiona-se sua *centralidade*; e propõe-se que é majoritariamente (ou totalmente) através da própria sintaxe que o significado é mais bem capturado/explicado.

Borges Neto (2003: 9), no âmbito da própria Semântica de Modelos (SM), admite:

> [A definição de Semântica como 'o estudo do significado'], na medida em que assume que o termo 'significado' é unívoco e que o conceito associado é claro, cria mais problemas que resolve [...], deixa-nos com o espinhoso problema de dizer o que é o significado, antes de dizermos o que é a Semântica, que o estuda.

De qualquer modo, é fato que as sentenças significam. Costuma-se conceber uma teoria semântica, distinta da sintaxe, para tratar do significado das sentenças[13]. Para Chomsky, principalmente a partir da TRL, isso pode ser feito na própria sintaxe. Muitos acham essa proposta demasiado presunçosa e até acintosa. Lembro, porém, que, em versões mais fortes de teorias gramaticais baseadas na SM, o exato oposto é proposto. O principal expoente dessa visão foi Richard Montague, cuja obra influenciou enormemente uma parcela majoritária do que passou a ser feito nas teorias formais de semântica. Para Montague (1970a, 1970b), o significado das sentenças é calculado não a partir da expressão linguística em si, mas sim a partir de uma tradução daquela expressão numa outra expressão de uma metalíngua lógica, que seria um modelo do mundo ao qual as sentenças se referem (cf. Bach 1989: 8-9). Adiante, Borges Neto (2003: 9-10, 19-21) resume bem o quadro geral para o leitor iniciante:

> [A] natureza não física dos significados coloca problemas [...] para todas as abordagens [...] que pretendem considerá-los uma espécie de *entidade*. [...] Dizer que o significado de uma expressão é a 'coisa' a que a expressão refere só é razoável quando tratamos de expressões que designam objetos [físicos]. [...] [D]iante de nomes abstratos, como 'liberdade' [...], [isso] já não parece [...] razoável. [...] O procedimento corrente, então, é considerar que o significado é uma espécie de *relação*, e não uma *entidade*. [...] [T]odos os linguistas concordam que o significado de uma expressão é uma relação que se estabelece entre essa expressão e *algo não linguístico*. [...] [S]e pensarmos no aeromodelismo [ou] no ferromodelismo, [...] teremos de um lado o avião ou o trem original cuja representação em escala é o *modelo*. [...] Para uma teoria formal, [...] o modelo é uma estrutura (um conjunto de objetos atômicos com propriedades e relações definidas entre esses

---

13. Chierchia (1997 [2003: 36-48]) apresenta brevemente as três principais abordagens para se construir tal teoria semântica, seus alcances e limites.

objetos) construída de tal forma que os teoremas da teoria resultam verdadeiros quando interpretados nos elementos da estrutura: 'modelo' é o sistema em que se cumpre o que diz a teoria. [...] [C]onstruir um modelo para uma teoria é construir um sistema em que todas as afirmações da teoria encontrem um correspondente verdadeiro. De certa forma, as relações entre teorias e modelos não são mais do que as relações entre sistemas distintos. [...] Voltemos às línguas naturais. Como vimos acima, a tarefa da semântica é relacionar as expressões linguísticas a objetos não linguísticos. Vimos também que esses objetos não linguísticos devem ser estudados num sistema de algum tipo. Ora, nesse caso a semântica vai justamente trabalhar na relação entre dois sistemas: um sistema linguístico e o mundo. [...] A estruturação do polo linguístico da relação semântica (a descrição do sistema linguístico [...]) vai ser obtida na *sintaxe* da língua natural. Esse é o papel dos estudos sintáticos: descrever a organização do sistema linguístico, sem levar em conta o mundo e/ou as relações entre a linguagem e o mundo. Pode-se dizer, então, que a sintaxe tem certa autonomia e anterioridade lógica com relação à semântica – não se pode fazer semântica sem que se faça, antes ou simultaneamente, sintaxe. [...] O procedimento dos semanticistas tem sido o de propor modelos bastante simples do mundo e tentar interpretar neles o maior número possível de sentenças das línguas naturais.

Nessa família de abordagens com um viés da SM, destaca-se particularmente a Gramática Categorial (GC), que consiste de desenvolvimentos do chamado 'modelo AB' – nomeado em referência a **A**jdukievicz (1935) e **B**ar--Hillel (1953) – a partir das ferramentas de cálculo de Lambek (1958, 1961). Trata-se de uma abordagem antagônica à chomskyana, por rejeitar a ideia de que um componente de regras e princípios sintáticos teria um papel central na combinatória que produz as expressões linguísticas a serem interpretadas num modelo. Moortgat (1988: 1), por exemplo, defende que a sintaxe seria uma *álgebra livre*. Ou seja, todos os requerimentos sobre combinações possíveis estariam codificados (algebricamente) nos próprios ILs, e a sintaxe não teria recursos próprios para fazer nada mais que apenas aplicar automaticamente tais instruções algébricas, sem impor seus próprios requerimentos[14].

Teorias orientadas para a superfície exibem uma tendência comum de deslocar o ônus explicativo do componente sintático para o léxico. Por exemplo, a

---

14. Nesse caso, *livre* não significa 'sistema autônomo com suas próprias regras independentes', mas sim 'um subsistema da lógica geral, destituído de idiossincrasias, um mero executor de requerimentos externos'.

GPSG, ao desenvolver uma concepção mais rica de estrutura categorial, elimina o componente transformacional da GGT clássica. A GC leva esse movimento na direção do lexicalismo um passo além, eliminando o próprio componente sintagmático. A informação sintática é projetada inteiramente das estruturas categoriais atribuídas aos ILs. Em sua forma mais pura, a GC identifica o léxico como o único *locus* de idiossincrasias das línguas. A sintaxe é uma álgebra livre: uma combinatória universal guiada pelas estruturas categoriais complexas.

Jäger (2005: 16) também defende explicitamente que a sintaxe não existe, senão como epifenômeno de sequências de linhas em derivações de provas matemáticas[15 / 16].

> A GC assume um modelo monostrático de gramática. Isto significa que há apenas um nível de representação sintática, a saber: a estrutura de superfície. Logo, a GC dispensa categorias vazias como vestígios e elementos pronominais vazios. Como não há diferentes níveis de representação, não há lugar para transformações. Além disso, a GC não reconhece estruturas sintáticas como objetos autônomos da teoria linguística. Estruturas de constituintes emergem como estruturas de provas numa derivação, mas elas são parte da nossa teorização sobre a linguagem, e não parte da própria linguagem. Logo, é impossível formular restrições [de boa formação] sobre objetos sintáticos que façam referência a noções como dominância, c-comando, m-comando, etc.

A perspectiva ilustrada nas duas passagens acima poderia ser vista como algo presunçoso e acintoso, e poderia ser chamada de lexicocêntrica, semanticocêntrica ou logicocêntrica, com conotação pejorativa. Aos olhos de um chomskyano, esta é apenas a hipótese contrária, que, na largada, é igualmente válida e coerente enquanto hipótese, com a mesma virtude de buscar simplificar o sistema global de níveis de representação[17]; mas que,

---

15. O mesmo vale para Montague (1970a, 1970b), talvez de modo um pouco menos radical. Como explicitam Halvorsen & Laduslaw (1979: 188): "Montague se interessava pela sintaxe apenas na medida em que ela fornece estruturas sentenciais a partir das quais se constroem análises semânticas".

16. Remeto o leitor a McCawley (1981: 1-204), Gamut (1991a: 28-113) e Partee et al. (1993: 87-178) para ótimas explicações das bases da *lógica proposicional* e da *lógica de predicados*, em que são cruciais as noções de *prova*, *cálculo proposicional*, *modus ponens*, *modus tollens*, tradução na metalíngua, etc.

17. Cf. Chosmky (1951: 2-3; 1955a: 105-128; 1957: cap 6).

segundo a ótica chomskyana, revela-se ao final inferior em todos os níveis de adequação.

Nas duas subseções seguintes, desenvolvo um pouco a posição sintetizada na passagem de Hornstein (1984) acima, segundo a qual o significado é extraído da própria sintaxe. Abordo dois dos aspectos relevantes para essa questão da codificação do significado na própria estrutura sintática. O primeiro (cf. **§4.4.2**) diz respeito a propriedades tradicionalmente concebidas como codificadas em DS, e que, a partir do PM, passaram a ser compreendidas como codificadas em LF. O segundo (cf. **§4.4.3**) diz respeito a propriedades que já foram tidas como codificadas em DS, depois em SS, e que, a partir da TRL, serviram de argumento a favor da existência do terceiro nível sintático, LF. Embora, na visão hegemônica atual, ambos os tipos de fenômeno sejam compreendidos em termos de LF, o segundo deles requer transformações, enquanto o primeiro é sintagmático por natureza.

§4.4.2. Papéis temáticos

Observemos agora alguns fatos bem elementares sobre o significado de expressões sintáticas resultantes da combinatória de ILs, mas que escondem em si propriedades não triviais que corroboram o sintaticocentrismo; e são abordadas na GGT pela *Teoria Temática* (cf. Chomsky 1981a: 34-48, 101-127, et seq.)[18]. Consideremos (19), (20), (21) e (22):

(19)   *Choveu.*

(20a) Ana *dançou.*   (20b) Ana *soluçou.*   (20c) Ana *delirou.*   (20d) Ana *morreu.*

(21a) Ana *beijou* Edu.   (21b) Ana *amou* Edu.

(22a) Ana *doou* dinheiro para Edu.   (22b) Ana *colocou* a carta na gaveta.

---

18. Williams (1995) oferece uma ótima e acessível introdução panorâmica, sem banalizar questões complexas. Além disso, os bons manuais de GGT (cf. **§1.1**, n. 2) costumam dedicar um capítulo à Teoria Temática.

Em (19) temos o verbo chov-, que expressa um evento de chuva. Tal evento, por definição, não pressupõe nenhum participante. A chuva simplesmente acontece. Dizemos, então, que chov- é um verbo *a-argumental*. Nos exemplos em (20), temos quatro verbos cujo significado pressupõe a existência de *um* participante, sem o qual é impossível acontecer o evento descrito pelo verbo. Tais verbos são *monoargumentais*, pois demandam ser combinados com exatamente um sintagma, a que chamamos *argumento*, e que expressa o participante (do evento) cuja existência é pressuposta. Em (20), o único argumento de cada verbo é o DP Ana (ou NP, conforme as versões antigas), que se refere ao único participante do evento[19]. Porém, o tipo de participação no evento é diferente em cada caso. No jargão da GGT, essa participação no evento é o *papel temático*[20], também chamado de *papel theta* (frequentemente abreviado como *papel-θ*, ou simplesmente θ). Há uma tipologia de papéis temáticos estabelecida, e que representa mais que uma mera convenção terminológica, mas sim uma concepção acerca da estrutura gramatical de uma parte do significado[21].

Em (20a), Ana é a *agente* da ação de dançar, há volição nesse ato, que por sinal pressupõe algo físico acontecendo. Em (20b), Ana não é agente, porque o soluço (também um evento físico) é involuntário (exceto em situações atípicas, como uma atriz representando). Em (20c) temos algo bem semelhante, já que Ana não é agente do delírio, que também não é um ato voluntário, e, nesse caso, não é um evento físico, mas um estado psicoló-

---

19. Nada impede que haja sintagmas adicionais expressando 'informação extra' sobre o evento, e.g. Ana dançou (no salão), Ana soluçou (muito), Ana morreu (ontem) (afogada) (na praia). Estritamente falando, tais elementos não são 'participantes' do evento no sentido técnico. Esses são *adjuntos*, e não *argumentos* (cf. §3.2).

20. Remeto o leitor a Carnie (2002: **168-173**) para uma sucinta apresentação didática da diferença entre *relações temáticas* e *papéis temáticos*, que é importante, mas não necessária nesta breve seção introdutória ao tema.

21. Ao iniciante, recomendo Perini (2008), que, apesar de volumoso, é leve quanto ao formalismo, destacando-se pela farta ilustração dos pontos com fatos concretos do português. Lá o autor explica a noção de papel-θ a partir da noção estruturalista de *valência*, de modo compatível com o quadro de Culicover & Jackendoff (2005).

gico. Diz-se que, em casos como (20c), Ana é a *experienciadora* do delírio. Pode-se, por analogia, dizer o mesmo sobre a relação entre Ana e o soluço em (20b), embora haja outras classificações, segundo as quais Ana seria *paciente*. A propósito, é como *paciente* que se classifica tradicionalmente o tipo de participação de Ana no evento de morrer em (20d). Esse último exemplo guarda semelhanças com estruturas na voz passiva (e.g. Edu foi beijado (por Ana)), nas quais o 'objeto semântico' (prototipicamente um *paciente*) ocupa a posição de sujeito, e é com ele que o verbo concorda[22].

Em (21) temos dois verbos *biargumentais*, pois pressupõem dois participantes, que, em ambos os casos, são instanciados pelos DPs Ana e Edu. Em (21a), Ana é a agente e Edu é o paciente da ação de beijar. Em (21b), Ana é a experienciadora do estado psicológico de amar, sendo Edu a *causa*, ainda que Edu possa talvez nem ter consciência de que Ana o amou, e nem ter feito nada com o propósito de ser amado.

Verbos *monoargumentais* e *biargumentais* abundam no léxico das línguas. Há, também, em quantidade bem menor, verbos *triargumentais*, como em (22a)[23], em que os DPs Ana e dinheiro e o PP para Edu instanciam os participantes previstos na definição do ato de doação, sendo-lhes atribuídos, respectivamente, os papéis temáticos de *agente*, *paciente/tema* e *beneficiário/receptor/alvo*. Em (22b) temos algo semelhante, sendo Ana, a carta e na gaveta os argumentos do verbo coloc-, que especifica a relação de alguém colocar algo em algum lugar. Verbos monoargumentais, biargumentais e triargumentais correspondem ao que gramáticos normativistas

---

22. Elaborações sobre esse tópico ultrapassariam o escopo desta subseção. Por ora, limito-me a dizer que, nos termos da GGT, haveria ao menos dois tipos de verbos monoargumentais: os propriamente intransitivos, cujo argumento é externo (irmão de V') e os chamados *ergativos* ou *inacusativos*, cujo argumento é interno (irmão de V). Similarmente ao que ocorre em passivas, os verbos ergativos têm seus complementos alçados à posição de sujeito da sentença (i.e. especificador de IP).

23. Prototipicamente, verbos triargumentais são variantes da ideia de transferência de posse (dar, receber, emprestar, devolver, etc.) ou de relocação (colocar, introduzir, extrair, retirar, etc.). Num nível de análise mais abstrato, pode-se dizer que a estrutura temática seria essencialmente a mesma se entendermos *beneficiário* e *alvo/fonte* como noções equivalentes.

classificam respectivamente como intransitivos, transitivos e bitransitivos. Ao que tudo indica, não há verbos com mais de três argumentos[24].

No jargão da teoria gramatical (não apenas na GGT), diz-se que todos os verbos discutidos acima são *predicadores*, que expressam um evento (ou estado), que pressupõe a existência de um certo número de participantes, os quais exercem certos papéis especificados pelo predicador, e que são inerentes à definição do evento/estado ali expresso. Chamamos de *argumento* a expressão linguística (tipicamente, um NP, ou, nas versões atuais, um DP) que manifesta morfossintaticamente cada participante. Cada DP, em si mesmo, não especifica seu papel temático, i.e. a natureza da sua participação no evento/estado. Isto é determinado pelo predicador, que codifica em si os papéis temáticos a serem atribuídos aos argumentos.

Mas cada DP argumento especifica a identidade do ente que exerce tal papel atribuído pelo predicador. É comum, no jargão dos semanticistas, chamar os predicadores mono, bi e triargumentais de predicadores de um lugar, de dois lugares e de três lugares, respectivamente (predicadores a-argumentais seriam predicadores monádicos). A ideia central – não exclusiva da GGT, pois também norteia análises na SM – é que todos os 'lugares' previstos devem ser preenchidos na sintaxe (no jargão da SM, todos os *lugares* devem ser *saturados*), e nenhum lugar novo deve ser criado na sintaxe (exceto pela adição ilimitada de adjuntos, que são semântica e sintaticamente distintos de argumentos). Na prática, isso implica que um predicador *demanda* a presença dos argumentos que ele prevê, não mais, não menos. Assim, por exemplo, se em vez de (22b) tivéssemos *Ana colocou, teríamos um dado agramatical, pois faltam argumentos previstos pelo predicador. Nos termos da GGT, dois papéis temáticos permaneceram não atribuídos no plano sintático. Analogamente, se em vez

---

24. O verbo apost- (cf. também traduz- e transport-) é comumente citado como potencial exemplo de predicador quadriargumental (cf. Ana *apostou* mil reais com Edu que Rita morreu). Contudo, testes apontam que, nesses casos, ao menos um dos supostos argumentos seria de fato um adjunto (cf. Calvin & Bickerton 2000: 265).

de (20b) tivéssemos *Ana soluçou Edu, teríamos um dado negativo pelo motivo inverso: há um DP extra para o qual não há papel temático a ser atribuído pelo verbo[25].

Ao longo desta subseção, continuarei a exemplificar predicadores e argumentos a partir de estruturas nucleadas por um verbo. Saliento, porém, que outras categorias (nomes, adjetivos, até mesmo preposições) podem ser predicadores com papéis-θ para atribuir a seus argumentos. Como já posto em §3.6, isso é algo bem estabelecido na GGT desde Chomsky (1970a), através de paralelos entre exemplos como Os inimigos destruíram a cidade e a destruição da cidade pelos inimigos. Embora haja algumas variações relevantes em relação à estrutura temática de diferentes categorias de predicadores, é possível detectar um padrão geral, que se observa de modo mais claro em estruturas verbais como em (20), (21) e (22). Conforme a Teoria Temática, esses padrões seriam consequência do *Critério Theta*, originalmente formulado por Chomsky (1981a: 36) como em (23)[26].

(23)   *Critério Theta*
        A todo DP argumento deve ser atribuído exatamente um papel-θ; e todo papel-θ intrínseco a um predicador deve ser atribuído a exatamente um DP argumento.

---

25. De acordo com os princípios da GGT, esse dado apresentaria ainda o outro problema de violação do *Filtro de Caso*, pois todo DP argumento, além de ter papel temático, teria de ter caso, o que não se aplica a Edu.

26. Em uma das vertentes do PM, o princípio em (23) foi significativamente repensado, a partir dos trabalhos de Hornstein (1999, 2001, et seq.), de modo que, embora cada papel-θ de um predicador deva ser atribuído a exatamente um DP argumento, seria possível haver casos em que um único DP argumento recebe múltiplos papéis-θ, de múltiplos predicadores. Isso está intimamente atrelado à ideia minimalista de que não existe DS, e o Critério Theta se aplica em LF. Assim, um DP pode se mover ao longo da derivação, tendo cópias de si mesmo em várias posições, e nada impediria que duas ou mais dessas posições sejam posições argumentais, e que, em LF, todos os papéis-θ sejam 'reconhecidos'. Sentenças como Ana quer t dormir são exemplos canônicos disso (nesse caso, Ana é simultaneamente argumento de quer e de dormir). Recomendo Hornstein & Polinsky (2010) e Boeckx et al. (2010) para uma visão plena dessa reconcepção da Teoria Temática.

De acordo com os postulados da TRL, o princípio em (23) seria um filtro de boa formação de estruturas sintáticas a ser obedecido no nível de representação DS, no qual todo DP argumento deve ocupar uma (e apenas uma) *posição temática*, i.e. deve ser irmão de uma projeção de um núcleo predicador que tenha papel-θ a lhe atribuir. Nos casos em (20) e (21), tais posições seriam as de irmão de V e/ou irmão de V', a depender do verbo. Comentarei adiante casos como (22), um tanto mais complexos. Além disso, tal filtro proíbe, que, em DS, haja, por exemplo, um verbo biargumental em que ao menos uma das duas posições temáticas de seu esqueleto X-Barra (i.e. complemento e especificador) está vazia, ou ocupada por algo que não pode receber papel-θ (e.g. um advérbio). No modelo da TRL, qualquer rearranjo da estrutura entre DS e SS que venha a 'corrigir' problemas desse tipo é incapaz de 'reverter a agramaticalidade', pois seria 'tarde demais', já que o filtro se aplica em DS[27].

Na prática, esse requerimento de o predicador vir necessariamente acompanhado de todos e apenas os argumentos que ele prevê se mostra bem mais complexo, aliás, verificando-se de modo mais transparente ou menos, a depender da língua. Primeiramente, em línguas como o português, por uma série de razões atreladas a outros aspectos gramaticais, abundam casos de DPs que são categorias vazias (i.e. elipse ou 'pronomes silenciosos'). Logo, em circunstâncias muito específicas em que certas in-

---

27. Ilustro a lógica de (23) com uma analogia. Na montagem de uma peça de teatro, feita de modo convencional, o texto narra um acontecimento (e.g. um assassinato), que pressupõe personagens participantes, cada uma delas exercendo um papel na história (i.e. o assassino, a vítima, a testemunha, o investigador, etc.). Canonicamente, o diretor atribui cada papel (representação de uma personagem) a um único ator; e atribui a cada ator um único papel. Não pode haver personagem sem ator para representá-la (a menos que ela esteja presente apenas no discurso das outras personagens, como 'o falecido avô da vítima'); nem ator representando múltiplas personagens; nem personagem representada por múltiplos atores (exceto quando se trata de retratar a mesma personagem quando criança, adulta e idosa); tampouco um ator presente no palco sem representar personagem alguma. Essa analogia se quebra no caso de montagens não canônicas, como no 'teatro de vanguarda'.

formações estão salientes no discurso (por exemplo, logo após a pergunta "Por que aquele carro não está mais na vitrine da loja?"), é possível que <u>Aline vendeu</u> seja uma sentença bem-formada, a despeito de <u>vend-</u> ser um predicador biargumental e aparentemente haver apenas um argumento. No nível de abstração relevante (a estrutura profunda, se nos basearmos no modelo TRL), haveria, sim, um segundo argumento presente, um complemento de <u>vend-</u> (seja um 'pronome silencioso', seja o DP <u>o carro</u>, elidido no plano fonológico). Afinal, a sentença é de fato interpretada como se referindo à venda do carro por parte de Aline. Em línguas como o inglês, estruturas com 'argumentos silenciosos' são muito mais raras e restritas a circunstâncias mais especiais, em virtude da ação de outros requisitos da gramática em questão. Há outros casos parecidos com este, porém distintos nos detalhes. Por exemplo, <u>Edu já comeu</u> é uma sentença legítima mesmo em contextos nos quais não há nenhuma informação sobre comida saliente no discurso (e.g. "Cadê aquela romã que estava na geladeira?"). Entende-se, nesses casos, que Edu se alimentou, fez uma refeição. É interessante notar que se subentende que a coisa comida seja algo 'canonicamente comível'. Ou seja, tanto <u>Edu comeu romã</u> como <u>Edu comeu papel</u> são sentenças bem-formadas; a primeira expressa algo corriqueiro, mas a segunda é pragmaticamente excepcional por expressar algo que é estranho, embora possa ser feito e possa ser descrito através da segunda sentença. Quando dizemos <u>Edu já comeu</u> num contexto desprovido de informações adicionais sobre o que poderia ter sido comido, a única interpretação possível é que Edu comeu algo como romã, maçã, pão, pizza, bolo, peixe, etc.; e não algo inesperado, como papel, areia, esparadrapo, moedas, etc.

A representação sintática desse argumento implícito é uma questão muito debatida e sem conclusões definitivas. Dados desse tipo se aproximam do que poderíamos descrever como 'uso intransitivo de verbo transitivo', o que pode talvez legitimar a postulação de dois (ou mais) ILs distintos para o que parece ser 'o mesmo verbo'. Interessantemente, em línguas como o inglês, em que o equivalente de <u>Aline vendeu</u> é claramente agramatical (seria necessário minimamente um pronome explícito na posição de objeto para legitimar a estrutura), sentenças como <u>She drinks</u> (equivalente a <u>Ela bebe</u>) são lugar-comum em contextos sem informação prévia (nesse caso, exibindo a propriedade de que a coisa bebida é necessariamente uma bebida alcoólica, como também verificamos em português). A seguir, vejamos o caso inverso disso.

Verbos intransitivos podem eventualmente ter um 'uso transitivo', como em <u>Ana dançou valsa</u>. A análise desses casos envolve uma discussão complexa que não cabe aqui. Pode-se pensar que tais verbos seriam intrinsecamente biargumentais, e que seus 'usos intransitivos' se assemelhariam a casos como <u>Ela bebe</u>, mencionado acima. Pode-se pensar que há dois ILs distintos para <u>danç-</u> (e muitos outros verbos), entre outras hipóteses. Por fim, há casos como <u>Ana dormiu um sono profundo</u>, em que o verbo <u>dorm-</u>, tradicionalmente classificado como intransitivo, estaria sendo usado transitivamente. Note-se, porém, que, em tais estruturas, o suposto 'segundo argumento', é, em realidade, um veículo para uma informação extra que não é demandada pela estrutura temática do predicador. O fato de que a sentença em questão é parafraseável como <u>Ana dormiu profundamente</u> sugere fortemente que <u>um sono</u> é um pseudoargumento, comumente chamado de 'objeto cognato', que sempre traz informação redundante já presente no verbo, só sendo licenciado se vier acrescido de alguma informação extra com o efeito de um modificador adverbial. Seria necessário precisar como se dá a representação morfossintática desse 'adjunto disfarçado de argumento'.

Em suma, há aspectos claros e robustos do fenômeno geral das relações temáticas, assim como aspectos nebulosos e difíceis de serem capturados por um simples formalismo que pressupõe que cada predicador possui inerentemente um determinado número de papéis temáticos de certos tipos, a serem atribuídos, na sintaxe, a argumentos, presentes na exata quantidade dos papéis temáticos previstos pelo predicador. Saliento, porém, que tais desafios se colocam, em maior ou menor grau, para qualquer outra abordagem teórica (cf. Dixon & Aikhenvald (2000) para outras visões sobre 'transitividade flexível'). É inescapável postular propriedades internas aos ILs e requerimentos de boa formação de estruturas sintáticas e mecanismos para interpretá-las. 'Fazer a conta fechar' é difícil em qualquer teoria.

Até aqui, temos evidências sólidas de que diferentes ILs seriam intrinsecamente dotados com certos papéis temáticos a serem atribuídos a sintagmas (tipicamente DPs) com os quais eles se combinam localmente. Ou seja, o caráter mono, bi ou triargumental de cada verbo – bem como os papéis temáticos exatos que ele atribui a seu(s) argumento(s) – seria codificado no IL predicador em si, cabendo à sintaxe simplesmente 'projetar' esse IL num esqueleto X-Barra em cujas 'vagas' (i.e. complemento e especificador) os argumentos seriam encaixados. De fato, algo mais ou menos nessa linha parece inescapável. Entretanto, a Teoria Temática prevê que o papel da sintaxe seja um pouco maior que esse. Ilustro isso a partir do simples exemplo em (21a). Em <u>Ana beijou Edu</u>, temos em <u>beij-</u> um predicador biargumental, que prevê um argumento agente (quem beija) e um argumento paciente (quem é beijado). Essas propriedades não são previsíveis pela estrutura sintática. Trata-se de idiossincrasias desse verbo particular, que devem, portanto, ser tidas como codificadas no IL. Porém, há uma regularidade quanto ao 'mapeamento sintático' desses papéis temáticos. O dado em questão tem necessariamente a estrutura em (24a); não a estrutura em (24b)[28].

---

28. Em ambos os casos, o DP que recebe o papel-θ de agente encontra-se na posição de especificador de IP em SS. Contudo, a posição relevante para recebimento de papel-θ é aquela dentro do domínio local do VP, estabelecida no estágio derivacional anterior, em DS, e indicada em (24) através dos vestígios.

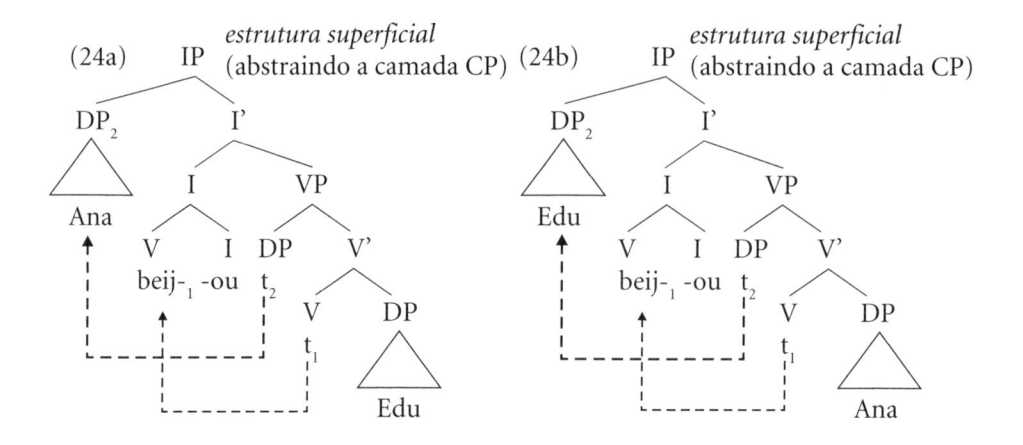

Note que (24b) também é uma sentença legítima, mas significa algo distinto de (24a). Em (24a), Ana é agente e Edu paciente da ação de beijar. Em (24b), ocorre o contrário. Ou seja, em DS, o argumento que recebe o papel de paciente ocupa a posição mais local de irmão de V, uma posição mais 'interna', compondo com o verbo a unidade sintática V'; ao passo que o argumento que recebe o papel de agente deve ser mais 'externo', ocupando a posição de irmão de V' em DS. Ambos os argumentos estão próximos ao verbo e são irmãos de uma das projeções de V no 'esqueleto X-Barra'. O argumento externo c-comanda o interno, mas o inverso não é verdadeiro. Isso é um padrão *sintático*, não semântico; e extrapola esse verbo específico, aplicando-se a todo verbo que preveja um argumento agente e outro paciente, como se pode verificar, por exemplo, em <u>Ana espancou Edu</u>, <u>Ana beijou Edu</u>, <u>Ana tatuou Edu</u>, <u>Ana algemou Edu</u>, etc. Nesse contexto é oportuno observarmos o *jabberwocky* em (25).

(25) Ana glimbrou Edu.

O que isso significa? Não sabemos, exceto parcialmente. E esse conhecimento parcial é sintático. Temos o verbo <u>glimbr-</u> de significado desconhecido. Mas nosso conhecimento sintático nos permite inferir com segurança que se trata de um predicador biargumental. (25) expressa um evento de 'glimbração' ocorrido no passado, sendo Ana e Edu os participantes. Mas qual seria o tipo de participação de Ana e Edu nesse evento? Em outras palavras, quais são os papéis temáticos dos DPs Ana e Edu em (25)? Não temos como saber ao certo. Talvez glimbr- signifique um ato que uma pessoa pratica afetando o corpo da outra (uma forma de carícia ou de agressão, por exemplo). Nesse caso, Ana seria agente e Edu paciente. Talvez glimbr- signifique o estado psicológico de alguém diante de um ato, ou da simples presença ou da mera existência de outra pessoa. Nesse caso, Ana seria experienciadora, e Edu seria a causa. Outras possibilidades existem nessa questão em aberto.

Contudo, mesmo desconhecendo o significado de glimbr- e quais dois papéis temáticos esse verbo impõe a seus argumentos, temos convicção absoluta da impossibilidade de certas distribuições dos papéis temáticos na estrutura sintática. Sabemos com certeza que (25) não significa que Edu é o agente e Ana a paciente da glimbração. Sabemos também que Edu não seria o experienciador e Ana o tema/causa. Isso não é conhecimento lexical nem semântico; é conhecimento sintático. Podemos inventar novos verbos à vontade, assim como podemos repetidamente nos deparar com verbos que nos são até então desconhecidos mas que já existem (na Língua-E), e tentamos inferir seus significados a partir do contexto. Porém, em nenhuma das duas situações jamais sequer cogitamos estruturas temáticas 'invertidas' como as que acabo de mencionar. Isso significa que, embora o número e o tipo de papéis temáticos seja uma propriedade intrínseca do IL predicador, a sua distribuição na estrutura sintática é controlada pela própria sintaxe, que manipula tais papéis atribuindo a cada um seu devido lugar na estrutura. Para que isso seja possível, a noção de papel temático não pode ser exclusivamente lexicossemântica. Deve ter uma ontologia passível de ser reconhecida e manipulada pela sintaxe como uma entidade ao menos parcialmente sintática. Esse é um ponto de forte divergência entre a GGT e as abordagens calcadas na SM, nas quais o IL predicador já codifica em si qual dos argumentos é interno ou externo. Pesa sobre tais abordagens o desafio de explicar, entre outras coisas, o porquê da inexistência das estruturas temáticas 'invertidas' e o porquê de sabermos disso diante de novos predicadores.

De acordo com a visão sintaticocêntrica da GGT, é a sintaxe que define qual argumento é interno ou externo, com base na chamada *Hierarquia Temática* (HT), que seria um princípio universal da sintaxe, a ser obedecido no nível de representação relevante (DS no sistema da TRL, e LF no sistema do PM, cf. **§4.3**). A concepção geral por trás da hierarquia temática tem origem fora das versões hegemônicas da GGT, mais precisamente no clássico e influentíssimo trabalho de Fillmore (1968, 1977) em que a ideia central era implementada em termos das noções de *molde de casos, hierarquia de casos, princípios de seleção do sujeito*, e *centralidade da sintaxe* (esta última, claramente sintaticocêntrica!). Na GGT, a HT contou com várias versões, todas muito parecidas, mas diferindo em alguns poucos detalhes espinhosos (sobretudo quanto à posição do papel-θ *tema* relativamente aos demais). Não cabe mencionar todas as suas versões e seus autores. Apenas credito Baker (1988: 46) pela primeira formulação do que ficou conhecido como a *Hipótese da Uniformidade da Atribuição de Papel-Theta* (cuja sigla original em inglês é UTAH). Adoto aqui a versão da HT em (26) para fins práticos, sem me comprometer com sua acurácia última.

(26) agente → tema → experienciador → causa → paciente → fonte → alvo

O esquema em (26) deve ser lido como uma espécie de 'ordem de preferência na fila', em que a 'fila' *da esquerda para a direita* aqui apresentada corresponderia, no mapeamento do léxico para a sintaxe, a outra 'fila' que dispõe os DPs aos quais tais papéis-θ são atribuídos na ordem *do mais c-comandante para o mais c-comandado* (em outras palavras, do mais externo para o mais interno, ou do menos profundamente encaixado para o mais profundamente encaixado). Isso não implica que todos os papéis temáticos arrolados em (26) estejam presentes na projeção sintática do predicador. Sejam quantos e quais forem os papéis-θ, eles devem ser distribuídos no esqueleto X-Barra do predicador de modo a que um papel 'mais à esquerda' em (26) seja atribuído a um DP que ocupe uma posição mais c-comandante/externa que aquela ocupada pelo DP ao qual é atribuído um papel 'mais à direita' em (26)[29]. Em (27) e (28) há dois exemplos de distribuições possíveis e impossíveis:

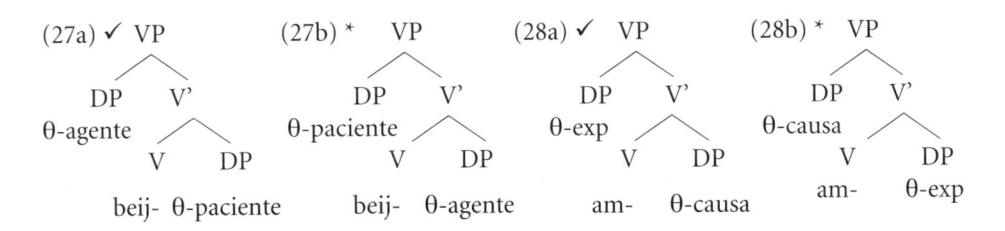

(26) é um axioma. Preferencialmente, gostaríamos de explicar o porquê de essa ser a ordem da 'fila'. Porém, na medida em que os fatos corroboram essa ordem, reconhecemos que há algo na gramática que determina (26) como resultado. Num primeiro momento, o que se pode fazer então é assumir (26) como um princípio do sistema e buscar refiná-lo face a novos dados empíricos. Em (29), temos exemplos de dados que corroboram o esquema em (26):

(29a) $\underline{Ana}_{(agente)}$ *beijou* $\underline{Edu}_{(paciente)}$ (=(21a))

(29b) $\underline{Ana}_{(experienciador)}$ *amou* $\underline{Edu}_{(causa)}$ (=(21b))

(29c) $\underline{O\ assaltante}_{(agente)}$ *assustou* $\underline{Akemi}_{(experienciador)}$

(29d) $\underline{A\ escuridão}_{(tema)}$ *assustou* $\underline{Akemi}_{(experienciador)}$

(29e) $\underline{O\ carteiro}_{(agente)}$ *entregou* $\underline{a\ encomenda}_{(tema)}$ [para $\underline{o\ comprador}_{(alvo)}$]

(29f) $\underline{O\ criminoso}_{(agente)}$ *invadiu* $\underline{a\ prefeitura}_{(alvo)}$

(29g) $\underline{O\ criminoso}_{(agente)}$ *fugiu* $\underline{da\ cadeia}_{(fonte)}$

29. Remeto o leitor a Bowerman (1990) para uma crítica a essa concepção de interface entre a semântica lexical e a estrutura sintática, com contraexemplos desafiadores tanto no plano da adequação descritiva como no da adequação explicativa. Argumentos adicionais encontram-se em Bowerman & Brown (2008) e obras lá citadas.

(29h) A estátua$_{(tema)}$ já *saiu* do aeroporto$_{(fonte)}$

(29i) A estátua$_{(tema)}$ já *chegou* no museu$_{(alvo)}$

(29j) A ventania$_{(causa)}$ *derrubou* o andarilho$_{(paciente)}$

(29k) A agressora$_{(agente)}$ *derrubou* o andarilho$_{(paciente)}$

Antes de abordar os verbos triargumentais, cabem mais umas observações sobre a distribuição de papéis-θ atribuídos por verbos mono e biargumentais. Considere os dados em (30), que adaptei a partir de exemplos de Mioto et al. (2013: 131):

(30a) Akemi [pegou [o livro] (na estante)]   (30b) Akemi [pegou [um resfriado]]

(30c) Akemi [pegou [nojo] (da vizinha)]   (30d) Akemi [pegou [no batente]]

Como já dito antes, não se pode descartar *a priori* a possibilidade de haver múltiplos verbos distintos, porém homófonos. Entretanto, é preciso sempre ter muita cautela ao postularmos tais homonímias, sob o risco de forjarmos uma pseudossolução que nada explica, configurando-se num *Mapa de Borges*. Tanto pior se tivermos de fazer isso para muitíssimos predicadores. Ao olharmos para (30) com atenção, notamos que há outro caminho mais promissor e mais sintaticocêntrico. Partindo da premissa de que temos o mesmo verbo nos quatro exemplos, esperaríamos que o papel-θ do DP sujeito, Akemi, fosse o mesmo em todos os casos. Mas ocorre que seu papel-θ varia de acordo com o complemento do verbo. Ou seja, Akemi é agente em (30a), paciente em (30b), e experienciador em (30c). Em (30d), Akemi também é agente, mas a construção, como um todo, tem uma estrutura de significado excepcional em relação aos dados anteriores. Não se trata de um evento em que houve um batente no qual Akemi tocou suas mãos. Trata-se, antes, de um evento em que Akemi trabalhou com muita dedicação e esforço. Logo, (30d) é uma *expressão idiomática*, e seu significado não é composicional, não resulta simplesmente da combinação dos significados das partes. É uma unidade sintática complexa com um sentido figurado que é fixo, como se tivesse sido lexicalizado. Mas como pode esse significado estar no léxico se ele é atribuído a uma unidade complexa que teria sido construída na sintaxe? Aqui começamos a perceber que a interação entre léxico e sintaxe se dá de modo a corroborar o sintaticocentrismo.

Para dar conta de paradigmas como (30), uma hipótese bastante explorada da GGT é que o papel-θ do argumento externo não é totalmente determinado pelo predicador, tal como especificado no léxico. Haveria uma contribuição da sintaxe, na medida em que o argumento externo (que é irmão de V') tem seu papel-θ definido pelo seu constituinte irmão V', não por V. A combinação entre V e seu complemento seria processada pelo componente interpretativo relevante conforme as idiossincrasias de significado de ambos, definindo assim o 'perfil temático' de V', que atribuiria o papel-θ do argumento externo, obedecendo à Hierarquia Temática. Qual é a relevância de expressões idiomáticas como (30d) nisso tudo?

O forte indício de que o papel-θ do argumento externo é atribuído por V' aponta na direção de que é correta, enfim, a visão tradicional sobre a sequência **sujeito^verbo^objeto** ser estruturada como [**sujeito^**[**verbo^ objeto**]], e não como [[**sujeito^verbo**]^**objeto**]], ou sem agrupamentos internos. Eis, portanto, o início de uma resposta ao questionamento levantado em **§3.1**, n. 4. Além disso, expressões idiomáticas como (30d) também constituem evidência em favor da estrutura [**sujeito^**[**verbo^objeto**]] e contra as alternativas. Existem expressões idiomáticas de vários tipos, mas todas elas têm em comum o fato de envolverem a atribuição de um significado arbitrário (não composicional) a uma subsequência de ILs que corresponde a um constituinte, i.e. que é dominada por um nódulo não terminal. Para tanto, é preciso que tal constituinte exista, incluindo integralmente a subsequência em questão e excluindo todo o resto da sequência terminal. Há expressões idiomáticas correspondentes a DPs (e.g. <u>a ponta do iceberg</u>, <u>o cocô do cavalo do bandido</u>, <u>a última bolacha do pacote</u>), a Ns (e.g. <u>bomba</u>, <u>cavalo</u>, <u>anjo</u>), a As (e.g. <u>quente</u>, <u>divino</u>, <u>torto</u>), a PPs (e.g. <u>dos infernos</u>, <u>com uma mão na frente e outra atrás</u>, <u>no buraco</u>), e a vários outros tipos de constituinte. Embora sintagmas complexos sejam, por definição, construídos na sintaxe, nada impede que uns tantos deles, de tão recorrentes que são, passem a ser memorizados como unidades reutilizáveis, algo como 'palavras gigantes' resultantes de um *feedback* da sintaxe, e que ficam guardadas em alguma 'gaveta' especial do léxico mental. Assim sendo, é possível que a essas 'palavras gigantes' possa ser atribuído um significado novo, não literal, ao sabor da situação pragmática que consagrou aquele uso (o que, no limite, não seria nada além da *arbitrariedade saussureana*).

Atendo-nos aos constituintes verbais, nota-se que há vários subtipos. Verbos como <u>detonar</u>, <u>engolir</u> e <u>arrebentar</u>, por exemplo, podem ser usados com quaisquer sujeitos e objetos para significar algo como 'derrotar, subjulgar, constranger, desmascarar' (Ôpa, <u>desmascarar</u> também é um idiomatismo!). Crucialmente, em exemplos como <u>Jerry Fodor detonou Hilary Putnam</u>, o sujeito e o objeto não são interpretados com sentido figurado, mas o verbo sim. Em exemplos como <u>A vaca foi pro brejo</u> e <u>A porca torceu o rabo</u>, não há dúvida de que o VP inteiro foi idiomatizado, pois sujeito, verbo e objeto estão todos sendo usados em um sentido figurado específico que só existe na combinação dos três elementos[30]. Existem idiomatismos envolvendo apenas sujeito e verbo, como <u>O bicho pegou</u>, e <u>O galo cantou</u>. Note que, nesses casos, não há objeto no idiomatismo, nem é possível inserir um sem que se perca a interpretação idiomática[31]. Logo, tudo indica que esses exemplos também envolvem idiomatização do VP inteiro, cujo núcleo é monoargumental.

Mais interessantes são os idiomatismos que envolvem o verbo e o objeto, que, juntos, têm sentido figurado, tal que qualquer sujeito pode ser combinado a esse idiomatismo, sendo no entanto interpretado de modo canônico, não participando, portanto, do idiomatismo. É isso que temos em

---

30. Dados como <u>A vaca já tinha ido pro brejo na semana passada</u> evidenciam que os idiomatismos em questão afetam um VP, e não um IP/CP inteiro, pois é possível variar a morfologia verbal, adjuntos, etc.

31. Cf. <u>O bicho pegou você</u> e <u>O galo cantou '*Ando Meio Desligado*'</u>.

chutar o balde, <u>encher linguiça</u>, <u>sair do armário</u>, <u>pagar mico</u>, <u>jogar merda</u> <u>no ventilador</u>, etc. A lista é gigantesca, e frequentemente alguém inventa uma nova gíria com essa anatomia interna. Temos aí evidência de que existe uma unidade V' que inclui verbo e complemento e exclui um sujeito. Assim como outras unidades, V' também é idiomatizável. Mais interessante ainda é o fato de não existirem idiomatismos envolvendo a subsequência **sujeito^verbo** numa sentença que contenha um objeto genuíno. Imaginemos um dialeto hipotético em que <u>A polícia prendeu Edu</u> significasse que Edu foi flagrado fazendo algo que dizia que jamais faria, e que ele se sente constrangido pelo flagra. Não há nada absurdo semântica ou pragmaticamente nisso. Entretanto, idiomatismos desse tipo não são atestados em língua nenhuma[32]. É exatamente isso que se espera se a anatomia interna do VP for [**sujeito**^[**verbo**^**objeto**]], pois assim não tem como haver uma unidade que englobe sujeito e verbo e exclua o objeto[33]. Inexistindo tal unidade, também inexistem idiomatizações dela[34].

E quanto aos verbos triargumentais? Aparentemente, dado o que foi dito até aqui, seria uma simples questão de distribuir os três papéis-θ (quais-

---

32. Há dados que, à primeira vista, parecem contradizer essa generalização, mas que um exame mais minucioso revela não serem contraexemplos genuínos. Um deles é a expressão "ninguém merece", que pode ser combinada com qualquer objeto. De fato, trata-se de uma 'gíria recorrente', mas note-se que seu significado não é idiomático. Outro exemplo seria "Um passarinho verde me contou [...]", em que qualquer *oração subordinada objetiva direta* pode ser complemento de <u>contou</u>. Porém, apenas o DP <u>um passarinho verde</u> está de fato idiomatizado, referindo-se a um fofoqueiro de identidade misteriosa.

33. Dryer (1992, 2005), principal estudo tipológico sobre o assunto, mostra que, entre 1056 línguas observadas, 497 são SOV (i.e. sujeito^objeto^verbo) e 435 são SVO (i.e. sujeito^ verbo^objeto), somando 88% do total, contra 12% da soma das ordens VSO, VOS, OVS e OSV em 126 línguas, evidenciando que essas últimas ordens são padrões derivados de combinações de movimentos enquanto as duas primeiras seriam mais básicas (cf. também Kayne 1994: 35-36). Isso reforça a tese de que há uma unidade [V^O] ou [O^V] independente do sujeito.

34. Aqui, é importante mencionar que o formalismo da Gramática Categorial permite uma 'flexibilidade de constituência', por assim dizer, no qual tanto [[**sujeito**^**verbo**]^**objeto**] como [**sujeito**^[**verbo**^**objeto**]] podem ser agrupamentos possíveis. O padrão de idiomatismos visto acima desafia seriamente tal modelo.

quer que eles sejam) na estrutura sintática em obediência à HT em (26). O problema, no entanto, é que isso não é nada trivial posto que o 'esqueleto' do VP disporia apenas de duas posições internas a ele e que são irmãs de uma projeção de V: o complemento (irmão de V) e o especificador (irmão de V'). Embora isso tenha a vantagem de muito facilmente explicar a inexistência de verbos poliargumentais, há o problema de prever que verbos triargumentais não deveriam existir, dada a inexistência de uma terceira posição argumental no VP. Há uma vasta literatura técnica sobre o assunto, e, segundo a posição majoritária, o esqueleto do VP seria um pouco mais complexo do que apresentei até aqui, pois haveria dois núcleos verbais (i.e. V e *v*) que se articulariam numa 'concha' em que VP (que disponibiliza duas posições argumentais internas) é complemento de *v*, que se projeta em *v*P, cujo especificador abrigaria o argumento externo (cf. Larson 1988, 1990; Hale & Keyser 1993; Chomsky 1995a; Kratzer 1996). Para efeitos desta introdução, adoto uma versão (substancialmente) modificada da análise proposta por den Dikken (1995: 121-123; 2006: 20-22). Tomemos, então, os dados em (31) e (32):

(31)   Akira *namora* com Akemi.
(32a)   Akira *deu* flores para Akemi.   (32b) Akira *colocou* moedas no bolso.

Em (31a) temos um verbo biargumental que, no meu dialeto de referência, é transitivo indireto, exigindo a presença da preposição com. Há dialetos em que tal verbo é transitivo direto, sem a preposição, com o mesmo significado de (31), o que evidencia que, em (31), o recebedor do papel-θ interno é o DP Akemi, não o PP com Akemi. Isso entra em choque com a premissa de que todo argumento deve ser irmão de uma projeção do predicador, pois, em (31), haveria projeções de P 'no meio do caminho' entre o verbo e o DP complemento. Uma potencial solução advém dos trabalhos em que se argumenta que, assim como os DPs, também os PPs são 'projeções estendidas' dos NPs. *Grosso modo*, assim como a projeção verbal 'continua para além do próprio VP', com as camadas IP e CP acima dele; também teríamos no PP projetado logo acima do DP uma 'continuação' do NP (cf. Grimshaw 1991; Frank 2002: cap 2)[35]. Desse modo, o PP do objeto indireto em (30a) seria 'transparente' para efeitos da transmissão do papel-θ do verbo <u>namor-</u> ao DP <u>Akemi</u>, seu argumento interno. Se verdadeiro, isso pode se estender para (32), cujos VPs seriam como em (33).

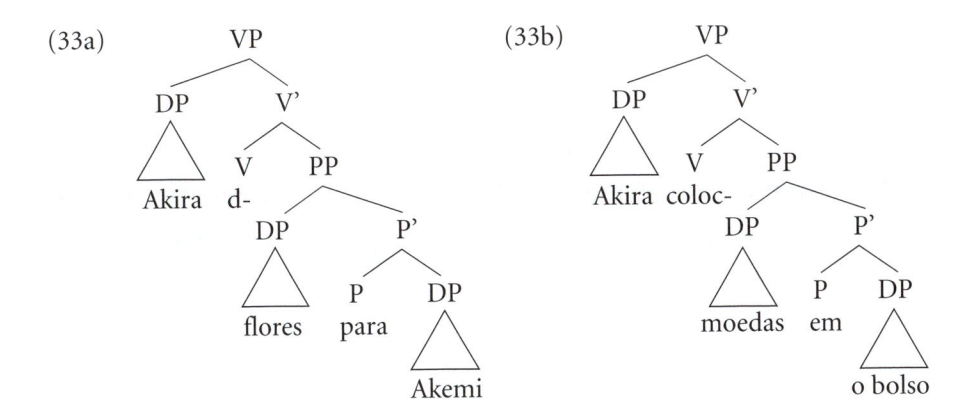

§4.4.3. Operadores e variáveis

Um simples caso concreto de interpretação na metalíngua traduzida encontra-se no famoso exemplo em (34), para o qual existem as duas interpretações em (35a) e (35b), embora, como apontam Martin & Uriagereka (2008: 561-563), a segunda seja preferencial.

---

35. Sob essa ótica, poderíamos diferenciar entre Ps genuínas (i.e. [-v,-n]) e Ps 'nominais' (i.e. [-v,+n]). As primeiras podem atribuir papel-θ, etc.; as segundas portam marcas morfológicas que expressam relações estabelecidas com outro núcleo com o qual se relacionam (e.g. note que a ideia de <u>com</u> já é prevista pelo próprio verbo, pois não se namora sozinho). Aliás, a própria natureza da regência começa a ser explicada por aí. Objetos indiretos não podem ser introduzidos por qualquer preposição, mas por aquela determinada pelo verbo, e que expressa morfologicamente ideias de localização (<u>em</u>), transferência de posse ou de lugar (<u>de</u>, <u>para</u>), companhia (<u>com</u>), etc., conforme o significado do verbo, e o papel-θ que ele impõe a seu argumento interno.

(34)   Todo homem ama uma mulher.

(35a)   Há um *y* tal que *y* é mulher, e é verdade que, para todo *x* tal que *x* é homem, *x* ama *y*.

(35b)   Para todo *x* tal que *x* é homem, é verdade que há um *y* tal que *y* é muher, e *x* ama *y*.

A diferença essencial entre (35a) e (35b) é que, de acordo com (35a), há necessariamente uma única mulher amada por todos os diferentes homens; enquanto, de acordo com (35b), em princípio cada homem ama uma mulher diferente. Sob a ótica da SM, as leituras (35a) e (35b) não são obtidas diretamente a partir da estrutura sintática de (34), i.e. (36), mas sim a partir das estruturas extralinguísticas (37a) e (37b), respectivamente, que são ambas traduções possíveis da expressão de (36) numa metalíngua que serve de modelo[36].

(36) $[^S [^{NP}$ todo homem$] [^{VP}$ ama $[^{NP}$ uma mulher$]]]$

(37a) $[\exists y \mid y =$ mulher $[\forall x \mid x =$ homem $[$ama'$(x,y)]]]$

(37b) $[\forall x \mid x =$ homem $[\exists y \mid y =$ mulher $[$ama'$(x,y)]]]$

---

36. O caráter ambíguo de (34) não é tão óbvio quanto parece. Segundo Pietroski & Hornstein (2002), só há uma estrutura de LF possível nesse caso (cf. (45b) adiante), correspondente a (35b), em que <u>todo homem</u> tem escopo sobre <u>uma mulher</u>. Tal LF é distinta de (37a). Mesmo assim, (37b) é compatível com situações em que, coincidentemente, uma única mulher é amada por todos os homens. Conforme (37b), um enunciado de (34) é verdadeiro se e somente se, para cada um de todos os homens, houver alguma mulher tal que ele ama ela. No limite, pode ser que cada homem ame uma mulher diferente. No outro limite, pode ser que, coincidentemente, todos os homens amem a mesma mulher. Também pode ser que haja umas mulheres amadas por mais de um homem, outras sendo amadas por apenas um. O significado de (45b) é compatível com todas essas condições de verdade. Ou seja, (45b), embora restrinja bastante o conjunto de interpretações possíveis, não especifica que as identidades de todas as mulheres amadas devam ser distintas ou iguais. Não haveria ambiguidade no plano gramatical, embora haja no plano discursivo. Remeto o leitor a Rothschild (2007: 926) para uma apresentação e discussão de contraexemplos que desafiam seriamente essa análise, razão pela qual assumo aqui a visão majoritária de que a ambiguidade é real e deriva de um par de duas estruturas distintas no nível LF, que tradicionalmente se assume serem algo aproximadamente como (45a) e (45b) adiante.

Adotar essa abordagem implica propor e, mais que isso, justificar conceitual e empiricamente a metalíngua que serve de modelo, bem como o sistema de tradução, cujos mecanismos específicos determinam quais estruturas podem ou não podem ser traduções válidas para cada tipo de estrutura gramatical. Segundo Montague (1970a, 1970b, 1973), o sistema de tradução na metalíngua é uma *gramática universal*, que não se deve confundir com o que Chomsky chama pelo mesmo nome (cf. Havorsen & Ladusaw (1979) para um guia de leitura de *Universal Grammar*, de Montague (1970a)). Para Montague, a gramática universal não é uma entidade psicobiológica, mas sim um sistema lógico-matemático universal, que transcende línguas particulares, bem como a biologia e as organizações sociais. Nas próprias palavras de Montague (1970a: 373):

> Não há [...] nenhuma diferença teórica relevante entre as línguas naturais e as linguagens artificiais dos lógicos; na verdade, pode-se compreender a sintaxe e a semântica dos dois tipos de linguagens por meio de uma única teoria, natural e matematicamente precisa.

Até aí, não temos nada tão diferente da prática científica corrente, em que teorias são formuladas através de modelos matemáticos calcados em entidades abstratas cuja existência (no plano platônico das ideias) independe da natureza. Em última instância, os formalismos chomskyanos também fazem uso de ferramentas da matemática, cuja existência e justificativa transcendem o próprio objeto de estudo da GGT. Para evitar confusões, convenciono, nos limites deste livro, chamar de *lógica transcendente* essa concepção de gramática universal, cuja natureza Dowty (1979: 1) define muito bem:

> É importante ter em mente que Montague não conferiu ao termo *gramática universal* o sentido a ele costumeiramente atribuído pelos linguistas, segundo o qual o conceito se refere ao problema de caracterizar apenas a classe de línguas humanas possíveis. De fato, o autor deliberadamente objetivou formular uma teoria bem mais poderosa, capaz de caracterizar a sintaxe e a semântica de todas as conhecidas linguagens artificiais dos teóricos da lógica, bem como fazer o mesmo em relação às línguas naturais e, sem dúvida, em relação a inúmeras linguagens não naturais ainda sequer imaginadas. Por vezes é sugerido que essa propriedade do programa montagueano o torna totalmente irrelevante para os

> propósitos dos linguistas, já que ele não faz "asserções empíricas" sobre a classe de línguas humanas possíveis. Embora eu concorde que o objetivo da Linguística seja caracterizar a classe mais estrita das línguas humanas possíveis, eu mantenho a posição de que a gramática universal de Montague será, de fato, bastante útil para se atingir tal objetivo. Mas seu propósito não será o de servir como uma teoria linguística *per se*, mas como um quadro de referência no qual se vai formalizar, estudar e comparar várias teorias sobre línguas humanas possíveis.

Como se pode depreender da passagem acima (de um autor montagueano), a séria questão que se coloca para os montagueanos é que a *lógica transcendente*, em si mesma, não proíbe, em princípio, a existência de diversas estruturas semânticas não atestadas nas sentenças das línguas naturais, como é o caso de violações de restrições de ilhas de extração (cf. **§2.6**)[37]. Se o sistema geral da gramática adotado for como na Gramática Categorial, em que a sintaxe praticamente não existe enquanto componente autônomo, então a agramaticalidade de certos dados semanticamente coerentes teria de ser concebida ou em termos das (im)possibilidades combinatórias inerentes aos próprios ILs ou aos mecanismos de tradução para a metalíngua (i.e. certas sentenças seriam sintaticamente bem-formadas, mas seriam intraduzíveis para uma estrutura semântica e por isso não seriam aceitas). Embora esse seja um caminho possível, nada disso é trivial, porque o suposto caráter universal da *lógica transcendente* não se verifica na prática, sendo necessário propor postulados estritamente linguísticos de uma forma ou de outra, e seriam eles, com suas idiossincrasias próprias da linguagem humana, os responsáveis pela agramaticalidade de certos dados não proibidos pela *lógica transcendente*. Acerca do fenômeno de quantificação ilustrado em (34-35) e (36-37), Borges Neto (1996: 52-54) caracteriza as *sentenças da metalíngua* como em (38):

(38a)   { [**uma mulher**$_y$] { [todo homem] { ama [*ela*$_y$] }}}
(38b)   { [**todo homem**$_x$] { [*ele*$_x$] { ama [uma mulher] }}}

---

37. Cf. Larson & Segal (1995: 298-301) para outro tipo de fenômeno e uma discussão pertinente.

A seguir, o autor (op. cit.: 54) tece as seguintes considerações sobre a 'tradução':

> Certamente alguém poderia dizer que isso é um artifício técnico que existe apenas para que se obtenham as descrições estruturais adequadas para o processamento semântico, sem que se possa atribuir qualquer 'naturalidade' ou 'realidade psicológica' a esta regra. E eu certamente vou concordar. Montague não pretende que sua gramática tenha qualquer realidade psicológica, nem que suas regras sejam 'naturais'. Para ele a língua é um objeto matemático e como tal deve ser tratada.

Para além do confessado desinteresse por questões psicológicas, a passagem acima revela tacitamente que, na SM, a pretensão de que a gramática se segue de uma lógica transcendente esbarra no caráter arbitrário de propostas específicas de sistemas de tradução. Na GGT, na transição entre a Teoria Padrão Estendida e a TRL, com o advento do nível de Forma Lógica, consolidou-se a visão de que não há na gramática um componente semântico autônomo, com regras e princípios próprios que mapeariam a estrutura sintática numa estrutura semântica distinta. Passou-se a conceber que o significado das sentenças está codificado na própria estrutura sintática, a saber: em LF. As regras e princípios pelos quais se obtém LF a partir de SS são essencialmente os mesmos pelos quais se obtém SS a partir de DS, e cuja postulação é independentemente motivada por razões puramente sintáticas.

Antes de tratarmos do exemplo de quantificação posto acima, vejamos como a abordagem sintaticocêntrica para o significado funciona em um exemplo um pouco mais simples. Considere (39a) e sua estrutura sintática simplificada em (39b) sem os recursos da Teoria X-Barra, irrelevantes para nossos propósitos imediatos. Segundo a SM, (39b) teria um correspondente na metalíngua formal abstrata aproximadamente como (40)[38]:

(39a) Ninguém gritou.   (39b) $[_S [_{NP} \text{ninguém}_N] [_{VP} \text{gritou}_V]]$

(40) Não existe uma pessoa x, tal que x gritou.

---

38. De modo tecnicamente mais rigoroso, teríamos o seguinte: $\neg \exists x \, [\textbf{\textit{pessoa}}'(x)] \mid \textbf{\textit{gritou}}'(x)$.

Segundo a SM, a interpretação é feita a partir dessa expressão da metalíngua traduzida em (40), não na expressão original em (39b) que foi traduzida. Na GGT, há algo equivalente a (40) nos aspectos relevantes, mas isso pertence à própria língua, não a uma metalíngua.

Primeiramente, assumamos que, em DS e em SS, <u>ninguém</u> é internamente estruturado como [^{NP} **não alguém**] e reorganizado morfofonologicamente entre SS e PF – algo assumido também em análises não transformacionais. Posto que <u>não alguém</u> significa "nenhuma pessoa" (já que <u>alguém</u> = <u>uma pessoa</u>), se nada mais é postulado como característico da estrutura para além do que temos 'na superfície' em (39) a menos que apelemos para uma metalíngua traduzida, então <u>Ninguém gritou</u> significaria que houve um ato de gritar, praticado por algo que não é uma pessoa. Isso certamente não corresponde a como de fato interpretamos a sentença. A proposta da GGT é que, entre SS e LF, o NP <u>não alguém</u> se move de sua posição original (deixando lá um 'rastro marcado') e se realoja na posição de irmão da S original, criando um novo constituinte S', que seria uma nova projeção de S (*grosso modo*, S = IP e S' = CP, em termos da Teoria X-Barra), tal como em (41).

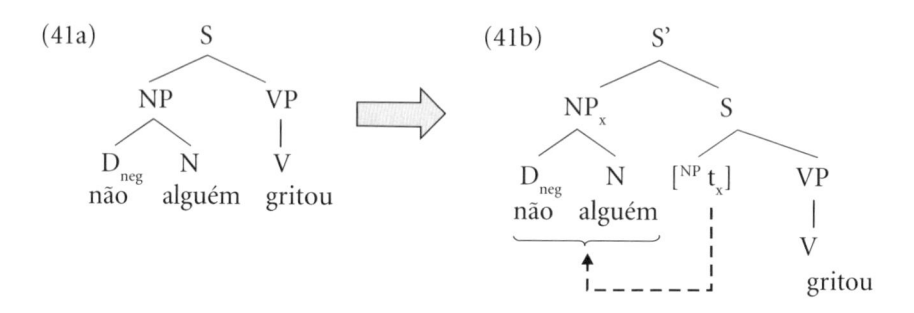

O NP movido para fora de S traz a mesma 'marca' que seu rastro dentro de S (i.e. *x*). Isso possibilita que S seja uma 'sentença aberta', na qual o t_x na posição de sujeito equivale a um 'pronome vinculado' (em termos técnicos, uma *variável ligada*) ao NP movido, que contém o *operador* <u>não</u>. Tal 'vinculação' decorre da 'marca' *x*, subproduto da transformação de movimento. (41b) corresponde à estrutura da sentença no nível de representação sintático de LF: a estrutura a ser interpretada via 'leitura literal', aproximadamente nos moldes de (42).

(42)

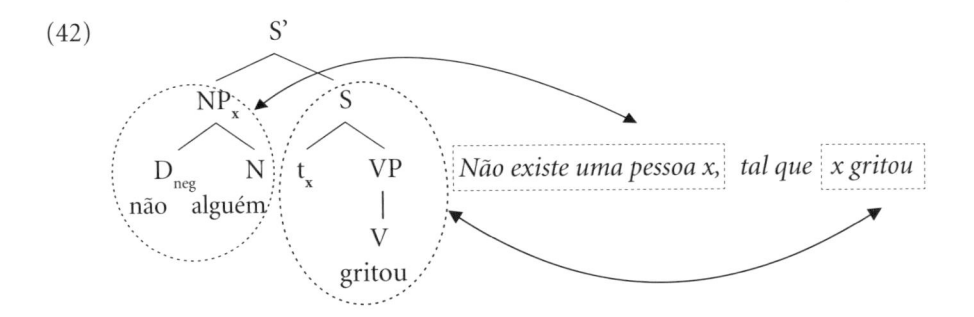

O sintagma irmão de <u>não</u> especifica a classe dos elementos que não existem. Diz-se, então, que <u>alguém</u> – argumento interno de <u>não</u> – é a *restrição* do operador. O sintagma irmão de <u>não alguém</u> especifica a situação em que nenhum elemento daquela classe existe (nenhum elemento da classe de pessoas existe na situação de ter gritado). Diz-se, então, que a *sentença aberta* t_x *gritou* – argumento externo de <u>não</u> – é o *escopo* do operador, o *domínio* no qual uma variável deve estar ligada a ele. A análise ora esboçada tem inspiração em propostas de teorias semânticas não transformacionais (cf. Montague 1973), como explicitamente admitido pelos primeiros desenvolvedores da noção de Forma Lógica no âmbito da GGT (cf. Sag 1976; May 1977, *inter alia*); mas a implementação técnica e as consequências conceituais e empíricas são essencialmente chomskyanas e incompatíveis com os pressupostos da SM. Na SM, assume-se uma representação muito próxima disso, porém na metalíngua. Na GGT, assume-se que tudo estaria codificado na própria língua, na sintaxe. No final das contas, trata-se fundamentalmente de uma questão empírica (i.e. qual abordagem explica mais dos vários fenômenos de significado?), além de teórico-metodológica (i.e. qual abordagem os explica de modo mais simples, via recursos independentemente motivados da própria língua, e com menos apelo a noções externas postuladas somente para tal fim?).

Essa mesma análise pode ser aplicada a construções envolvendo sintagmas quantificados (a rigor, <u>ninguém</u> é um quantificador que expressa a 'quantidade zero' de pessoas) como em (34) acima, que é tradicionalmente analisado como sendo ambíguo, interpretável como (35a) ou (35b). Repito tais dados abaixo como (43), (44a) e (44b).

(43)   Todo homem ama uma mulher.

(44a)   Há um y tal que y é mulher, e é verdade que, para todo x tal que x é homem, x ama y.

(44b)   Para todo x tal que x é homem, é verdade que há um y tal que y é mulher, e x ama y.

Na perspectiva da GGT, a obtenção das duas leituras em (44) em termos puramente sintáticos se daria através de duas formas possíveis de se aplicar, entre SS e LF, a transformação de *alçamento de quantificador* (cf. May 1977, 1985) aos dois quantificadores da sentença, que seria uma demanda desencadeada pela própria natureza dos operadores envolvidos, que só são interpretáveis se houver variáveis ligadas a eles. Tais variáveis são obtidas via movimento, que cria vestígios. Os correlatos de (44a) e (44b) em LF seriam aproximadamente como em (45a) e (45b), respectivamente. Em ambos os casos, os dois quantificadores se movem de dentro de IP e se adjungem a CP. A diferença está na ordem de aplicação desses movimentos. O quantificador que se move primeiro acaba ficando mais internamente encaixado na estrutura global, dentro do domínio que define o escopo do quantificador que se move depois e ocupa uma posição mais 'externa'[39].

---

39. O tipo exato de adjunção proposto por May difere do que se vê em (45) quanto a detalhes de implementação. Há algumas variantes da mesma ideia propostas na literatura técnica (e.g. adjunção a IP), que não alteram a essência do ponto central da presente discussão no nível de profundidade possível aqui.

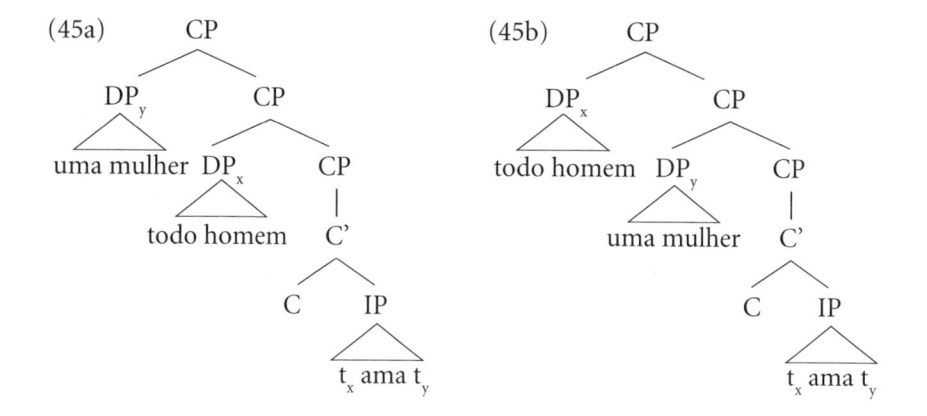

Conforme discussão anterior (cf. **§3.3**), saliento que (45a) e (45b) não são duas interpretações distintas para uma mesma sentença. São duas sentenças distintas que correspondem à mesma sequência terminal em (43). Nenhuma dessas duas estruturas é diretamente refletida na ordem de pronúncia de ILs que elas efetivamente exibem no plano de PF (i.e. todo^homem^ama^uma^mulher). Isso condiz com a ideia de que tais movimentos ocorrem entre SS e LF, portanto, num estágio derivacional posterior ao ponto em que estruturas sintáticas são representáveis no plano fonológico. Interessantemente, em línguas como o húngaro, entre outras, observa-se que sentenças envolvendo quantificadores são sistematicamente interpretadas de modo único, sem ambiguidade, como se as relações de escopo fossem determinadas no nível de SS (cf. Kiss 1991). O entendimento geral é que o nível sintático relevante é universalmente LF, mesmo nessas línguas. Em algumas línguas o alçamento de quantificador ocorreria 'mais cedo' e em outras 'mais tarde'[40]. Essas línguas em que a fonologia reflete mais diretamente a semântica dos quantificadores dão pistas valiosas acerca dos tipos de alçamento de quantificador possíveis, se há movimentos mais longos (até CP), de média distância (até IP) ou mais curtos (até VP).

---

40. Cf. Fox & Nissenbaum (1999) para uma proposta minimalista de que, em todas as línguas, o alçamento de quantificador ocorre 'cedo', mas há variação quanto à cópia mais alta ser a que se pronuncia.

May (1985: 13) sumariza bem a essência dessa abordagem:

> A gramática fornece estrutura suficiente para que, em LF, a aplicação de quantificações possa ser determinada de modo transparente [...] derivadas por mapeamentos transformacionais, explorando a noção de variáveis logicamente ligadas que recebe sustentação gramatical através da teoria de vestígios. Note que tal mapeamento não é uma "tradução" entre as *sentenças* de uma dada língua e aquelas de um outro sistema de representação formal [de uma metalíngua]. Ao contrário, eles são mapeamentos ocorridos inteiramente dentro do sistema de representação formal da linguagem natural. De fato, a assunção de que LF é derivada desse modo não demanda nenhum aparato adicional à teoria linguística que já não precise ser assumido de qualquer modo como parte da GU. [...] Logo, argumento que o mesmo aparato necessário para caracterizar apropriadamente as propriedades sintáticas de construções-QU (e.g. De quem Ângela suspeita?) é suficiente para caracterizar as propriedades sintáticas da representação em LF de <u>Ângela suspeita de todos</u> [...] sem a postulação de nenhum tipo especial de regras ou princípios. Esse ponto é importante e deve ser enfatizado. Assumir que há um nível de Forma Lógica derivado por "Mover α" não implica nenhuma ampliação do aparato formal da teoria linguística [...] embora haja o abarcamento de uma gama de fenômenos que, de outro modo, ficariam fora de seu alcance descritivo e explicativo. Na medida em que essa abordagem seja empiricamente motivada, ela então representa a melhor alternativa disponível para se incorporar uma teoria de representação lógica à própria gramática.

A obra de May (1985) é, com justiça, tomada como um marco inicial da concepção de gramática em que 'a semântica é toda feita pela própria sintaxe'. Entretanto, a ideia de Forma Lógica, articulada como um nível de representação interno à gramática que codifica relações de significado remete a Chomsky (1975b: 104-105), em suas reflexões em torno das consequências e evidências da noção de vestígio. Na formulação original, contudo, o que se postulava como operações gramaticais ocorrendo entre SS e LF eram "regras de interpretação semântica" de natureza distinta das transformações de movimento (e afins) do mapeamento entre DS e SS. Logo, não seria impróprio dizer que, na sua incepção, LF foi concebida como uma estrutura semântica. O antecessor histórico imediato de May (1985) foi May (1977), tese de doutorado do autor (orientada por Chomsky) na qual LF já era concebida como construída por meios puramente sintáticos essencialmente indistintos daqueles que construem SS; entretanto, naquele momento, May ainda concebia a existência de um nível de representação pós-sintático responsável por codificar aspectos do significado até então tidos como impossíveis de serem tratados em termos puramente sintaticocêntricos. May (1977: 26-29, 234-239) nomeara esse nível de LF' (leia-se: "LF-linha"). Esse mapeamento entre LF e LF' era uma elaboração significativa de algo já esboçado em Chomsky (1975b), para quem LF (concebida nos termos descritos acima) seria subsequentemente mapeada naquilo que ele chamava de *a representação plena do significado*, via "outras regras de interpretação semântica" que "interagem com outras estruturas cognitivas" (op. cit.: 105).

A partir de May (1985), esse resíduo da visão original de Chomsky (1975b) foi eliminado. Isso não significa, de modo algum, que todos os fenômenos relativos ao significado conseguiram ser explicados por meios estritamente sintáticos (o que não se verifica hoje, muito menos há cerca de três décadas atrás). Desde então, muitas análises de fenômenos de significado baseadas em LF têm sido muito bem-sucedidas. Outras ainda esbarram em grandes obstáculos, a despeito de apontarem caminhos promissores. Enquanto houver algum fenômeno relativo ao significado mal-explicado, ainda existirá uma porta aberta para se retornar ao sintaticocentrismo moderado de May (1977), que admitia a existência de um nível semântico. Entretanto, poucos autores na GGT contemplam essa ideia. Metodologicamente, aposta-se num sintaticocentrismo forte, no qual a semântica é toda feita pela própria sintaxe, e os aspectos do significado não representáveis em LF ficariam a cargo de um componente *pragmático*, externo à gramática, que lida com o *uso* das representações lógicas construídas pela sintaxe de acordo com circunstâncias da enunciação[41]. Essa visão fica mais explícita e mais concreta com o advento do Programa Minimalista, cerca de uma década após o clássico de May (1985). Pois é, embora o sintaticocentrismo

---

41. Do outro lado da balança, os praticantes da SM majoritariamente apostam fortemente na ideia de que não existe LF (nem DS) e que um nível de interpretação puramente semântico (por vezes também chamado de Forma Lógica, mas que não se deve confundir com a LF dos chomskyanos) é extraído (via regras de 'tradução') diretamente a partir de SS, ou do correlato mais próximo de SS na abordagem em questão (cf. Steedman 2000).

chomskyano seja avesso a um componente semântico autônomo, ele é bastante simpático à ideia de que partes relevantes do significado (inferências, implicaturas, acarretamentos, pressuposições, etc.) sejam tratadas em termos puramente pragmáticos, extragramaticais.

A vantagem de uma gramática baseada em LF comparativamente às alternativas não transformacionais residiria, em primeira instância, na simplicidade do aparato técnico, que dispensaria a tradução numa metalíngua, e mecanismos associados (como *type-shifting*) amplamente usados em análises da SM, mas que são problemáticos mesmo dentro daquele arcabouço teórico porque, a rigor, implicam a violação da premissa da composicionalidade fregeana tão cara aos montagueanos (cf. Pietroski 2005: 67-75, 215-217).

Além da questão da elegância do sistema, há vantagens empíricas numa teoria do significado baseada em LF. Os exemplos discutidos acima são mais simples (mais tratáveis dentro dos limites deste livro) e podem ser analisados em termos não transformacionais. Há, no entanto, fenômenos mais complexos, muito difíceis de serem analisados estritamente em termos de uma teoria semântica que pressuponha uma sintaxe não transformacional. Vimos, por exemplo, em §3.7, no dado (89), uma pequena amostra de uma grande família de fatos conhecidos como *efeitos de reconstrução*, e que se constituem em evidências empíricas fortes a favor de LF. Além disso, há outros fenômenos ainda mais intrincados, para os quais soluções transformacionais têm se mostrado cada vez mais necessárias, ainda que o debate esteja aberto e tentativas não transformacionais eventualmente sejam propostas. Não há espaço aqui para discuti-los, pois isso demandaria uma familiaridade com noções técnicas mais avançadas. Por ora, apenas indico ao leitor mais interessado em avançar seus estudos nessas questões que ele busque por descrições e análises acerca de *Antecedent Contained Deletion* (cf. May 1985: 11-13; Hornstein 1995: 53-58, 72-98; e obras lá referenciadas)[42].

---

42. Jacobson (1992) é rara análise não transformacional para esse fenômeno que tem boa cobertura empírica e um formalismo consistente e promissor, ainda que insuficiente para explicar os fatos completamente.

De volta ao padrão observado em sentenças envolvendo mais de um sintagma quantificado, faz-se pertinente acrescentar algumas informações. Primeiramente, note-se que, conforme a concepção de Minimalidade Relativizada (MR) aqui adotada (cf. §3.7), a coexistência de duas estruturas possíveis no nível de LF parece problemática, pois, em SS, uma mulher é c-comandado por todo homem, que se encontra mais próximo de uma posição periférica de adjunção a CP. Espera-se, portanto, que todo homem tenha preferência para ser movido primeiro e uma mulher depois, o que acarretaria a estrutura (45a) como a única possível, pois, no estágio da derivação em que SS se forma e começa a ser mapeada em LF, todo homem está numa posição 'superior' a (mais c-comandante que) uma mulher, fazendo com que todo homem se mova primeiro e se torne o primeiro adjunto, emparelhado com o CP menor. Na sequência, uma mulher é movido, adjungindo-se ao CP então formado, e portanto ficando logo acima de todo homem. Se assim fosse, apenas a leitura (37a≡44a) seria atestada, o que não confere com os fatos. Tal leitura é incompatível com uma situação em que os homens amam diferentes mulheres, que sabemos empiricamente ser um contexto no qual um enunciado da sentença (43) é verdadeiro. Aliás, esta é a interpretação mais saliente.

Uma saída seria redefinir a MR não como uma propriedade do movimento em si, mas como um princípio representacional que regula o que pode ou não haver entre sintagmas movidos e seus vestígios em SS. Assim, a MR não se aplicaria entre SS e LF. Se necessário por razões empíricas, esse afrouxamento é tolerável, mas definitivamente ele enfraquece o poder explicativo de um modelo que define LF como um nível sintático, construído a partir de SS através das mesmas operações transformacionais que constroem SS a partir de DS. É importante notar, porém, que o chamado alçamento de quantificador difere dos demais movimentos ora vistos no sentido de que ele não é deflagrado por um núcleo atrator c-comandante que define a posição de chegada do movimento, a partir do qual se calculam as distâncias. O alçamento de quantificador seria deflagrado pelas propriedades do próprio sintagma quantificado, que demandam que ele saia do seu domínio sentencial imediato para estabelecer uma ligação entre operador e variável, via vestígio. Assim, a não observância do alçamento de quantificador à MR talvez não seja propriamente um problema. A propósito, até aqui está sendo assumida tacitamente a premissa de que movimentos de adjunção sempre 'empilhariam' novos adjuntos em cima dos adjuntos anteriormente presentes, nunca intercalando adjuntos novos logo embaixo dos anteriores. Remeto o leitor a Richards (2001: cap 3) para evidências e argumentos em contrário, os quais, se corretos, sugerem que (45a) e (45b) sejam ambas LFs possíveis, ainda que <u>todo homem</u> deva se mover primeiro. Numa direção diferente, trabalhos como Fox (2000, cap 2, especialmente p. 62-66) discutem casos mais complexos em que construções com múltiplos quantificadores exibem efeitos de localidade sintática, tal que, de todas as combinações logicamente possíveis de movimentos de sintagmas quantificados, apenas algumas são atestadas. Há também análises alternativas como as de Hornstein (1995) e Kitahara (1996), sem movimento de adjunção de sintagmas quantificados com o propósito específico de estabelecer ligações entre operadores e variáveis; sendo tais relações obtidas 'pegando carona' nos movimentos que tais NPs/DPs já fariam por razões independentes, havendo mais de uma escolha por quais cópias interpretar em LF (assumindo-se a teoria de movimento por cópia, cf. §3.7)[43].

Em suma, nas versões hegemônicas da GGT das últimas três a quatro décadas, não se nega totalmente que aquilo que se costuma entender por semântica exista sob alguma forma. Porém, a semântica é tomada como um epifenômeno, um 'efeito colateral' da interação entre a sintaxe, os significados dos itens lexicais, e a própria competência pragmática.

---

43. Remeto o leitor a Martin & Uriagereka (2008: 561-563) para um esboço de explicação para o fato de (44b) ser a leitura preferencial de (43), com base na visão Hornstein/Kitahara de quantificação.

Por fim, saliento uma simetria que frequentemente passa despercebida por muitos que comparam criticamente a GGT com abordagens baseadas na SM. Muitas abordagens não transformacionais investem fortemente na hipótese de que não há isomorfia entre sintaxe e semântica, no sentido de que as estruturas da metalíngua traduzida teriam suas características próprias, distintas daquelas da sintaxe. Segundo tal visão, o mapeamento entre sintaxe e semântica se daria a partir de uma 'sintaxe de superfície' que seria mais isomórfica à fonologia, pois, no limite, não teria nenhum dos elementos fonologicamente nulos (vestígios, elipses, pronomes silenciosos, etc.) postulados pela GGT. Trata-se de uma concepção de gramática legítima e coerente que merece ser explorada. O mérito da comparação é em grande parte medido a partir da cobertura empírica de cada teoria.

Entretanto, alguns adeptos da SM equivocadamente referem-se à discrepância entre a sintaxe e a fonologia dos modelos da GGT (i.e. os movimentos, as elipses, os pronomes silenciosos, etc.) como abstrações absurdas, injustificadas, arbitrárias, 'apelativas'. Essa crítica é infundada. As abstrações envolvidas na abordagem transformacional, as regras transformacionais em si e a discrepância entre a forma das estruturas sintáticas e fonológicas, são passíveis de questionamento como, aliás, tudo em ciência. Entretanto, elas não são, *a priori*, mais arbitrárias que as abstrações e postulações necessárias segundo a SM para se traduzir a sintaxe de superfície (isomórfica à fonologia) numa estrutura semântica apropriada. Nas teorias calcadas nos postulados da SM, há, por um lado, uma discrepância entre sintaxe e semântica, e, por outro, uma *quasi*-isomorfia entre sintaxe e fonologia (uma isomorfia não total porque a fonologia inclui, para além da sequência terminal, elementos adicionais como curvas melódicas, pausas, alongamentos de sílaba, etc.). Isso não é *a priori* melhor nem pior que a visão diametralmente oposta da GGT segundo a qual LF é o nível gramatical que codifica em si a sintaxe e a semântica da sentença (havendo aí uma isomorfia quase total, pondo de lado os aspectos puramente pragmáticos do significado), enquanto a sintaxe e a fonologia estariam distantes, sendo as discrepâncias decorrentes dos processos de mapeamento de uma para a outra (i.e. movimento, elipse, etc.), que não são *a priori* nem mais nem menos arbitrários do que os mecanismos de tradução na metalíngua da SM.

Permita-me dizer o óbvio de modo vulgar. O jogo é jogado, e não se ganha nem se perde na escalação dos atletas e na divulgação do esquema tático. Rotular como absurdas as abstrações da GGT em relação à discrepância entre sintaxe e fonologia é nada menos que desonesto. Todo teórico tem direito a suas 'preferências estéticas'. Quando postas à prova, elas deixam de ser apenas isso e passam a ser hipóteses testadas que foram corroboradas ou refutadas. Antes disso, algumas escolhas podem até ser mais elegantes que outras, por envolverem um aparato formal mais enxuto para explicar os mesmos fatos. A SM não goza dessa vantagem em relação à GGT, a menos que restrinjamos o escopo de seu estudo a fragmentos de gramática que são um subconjunto próprio de todo o legado da GGT no plano na adequação observacional, todos os fenômenos intrincados de cuja existência não se sabia antes (embora também haja na SM descobertas importantes e análises consistentes).

§4.5. PADRÕES SONOROS[44]

Desde Chomsky (1951), Chomsky et al. (1956), Chomsky (1964: 30-33, 65-110), Chomsky & Halle (1965), Chomsky (1967a), e, sobretudo, desde o clássico tratado de Chomsky & Halle (1968), *The sound pattern of English* (SPE)[45], a visão geral de gramática de Chomsky tem influenciado massivamente até hoje a maioria das investigações em Fonologia de um modo ou de outro. Além dos continuadores da tradição chomskyana-halleana em

---

44. Nesta seção, pressuponho do leitor relativa familiaridade com conceitos elementares de análise fonológica (cf. Souza & Santos 2003; Battisti 2014; Seara et al. 2015; os dois primeiros títulos são mais sucintos e acessíveis).

45. Nomeado em referência a *The sound pattern of Russian*, de Morris Halle (1959).

fonologia[46], também os seus antagonistas[47] conduzem suas pesquisas tendo tal tradição como um de seus pontos de referência (ao qual se contrapoem). Já que Chomsky, pessoalmente, não se dedicou tanto a estudos fonológicos específicos ao longo de todas essas décadas até aqui, alguns, equivocadamente, subestimam a sua importância para a área. Mas suas contribuições, na incepção da GGT, foram decisivas para quase tudo o que veio depois.

No entanto, Chomsky não teria deixado o legado que deixou sem a sólida fundação antes estabelecida por Roman Jakobson, Gunnar Fant e Morris Halle. Desde a obra seminal de Nikolai Trubetzkoy (na primeira metade do século XX), já se analisava o *continuum* do sinal acústico concebendo-se a existência de segmentos (compreendidos como fones, fonemas, alofones), caracterizados em termos de suas propriedades. Por exemplo, já se concebia [m] como um "segmento consonantal vozeado com ponto de articulação bilabial e modo de articulação oclusivo-nasal". Foi a partir de Jakobson et al. (1952, 1963) e Jakobson & Halle (1956) que essas dimensões articulatórias passaram a ser concebidas em termos de traços distintivos binários, num vocabulário universal para descrever o inventário total de segmentos fonológicos, do qual cada gramática particular apresenta um subconjunto próprio. Desde a incepção da ideia até hoje, há muitíssimas versões do que seria o sistema de traços da GU. A seguir, reproduzo a tabela

---

46. O *Modelo SPE* está para a *Fonologia Gerativa* assim como a *Teoria Padrão* está para a *Sintaxe Gerativa*. A partir do modelo SPE foram derivados vários modelos de análise fonológica, muitas vezes complementares, e.g. *Fonologia Lexical* (Kiparsky 1982, 1985; Mohanan 1986), *Fonologia Autossegmental* (Clements 1985; Halle 1992), *Fonologia Prosódica* (Selkirk 1984; Nespor & Vogel 1986; Inkelas & Zec 1990) e *Fonologia Métrica* (Halle & Vergnaud 1987). Mesmo o modelo da *Teoria de Otimalidade* (Prince & Smolensky 2004 [1993], Kager 1999; McCarthy 2008), que rompe com alguns princípios importantes do modelo SPE, é também uma continuação da *Fonologia Gerativa* em muitos de seus aspectos axiais.

47. E.g. Ohala (1990, 1995, 1997) e Browman & Goldstein (1986, 1989, 1992). Albano (2001) apresenta essa visão geral de que a fonologia se reduziria a um mínimo de especificações lexicais, sendo as alofonias decorrentes de processos essencialmente *fonéticos*, e aplica tal modelo a dados do português brasileiro.

MATRIZES DE TRAÇOS DOS SEGMENTOS DO INGLÊS

	ɨ	ī	ū	ē	ō	ǣ	ā	ǣ	ɔ̄	i	u	e	ʌ	o	æ	ɔ	y	w	ɛ
vocálico	+	+	+	+	+	+	+	+	+	+	+	+	+	+	+	−	−	−	−
consonantal	−	−	−	−	−	−	−	−	−	−	−	−	−	−	−	−	−	−	−
alto	+	+	+	−	−	−	−	−	−	+	+	−	−	−	−	−	+	+	−
posterior	+	−	+	−	+	−	+	+	+	−	+	−	+	+	−	+	−	+	−
baixo	−	−	−	−	−	+	+	−	+	−	−	−	−	−	+	+	−	−	−
anterior	−	−	−	−	−	−	−	−	−	−	−	−	−	−	−	−	−	−	−
coronal	−	−	−	−	−	−	−	−	−	−	−	−	−	−	−	−	−	−	−
arredondado	−	−	+	−	+	−	−	+	+	−	+	−	−	+	−	+	−	+	−
tenso	+	+	+	+	+	+	+	+	+	−	−	−	−	−	−	−	−	−	−

	r	l	p	b	f	v	m	t	d	θ	ð	n	s	z	c	č	ǰ	š	ž	k	g	x	ŋ	h
vocálico	+	+	−	−	−	−	−	−	−	−	−	−	−	−	−	−	−	−	−	−	−	−	−	−
consonantal	+	+	+	+	+	+	+	+	+	+	+	+	+	+	+	+	+	+	+	+	+	+	+	−
alto	−	−	−	−	−	−	−	−	−	−	−	−	−	−	+	+	+	+	+	+	+	+	+	−
posterior	−	−	−	−	−	−	−	−	−	−	−	−	−	−	−	−	−	−	−	+	+	+	+	−
baixo	−	−	−	−	−	−	−	−	−	−	−	−	−	−	−	−	−	−	−	−	−	−	−	+
anterior	−	+	+	+	+	+	+	+	+	+	+	+	+	+	+	−	−	−	−	−	−	−	−	−
coronal	+	+	−	−	−	−	−	+	+	+	+	+	+	+	+	+	+	+	+	−	−	−	−	−
vozeado	+	+	−	+	−	+	+	−	+	−	+	+	−	+	−	−	+	−	+	−	+	−	+	−
contínuo	+	+	−	−	+	+	−	−	−	+	+	−	+	+	−	−	−	+	+	−	−	+	−	+
nasal	−	−	−	−	−	−	+	−	−	−	−	+	−	−	−	−	−	−	−	−	−	−	+	−
estridente	−	−	−	−	+	+	−	−	−	−	−	−	+	+	+	+	+	+	+	−	−	−	−	−

Figura 1: *Composição dos traços distintivos dos segmentos do inglês* (Chomsky & Halle 1968: 176-177)

clássica de Chomsky & Halle (1968: 176-177) que resume as bases sobre as quais a fonologia segmental se desenvolveu[48].

Cada traço representa um dos critérios de classificação dos segmentos, uma propriedade, concebida em termos binários (tal como direita e esquerda, morto e vivo, vertebrado e invertebrado, etc.). Tal binarismo não é uma necessidade lógica. É imaginável que cada um dos traços possa assumir mais de dois valores possíveis. Pode-se também tomar alguns traços como binários e outros não. Em última instância, trata-se de uma questão empírica. Em primeira instância, um modelo de traços binários é formalmente muito enxuto, possibilitando descrever os muitos segmentos articulatoriamente possíveis através da combinatória de um pequeno número de traços, todos eles concebidos do modo mais simples possível.

Há dois aspectos importantes e 'distintivos' dessa abordagem, um mais conceitual e outro mais técnico. A Fonologia Gerativa elabora a proposição introduzida no Estruturalismo de que há pelo menos dois níveis de representação no que concerne aos sons linguísticos: o fonológico e o fonético[49]. No plano fonológico, sons são unidades abstratas compostas de partes independentes, que só existem enquanto entidades psicológicas, indicadas entre barras inclinadas. No plano fonético, indicados entre colchetes, sons são eventos físicos (acústico-articulatórios), indivisíveis em partes discretas que possam existir umas sem as outras[50].

Além disso, ao se conceberem essas entidades psicológicas em termos de 'pacotes' de traços distintivos binários, torna-se possível definir as classes

---

48. Cagliari (1997a: 71-74) traz uma explicação clara, suficientemente detalhada e acessível sobre cada um dos traços propostos em Chomsky & Halle (1968), comparando tal sistema ao de Jakobson et al. (1963).

49. A rigor, no modelo SPE (e descendentes), há uma distinção importante entre o nível fonético (que já incorpora um grau de abstração) e o nível físico (acústico-articulatório). Fundo aqui os dois para fins didáticos.

50. E.g. Um segmento com modo de articulação fricativo não tem como não ter ponto de articulação, pois a propriedade de ser fricativo implica a aproximação estreita de dois articuladores em algum ponto do trato vocal.

naturais (os sons nasais, os fricativos, os oclusivos, etc.) de modo mais preciso, pelo simples compartilhamento ou não de um ou mais traços. Assim, vai-se além do nível da adequação observacional (i.e. listar os segmentos que se comportam de modo semelhante), viabilizando um tratamento nos níveis descritivo e explicativo para o fenômeno de que certos processos fonológicos (vozeamento, nasalização, apagamento, etc.) tipicamente não se aplicam a segmentos específicos (e.g. /s/), mas a coleções de segmentos que compartilham ao menos um traço (e.g. /s/, /z/, /f/, /v/, /x/, /ɣ/, /h/, /ɦ/) e que excluem todos os demais segmentos sem esse(s) traço(s)[51]. Em termos de adequação explicativa, assumir um sistema de traços universal e inato nos propicia formular hipóteses testáveis acerca do que seriam classes naturais possíveis ou impossíveis de existir nas diversas línguas e quais tipos de 'erro' crianças cometeriam ou não durante a aquisição.

A propósito dos níveis de adequação em fonologia, replico aqui a argumentação de Chomsky (1964: 30-31), adaptando os dados para o português. Temos o item balé [ba.'lɛ] no léxico. Não temos bralé [bra.'lɛ], mas poderíamos ter. Esse arranjo de segmentos é uma combinação possível, que podemos usar para atribuir um nome exclusivo para algo recém-inventado. Enfim, [bra.'lɛ] é um IL possível, ou melhor, um significante possível. O mesmo não pode ser dito sobre *[bna.'lɛ]. Ao escutarmos tal dado, julgamo-lo 'estrangeiro', ou o percebemos como se fosse o trissílabo [bi.na.'lɛ], cuja estrutura fonológica é distinta e legitimada pelo sistema. Por que há esse contraste entre os dois ILs hipotéticos, se ambos /r/ e /n/ são segmentos da língua? Afinal, o signo linguístico é ou não é arbitrário (cf. Saussure 1916: 97-113)? Sim, mas isso é limitado pelo inventário de segmentos da gramática em questão, bem como por suas regras fonotáticas, que preveem quais tipos de segmento podem ser adjacentes no início de uma mesma sílaba. Se só listarmos [ba.'lɛ] e [bra.'lɛ] como significantes possíveis e *[bna.'lɛ]

---

51. Numa terminologia mais rigorosa, há diferença entre *traço* (e.g. [nasal]) e *traço valorado* (e.g. [−nasal] e [+nasal]). Quando falo em ter um mesmo traço, refiro-me na verdade a ter o mesmo valor para tal traço.

como impossível, não passamos do nível observacional. Atingimos o nível descritivo quando caracterizamos com precisão regras que determinam os encontros consonantais possíveis e impossíveis, com base na constituição de traços dos segmentos e suas posições relativas. Atingimos o nível explicativo quando nossas formulações para as regras preveem corretamente padrões observáveis nos estágios da aquisição de linguagem (i.e. 'sotaques infantis' possíveis e impossíveis), bem como a universalidade da existência ou inexistência de certos tipos de sílaba.

Sigamos o raciocínio a partir dos nomes próprios Oscar [os.'kah] e Osmar [oz.'mah]. Se quisermos, podemos criar outros similares, como Ispar [is.'pah], Esbar [ez'bah], etc. Contudo, *[oz.'kah] e *[os.'mah] são significantes impossíveis, como quer que os grafemos, ainda que sejam muito parecidos com os nomes próprios reais [os.'kah] e [oz.'mah]. O problema com as formas agramaticais *[oz.'kah] e *[os.'mah] reside no fato de as instâncias das fricativas [z] e [s] em final de sílaba (respectivamente, +vozeada e −vozeada) estarem imediatamente seguidas por segmentos com valores opostos aos de seus traços de vozeamento (i.e. [k] é −vozeado e [m] é +vozeado). Conforme a fonotaxe da língua, fricativas em final de sílaba devem 'concordar em vozeamento' com o segmento que inicia a sílaba seguinte, o que, no modelo SPE, é formalizável nos termos da regra de vozeamento em (46)[52].

(46) $/_{\text{+fricativo, −vozeado}}/ \rightarrow [_{\text{+vozeado}}] / \underline{\qquad} \cdot (_{\text{+vozeado}})$

---

52. Cf. Chomsky (1965: 82). Uso aqui o traço ±fricativo como um atalho notacional simplificador. A rigor, pelo sistema SPE (e subsequentes elaborações), a fricatividade é fruto de uma combinação de traços independentes. Embora seja possível formalizar uma regra que, literalmente, faça uma fricativa 'concordar em vozeamento' com o segmento seguinte, a opção por uma regra unidirecional de vozeamento de fricativas desvozeadas é empiricamente motivada pela inexistência de dados com fricativas vozeadas em final de palavra (e.g. temos [pas] e [gas], mas não *[paz] e *[gaz]), indicando que /s/ é o fonema subjacente e [z] e [s] seus alofones marcado e não marcado, respectivamente. O alofone marcado é o que resulta da aplicação da regra.

Esse tipo de regra (típico do modelo SPE e subsequentes elaborações) tem as mesmas características formais das transformações locais de inserção lexical na Teoria Padrão (cf. **§3.6**). Nesse sentido, recomendo a leitura da seção *Some formal similarities between syntax and phonology* em Chomsky (1965: 79-83) para se ter uma ideia clara de como os níveis de representação são articulados. O efeito de (46) é que, no mapeamento da representação fonológica para a fonética, uma sequência de segmentos contendo uma consoante fricativa -vozeada tem tal segmento substituído por outro idêntico em todos os seus traços, exceto pelo fato de ser +vozeado; e isso só ocorre se o segmento alvo da substituição estiver em fim de sílaba e o segmento imediatamente seguinte for +vozeado. Enfim, (46) é uma regra de reescritura transformacional, cuja sensibilidade a contexto se restringe às adjacências.

Na formulação de (46), é fundamental especificar que o segmento a ser afetado esteja em fim de sílaba e o segmento que lhe 'transmite' o traço +vozeado inicie a sílaba seguinte. Do contrário, não teríamos o *par mínimo* assar [a.'sah] e azar [a.'zah], por exemplo; mas apenas o segundo dado. Porém, se acrescentamos o prefixo des [des] a atar [a.'tah], temos categoricamente [de.za.'tah] e não *[de.sa.'tah]. Aí, temos a conversão de /s/ em [z] diante do segmento vozeado /a/, estando os segmentos adjacentes numa mesma sílaba[53].

A solução para esse aparente dilema é simples. Além de (46) e de outras tantas regras, a gramática teria mecanismos que arranjam e rearranjam segmentos em sílabas, tal que o início de sílaba é uma posição preferencial para consoantes, em comparação com o fim de sílaba. Assim, o segmento /s/ do prefixo des (que ocupa o fim de sílaba em desfazer [des.fa.'zeh] e desligar [dez.li.'gah]) é (re)alocado no início da sílaba seguinte em [de.za.'tah].

---

53. O mesmo fenômeno se observa em fronteira de palavra. Temos bo.la[s], bo.la[s].pre.tas, e bo.la.[z]a.ma.re.las.

Isso, por si só, não explica tudo. O outro ingrediente da solução está na postulação de que as regras fonológicas não se aplicam simultaneamente a uma forma subjacente, mas sim sequencialmente, uma atuando sobre o resultado gerado pela outra. Logo, uma gramática fonológica, além de especificar as regras de transformação local, especifica também uma hierarquia entre elas, uma ordem de aplicação. Neste caso, a regra de (re)estruturação silábica necessariamente se segue à regra de vozeamento de fricativas em fim de sílaba em (46). Caso contrário, teríamos *[de.sa.'tah] em vez de [de.za.'tah], porque o posicionamento de /s/ em início de sílaba o tornaria imune a uma eventual aplicação subsequente da regra (46).

Nessa perspectiva, desvendar o funcionamento de uma gramática fonológica envolve descobrir suas regras e o ordenamento entre elas. A princípio, isso implica necessariamente um modelo derivacional para o componente fonológico da gramática. Esta tem sido a posição dominante entre os fonólogos contemporâneos mais alinhados à tradição chomskyana-halleana (cf. William Idsardi, Andrew Nevins, Eric Raimy, Bert Vaux, *inter alia*). Entretanto, na vertente da Fonologia Gerativa hoje hegemônica, a Teoria da Otimalidade (Prince & Smolensky 2004 [1993]; McCarthy & Prince 1993; et seq.), muitos dos fenômenos similares ao que esbocei acima são tratados com recursos puramente representacionais. Isso não significa, porém, que não haja *ordem linear* entre requerimentos gramaticais, no sentido estritamente matemático (i.e. as propriedades de *assimetria, irreflexividade, transitividade* e *conectividade*)[54]. Muitos fonólogos, de orientação mais representacionalista ou derivacionalista (e.g. McCarthy 2000; Mohanan 2000; Calabrese 2005) reconhecem que, em grande parte, há uma equivalência formal entre as abordagens. Ou seja, implementado de uma forma ou de outra, o ordenamento de regras proposto em SPE prevalece até hoje como um ingrediente essencial da teoria da análise fo-

---

54. Cf. Partee et al. (1993: 27-53).

nológica[55]. Nesse contexto, Vaux (2008) e Odden (2008, 2011), *inter alia*, salientam que há fenômenos muito desafiadores para as implementações representacionais, pois pressupõem estágios derivacionais intermediários sem correlato representacional, exceto se forem postulados diversos mecanismos *ad hoc* que preveem o resultado observado, comprometendo sobremaneira o poder explicativo do modelo, já que não há unificação possível dos padrões em termos representacionais.

Voltemos agora à concepção do segmento como um 'pacote' de traços. No modelo SPE, tais 'pacotes' (tecnicamente chamados de *matrizes*) eram formalizados como coleções não estruturadas de traços (i.e. não haveria qualquer ordem de importância entre os traços, nem 'submatrizes' de traços compondo a matriz total). Por exemplo, conforme a Figura 1 acima, /z/ seria [-vocálico, +consonantal, -alto, -recuado, -baixo, +anterior, +coronal, +vozeado, +contínuo, -nasal, +estridente][56]. Com o advento da Fonologia Autossegmental (cf. Clements 1985, et seq.), tornou-se praticamente consensual conceber a matriz de traços em termos de uma *Geometria de Traços*. Ou seja, os traços da matriz estariam organizados em submatrizes, cada uma correspondendo a uma certa dimensão articulatória do aparelho fonador (i.e. traços relativos à laringe, à cavidade oral, à raiz da língua, etc.)[57]; o que faria previsões mais acuradas quanto a quais traços seriam manipulados conjuntamente ou separadamente pelas regras fonológicas, sendo os demais traços 'invisíveis', portanto não interferindo no processo em questão. Esse modelo de geometria de traços mostrou-se capaz de dar conta de fenômenos antes desafiadores de inte-

---

55. Remeto o leitor à coletânea de textos editada por Vaux & Nevins (2008) sobre o tema.

56. Para uma introdução sucinta e bastante esclarecedora sobre traços distintivos e classes naturais, com base num sistema de traços mais contemporâneo e enxuto, recomendo fortemente Souza & Santos (2003: 42-47).

57. Para uma visão panorâmica, mas relativamente detalhada dessa família de análises, cf. Kenstowicz (1994, cap 9). Cagliari (1997b) oferece uma introdução simplificada com aplicações a dados do português brasileiro.

ração entre segmentos não adjacentes, sem a necessidade da postulação de transformações não locais[58].

Isso se traduz num modelo mais restritivo quanto às possibilidades de interação entre segmentos, portanto um modelo mais testável, pois prevê mais impossibilidades, as quais, se atestadas, mostram a ineficácia do sistema; e, se não atestadas, corroboram a proposta. No plano da adequação explicativa, a geometria de traços permite a formulação de uma versão mais enxuta da parte fonológica da GU, o que se traduz em menos opções disponíveis para a criança-aprendiz, facilitando e acelerando o processo de aquisição.

Em (47), ilustro a abordagem da Fonologia Autossegmental com o diagrama correspondente à implementação concreta de Geometria de Traços proposta por Halle (1992).

(47)

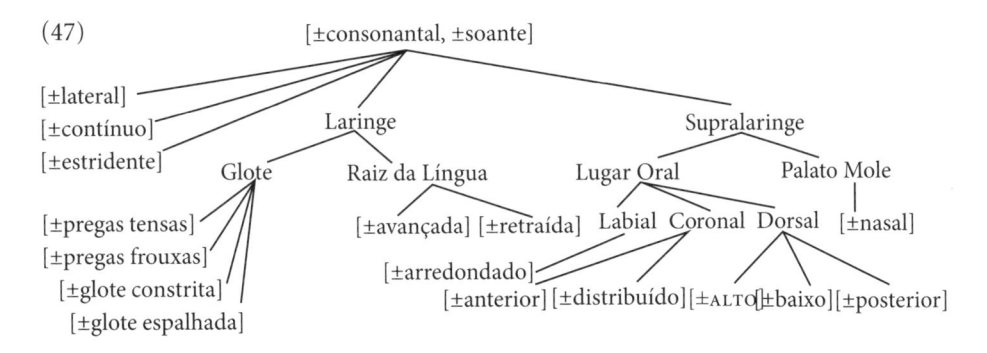

O que passa despercebido para muitos é que o *insight* básico da geometria de traços tem origem no sistema de Chomsky (1965: 79-83) de

---

58. O exemplo mais comum disso são os padrões de *harmonia vocálica*, por vezes bem-intrincados, encontrados em várias línguas (cf. Souza & Santos (2003: 49-50) para uma introdução acessível a fatos do finlandês). Em português, temos alguns casos bem simples, como a alternância entre n[e]g[ɔ]cio e n[ɛ]g[ɔ]cio, ou gr[o]s[ɛ]lha e gr[ɔ]s[ɛ]lha, nos quais o segundo elemento do par está 'harmonizado' por uma regra presente em alguns dialetos, que transforma vogais médio-altas em médio-baixas, se elas precederem uma vogal médio--alta (cf. Cagliari 1997b: 93-94). Nesses casos, a precedência imediata é relativa. A consoante que intervém entre as vogais envolvidas é 'invisível' para o processo. Essa (in)visibilidade relativa é algo capturado de modo relativamente trivial assumindo a álgebra da Geometria de Traços, capaz de representar a localidade entre as vogais relevantes.

reescritura de nódulos sintáticos pré-terminais, e de inserção lexical, em que já se traçava explicitamente um paralelo entre sintaxe e fonologia (o que remete a Chomsky 1961a, 1962a, 1962b), inclusive afirmando que aqueles mecanismos sintáticos eram inspirados no trabalho de fôlego de Chomsky & Halle, então em andamento, e que viria a ser publicado em 1968[59]. Abaixo, reproduzo dois esquemas de Chomsky (op. cit.: 82-83) que são relevantes para ilustrar o ponto em questão. Aproveito para frisar que era através desse formalismo que os graus de gramaticalidade eram analisados na Teoria Padrão. O grau de gramaticalidade da inserção dos ILs efetivamente inseridos nos nódulos subterminais abaixo de N (ou V, A, etc.) depende da compatibilidade maior ou menor entre os traços, sendo que nódulos mais altos têm mais peso que nódulos mais baixos.

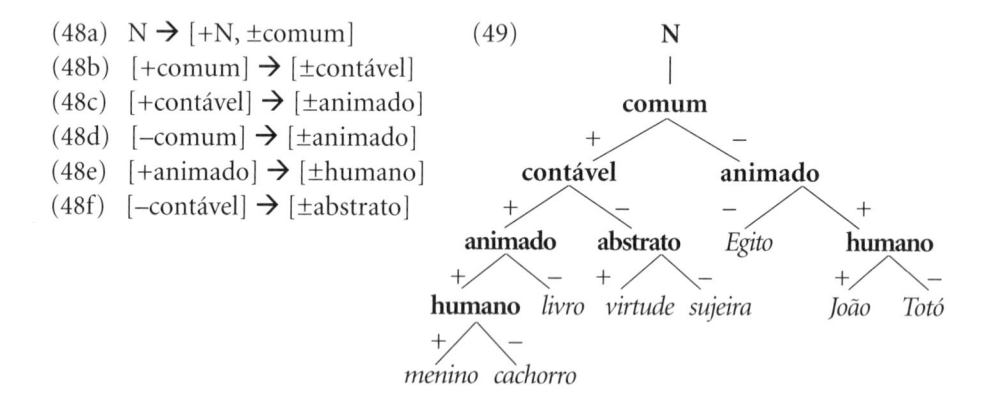

(48a) N → [+N, ±comum]

(48b) [+comum] → [±contável]

(48c) [+contável] → [±animado]

(48d) [−comum] → [±animado]

(48e) [+animado] → [±humano]

(48f) [−contável] → [±abstrato]

Há muitos outros pontos sobre fonologia que seriam pertinentes aqui (e.g. interface entre sintaxe e prosódia, processos fonológicos internos ou externos à palavra, padrões acentuais, etc.). Contudo, dados os limites de espaço e o recorte escolhido, seleciono apenas mais um ponto que julgo muitíssimo importante, porque ele se relaciona a um grande mal-entendido que

---

59. Como já dito, a seção de Chomsky (1965) se chama *Some formal similarities between syntax and phonology.*

persiste na literatura técnica brasileira em fonologia, sobretudo nos materiais dirigidos a estudantes, nos quais ainda se adota uma concepção de língua demasiadamente saussureana/mattosiana quando se apresentam conceitos oriundos da Fonologia Gerativa, gerando contradições e paradoxos.

Em §4.4.1, citei a crítica de Chomsky (1955a: 93-94) ao semanticocentrismo. Ele apontava que é injustificada a premissa de que se deve recorrer ao significado para fazer análise da forma linguística; e que antes de se perguntar ceticamente como se poderia fazer análise gramatical sem apelo ao significado, devemos nos perguntar que alternativas baseadas no significado existem, e o quanto elas dão conta de explicar os padrões da forma. Tanto àquela época quanto hoje, costuma-se 'dar de barato' que o significado é a razão primeira e última para o estudo da forma. Quanto às relações de alofonia e contraste entre segmentos, é fácil demonstrar que isso é falso, como feito em detalhe por Chomsky (1955a: 86-94; 1957: cap 9), em quem me baseio para elaborar a explicação simplificada que se segue.

Parto de definições canônicas de alguns conceitos-chave, com base em Cristófaro-Silva (2011): uma obra de referência no ensino de fonologia no Brasil. A autora (op. cit.: 92-93) define *fonema* como uma "unidade sonora [...] que se distingue funcionalmente de outras unidades sonoras da língua; [d]ois sons podem ser classificados como fonemas quando estão em contraste e oposição; [o]u seja, são sons diferentes em um mesmo contexto, em palavras com significados diferentes". Na mesma obra (p. 52-53), *alofone* é definido como um "som que apresenta equivalência funcional com um ou mais sons, constituindo o conjunto de realizações de um mesmo fonema; [q]uando alofones são distribuídos no mesmo contexto de uma palavra não propiciam mudança de significado". Adiante (p. 109), *par mínimo* é definido como "duas palavras com significados diferentes cuja cadeia sonora seja idêntica, exceto por um segmento na mesma posição estrutural; [u]m par mínimo identifica dois fonemas". Por fim (p. 170), *distribuição complementar* seria o "método de identificação de alofones" em que "[d]ois sons estão em distribuição complementar quando ocorrem em ambientes exclusivos".

Sob essa ótica, [b]ala e [v]ala formam um par mínimo que identifica os fonemas /b/ e /v/. O fato de essas palavras terem significados distintos realmente importa? Segundo as definições canônicas, sim. O que dizer, então, da variação livre entre asso[b]io e asso[v]io, que significam a mesma coisa? Se você tem ambas as formas no léxico do seu idioleto, o problema se coloca de modo flagrante, pois as definições assumidas pressupõem que elas deveriam ter significados distintos para formarem um par mínimo, caracterizando o 'contraste/oposição' que define /b/ e /v/ como fonemas distintos. Ainda que você só tenha uma dessas formas no seu idioleto, é trivial incorporar a outra forma ao léxico como um nome alternativo para a mesma coisa. Abundam casos assim em nossa competência lexical (e.g. semáforo/farol/sinal/sinaleiro, tangerina/mexerica/bergamota/mimosa, etc.). Se um mesmo significado pode ser expresso por significantes tão diferentes, o que o impediria de ser expresso por dois significantes *quase* idênticos? Se subtrairmos das definições as considerações sobre o significado, temos asso[b]io e asso[v]io como um par mínimo.

Identificamos contraste entre /b/ e /v/ independentemente da semântica. Por exemplo, diante de significantes novos como [ga.vi.'los] e [ga.bi.'los], identificamos logo dois arranjos gramaticais de segmentos; portanto, duas *palavras possíveis*. Não importa se elas têm significados distintos ou se são mais um caso de dois nomes alternativos para a mesma coisa. Afinal, a nossa intuição gramatical não vacilou em detectar dois significantes distintos (com fonemas distintos) antes mesmo de sabermos sobre possíveis significados a eles atrelados. Tratar casos de *variação livre* em termos de alofonia contradiz enormemente o critério de base de que alofones devem estar em distribuição complementar, o que não se tem em asso[b]io e asso[v]io. Uma aparente saída para o impasse é distinguir entre *contraste* e *oposição*, sendo o último dependente de diferença de significado (cf. Cristófaro-Silva 2011: 82-83, 165-166). A noção de contraste basta. Pares mínimos são melhor definidos em termos de *significantes* contrastantes, em vez de oposição entre *palavras* (i.e. significante e significado).

Classificar a variação livre como alofonia pressupõe ainda diferenciar entre alofones *livres* e *posicionais*, ambos implicando contraste, apenas o segundo implicando distribuição complementar e oposição (cf. Cristófaro-Silva 2011: 52-53). Além de todos esses conceitos adicionais, há o de *arquifonema*, oriundo do Círculo Linguístico de Praga, e adotado por Mattoso Camara (1970: 50-52; 2008 [1953]: 27-42, 72-84) em sua clássica análise do português. É fato que um IL como mar tem pronúncia variável, conforme o dialeto (i.e. [mar], [maɾ], [maɹ], [max], [mah]), podendo haver variação até na fala de um mesmo falante. Mattosianos veem nessas formas os alofones livres [r, ɾ, ɹ, x, h], todos oriundos do arquifonema /R/, cuja realização fonética pode ser qualquer um de seus alofones, de modo independente da estrutura, apenas "dependente do dialeto"[60]. O caso de asso[b]io e asso[v]io é mais problemático, pois tem-se aí variação livre na mesma posição silábica em que se tem contraste (cf. [b]ala e [v]ala), tornando inútil se propor um arquifonema. Isso nada mais é que uma falha em se distinguir entre Língua-I e Língua-E, equivocadamente tentando explicar o fato em termos da Língua-E, sem reconhecer aí diferentes léxicos, inventários de segmentos, e regras de alofonia. No limite, cada idioleto pode ter seu próprio fonema para o que, no plano na Língua-E, percebemos como "o som de R em fim de sílaba", bem como eventuais regras alofônicas próprias. Nada impede que o falante domine múltiplos desses idioletos, sendo um deles o nativo, e os demais tendo caráter de 'língua estrangeira' aprendida no convívio social.

Termino com uma analogia visando esclarecer de vez a superioridade da visão de que os significados atrelados aos significantes são irrelevantes

---

60. Curiosamente, se meus vizinhos estrangeiros falam mar pronunciando o último fone como a uvular [χ], isso não é visto como um alofone de /R/. Num país de dimensões continentais como o Brasil, com tanta diversidade cultural, por que não reconhecer a existência de um dialeto da família de imigrantes do andar de cima, que são tão fluentes e se comunicam tão bem? Nativos ditos 'com língua presa' pronunciam céu como [θ]éu. Outros dizem a[Ğ]a[Ğ]a para arara. Por que não reconhecer esses dialetos e seus alofones para /S/ e /R/?

para se compreender os contrastes e as alofonias. Digamos que eu vá me cadastrar numa plataforma da internet. Para isso, devo escolher um identificador de usuário (um ID): uma sequência de símbolos que o sistema identifique como associada apenas a mim. Eu preencho o campo vazio com maxguimaraes, e o sistema me retorna uma mensagem dizendo que aquele ID não está disponível. Isso não significa que aquela sequência não é um ID possível. Significa apenas que, antes de mim, outra pessoa (provavelmente meu xará) chegou primeiro e já se apossou daquele ID. Eu tento novamente: max.guimaraes e max-guimaraes. Para ambos, o sistema retorna uma mensagem de erro: "ID não admissível". Agora o caso é outro. Ninguém se apossou desses IDs. Eles violam o código de sequenciamentos possíveis de símbolos (digamos que o sistema só aceite IDs com letras e/ou números, e com até 12 caracteres). Tento mguimaraes01 e o sistema processa meu cadastro. Aproveito e faço um segundo cadastro com mguimaraes02, que também é processado. Dos cinco IDs que tentei, dois foram rejeitados estritamente por suas formas. Três eram formas lícitas, uma das quais já significava "pertencente ao meu xará". As duas últimas têm um mesmo significado: i.e. "pertencente a mim". Por critérios puramente formais, elas formam um par mínimo. Em suma, cada forma tem um significado, mas este não precisa ser exclusivo daquela forma. Nada impede que um mesmo significado esteja também atrelado a outra forma. Enfim, os requerimentos que regem a combinatória de segmentos fônicos não ligam para os significados dos significantes.

Como claramente demonstrado por Nevins (2016) – em sua iluminadora defesa do uso de metodologias experimentais baseadas em *logatomas* (palavras inventadas) – os juízos de aceitabilidade acerca de sequências de segmentos para formar palavras novas é o exato correlato fonológico do contraste que observamos na sintaxe quanto à aceitabilidade de Ideias verdes incolores dormem furiosamente e a inaceitabilidade de *Furiosamente verdes dormem incolores ideias (cf. §2.1). Em ambos os casos, aspectos semânticos são irrelevantes.

Minhas últimas palavras desta seção e deste capítulo vão na direção de esclarecer o porquê de haver aqui um aparente desequilíbrio bem acentuado quanto ao maior espaço dedicado a questões sobre LF e o menor espaço dedicado a questões sobre PF. Isso não reflete, de modo algum, diferentes graus de importância atribuídos a essas questões nas últimas seis décadas e meia por parte dos chomskyanos em geral, ou do próprio Chomsky[61]. Do ponto de vista da concepção geral de teoria da gramática, tal como estabelecida em Chomsky (1955a), os estudos fonológicos têm tido um lugar de destaque, constituindo-se numa linha de investigação bastante ativa e frutífera. Aliás, a depender de como encaremos a questão, a fonologia tem sido até mais estudada que a semântica na GGT, se entendermos que, nesse quadro teórico, a semântica é um 'efeito colateral da sintaxe'. Esse aparente desequilíbro se explica, no contexto deste livro, pelos motivos que se seguem.

Defini como escopo deste trabalho a obra individual de Chomsky como principal, e as obras dos demais chomskyanos como o contexto de produção e recepção do empreendimento científico da GGT. Nesse sentido, é preciso ressaltar que, aproximadamente quando da publicação de SPE, Chomsky fez a opção pessoal de se afastar dos estudos fonológicos mais específicos, em razão de ter que escolher quais tópicos da teoria gramatical ele deveria perseguir ou deixar de lado, diante da necessidade que ele sentia de dedicar uma parte substancial do seu tempo ao ativismo político (cf. Chomsky 1982b: 57). Em suma, ele 'passou a bola' para colegas e sucessores que têm 'tocado o barco' desde então.

---

61. Para mim, pessoalmente, o desequilíbrio oposto seria bem mais fácil, posto que, para além da sintaxe *stricto sensu*, eu já conduzi pesquisas e publiquei trabalhos em fonologia, mas não em 'semântica'.

§5. Do Conhecimento Gramatical Não Adquirido

§5.1. PRESENTE DA MÃE-NATUREZA OU FRUTO DA EXPERIÊNCIA?

Até aqui, abordei sem aprofundamento a tese chomskyana de que o cérebro humano é geneticamente dotado de algo que faz emergirem estruturas mentais correspondentes a uma *Gramática Universal* (GU), que seria o conhecimento internalizado *inato* – prévio a qualquer exposição a atos de fala – de princípios estruturantes especificamente gramaticais, não se tratando de estratégias de aprendizagem da inteligência geral.

Em suma, nascemos sabendo uma dose substancial de gramática, um conhecimento específico, não compartilhado com outras habilidades cognitivas. Isso não implica que a gramática não possa ter propriedades comuns a outros domínios do pensamento; nem que não possa haver algo como as estratégias de aprendizagem da inteligência geral. Significa, porém, que, quando uma criança internaliza uma gramática, ela não faz isso *apenas* com base em estratégias de aprendizagem da inteligência geral aplicadas às observações de atos de fala concretos oriundos da experiência[1].

---

1. Por exemplo, crianças em Curitiba ouvem <u>Eu comi romã</u>; crianças em Okinawa ouvem <u>Watashi-ga zakuro-o tabemashita</u>; crianças em Frankfurt ouvem <u>Ich habe Granatapfel gegessen</u>, etc. Dessas experiências com sentenças que expressam eventos conclusos no passado, crianças de cada população extrairiam, respectivamente, os padrões canônicos (i) sujeito – verbo flexionado – objeto, (ii) sujeito – objeto – verbo flexionado; e (iii) sujeito – auxiliar flexionado – objeto – particípio verbal.

Na tarefa de internalizar uma gramática específica, a criança faria uso de um conhecimento de natureza estritamente gramatical, que, por ser inato e compartilhado com todos os membros da espécie, seria universal[2]. Assim, qualquer gramática específica que venha a ser internalizada embute em si esses mecanismos gramaticais, que seriam a base sobre a qual se constrói o resto da gramática mental, e o ponto de partida para se começar a decifrar o barulho da fala, reconhecendo ali estrutura gramatical.

Defender a existência de universais linguísticos não implica negar que há diferenças entre as várias línguas. Jamais foi proposto que *tudo* nas gramáticas seria inato e universal[3]. Idiossincrasias de línguas particulares hão de ser depreendidas em grande parte com base em estratégias de aprendizagem da inteligência geral aplicadas às observações de atos de fala concretos oriundos da experiência. Aliás, a própria GU inata provavelmente serviria de guia para identificar e classificar elementos gramaticais idiossincráticos de línguas particulares, mas isso, por si só, não nega que existam estratégias de aprendizagem da inteligência geral.

As afirmações acima, tal como postas, são ainda genéricas e vagas, apenas apontando possibilidades; e demandam argumentos conceituais em seu favor, bem como evidências empíricas. A seguir, aprofundarei o tema na medida do possível, dados os limites de espaço e escopo. A seleção de tópicos que fiz prioriza os aspectos da tese do inatismo gramatical que seriam mais apropriados para uma introdução ao tema, bem como aqueles que oponentes da GGT mais criticam de forma equivocada, com mal-entendidos e distorções.

Certa ou errada, a tese do inatismo gramatical, embora seja uma proposta original de Noam Chomsky (com posterior colaboração substancial

---

2. Cf. Chomsky (1984: 49) sobre a hipótese especulativa de haver microvariações da GU entre humanos.

3. Em diálogo com Inhelder (1980), Chomsky (p. 138) deixava claro que admite que parte da gramática é adquirida via experiência e inteligência geral e outra parte provém da GU; contrapondo-se a Piaget (1980a, 1980b, 1980c) para quem não existiria GU alguma.

do filósofo Jerry Fodor, entre outros), tem antecedentes históricos que remontam a discussões filosóficas muito antigas. Há séculos, diversos pensadores já travaram debates acirrados sobre as ideias serem fruto da experiência do indivíduo com o mundo exterior ou serem inerentes à própria natureza do organismo humano (que os pensadores mais antigos viam como o 'espírito').

Cerca de quatro séculos antes do calendário cristão, Platão defendera, em sua obra *Menon*, que, mesmo sem se dar conta e sem treinamento específico ou observação e reflexão prévias, qualquer um nasce sabendo certos conceitos fundamentais da geometria euclideana. Para Platão – cuja obra é bem anterior às teorias de Charles Darwin e de Gregor Mendel sobre evolução e hereditariedade – a origem do conhecimento inato remontaria a encarnações passadas dos espíritos (o que só transfere o problema para outro nível, já que seria preciso explicar como, num passado remoto, os espíritos teriam adquirido tal conhecimento). Essa obra emblemática influenciou muitos pensadores ao longo da história, incluindo o próprio Chomsky (1986a: xxv-xxix), que paga tributo para o *insight* do antigo filósofo ao denominar de *Problema de Platão* o grande desafio enfrentado pelos linguistas ao tentar ultrapassar o nível da adequação descritiva e atingir o nível da adequação explicativa (cf. §2.6). A resposta chomskyana para o problema é neoplatônica e neocartesiana, no sentido de propor que uma parte substancial do conhecimento relevante é geneticamente determinada; portanto, não sendo aprendida pelas crianças, e sendo universal, presente em todas as línguas.

Outra das fortes influências do passado na obra chomskyana foi o filósofo René Descartes, do século XVII. Entre muitas de suas reflexões sobre 'ideias intrínsecas ao espírito', destaco uma que Chomsky (1980d: 112) mencionou em seu debate com Piaget.

> Descartes faz o seguinte tipo de observação. Digamos que eu desenhe um triângulo na lousa. Descartes afirma que quem quer que olhe para a figura verá um triângulo levemente distorcido. O problema para ele é por que isso é verdadeiro. Por que concebemos a figura que vemos como um triângulo imperfeito e não

> como um exemplar perfeito do que ela realmente é? Isso soa como uma questão um tanto tola, mas, como tantas outras questões tolas, é, em certo sentido, bastante profunda. A resposta cartesiana é que, dada a natureza da mente, figuras geométricas regulares são concebidas como modelos [ideais] para a interpretação da experiência; a mente simplesmente tem esse caráter. [...] Logo, somos compelidos a reconhecer qualquer figura que vemos como uma versão distorcida da figura geométrica [ideal, inata], pois esse é essencialmente o modo como a mente funciona.

Pois é, a rigor, nunca vimos um triângulo perfeito. Mesmo peças cortadas a *laser* por equipamentos de altíssima precisão têm uma margem de erro, ainda que pequena. Logo, nossa ideia de triângulo não é fruto de observações da experiência. Quando crianças, muito antes das aulas de geometria no colégio, já sabemos exatamente o que é um triângulo, a ponto de classificarmos como tal uma peça de brinquedo triangular, mas com pontas arredondadas. Enfim, nossa 'competência geométrica' opera com o triângulo idealizado, platônico[4].

Permito-me tomar outros autores antigos – menos presentes na obra chomskyana[5] – como ponto de partida para a discussão sobre "inato *versus* adquirido" que se segue.

Inspirando-se em passagens da obra ducentista *Quaestiones disputatae veritate*, de Tomás de Aquino, pensadores antigos cunharam a frase em (1), que se tornou *motto* para os defensores de que a mente humana nasce como uma *tabula rasa*: um repositório de ideias vazio, a ser preenchido com a experiência, por intermédio dos órgãos dos sentidos[6].

---

4. Para uma discussão mais detalhada, começando com as considerações de Descartes sobre o conceito mental do triângulo ideal, e culminando com considerações humboldtianas sobre linguagem, cf. Chomsky (1966a: 65-72).

5. Há, no entanto, uma importante menção que Chomsky (1965: 50) faz a Leibniz, para além da frase aqui citada; bem como a referência feita a Leibniz em Chomsky (1966a: 63), em conexão com *Menon*, de Platão.

6. Entre tais pensadores estão Pierre Gassendi, Francis Bacon, John Locke, e David Hume. Ironicamente, Tomás de Aquino, ele próprio, não endossava essa concepção sensista e empiricista estrita, pois ele cria numa *virtus activa* inerente ao intelecto, responsável por abstrações generalizadoras.

(1) *"Nihil est in intellectu quod non fuerit prius in sensu."*

Não há nada no intelecto que não tenha antes passado pelos sentidos.

No início do século XVIII, Gottfried Leibniz se opõe frontalmente a essa posição em sua obra *Nouveaux essais sur l'entendement humain*, na qual ele retoma a frase em (1), substitui o ponto-final por uma vírgula, e continua a sentença magistralmente, como em (2).

(2) *"Nihil est in intellectu quod non fuerit prius in sensu, <u>nisi intellectus ipse</u>."*
Não há nada no intelecto que não tenha antes passado pelos sentidos, <u>exceto o próprio intelecto</u>.

Essa versão modificada da frase original sintetiza bem a posição racionalista, compartilhada por vários pensadores antes e depois de Leibniz, e que se opõe ao sensismo e empiricismo estritos[7]. Note que, tal como originalmente formulada, a afirmação de Leibniz não implica necessariamente a defesa de um inatismo forte, apenas se compromete com um inatismo fraco. Ou seja, não se segue de (2) que haja conhecimento inato de natureza específica a um tipo de tarefa (e.g. fazer contas, falar, caçar, coletar, construir e usar ferramentas, etc.). O que se defende é que os órgãos dos sentidos, por si mesmos, são incapazes de armazenar qualquer informação numa mente vazia. Para interpretar estímulos sensoriais como correspondentes a ideias, ou para formular ideias a partir deles, a mente deve, antes, já possuir ideias prévias, vieses, expectativas e processos estruturantes a partir dos quais generalizações e hipóteses poderão ser feitas, tendo a experiência sensorial como o fator deflagrador (cf. Fodor 1984).

Chomsky vai bem além disso. Mas é preciso apreciar a importância, a magnitude e o impacto que a mudança de (1) para (2) representa historicamente. Uma demonstração de que ao menos o inatismo fraco é inescapável

---

7. Entre tais pensadores estão Platão, René Descartes, Baruch Spinosa e, de modo mais crítico, Immanuel Kant.

abre portas para contemplarmos a possibilidade do inatismo forte. Deve-se ter em mente que o empiricismo estrito e o racionalismo coexistiram desde tempos remotos até recentemente. A última encarnação da defesa da *tabula rasa* seria, *mutatis mutandis*, o *Behaviorismo* (ou *Comportamentalismo*). Skinner (1957) concebia a linguagem humana essencialmente como comportamento em vez de conhecimento (o que seria incompatível com a dicotomia competência/desempenho); colocando o peso explicativo na investigação do *estímulo*, na experiência, cuja natureza determinaria o comportamento, ignorando a contribuição do *organismo* para o processo. Em suma, a despeito de se autorrotular como uma teoria psicológica, o comportamentalismo skinneriano, na prática, não é uma investigação sobre a mente propriamente; pois não fornece ferramentas concretas para tal, apenas tangenciando os eventos observáveis. Se essas afirmações parecem demasiado fortes e depreciativas, urjo a leitura da clássica e devastadora crítica de Chomsky (1959b) a Skinner (1957) para a argumentação completa, bem como a apresentação didática de Lemle (2001). Para uma crítica panorâmica à crença na *tabula rasa*, recomendo Pinker (2002).

A razão por que não dedico mais espaço à concepção de cognição radicalmente empiricista é o fato de que isso é matéria vencida nos debates contemporâneos. Embora ainda haja muito debate, dissidência e até resistência apriorística quanto à perspectiva chomskyana-fodoriana de inatismo forte (i.e. módulos cognitivos estruturados *a priori* com conhecimentos especializados para certas tarefas), os oponentes contemporâneos a essa visão são unânimes em defender que a mente humana não nasce como uma *tabula rasa*. É consenso atualmente que existe uma base cognitiva geneticamente determinada, própria da espécie *homo sapiens sapiens*, responsável pelo fato de nós sermos capazes de produzir e compreender enunciados linguísticos, diferentemente de quaisquer outras espécies (incluindo até outros primatas, nossos parentes mais próximos), cujos sistemas de comunicação são qualitativamente muito diferentes, na maioria dos casos muitíssimo rudimentares em comparação com nossa linguagem. O que distingue as abordagens inatistas fortes (ou simplesmente *inatistas*) das abordagens atualmente rotuláveis como não inatistas ou até anti-inatistas não é a aceitação ou rejeição da ideia de capacidades cognitivas inatas. Nesse sentido, a terminologia corrente pode ser um pouco confusa (Jean Piaget, por exemplo, preferia o termo *hereditário* em lugar de *inato*, talvez exatamente para evitar mal-entendidos). A diferença está nas concepções acerca da natureza e da abrangência mais estrita ou mais ampla dos vieses cognitivos aprioristicos, que o indivíduo já possui ao nascer, antes de qualquer experiência.

§5.2. O *INTELLECTUS IPSE* SERIA UM CANIVETE SUÍÇO OU UMA CAIXA DE FERRAMENTAS?

Por um lado, os inatistas (ou nativistas) propõem que o *intellectus ipse* ao qual Leibniz se referira seria internamente estruturado em módulos, cada um deles com conhecimentos prévios específicos para a realização de certos tipos de tarefa, um deles sendo a GU, que teria certos princípios de organização próprios daquele domínio específico da cognição, não compartilhados com os demais domínios. Por outro lado, os oponentes ao inatismo consideram que esse *intellectus ipse* não seria especificamente premoldado para nenhuma tarefa cognitiva singular. Ou seja, haveria um corpo (pequeno) de mecanismos da inteligência geral aplicáveis a todo e qualquer domínio cognitivo. O inato (ou hereditário) seria uma capacidade geral de aprender qualquer coisa, detectar padrões, fazer associações, analogias, generalizações, etc. Essa capacidade, uma vez aplicada aos eventos observáveis nos atos de fala, teria como consequência o desenvolvimento do conhecimento gramatical na mente de uma criança; passando por um estágio cognitivo intermediário a que Piaget chamou de *noyau fixe* (núcleo fixo), anterior à consolidação plena de uma gramática internalizada, porém contendo uma base estrutural para que isso se dê, de tal modo que essa base já se configura numa 'base pré-gramatical', que, segundo ele, não seria hereditária, mas construída passo a passo a partir de bases cognitivas mais gerais, essas sim hereditárias[8].

No famoso debate com Chomsky, Jean Piaget articula seu discurso em torno de elementos oriundos de sua obra que supostamente definiriam a natureza desse *noyau fixe* fruto da cognição geral (ou o que supostamente explicaria os padrões de aprendizagem de estrutura gramatical do mesmo modo como ele supostamente teria explicado padrões de aprendizagem em outros domínios cognitivos). De saída, Piaget (1980a: 23-24) faz questão de marcar sua posição contrária ao sensismo e empiricismo estritos, afirmando que "nenhum conhecimento é baseado apenas em percepções, já que estas são sempre guiadas e acompanhadas por esquemas de ação". Um pouco adiante, Piaget (1980b: 57) completa:

> Eu concordo com Chomsky acerca do que eu vejo como a sua principal contribuição para a psicologia, a saber: a linguagem é o produto da inteligência ou razão, e não o produto do aprendizado no sentido comportamentalista do termo. Eu também concordo com ele quanto ao fato de que essa origem racional da linguagem pressupõe a existência de um *noyau fixe* necessário para a elaboração de todas as línguas, e pressupondo, por exemplo, a relação sujeito-predicado e a habilidade de construir relações.

Partindo desse ponto, Piaget (1980a, 1980b, 1980c) apresenta uma série de conceitos que supostamente descreveriam a natureza do *noyau fixe* da cognição geral, e explicaria a aprendizagem de gramáticas. Entre esses conceitos estão *esquema, assimilação, autorregulação, abstração refletora, generalização construtiva* e *equilibração*.

---

8. Cowie (1999: 182-183, 193-196, 213-215) propõe uma nova encarnação dessa ideia, dissociando *inatismo* de *base cognitiva específica a um domínio*. A autora rotula sua concepção de *Empiricismo Iluminista*, que consiste em admitir a existência de vieses especificamente gramaticais que guiam a aquisição de linguagem pelas crianças, sendo que esses vieses não seriam inatos, mas aprendidos pela experiência. Cowie, no entanto, não deixa nada claro qual seria o tipo da experiência necessária para tal aprendizado, nem quais estratégias gerais estariam envolvidas nisso, nem faz previsões concretas sobre padrões de aprendizagem quanto aos erros possíveis e impossíveis de ocorrer no percurso, nem quanto à duração de cada estágio. Em última instância, a proposta de Cowie é uma petição de princípio, um *deus ex machina* que nada explica.

Em diversos pontos do debate, Chomsky e Fodor argumentaram que aquilo que Piaget oferecia era uma mera conjectura incipiente acerca do tipo de teoria que ele vislumbrava e não se configurava sequer como uma hipótese propriamente formulada, muito menos como uma teoria efetivamente testada. Chomsky destacou que Piaget articulou todos aqueles conceitos *in abstracto* sem considerar nenhum fato concreto das gramáticas em geral ou de uma gramática particular, nem no plano da adequação descritiva, muito menos no da adequação explicativa (cf. também Chomsky 1979: 84-85). Já no início do debate, em resposta às colocações de Piaget (1980b), Chomsky (p. 64-65), define muito claramente a questão:

> Primeiramente, existe uma estrutura cognitiva fixa, um *noyau fixe*? A resposta é "sim", nisso todos parecemos concordar. Em segundo lugar, [...] esse núcleo fixo – que eu suspeito corresponder ao que tenho chamado de GU nesse caso específico – emerge como um resultado de propriedades estruturais geneticamente determinadas do organismo, ou decorreria, em cada caso particular, de mecanismos autorregulatórios? Devemos perseguir respostas para essa questão, mas não através de especulações filosóficas, e sim através da observação de propriedades específicas do núcleo fixo. Então, indagamos como elas poderiam ter surgido através de mecanismos autorregulatórios, a partir de construções sensório-motoras, etc. Em suma, minha posição é que parece inconcebível que haja qualquer relação significativa entre essas estruturas [gramaticais] específicas [do núcleo fixo] e qualquer estrutura da inteligência sensório-motora ou propriedades gerais de mecanismos autorregulatórios. Contudo, não sou dogmático quanto a essa questão: se alguém puder me mostrar que algumas das propriedades elementares da linguagem que acabo de discutir em [Chomsky (1980c)] é fruto de mecanismos autorregulatórios, eu ficaria encantado. Até lá, mantenho-me cético.

Ao longo do debate, Chomsky (1980c, 1980d) apresentou alguns fatos gramaticais concretos, principalmente: (i) sensibilidade de relações de dêixis ao sujeito da sentença em que o elemento anafórico se encontra; e (ii) fronteamento de verbo auxiliar em sentenças interrogativas e o impacto da estrutura sintática global na seleção do auxiliar a ser fronteado. Primeiramente, Chomsky argumentou que, no plano da adequação descritiva, o modelo de análise que ele propunha fazia previsões corretas quanto aos dados positivos e negativos sob o escopo do estudo daqueles fenômenos.

Ou seja, as regras gramaticais subjacentes aos padrões observados seriam, de fato, algo muito próximo do que ele propunha como formalização, quiçá exatamente aquilo. Isso não foi contestado pelos participantes do debate.

Uma vez estabelecido que as regras da gramática do falante adulto eram aquelas, Chomsky argumentou que suas propriedades não se seguem da chamada *inteligência geral*. Ou seja, aqueles padrões gramaticais específicos sob discussão não encontram correlatos em outros padrões detectados em domínios cognitivos distintos da linguagem. Esse ponto é crucial. Qualquer defesa de uma concepção do *intellectus ipse* como um 'canivete suíço' – i.e. uma base comum, não especializada, multitarefa – faz a forte previsão de que haveria enormes semelhanças entre todos os processos de aprendizagem. Na ausência de tal demonstração, a concepção inatista modular não encontra sequer uma oposição genuína.

Por fim, Chomsky argumentou que a experiência típica das crianças em contato com os atos de fala concretos que elas presenciam é tremendamente insuficiente para que elas pudessem inferir aquele tipo de conhecimento específico que elas teriam supostamente aprendido. Ou seja, a informação extraível da experiência efetiva (incluindo todo o entorno contextual para além das meras sentenças ditas) seria compatível com a internalização de muitos outros padrões gramaticais jamais atestados. Surpreendentemente, apesar dessas inúmeras possibilidades 'no ar', todas as crianças, sem titubear, internalizam o mesmíssimo padrão, o qual nada indica se seguir naturalmente de propriedades gerais da cognição, dado não haver sequer vestígios desse mesmo padrão nos demais domínios cognitivos.

Essa cadeia de raciocínio – que já havia sido apresentada antes sob alguma forma (e.g. Chomsky 1965: cap 1; 1967b; 1968: cap 2; 1971: cap 1; 1975b: cap 1; 1975d; Fodor 1967) – constitui a essência do chamado *Argumento de Pobreza de Estímulo*, do qual me ocuparei adiante em **§5.5**, e que, dentre os argumentos propostos a favor do inatismo gramatical, é o mais difundido e o mais discutido (consequentemente, o mais contestado e o que é mais frequentemente distorcido). No contexto daquele debate histórico com Piaget, deve-se ressaltar que toda a parte empírica apresentada por Chomsky foi largamente ignorada pelos participantes do debate (com raros momentos de exceção, com destaque para a reação de Hilary Putnam), que continuaram a debater o tema *in abstracto*, como se teorias pudessem ser discutidas à revelia dos fatos que elas almejam explicar. Os argumentos mais puramente lógicos articulados por Chomsky (1980c, 1980d), por Fodor (1980a) e por Chomsky & Fodor (1980), quando não foram também ignorados, foram largamente incompreendidos por Piaget e seus simpatizantes[9]. Na discussão que se seguiu à contribuição de Cellérier (1980a) àquele debate, o comentário de Dan Sperber (p. 78-80) foi uma honrosa exceção a essa reticência.

> Chomsky apresentou dados que qualquer teoria de aprendizagem deve explicar, bem como hipóteses inatistas que explicam esses dados. Se as hipóteses construtivistas [piagetianas] não apresentam dados suplementares que invalidam as hipóteses inatistas, nem apresentam hipóteses alternativas; então só nos resta registrar a reticência dos construtivistas e sua esperança de um dia propor algo concreto e melhor. Porém, seguir esse debate como se estivéssemos diante de duas posições simétricas seria uma perda de tempo.

O mesmo se pode atestar nas respostas de Chomsky (1980e) e Fodor (1980b) às críticas de Putnam (1980a) ao inatismo. Chomsky (1980e: 310-311) resume bem o problema[10].

> A questão não é se uma base estrutural inata é ou não pré-requisito para a aprendizagem; mas sim o que é essa base estrutural. [...] Por isso, eu nunca usei a expressão "a hipótese inatista" ao defender minhas visões [...]. Como um princípio geral, comprometo-me apenas com uma postura de mente aberta relativamente

---

9. O mesmo vale para neopiagetianos contemporâneos. A tese de doutorado de Graaf (1999) e o artigo de Eichler & Fagundes (2005) são dois exemplos emblemáticos de obras pretensiosas que ignoraram completamente os fatos e as análises, focando na acusação de que Chomsky, ao debater com Piaget, teria sistematicamente aplicado truques retóricos para forjar vitória num debate que ele teria perdido, por 'fugir do ponto'. Esses são mais exemplos do já mencionado problema de se pretender debater teorias ignorando suas coberturas empíricas.

10. Adiante, demonstro, com base em fatos gramaticais concretos, que Chomsky (1980e: 311) estava correto – e ainda está – ao afirmar que as propostas dos oponentes da GU "[t]êm a forma de uma hipótese empírica, mas não têm o conteúdo de uma".

à fase inicial geneticamente determinada para a aprendizagem de linguagem (a que chamo F_i^L), e comprometo-me com uma hipótese explicativa particular a respeito de F_i^L na medida em que essas assunções parecem plausíveis e empiricamente embasadas. Nas minhas contribuições a esse volume, delineei uma possível estratégia de investigação para determinar a natureza de F_i^L e esbocei umas tantas propriedades plausivelmente atribuíveis a F_i^L seguindo essa estratégia. Putnam questiona um daqueles [meus] exemplos, a saber: a propriedade de "dependência de estrutura" que as regras sintáticas [transformacionais] têm, argumentando que meu ponto não fora estabelecido apropriadamente. Ele defende que essa propriedade específica deriva da "inteligência geral". Se ao menos Putnam pudesse caracterizar de algum modo "inteligência geral" ou "estratégias de aprendizagem multitarefa", e indicar, ainda que vagamente, como a propriedade de dependência estrutural das regras [transformacionais] se seguiriam da assunção de que a estrutura inata seria como ele a caracteriza; eu teria o maior prazer em contemplar a possibilidade de que a propriedade de dependência estrutural possa ser atribuída à "inteligência geral" e não à F_i^L, contrariamente ao que ora defendo. Obviamente, isso não implicaria nada a respeito das demais propriedades que eu proponho que podem ser atribuídas a F_i^L. Além do mais, se puder ser demonstrado que todas as propriedades de F_i^L puderem ser atribuídas à "inteligência geral", uma vez que essa noção misteriosa fosse de algum modo clarificada, eu irei efusivamente concordar que a faculdade da linguagem não possuiria propriedades especiais. Mas Putnam não oferece sequer uma vaga e imprecisa sugestão quanto à natureza da "inteligência geral" ou "estratégias de aprendizagem multitarefa" que ele acredita existirem. Logo, não podemos avaliar a sua asserção de que uma propriedade específica de F_i^L pode ser explicada em termos daquelas noções gerais.

No debate, Fodor (1980a) vai além de Chomsky e argumenta contundentemente que não se trata apenas de Piaget e seus simpatizantes não terem oferecido uma teoria geral de aprendizagem (aplicável à linguagem ou a qualquer outro domínio cognitivo), tendo só acenado (através de um jargão) com promessas de um dia construir uma teoria como a que eles imaginam. Fodor disseca a lógica deficiente por trás da noção piagetiana de que estruturas mentais mais complexas seriam construídas a partir de estruturas mentais prévias, menos complexas. Em termos filosóficos e matemáticos (portanto, abrangendo questões de 'aprendizagem' relativas a qualquer domínio cognitivo), o autor demonstra que o grau de complexidade de qualquer esquema mental atingido *a posteriori* não teria como ter sido logicamente construído apenas com base na complexidade inferior do esquema mental anterior aplicada à experiência sensorial. Fodor demonstra ser logicamente impossível haver qualquer teoria de aprendizagem propriamente dita, pois o que chamamos vulgarmente de aprendizagem seria, a rigor, *fixação de crenças*, a partir da corroboração ou refutação de hipóteses construídas com os meios mentais já presentes na mente nos estágios anteriores ao suposto 'aprendizado'. Sem o caráter apriorístico de tais meios, não há qualquer possibilidade de avanço, construção, aprendizado ou mudança de estado mental. Essa breve nota sobre Fodor (1980a) não pretende convencer você a aderir à perspectiva fodoriana. Apenas 'fiz propaganda' daquela visão, sem demonstrar o passo a passo da argumentação, que não cabe neste capítulo. Meu objetivo é provocar você a ler esse clássico tão importante dos estudos de cognição, e que infelizmente tem sido ignorado até por ditos especialistas.

Uma forte objeção de Piaget ao inatismo diz respeito ao que ele via como um problema insolúvel por definição, concernente ao surgimento, no curso da evolução da espécie, dos correlatos neurofisiológicos da GU, que Chomsky propunha serem exclusividade dos humanos. Como vimos em §2.6 e §2.8, a proposta de que o *intellectus ipse* contém uma GU implica que haveria estruturas biológicas correlatas à GU, presentes de algum modo no código genético. Isso nos impõe a dificílima tarefa de ultrapassar o nível da adequação explicativa e, a longo prazo, caracterizar as propriedades neurofisiológicas do aparato cerebral associado à GU, bem como explicar as origens e o desenvolvimento evolutivo desse aparato em termos cladísticos rigorosos. Piaget (1980b: 29-31, 59-61) corretamente apontou que a proposta chomskyana de GU não trazia em si nenhuma explicação acerca das origens e do desenvolvimento dessa GU na linhagem evolutiva do *homo sapiens sapiens*. Daí, ele conclui que a hipótese da GU é "inexplicável" em termos evolutivos. Chomsky (1980c: 36) responde à objeção piagetiana – retomando o ponto adiante (p. 73-74) em resposta a Cellérier (1980a) – argumentando que o fato de a evolução da GU na linhagem da espécie ainda ser *inexplicada* não implica que ela seja, em princípio, *inexplicável*. Ele aponta, inclusive, que não existem explicações acerca da evolução de órgãos do corpo humano cuja fisiologia se conhece bem. Conforme a hierarquia dos níveis de adequação (cf. §2.6 e §2.8) é preciso primeiramente atingir os níveis de adequação descritiva e explicativa para só então buscar atingir a adequação supraexplicativa. Acrescento a essa resenha um outro ponto que passou despercebido naquele debate. Digamos que Piaget tivesse razão, e os humanos sejam dotados de um *intellectus ipse* do tipo 'canivete suíço', cujas propriedades teriam sido explicitadas, e cuja aplicabilidade aos fatos de internalização de gramática teria sido demonstrada com forte embasamento empírico. Isso, por si só, explicaria a evolução dos correlatos neurofisiológicos do 'canivete suíço' na espécie? Não! Logo, a demanda de Piaget era precipitada e injusta, pois a sua visão enfrentava, em maior grau, o mesmo problema enfrentado pela de Chomsky.

Apreciemos agora um raciocínio geral elaborado em detalhe por Chomsky (1975b: 10-35) e resumido em Chomsky (1980c: 35-39), no debate com Piaget. Partamos de (3):

(3) $F_i + E \rightarrow F_f$

Nesse esquema, 'F' é uma fase qualquer do desenvolvimento cognitivo, um estágio em que se encontra a mente quanto ao conhecimento (geral ou específico) nela representado. Os índices subscritos 'i' e 'f' indicam, respectivamente, o estágio inicial da mente do recém-nascido e o estágio estável que a mente atinge, que se caracteriza pelo domínio de todos os mecanismos gramaticais de uma Língua-I plena, logo, o estágio final, por equivaler a uma gramática adulta. 'E' é a experiência do aprendiz, toda a miríade de atos de fala que a criança testemunhou no intervalo de tempo entre F_i e F_f, constituindo-se assim na sua experiência linguística. A natureza exata de F_f, embora não totalmente desvendada, é, em muitos aspectos, bem conhecida dados os avanços nos estudos gramaticais no plano da adequação descritiva. Ou seja, pondo de lado questões espinhosas e misteriosas, sabe-se o suficiente sobre o funcionamento da gramática (i.e. regras fonológicas, morfológicas e sintáticas).

A natureza exata de **E** evidentemente varia de um indivíduo para outro, em maior ou menor magnitude, a depender do ambiente em que os indivíduos cresceram. Não obstante, através de métodos triviais de coleta de amostras de fala dirigida a crianças, bem como de descrições fornecidas por dialetólogos, é possível termos uma boa ideia aproximada do que seria a experiência típica de uma criança que cresce em Curitiba, Okinawa ou Frankfurt, e que nada mais seria que uma coleção de enunciados possíveis das extensões das Línguas-I que compõem a Língua-E de cada uma dessas comunidades linguísticas.

Considerando que F_f é o resultado da interação entre a contribuição do organismo (i.e. F_i, seja isso um 'canivete suíço' ou uma 'caixa de ferramentas') e a contribuição do ambiente (i.e. **E**), então a nossa tarefa de atingir o nível da adequação explicativa consiste em descobrir a natureza da parte desconhecida, i.e. F_i, a partir das partes razoavelmente conhecidas. Isso se faz formulando hipóteses acerca do que há ou não há (de geral ou específico) em F_i, e subsequentemente testando as previsões que cada hipótese faz acerca de F_i, verificando se o previsto corresponde ao atestado nos níveis observacional e descritivo.

É importante ter em mente que, a despeito desse estilo chomskyano de apresentação, a questão subjacente é rigorosamente a mesma enfrentada por qualquer investigador de aquisição de linguagem, em qualquer vertente teórica. A fórmula em (3) é neutra na medida em que não se compromete com o caráter geral ou específico dos vieses aprioristicos de F_i. Seguindo esse raciocínio, Chomsky (op. cit.) delineou como se seguem as diretrizes do debate acerca do que se chamava à época de *Teorias de Aprendizagem*. Considere agora (4):

(4a) **TA (H,L)**;   (4b) **TA (H,N)**;   (4c) **TA (H,D)**;   (4d) **TA (O,D)**

Em (4), **TA** significa *teoria de aprendizagem*; e os membros do par orde-
nado a seguir são o tipo de organismo (ou espécie) do indivíduo aprendiz e
o domínio da cognição em questão, i.e. o conhecimento a ser consolidado
com o aprendizado. **H** significa *humanos*, **L** significa *linguagem*, **N** significa
navegação: i.e. habilidade de se locomover no espaço sem se perder (cf. Gallistel 1990, cap 3). **O** corresponde a todo e qualquer organismo (espécie), e
D a todo e qualquer domínio cognitivo. Assim, (4a), (4b), (4c) e (4d) seriam, respectivamente (i), uma teoria da aprendizagem de linguagem por
humanos; (ii) uma teoria da aprendizagem de navegação por humanos;
(iii) uma teoria da aprendizagem de conhecimento em todo e qualquer
domínio cognitivo por humanos; e (iv) uma teoria de aprendizagem de
conhecimento em todo e qualquer domínio cognitivo por todo e qualquer
organismo vivo.

(4c) é a utopia de Piaget e dos anti-inatistas contemporâneos, consubs-
tanciada sob várias formas em obras diversas como Elman et al. (1996),
Cowie (1999), Sampson (2005), Tomasello (2003), Prinz (2012), Everett
(2012), Evans (2014a), *inter alia*[11]. A despeito de importantes diferenças
entre si, todas essas propostas sofrem do mesmo mal do projeto piagetiano.
Ou seja, esses arcabouços teórico-metodológicos, além de questionáveis
em termos puramente conceituais, não têm o alcance empírico necessário
para se qualificarem como adversários reais da tese inatista chomskyana-
-fodoriana, pois suas visões astigmáticas não enxergam a realidade do Problema de Platão (cf. §5.1), não reconhecem que o estímulo é pobre, i.e. que
a informação contida em **E** é insuficiente para que se possa inferir F_f sem
que F_i já codifique conhecimento especificamente gramatical. Suas hipóteses acerca do conteúdo de F_i não fazem previsões corretas acerca *daqueles
fatos gramaticais específicos apontados pelos chomskyanos* e que são cruciais

---

11. Sou obrigado a incluir nessa lista uma obra pré-GGT, *Linguagem e Pensamento* de Vy-
gotsky (1934), tamanha a influência que ela tem entre educadores (incluindo formadores
de professores de língua), tanto quanto as obras de Piaget têm. Ambos os autores teorizam
sobre o tema com uma base empírica frágil, praticamente nula.

por serem eles o que motiva e justifica a postulação dos princípios da GU que são mais ou menos consensuais entre os praticantes da GGT.

Obviamente, o que acabo de dizer é um conjunto de asserções sem a devida demonstração, a qual demandaria um espaço de que não disponho. Estou consciente do risco que corro ao omitir da discussão detalhes desses trabalhos recentes. Mas a escassez de papel e tinta não é o único motivo. Não acredite cegamente em minha palavra, caro leitor. Convido você a penetrar nessa literatura técnica e verificar por si mesmo que, apesar das diferenças técnicas e empíricas, trata-se do velho e fracassado sonho piagetiano de ter uma teoria geral de aprendizagem, incorrendo nos mesmos erros. Quem quiser entender as discussões contemporâneas sobre inatismo não pode deixar de ler o livro daquele histórico debate entre Piaget e Chomsky, em que já havia muitas perguntas e respostas hoje apresentadas como se fossem novidades. Omito as críticas mais recentes por minha conta e risco[12]. Se você não ler aquele livro histórico, cultive essa lacuna abissal em sua formação por sua conta e risco.

(4d) é uma utopia maior ainda, que, até onde eu sei, jamais foi levada a cabo, exceto enquanto débeis e estéreis quimeras de comportamentalistas ingênuos, que não viam muita diferença entre humanos e os cães pavlovianos, e que não chegaram a resultado algum.

(4a) é o que podemos chamar de sonho chomskyano: um sonho que tem se mostrado cada vez mais possível de ser alcançado, ainda que certos detalhes possam permanecer eternamente misteriosos. (4b) é um entre muitos exemplos de teoria de aprendizagem específica perseguida por quem compartilha a visão chomskyana-fodoriana de mente modular (cada módulo correspondendo, na analogia que ofereço, às gavetinhas dedicadas a cada tipo de utensílio na 'caixa de ferramentas'). Entre os estudiosos da habilidade de navegação (principalmente em insetos, no entanto) está

---

12. Em outros trabalhos meus, eu confronto diretamente anti-inatistas contemporâneos. Por exemplo, em Guimarães (2007) eu discuto Geurts (2000), e em Guimarães (2013) eu discuto Everett (2005, 2006).

o brilhante etólogo Charles Randy Gallistel, uma figura ímpar na ciência cognitiva atual, a quem retornarei em breve.

Num certo sentido, a utopia em (4d) é legítima, pois se aproxima do ideal científico da 'teoria de tudo' em que se explica muita coisa através de poucos meios. Tanto quanto for possível perseguir teorias assim, não devemos nos acovardar, devemos tentar persegui-las. Entretanto, a realidade é o que é, e, como veremos já a partir da próxima seção, diferentes domínios cognitivos exibem propriedades nitidamente distintas, sugerindo fortemente que precisamos de teorias distintas para abordá-los. Sob essa ótica, o objetivo piagetiano revela-se mesmo utópico e inviável, como demonstrarei em breve. A tese de Chomsky e Fodor no debate era – façamos justiça – a menos megalômana, a mais realista e exequível à época.

Apesar desse caráter modesto, iniciou-se ali a difusão da ideia ousada de que a GU corresponderia a um órgão do corpo humano, numa discussão entre Chomsky (p. 75-78) e demais participantes do debate, com base na contribuição de Cellérier (1980a). A partir daquele ponto, tornou-se aos poucos mais comum falar do conhecimento gramatical como um órgão que 'cresce' no organismo sendo 'alimentado' por estímulos externos, em vez de algo vindo de fora e que se instala na mente por intermédio dos sentidos. Com o advento do PM e do *boom* da Biolinguística, no final do século XX, essa concepção se tornou hegemônica na GGT (cf. Anderson & Lightfoot 2002). Tamanha era a pertinência, a correção, a lucidez e o caráter visionário de Chomsky e Fodor naquele debate, que podemos reconhecer suas impressões digitais no estado da arte das ciências naturais contemporâneas, particularmente nessa passagem magistral de Gallistel (2006: 1-3):

> Pelo senso comum, a aprendizagem seria mediada por poucos processos, nenhum dos quais especializado para aprender um tipo particular de conteúdo. [...] Esses processos gerais de aprendizagem teriam propriedades e efeitos comportamentais, mas não envolveriam funções computacionais específicas, nem teriam estruturas que os habilitariam a executar tais computações. Conforme a visão associativa de aprendizagem, o cérebro é maleável, e se reorganiza para se adaptar à experiência. Não haveria órgãos de aprendizagem específicos para

uma tarefa computando representações de diferentes aspectos do mundo a partir de diferentes aspectos da experiência. Chomsky, em oposição, sugere que a aprendizagem é mediada por órgãos de aprendizagens distintos, cada um com uma estrutura que lhe permite aprender um tipo próprio de fatos contingentes da realidade. Aqueles não contingentes, as verdades universais, não são aprendidas; estão implícitas na estrutura dos órgãos de aprendizagem, que possibilita a cada órgão aprender os fatos contingentes que lhe são próprios. A sugestão chomskyana brotou de sua constatação de que aprendizagem é um problema computacional [...]. O aprendiz deve computar a partir dos dados uma representação de um sistema que gere os dados. Chomsky lidou majoritariamente com o aprendizado de linguagem. Aprender linguagem é, pois, computar, a partir de poucos enunciados, não raro fragmentados e/ou agramaticais, a gramática do sistema que gera todas e apenas as sentenças bem-formadas da língua. O desafio computacional que isso coloca é tão gigantesco que não há esperança de superá-lo sem um órgão de aprendizagem específico para uma tarefa, um órgão computacional cuja estrutura é especialmente adaptada para as demandas desse domínio cognitivo particular. Quer esse órgão resida num local altamente isolado do cérebro, quer ele emerja de interconexões linguísticas de diversos módulos processadores de dados no cérebro, isso é irrelevante quanto a ele constituir um órgão distinto ou não. Uns órgãos são localizados (e.g. os rins) enquanto outros se ramificam por toda parte (e.g. o sistema circulatório). A propriedade essencial de um órgão é que ele tem uma função distinta da função de outros órgãos, e uma estrutura apropriada para tal função, a estrutura que o possibilita executar sua tarefa. Chomsky (1975b), embora tenha lidado primariamente com linguagem, claramente notou que sua concepção computacional de aprendizagem implica que outras formas de aprendizagem seriam mediadas por órgãos de aprendizado adaptados para problemas específicos. Do ponto de vista computacional, a noção de um processo de aprendizagem de caráter geral (e.g. aprendizagem associativa) não faz mais sentido que a noção de um órgão geral dos sentidos – uma protuberância na testa cuja função é sentir qualquer coisa. Não há tal órgão, pois detectar informação de tipos diferentes de estímulo – luminoso, sonoro, químico, mecânico, etc. – requer órgãos com estruturas moldadas por propriedades específicas do estímulo que eles processam. A estrutura de um olho – incluindo os circuitos neuronais na retina e além dela – refletem em detalhes finos as leis da ótica e as demandas da extração de informação sobre o mundo a partir da luz refletida. O mesmo vale para o ouvido. As demandas de extração de informação a partir dos sons dita as muitas idiossincrasias dos órgãos auditivos. Enxergamos com os olhos e escutamos com os ouvidos, e não através de um órgão dos sentidos geral, pois sentir requer órgãos com estruturas específicas a cada modalidade. Chomsky concluiu que o mesmo deve valer para a aprendizagem. Aprender coisas diferentes através de diferentes tipos de experiência requer computações moldadas tanto para o que há de se aprender como para o tipo de experiência através da qual o aprendizado se dá. Logo, deve haver órgãos de aprendizagem específicos para uma tarefa, igualmente moldados em ambos esses sentidos. Por razões computacionais, espera-se que haja diferenças entre órgãos de aprendizagem de espécies animais distintas, tanto quanto há entre os órgãos sensoriais. Diferentemente de nós, os crotalíneos percebem radiação infravermelha, porque eles têm um órgão sensorial que não temos. Nós aprendemos línguas e chimpanzés não, pois eles não têm o órgão de aprendizagem de línguas que nós temos. Chomsky argumentou que haveria outros órgãos de aprendizagem, mas não especificou em que outros domínios eles atuariam. Agora podemos fazer isso. Assim, podemos tornar clara a natureza computacional da aprendizagem, que implica órgãos de aprendizagem, mecanismos cerebrais que implementam um tipo particular de computação sobre dados de um tipo particular.

§5.3. APRENDIZAGEM POR INDUÇÃO?

Ponha-se no lugar de alguém que nunca comeu um brigadeiro. E agora você passa pela experiência de comer 137 brigadeiros em sequência[13], i.e. $<B_1, B_2, B_3, B_4, B_5, ... , B_{137}>$. Você então constata que todos os brigadeiros (Bs) que você comeu têm sabor doce (tal qual goiabadas e quindins, e diferentemente de limões ou acarajés, por exemplo). Dessa observação, deriva um conhecimento de mundo recém-adquirido, representado em (5). Mas você não para aí; faz um *salto indutivo*, inferindo, a partir de (5), que a asserção em (6) é verdadeira. Você, mesmo sem ter comido *todos* os brigadeiros, toma a doçura como propriedade *inerente* a *todos* eles, e não como uma característica contingencial de alguns.

(5) B_1 é doce, B_2 é doce, B_3 é doce, B_4 é doce, B_5 é doce, ... , B_{137} é doce.

(6) Todo brigadeiro é doce.

Esse salto indutivo não se segue *apenas* das suas experiências com o mundo. Se fosse assim, você não chegaria à conclusão em (6), mas a outra, menos abrangente, como em (7):

---

13. Isso não implica que as degustações de brigadeiro não possam se intercalar com experiências de outros tipos.

(7) Todos os 137 brigadeiros que eu comi eram doces; quanto aos demais, não sei.

Ou seja, ainda que (6) seja verdadeiro[14], o fato é que o aprendizado disso não tem como ocorrer sem que – para além, é claro, da crucial experiência sensorial e memorização – haja também um *viés cognitivo apriorístico*: uma tendência a se fazer saltos indutivos de (8a) para (8b). Isso, por si só, é um saber instintivo: algo que você não aprendeu, nasceu sabendo.

(8a) Todos os exemplares da coisa X que eu conheci têm a propriedade Y.
(8b) Todo exemplar da coisa X tem a propriedade Y.

Nada disso implica que você nasceu sabendo que (6) é verdadeiro, nem mesmo que já sabia o que é um brigadeiro ou a doçura[15]. Aparentemente, você de fato aprendeu que (6) é verdadeiro. Mas tal aprendizado claramente não se deu *apenas* pela sua experiência. Para chegar lá, você utilizou um saber mais geral, esse sim instintivo. Ou seja, tudo indica que você nasceu sabendo fazer saltos indutivos. Sem eles, é impossível *extrapolar* a experiência testemunhada e detectar padrões e generalizações sobre o mundo além do 'aqui e agora'. Afinal, aprender é extrapolar da experiência específica para o conhecimento geral.

Quaisquer que sejam os detalhes finos dos saltos indutivos, é fato que fazemos isso frequentemente ao desvendarmos aspectos desconhecidos do mundo. Em (8), as asserções estão formuladas de modo abstrato e genérico (i.e. não dizem respeito especificamente nem a comida, nem a música, nem a linguagem, etc.). Como vimos, há fortes indícios de que a mente humana nasce 'pré-programada' para saltar de (8a) para (8b) quando o número de

---

14. Ignoro aqui receitas exóticas, como uma que preveja cristais de sal grosso em lugar de chocolate granulado. Consideremos que isso não é um brigadeiro genuíno, e concentremo-nos nos brigadeiros canônicos apenas.

15. É preciso, no entanto, saber previamente o que seriam *coisas, propriedades de coisas, totalidade*, etc.

exemplares de X for suficientemente grande para ser tomado como representativo do todo. Há nisso um ponto complexo que foge ao escopo deste capítulo: quantas observações seriam suficientes para o aprendiz se sentir seguro para realizar o salto? Não há um 'número mágico' aplicável a todas as situações. Isso varia muito com o contexto. Sigamos o raciocínio admitindo que, em qualquer aprendizado, haverá um ponto que legitimará o salto.

A conclusão parcial até aqui é que, no mínimo, nascemos sabendo fazer esse salto indutivo. Somos enviesados para acreditar que, na ausência de evidência em contrário, se (8a) é verdadeiro, então (8b) também é; quaisquer que sejam as coisas e propriedades que instanciem X e Y. Esse conhecimento instintivo não é um conhecimento do mundo; é um conhecimento das nossas próprias estratégias de aprendizagem (mas que pressupõe uma certa concepção abstrata, idealizada, do mundo). É um conhecimento do nosso próprio intelecto, ainda que não consciente. É, enfim, um conhecimento de como se estruturam nossas representações mentais do mundo exterior. Mas esses saltos não são irreversíveis. Na presença de evidência em contrário, nosso instinto é concluir que nossa generalização foi longe demais, e formular uma nova generalização. Relato uma experiência pessoal que ilustra esse ponto. Quando criança, por muito tempo, acreditei que toda maçã era vermelha. Quando vi pela primeira vez uma maçã verde, fiquei muito surpreso. Aquilo contradizia frontalmente algo que eu cria fortemente ser uma verdade absoluta. Diante da nova experiência, mudei de ideia quanto às propriedades essenciais e contingenciais das maçãs.

Uma questão fundamental nisso tudo diz respeito aos limites da indução: que tipos de salto seriam possíveis ou não. Saltamos naturalmente de (5) para (6). Porém, salvo diante de circunstâncias bem específicas, jamais saltamos de (5) para nenhuma das conclusões em (9).

(9a) Todo brigadeiro é doce, exceto se ele for feito após a minha morte.

(9b) Todo brigadeiro é doce, exceto se ele for comido numa espaçonave no espaço sideral.

(9c) Todo brigadeiro é doce, exceto se ele tiver volume maior que 40m^3.

(9d) Todo brigadeiro é doce, exceto se ele foi guardado numa caixa de chumbo azul oval.

A menos que as circunstâncias em que você comeu brigadeiro tenham sido muito excepcionais, todas as asserções em (9) são extrapolações 100% compatíveis com a sua experiência. Por exemplo, se você nunca comeu um brigadeiro no espaço, como saber se o sabor é doce ou não? Mesmo sem ter como aferir isso, você assume em princípio que (9b) é falso; que também lá os brigadeiros seriam doces, como todo e qualquer brigadeiro. Mas como você *sabe* que *todo e qualquer* brigadeiro é doce? Esse saber vem do salto indutivo em (6) que extrapolou sua experiência imediata. A rigor, não é um *saber*, é uma *crença forte*[16]. Note que o salto em (6) não é *a priori* menos extrapolativo nem menos arriscado que qualquer dos saltos em (9). De qualquer maneira, está-se afirmando algo sobre brigadeiros ainda não observados serem doces ou não. Porém, na prática, consideramos (6) como um salto natural, e os saltos em (9) como absurdos[17]. Empiricamente, não há razão para tal distinção; mas, em termos estritamente formais, há uma diferença entre (8), que subjaz ao salto (6) efetivamente executado, e (10) abaixo, que subjaz aos saltos impossíveis em (9).

---

16. Em Guimarães (2007), demonstro que a distinção entre conhecimento e crença é crucial para se evitar incompreensões grosseiras do inatismo, como a de Geurts (2000).

17. Lembre-se de que às vezes o que parece absurdo pode ser verdade. Embora não confirmado pelo posicionamento oficial da NASA (cf. http://spaceflight.nasa.gov/shuttle/reference/factsheets/food.html), o astronauta brasileiro Marcos Pontes afirmou numa entrevista concedida à *Rádio Jovem Pan* em 31/03/2016 que, devido a circunstâncias excepcionais internas e externas ao organismo humano, "toda comida tem gosto de papel" numa missão espacial. Não sei o quão verdadeira é essa afirmação, nem os motivos disso. O que nos interessa aqui é que, ao menos potencialmente, as referidas circunstâncias especiais poderiam alterar propriedades químicas dos alimentos ou o nosso paladar. Mas uma pessoa leiga nesses assuntos jamais aposta na generalização em (9b) por salto indutivo, sem evidências. É preciso ter a experiência adequada.

(10a) Todos os exemplares da coisa X que eu conheci têm a propriedade Y.
(10b) Todo exemplar da coisa X tem a propriedade Y; exceto se o exemplar de X em questão pertencer à subclasse ainda não observada dos Xs que têm a propriedade Z.

A diferença entre (8b) e (10b) está na ausência ou presença de uma cláusula adicional que especifica uma subclasse de exceção à generalização que se faz. Do ponto de vista estritamente formal – independentemente do conteúdo específico da cláusula restritiva – saltos derivados da fórmula geral em (10b) são inerentemente mais complexos que aqueles que derivam de (8b). Aparentemente, nossas mentes são enviesadas para (i) realizar saltos indutivos e extrapolar a experiência, vertendo observações em conhecimento (a rigor, *crença*); e (ii) preferir saltos indutivos mais simples, sem cláusulas de exceção. Aliás, o item (ii) faz bastante sentido a partir do momento que reconhecemos que, para toda e qualquer extrapolação que fizermos, há um número literalmente infinito de cláusulas de exceção logicamente possíveis de serem levadas em consideração. O que nos faria, por exemplo, preferir (9b) em detrimento das três opções anteriores, ou de qualquer outra imaginável? Certamente, nenhuma evidência empírica observável nos aponta tal caminho. Estar enviesado a favor de uma cláusula de exceção específica implicaria que esse viés seria mais que meramente formal: seria um viés baseado no conteúdo específico daquela cláusula. Ou seja, o aprendiz teria que nascer pré-programado com ideias sobre uma relação entre a doçura dos brigadeiros e viagens espaciais – para ficar só no exemplo (9b).

No que se segue, assumo, por conveniência expositiva, que saltos indutivos do tipo (8) são formas possíveis de estratégias cognitivas gerais de aprendizagem. No entanto, urjo que o leitor aprecie em detalhe Fodor (1980a, 1984) e sobretudo Chomsky & Fodor (1980), em que os autores argumentam – elaborando a partir de Goodman (1955) e Hempel (1965) – que nenhuma indução é possível se não houver, de saída, vieses cognitivos apriorísticos muito mais fortes e específicos que (8), caso contrário chega-se a um paradoxo fatal.

Antes de mudar de seção para apreciarmos fatos gramaticais concretos que são apresentados pelos inatistas como evidência empírica em favor da tese da GU, trago um último argumento lógico abstrato que será retomado adiante. Ilustro o ponto através de uma situação com grau de complexidade bem baixo. Retomo a analogia que apresentei em §4.5 entre expressões da linguagem natural e sequências de caracteres aceitas ou não por sistemas de computadores para identificar usuários. Digamos que você seja informado que um dado sistema informatizado aceita como 'identificador de usuário' (ID) sequências de símbolos de um tipo bem específico, havendo restrições quanto às combinações de caracteres admissíveis. Nada mais lhe é dito. Ou seja, você não sabe qual é a magnitude dessas restrições, o quão complexas ou simples são as regras que proíbem e permitem tipos de sequências. Alguém lhe apresenta a lista em (11), que contém IDs já registrados no sistema, e lhe diz que você pode escolher para si qualquer outro ID diferente daqueles, mas que seja *do mesmo tipo*.

(11) βαβα, αβ, αβα, βα, αβαβαβαβ, α, βαβαβαβαβα, αβαβα,
βαβαβαβαβαβαβαβα

Mas o que seria um ID do mesmo tipo? Não há como saber. Podemos apenas hipotetizar com base em propriedades comuns a todos os IDs em (11), de acordo com o que tomarmos como relevante. Venho praticando esse experimento informal em sala de aula há quinze anos. Os resultados variam pouquíssimo quanto à reação dos alunos. Embora as respostas não sejam 100% convergentes, a grande maioria enxerga em (11) um mesmo padrão. Primeiramente, eu peço para que os participantes não revelem a ninguém o que eles pensam ser(em) a(s) regra(s) combinatória(s) que determina(m) os tipos admissíveis de sequência. Em seguida, eu lhes peço que deem exemplos de sequências que seriam IDs válidos segundo a(s) regra(s) hipotetizada(s). A resposta típica da maioria é algo como (12).

(12) αβαβ, β, βαβ, βαβαβαβα, αβαβαβαβαβ, βαβαβ, βαβαβαβαβ,
αβαβαβ, βαβαβα

Em seguida, pergunto o porquê de eles terem escolhido essas sequências e não outras. Em outras palavras, qual(quais) seria(m) a(s) regra(s) que eles extraíram a partir de (11)? A grande maioria me responde que o fato de as várias IDs em (11) conterem apenas os símbolos α e β sugere fortemente que isso não é mero acaso (senão a amostra provavelmente traria IDs com outros símbolos, como γ, δ, **3**, **4**, **#**, **%**, **p**, **q**, por exemplo); logo, é mais seguro apostar na hipótese de que apenas esses dois símbolos são válidos. Isso, por si só, é um salto indutivo. Não há qualquer evidência cabal de que, por exemplo, γδγδγδ, não possa ser um ID válido. Contudo, a maioria não realiza tal salto. Além disso, os participantes majoritariamente me dizem que perceberam que, em *toda* a amostra, os IDs traziam os símbolos α e β sequenciados *sempre* de modo alternado; o que sugere haver um padrão subjacente, caso contrário, seria esperado que a amostra tivesse exemplos como αββαα, ou ααα, por exemplo. Novamente, trata-se de um salto indutivo, uma generalização a partir de uma amostra, sem uma prova cabal de que a alternância é obrigatória. Em ambos os casos, há a intuição de que "não parece ser por acaso, senão teriam aparecido exemplos diferentes".

Em seguida, eu sinalizo os itens de (12) que – segundo o código ainda mantido em sigilo – *não* são IDs válidas, riscando-os da lista, como em (12'):

(12')   αβαβ, β, ~~βαβ~~, βαβαβαβα, αβαβαβαβαβ, ~~βαβαβ~~, ~~βαβαβαβαβ~~, αβαβαβ, βαβαβα

Nesse momento, após uma breve reflexão, os participantes desvendam a parte do código que faltava ser desvendada, i.e.: "se a sequência começa com β, não pode terminar com β". Eu então lhes digo que eles estavam certos quanto a (i) "os símbolos válidos serem apenas α e β"; e (ii) "nenhuma ocorrência de um símbolo pode estar adjacente a outra ocorrência do mesmo símbolo"; mas que eles inicialmente não tinham descoberto (iii) "se a sequência começa com β, não pode terminar com β".

Para compreender o que acontece nessas simulações, faz-se crucial a distinção entre *dado positivo* e *dado negativo* (cf. §2.1, §2.5). Os participantes só foram expostos a dados positivos. A lista em (11) não contém nenhum dado negativo (devidamente sinalizado como tal), nem instruções explícitas acerca das regras que determinam o formato das sequências admissíveis. Logo, a tarefa do participante que tentava desvendar o código não era das mais fáceis, porque suas fontes de informação eram pobres. Seriam ricas se ele tivesse acesso a dados negativos e/ou a instruções explícitas sobre o sistema. Mesmo com essa pobreza de informação (que podemos chamar de *pobreza de estímulo*, já que (11) serviu de estímulo deflagrador de suas formações de hipóteses e eventual aprendizado, ainda que imperfeito), os participantes, tipicamente, são capazes de inferir as propriedades (i) e (ii) do código apenas com base nos dados positivos, construindo generalizações/extrapolações a partir deles através de saltos indutivos simples. Contudo, é extremamente raro (mas não impossível) que um participante infira a propriedade (iii) antes de ser informado explicitamente sobre os erros que havia na lista em (12) produzida pelos próprios participantes.

Crucialmente, as explicitações quanto aos erros contidos em (12) constituem *dados negativos*, que fazem toda a diferença no processo, levando os participantes a concluir a restrição (iii), que de outra forma era quase impossível de ser inferida a partir da amostra em (11). Algumas vezes em que apliquei esse experimento informal em sala de aula, elegi um estudante como especial, e dei-lhe previamente um bilhete contendo a seguinte informação: "no código que você está prestes a aprender, há um dado símbolo tal que, se uma sequência começa com ele, não pode terminar com ele". Sistematicamente, durante a fase em que peço que os participantes me deem exemplos do que eles acham que sejam IDs válidas, a pessoa que leu o bilhete jamais me dá exemplos do tipo *βαβαβαβαβ, *βαβαβ, *β, ou *βαβ. Mais que isso, entre a formação da lista em (12) por seus colegas, e o momento da revelação dos erros e acertos, o participante que teve informações privilegiadas se antecipa ao mediador e corrige seus colegas. Ou seja, o que fez com que o participante especial não cometesse o mesmo erro de seus colegas foi a informação que ele tinha previamente à experiência. Diante de sequências começando e terminando com α, e da ausência de sequências começando e terminando com β, o participante especial facilmente conclui que β é o símbolo ao qual a mensagem do bilhete se referia. Os participantes sem acesso ao bilhete (única fonte para se inferir dados negativos) sistematicamente caem na armadilha, e seguem acreditando que todas as sequências em (12) seriam válidas até que sejam explicitamente informados de que não.

Como dito acima, esse é o cenário típico, mas há casos de exceção, em que o participante sugere como potenciais sequências válidas exemplos como (a) *$\alpha\beta\gamma\delta$, *$\underline{\alpha\beta\gamma\delta\alpha\beta\gamma\delta}$, (b) *$\alpha\beta\beta\alpha$, *$\underline{\alpha\alpha\beta\alpha\alpha}$, *$\underline{\alpha\alpha\beta\beta\alpha\alpha}$. Essas pessoas certamente não internalizaram o padrão descrito em (i) e (ii) acima. Não surpreende que possa haver casos assim, dado que (11) contém apenas dados positivos e nenhuma instrução explícita sobre as regras. A rigor, o aprendiz não tem nenhuma evidência cabal de que padrões do tipo (a) ou (b) sejam impossíveis. Quem aposta em (a) toma como meramente acidental o fato de que, em (11), todas as sequências só trazem os símbolos α e β; e explora outras possibilidades de alternância de símbolos do alfabeto grego. Quem aposta em (b) hipotetiza que, há alternâncias entre subsequências de αs e subsequências de βs, sendo acidental que, em (11), todas as subsequências tenham 'comprimento 1'. Outras generalizações comparáveis a essas são possíveis, já que nenhuma delas é logicamente incompatível com a amostra em (11), exatamente pela total ausência de dados negativos e de instruções explícitas sobre as regras.

Por que, então, é raro que se façam essas generalizações e é comum se fazer aquela baseada em (i) e (ii), que resulta na lista em (12)? E por que também é raro que alguém (sem ter lido o bilhete) infira a regra em (iii)? Essas são questões relevantes que não tenho como abordar aqui. Mas tangenciarei esses pontos adiante, a partir de dados gramaticais concretos. Por ora, basta reconhecer que, quanto mais numerosa for a amostra de exemplos em (11), mais seguro se sentirá o aprendiz para fixar uma crença forte de que aquilo que não está representado ali seria de fato inválido de acordo com o código subjacente. Contudo, além de (a) e (b), haveria *infinitas* outras generalizações logicamente possíveis, todas compatíveis com amostras de qualquer tamanho. E, particularmente nos casos de padrões gramaticais reais, ocorre que, mesmo diante de amostras gigantescas, há certas generalizações que as crianças nunca fazem, e outras que todas as crianças fazem, universalmente, sem que se possa apontar nenhum motivo para considerar que uma é mais complexa que outra, quer do ponto de vista estritamente formal, quer do ponto de vista da plausibilidade discursivo-pragmática diante do contexto efetivo. Tudo isso diz respeito à natureza geral ou específica dos vieses aprioristicos que as crianças exibem no processo de aquisição de uma gramática.

§5.4. HÁ COISAS VERDES NA SALA? OU TUDO É BRANCO?

Nas próximas seções, veremos como os raciocínios abstratos elaborados nas seções anteriores se aplicam a casos concretos de internalização de padrões gramaticais por crianças, em situações típicas nas quais se dá a exposição às informações disponíveis (e sem exposição a informações indisponíveis). Esta é uma seção de transição em que situo a discussão a seguir num contexto mais amplo acerca da controvérsia 'inato ou adquirido' em linguagem.

Diante do exposto em **§5.3**, assumamos que a cognição humana possui *no mínimo* algum viés apriorístico puramente formal que nos leva intuitivamente a fazer saltos de indução simples do tipo (8). Ao que tudo indica, isso seria uma capacidade geral da cognição, que independe do tipo de conteúdo sendo aprendido, portanto uma estratégia em princípio aplicável ao reconhecimento de padrões em diversos domínios do pensamento. Sendo assim, é natural supor que tais saltos também existam no aprendizado de gramática.

Ilustro esse ponto com uma regularidade bem simples relacionada ao léxico e à morfofonologia. Os nomes de santos masculinos da religião católica seguem o seguinte padrão: adiciona-se diante do nome próprio um 'prefixo' cuja forma varia entre <u>Santo</u> e <u>São</u>, conforme o nome se inicie por vogal ou consoante, respectivamente (e.g. <u>Santo Antônio</u>, <u>Santo Inácio</u>, <u>Santo Estêvão</u>, <u>São Francisco</u>, <u>São Pedro</u>, <u>São Benedito</u>)[18]. É fácil perceber que, após exposição a uma amostra significativa de nomes de santos, chega-se à regra relevante, através de um salto (ou dois) do tipo (8). Consequentemente, esse conhecimento pode ser aplicado a nomes novos. Por exemplo, não hesitamos quanto a qual forma do 'prefixo' usar quando – como expressão do nosso reconhecimento por suas virtudes – dizemos metaforicamente que alguém merece ser elevado ao estatuto de um santo. <u>Esparício</u> certamente é <u>Santo Esparício</u>; e <u>Zigrobaldo</u> certamente é <u>São Zigrobaldo</u>.

A questão que nos concerne particularmente é saber se Chomsky está certo quando afirma que já nascemos com algum viés adicional, cuja natureza é especificamente gramatical. Para avaliarmos essa proposta, é preciso examinar cuidadosamente os detalhes de sua lógica e os dados empíricos que são apresentados como evidência em seu favor. Há muitas críticas infundadas nesse sentido, ou pela incompreensão da lógica do argumento, ou pela desconsideração da base empírica relevante. Não raro, críticos apresentam como prova empírica da suposta refutação da tese inatista um conjunto de dados que nada tem a ver com os princípios gramaticais tidos como inatos. Ainda que a parcela inata das gramáticas particulares possa ser muito grande (ou muito pequena, essa é uma questão em aberto), ninguém está propondo que tudo seja inato. Logo, não surpreende que haja nas línguas aspectos gramaticais idiossincráticos, cuja internalização por parte da criança se dê apenas com base na experiência com atos de fala concretos, aplicando-se a eles estratégias gerais de aprendizagem. O erro fatal é tomar qualquer desses outros fatos como evidência empírica contra

---

18. Com nomes femininos, o 'prefixo' não varia, é sempre <u>Santa</u> (e.g. <u>Santa Ifigênia</u>, <u>Santa Quitéria</u>).

a tese do inatismo gramatical. No debate com Piaget, Chomsky (p. 137-138), em resposta a Inhelder (1980), teve de assertar o óbvio, tamanha era a incompreensão que reinava:

> Permitam-me primeiramente estabelecer um ponto de lógica, sem ainda abordar as questões [centrais]. Suponham que eu afirme que algo nesta sala é verde, e que alguém responda: "Isso não é verdade, pois há algo aqui que é branco". Isso jamais provaria que eu estaria errado ao dizer que algo nesta sala é verde. Analogamente, se eu afirmo que algumas propriedades da estrutura e do uso da linguagem já estão predeterminadas no estágio inicial [do organismo] por princípios especificamente linguísticos, ninguém prova que eu estou errado se me demonstrar que outros aspectos da estrutura e do uso da linguagem estão relacionados com outros aspectos do desenvolvimento cognitivo. Isto é um ponto elementar de lógica.

Enfim, quando alegamos que os fatos A, B e C se seguem de conhecimentos gramaticais inatos α, β e γ, então qualquer tentativa de refutação deve levar em consideração esses mesmos fatos A, B e C (e não outros fatos K, W e Z), bem como a estrutura lógica do argumento que os conecta a α, β e γ; para só então demonstrar que α, β e γ não seriam inatos, ou que outros princípios governariam A, B e C. Pode-se também demonstrar que os reais fatos seriam outros, distintos de A, B e C. Mas não se faz isso *ignorando* A, B e C de saída.

Infelizmente, muitos não compreendem essa lógica elementar, o que torna preciso seguir assertando o óbvio até hoje. Fazendo isso, estamos sujeitos às acusações de (i) cometer o erro grave de assumir que só são relevantes para o tema do inatismo os fatos que os chomskyanos evocam; (ii) ter uma visão míope do panorama empírico e conceitual do objeto de estudo; e (iii) posicionarmo-nos de modo arrogante e prepotente, por descartar *a priori* contribuições vindas de fora. Sempre que me acusam de tais 'heresias', respiro fundo e reafirmo a plenos pulmões que, sim, só são relevantes para o debate acerca da (in)existência da GU os fatos que os inatistas alegam ser evidências a favor de conhecimentos gramaticais inatos, e demais fatos podem eventualmente ser relevantes, apenas na medida em que se mostrem relacionados aos fatos originalmente postos, e desde que se apresente um argumento lógico que conecte os diferentes fatos. Onde está a suposta prepotência ou arrogância nisso?

Em suma, o que nos concerne de perto são as "coisas verdes" da GU proposta por Chomsky. Elas existem ou não? O que elas seriam? Como vê-las? Ao investigarmos isso, estamos no nível da adequação explicativa (cf. **§2.6**), que pressupõe uma base sólida no nível imediatamente inferior da adequação descritiva. Afinal, para sabermos se o conhecimento X do falante é inato ou adquirido precisamos antes saber do que X é constituído: o exato conjunto de regras responsáveis pela (a)gramaticalidade dos dados, de modo compatível com o que se observa. Qualquer que seja a conclusão a que cheguemos no nível descritivo, ela define em grande parte as perguntas a serem respondidas nos níveis de adequação superiores: o explicativo, e os supraexplicativos. Enfim, a tese chomskyana de uma GU inata pressupõe que haja uma base empírica bem descrita a partir da qual as abstrações e as idealizações teóricas são construídas. É um erro crasso (infelizmente perpetuado por muitos) dizer que o inatismo seria um *pressuposto* da GGT. Isso é tão falso quanto uma moeda de sete dólares! O inatismo é uma *conclusão* à qual se chega a partir de fatos[19]. Cabe-nos discutir se tal conclusão é mesmo correta. Que fatos são esses? Quais conclusões menores são extraídas desses fatos, as quais, juntas, compõem a grande conclusão da existência de uma GU inata?

Há uma série de fatos de diferentes tipos que subjazem à tese geral da existência de uma GU inata, que se compõe de uma série de argumentos, cada um oriundo de um desses conjuntos de fatos. Alguns desses argumentos são mais conclusivos, outros mais sugestivos; uns mais consensuais, outros mais controversos; uns mais conhecidos e estudados, outros mais

---

19. A propósito desse erro crasso, Bagno (2012: 48) passa dos limites da incompreensão inocente. Ele deliberadamente e sorrateiramente muda o nome do *Argumento de Pobreza de Estímulo* (APE) sem qualquer notificação, chamando-o de _Axioma de Pobreza de Estímulo_, como se essa fosse a terminologia consagrada na GGT, induzindo o leitor ao erro de tomar o inatismo dos mecanismos da GU como premissa (i.e. axiomático por definição), e não como conclusão.

desconhecidos, etc. É impossível fazer justiça a tudo isso nos limites deste capítulo. Portanto, nesse universo, seleciono o *Argumento de Pobreza de Estímulo* (APE) para ilustrar e defender a tese do inatismo gramatical. Essa escolha deve-se primeiramente ao fato de que esse argumento particular foi todo formulado pelo próprio Chomsky, já no início da década de 1960, e vem sendo lapidado por ele próprio e diversos pesquisadores[20]. Mais que isso, o APE é, dentre os argumentos pró-GU, o mais estudado, o mais defendido, o mais atacado, etc., sendo portanto o 'cartão de visitas' da tese da GU inata. Além disso, trata-se de um argumento com uma base lógica relativamente simples e com uma base empírica bastante robusta. No jargão da GGT, oscila-se entre falar de diversos APEs ou de apenas um APE. Na realidade, existe apenas um APE, e várias instâncias particulares desse mesmo APE, todas com a mesma estrutura lógica aplicada a fatos empíricos diferentes. Antes de discutir o APE de perto em **§5.5**, encerro esta seção mencionando brevemente outros argumentos pró-GU propostos no âmbito da GGT, que o leitor pode estudar separadamente, em outras fontes.

Um fato digno de nota e bastante difundido é a universalidade da uniformidade que se observa nos estágios do processo de aquisição de linguagem. Excetuando-se casos de patologia congênita ou adquirida causadora de algum déficit cognitivo[21], bem como situações extremas de privação da criança à exposição à linguagem (i.e. crianças enclausuradas por muito tempo, incomunicáveis), há uma uniformidade notável quanto a quais são os estágios do desenvolvimento gradual da competência gramatical, desde o balbucio até a formação e compreensão de sentenças complexas, passando por estágios intermediários em que a criança produz sentenças com graus de complexidade crescentes. Os pontos de início e término desses

---

20. Embora a sua lógica básica já estivesse posta, foi em Chomsky (1975b, 1975d, 1980a) que o argumento tomou a forma que tem hoje. Inclusive, a terminologia *pobreza de estímulo* foi introduzida em Chomsky (1980a: 34).

21. Por exemplo, crianças com Síndrome de Down exibem um atraso significativo na aquisição de linguagem, bem como no desenvolvimento de outras habilidades cognitivas.

estágios também são majoritariamente uniformes, independentemente da língua em questão. Para apreciar descrições detalhadas dos fatos relevantes que infelizmente não cabem nesse capítulo, sugiro ao leitor que comece pelos manuais introdutórios de aquisição de linguagem de Crain & Lillo--Martin (1999: 25-32) e de Grolla & Figueiredo-Silva (2014: 63-69), e depois consulte a bibliografia lá citada.

Opositores à GU podem alegar que esse argumento é fraco, pois a uniformidade não é *a priori* incompatível com a hipótese de um *intellectus ipse* de caráter geral, porém universal entre os membros da espécie por ser hereditário. Sob tal ótica, tais estágios apenas refletiriam a maturação da inteligência geral. Em tese, isso não deixa de ser uma possibilidade a ser explorada, mas para ser efetivamente corroborada é preciso detalhar os mecanismos que a inteligência geral teria, para que se façam previsões testáveis acerca dos estágios. Para haver consistência com a visão antimodular, os estágios no desenvolvimento da linguagem deveriam refletir de perto os estágios de desenvolvimento de outras habilidades cognitivas, o que não tem sido demonstrado. Além disso, a uniformidade é também observada diante de certos fatores que, sob uma perspectiva não inatista, deveriam interferir no resultado, como o ambiente ser bilíngue ou não, a criança ser ou não cega, ou surda, etc.[22] Alguns anti-inatistas defendem que um fator crucial para o desenvolvimento (em estágios de complexidade) da gramática infantil seria o *mãenhês*, i.e. aquele jeito especial pelo qual adultos conversam com crianças, por meio de sentenças aparentemente mais simples, em parte mimetizando a fala infantil, e com uma prosódia característica, além de uma linguagem corporal demonstradora de afeto[23]. No entanto,

---

22. Quanto aos surdos, observa-se que os estágios na aquisição de línguas sinalizadas são os mesmos das faladas (cf. Crain & Lillo-Martin 1999: cap 28, 29, 30, 31).

23. Para uma breve descrição do mãenhês, cf. Grolla & Figueiredo-Silva (2014: 73-75). Deve-se ressaltar que o estudo das idiossincrasias gramaticais do mãenhês enquanto registro de fala não é, por si só, pesquisa em aquisição da linguagem se nenhuma relação substancial de causa e efeito tiver sido encontrada entre o mãenhês e o desenvolvimento da gramática da criança.

Brown & Hanlon (1970) e Gleitman et al. (1984) demonstraram que o tipo e o grau de atenção dado à criança pelos adultos não interfere nos estágios de desenvolvimento da gramática da criança, que só necessita de pessoas falando ao seu redor. Isso tem se confirmado em várias pesquisas desde então. A propósito, uma série de pesquisas antropológicas e linguísticas mostram que o mãenhês não é uma prática universal. Existem culturas em que os adultos praticamente só se dirigem a crianças quando elas já falam (cf. Heath 1983; Schieffelin 1990; Pye 1992; Ochs 1998), não havendo registro de diferenças significativas quanto aos estágios de desenvolvimento da gramática nessas comunidades[24].

Outro argumento a favor de que o *intellectus ipse* contém módulos especializados para determinadas tarefas, sendo a GU um deles, advém do fato de que existem fortes evidências da dissociação entre a competência gramatical e outras habilidades cognitivas. De um lado, há pessoas portadoras de *afasias*, que são tipos de *déficit* especificamente relacionados à linguagem (comprometendo seriamente o funcionamento normal da gramática em diversos aspectos: lexical, morfológico, sintático, etc., a depender do tipo de afasia). Ser afásico não implica que as demais funções cognitivas também estejam comprometidas. Há muitos casos em que testes psicológicos revelam que os pacientes têm percepção e concepção da realidade normais, embora fracassem sistematicamente na tarefa de se comunicar verbalmente. Dentre os vários pesquisadores dedicados ao assunto, Yosef Grodzinsky se destaca, pela quantidade e qualidade de suas obras, pelo fato de elas testarem explicitamente o paradigma chomskyano, em grande parte

---

24. Pinker (1994: 40) alerta ainda para a existência de uma comunidade na África em cuja cultura predomina a forte crença de que crianças só aprendem a caminhar se forem treinadas pelos adultos, o que inclui um estágio intermediário em que elas têm parte de suas pernas enterradas no solo e permanecem por um tempo tentando manter ereto o tronco que naturalmente balança. Assim como nós sabemos que esse estágio intermediário de aprender a equilibrar o tronco é inútil para se dominar o caminhar, os habitantes das referidas comunidades sabem que não é preciso sequer dirigir a fala às crianças para que elas venham a dominar a linguagem.

corroborando-o, e por elas serem produzidas no território interdisciplinar entre a teoria da gramática e as neurociências[25].

Do outro lado, há pessoas portadoras de certos tipos de *déficit* cognitivo que afetam negativamente, de muitas maneiras, a percepção e a concepção da realidade, bem como a interação social. Isso não necessariamente compromete substancialmente a competência gramatical. Diversas investigações sobre a linguagem de portadores da Síndrome de Williams revelam que, a despeito da grande dificuldade que os indivíduos têm para realizar tarefas que são triviais para pessoas sem *déficit* cognitivo algum, a competência gramatical desses pacientes se apresenta praticamente intacta, apesar de haver desvios de desempenho esperados para portadores de tamanho *déficit* cognitivo geral. Para uma introdução ao tema da dissociação entre competência gramatical e cognição geral, recomendo a leitura de Guasti (2002: cap 11). A conclusão para a qual esses estudos apontam é que a gramática é processada no cérebro por sistemas neuronais e meios representacionais e computacionais próprios, não os mesmos responsáveis por outros aspectos da cognição. Isso reforça a tese pró-GU.

Outra pesquisa muito relevante e influente em torno do tema encontra-se em Smith & Tsimpli (1995) e Smith et al. (2011), que investigaram em profundidade um indivíduo de nome Christopher que é um raríssimo caso de *savante* cuja cognição geral é *extremamente* deficiente em muitíssimos aspectos, mas cuja competência gramatical é excepcionalmente superior à das pessoas normais. Devido à sua compreensão limitada da realidade, os discursos de Christopher são, sob a ótica da pragmática, simplórios e fazem pouco sentido. A estrutura gramatical de suas sentenças, no entanto, é perfeita. Mais que isso, Christopher tem uma capacidade singular para adquirir novas línguas com pouquíssima experiência, e numa velocidade bem acima da normal. Não se trata de um poliglota comum, mas de um caso-limite de dissociação entre competência gramatical e cognição geral. A inovação

---

25. Cf. http://elsc.huji.ac.il/grodzinsky/science/publications

decisiva dessa pesquisa foi o fato de os pesquisadores terem criado a língua artifical *Epun*, com várias características gramaticais comuns a diversas línguas do mundo, exceto por um detalhe que, de acordo com a proposta chomskyana de GU, seria impossível de existir numa língua humana, por violar um princípio essencial do cerne da GU: o *princípio de dependência de estrutura*, segundo o qual transformações não podem ser definidas em termos da ordem linear dos elementos envolvidos, apenas das suas posições hierárquicas na estrutura sintagmática (cf. Chomsky 1975b: 32-33, *inter alia*). Christopher foi capaz de aprender Epun com facilidade, exceto uma regra muito simples que determinava que o IL <u>nog</u>, marcador de ênfase, deve ser inserido logo após o terceiro elemento terminal da sequência.

Isso nos remete a outra linha de investigação de onde proveem mais argumentos pró-GU. Inspirados em Smith & Tsimpli (1995), outros pesquisadores têm conduzido experimentos de ensino e aprendizagem de línguas artificiais com características que correspondem aos princípios hipotetizados como inerentes à GU, ou com características que os violam frontalmente. Dentre essas pesquisas, destaca-se o trabalho de Moro (2008), que demonstra que os fragmentos de gramática inventados aprendíveis e os 'inaprendíveis' correspondem *grosso modo* ao que a teoria da GU prevê como possível ou impossível.

As chamadas línguas *pidgin* e *crioulas* também são fonte de evidência empírica para a tese da GU inata. *Grosso modo*, um pidgin não é uma língua genuína, mas um código de comunicação verbal que emerge em situações atípicas em que populações falantes de línguas bem distintas se encontram, e as pessoas se comunicam 'do jeito que dá', com fragmentos da gramática e do léxico de ambas as origens. Isso ocorre, por exemplo, em contextos de colonização e escravidão, certos tipos de migração, zonas de fronteira, etc. Pidgins são fragmentos de gramática e léxico, sem o mesmo grau de complexidade e poder expressivo das línguas ordinárias, mas cumprem razoavelmente sua função de comunicação imediata de mensagens básicas. Não raro, certos pidgins se consolidam numa dada região como *língua franca* falada por um grupo de pessoas que se estabeleceram ali.

Interessantemente, os filhos dessas pessoas, que nasceram e cresceram escutando aquele pidgin, acabam não falando aquela língua defectiva. Eles interpretam aquilo que escutam como fragmentos de uma gramática completa, tão complexa e expressiva quanto qualquer outra, mesmo sem terem escutado nenhuma amostra do 'resto' da língua. As crianças simplesmente inventam as partes que faltam, preenchendo os vazios deixados pela experiência escassa. E elas o fazem de tal modo que as estruturas que emergem reproduzem em boa parte padrões que a teoria chomskyana da GU prevê como inerentes a F_i. Algumas generalizações empíricas significativas nessa direção levaram Bickerton (1984) a acatar a tese chomskyana e declarar que há um *bioprograma* no *intellectus ipse* de toda criança, direcionando-a a certos padrões gramaticais. Entre muitos fenômenos notáveis, destaco a fortíssima tendência de os crioulos terem **sujeito^verbo^objeto** (SVO) como ordem canônica. Entre os não crioulos, essa ordem é tão comum quanto **sujeito^objeto^verbo** (SOV), por exemplo. Segundo Bickerton, em consonância com certos autores da GGT, o bioprograma (i.e. a GU) seria, metaforicamente falando, como uma máquina que vem de fábrica com certas configurações *default*, que podem ou não ser modificadas. Para ele, a ordem SVO seria um desses padrões *default*[26]. O mais interessante é que existem crioulos com ordem SVO a despeito de as línguas que o originaram fossem SOV (cf. Roberts 1999: 307-309). Ou seja, a criança pode até escutar a ordem SOV com frequência, mas não 'bota fé' nela, em razão das deficiências gramaticais ali presentes quanto à morfologia, prosódia, etc., e reinterpreta aquilo

---

26. Isso não significa que uma ordem seria melhor ou mais natural ou funcional que a outra; mas apenas que uma delas é 'a que vem de fábrica', como um toca-discos vem de fábrica regulado para girar na velocidade $33^{1/3}$ rpm, mas a velocidade 45 rpm é igualmente 'nativa e natural' ao equipamento. Esse caráter *default* da ordem SVO (já mencionado em §4.4.2, n. 34) é, para alguns autores (e.g. Kayne 1994; Biberauer, Holmberg & Roberts 2014), fruto de um princípio ainda mais forte da GU segundo o qual toda gramática é SVO na base, sendo todas as outras ordens (inclusive SOV, que é tão comum) derivadas via alguma combinação de movimentos.

como versões imperfeitas de um padrão SVO subjacente[27]. Qualquer semelhança com a concepção de Descartes sobre o triângulo ideal *não é mera coincidência*.

Mais um argumento a favor da tese da GU inata advém de um avanço recente no âmbito da ciência genética, e que foi noticiado na imprensa de modo sensacionalista como "a descoberta do gene da linguagem", o que, mais que um exagero, é um erro. Entretanto, os fatos apontam, sim, para a existência de estruturas do cérebro especializadas para a linguagem (cf. Boeckx 2010: 174-179, para uma introdução, e Piattelli-Palmarini & Uriagereka 2005, 2011, para uma elaboração). Primeiramente, a linguista Gopnik (1990) relatou em seu estudo a existência de uma família no Reino Unido (conhecida como 'família KE') na qual metade de seus membros, por quatro gerações, eram portadores de uma afasia severa de um tipo bem singular (não relacionada a outro *déficit* cognitivo e manifesta em aspectos gramaticais pontuais, como a omissão sistemática de morfemas de flexão verbal, o uso redundante de pronomes quando não necessário, etc.).

Adiante, Fisher et al. (1998), numa pesquisa que integrava o *Projeto Genoma Humano* (cf. www.genome.gov), descobriram que, no DNA dos membros afásicos da família KE, havia uma anomalia num fragmento do cromossomo 7, composto de centenas de genes (cf. https://ghr.nlm.nih.gov/chromosome/7). Em qual deles estaria o problema? Num golpe de sorte, os geneticistas descobriram, em um garoto sem parentesco com a família KE, uma afasia do mesmo tipo, e o cromossomo 7 desse garoto exibia uma anomalia estrutural no mesmo lugar em que ela foi detectada nos membros da

---

27. Acima mencionei a universalidade e uniformidade quanto aos estágios do processo de aquisição de linguagem comparando-se crianças cegas ou surdas com aquelas sem limitações de percepção. Com crianças surdas filhas de pais não surdos, ocorre um fenômeno correlato à formação de crioulos, e que reforça a tese da GU inata. Tais crianças, mesmo sem estímulo algum de língua de sinais, acabam criando seus próprios sistemas de gestos a partir dos gestos não linguísticos que os falantes produzem enquanto falam. Tais sistemas têm muito em comum com as línguas de sinais efetivamente faladas por populações de surdos (cf. Goldin-Meadow 2014).

família KE. Esse ponto específico de anomalia foi nomeado *gene FOXP2*. O erro da notícia sensacionalista está na pressuposição de que haveria um único gene que codificaria toda a linguagem (e mais nada). Sabe-se que o FOXP2 está envolvido em outras coisas além da linguagem, bem como que ele está presente nos mamíferos em geral. Sabe-se também que se trata de um gene bastante *conservado* na linhagem evolutiva, tendo sofrido apenas três mutações (entre 715 possíveis) desde ancestrais mais remotos até nós. Crucialmente, uma dessas mutações teria ocorrido no ponto de mutação em que se diferenciaram os chimpanzés e os humanos, o que pode estar por trás do salto de complexidade entre a nossa comunicação e a dos demais primatas. Ainda não se conhece o exato papel do FOXP2 na linguagem humana, mas os indícios apontam fortemente para uma conexão entre esse gene e a predisposição do cérebro humano para a gramática.

§5.5. O PROBLEMA DE POBREZA DE ESTÍMULO & O ARGUMENTO DE POBREZA DE ESTÍMULO

Considere uma criança **C** em processo de internalização de uma dada gramática **G**. Tomemos uma dada regra **R** de **G**. Mesmo restringindo nosso escopo investigativo a uma única regra de uma única gramática por uma única criança, uma teia de questões importantes já se coloca imediatamente, e delas emergem questões mais gerais sobre toda e qualquer regra de toda e qualquer gramática sendo internalizada por toda e qualquer criança. Supondo que a regra **R** é de algum modo aprendida por **C**, como se dá esse aprendizado? Que tipo de aparato cognitivo já presente na mente de **C** foi utilizado para que **C** passe a conhecer **R**? Que tipo específico de experiência (i.e. enunciados de sentenças, encaixados em discursos e situações) serve como evidência deflagradora para que **C** infira a existência de **R** a partir da sua experiência **E** com dados linguísticos em atos de fala concretos?

Qualquer que seja o quadro teórico do pesquisador, o enfrentamento dessas perguntas é inexorável para que se atinja o nível de adequação explicativa. Logo, é preciso, entre outras coisas, trabalhar a partir de fatos concretos sistematicamente observados e bem descritos. Caso contrário, estaríamos fazendo como fez Jean Piaget, discutindo as grandes questões *in abstracto*, sem meios efetivos de averiguar se os mecanismos cognitivos propostos como propriedades de F_i (sejam eles gerais ou especificamente gramaticais) são de fato aquilo que compõe o aparato cognitivo humano, atuando na aquisição de linguagem[28]. Inversamente, de nada adianta apenas colecionarmos observações sobre o comportamento linguístico das crianças e dos adultos, comparando-se as semelhanças e diferenças. É preciso analisar os fatos à luz de uma lógica consistente. O problema a ser resolvido tem, portanto, aspectos empíricos e conceituais. Em brevíssimo ficará claro o porquê de ele ser rotulado como o *Problema de Pobreza de Estímulo* (PPE). Comecemos por sua anatomia lógica, que já aponta para uma direção de solução, que, no entanto, só pode ser devidamente validada diante do exame atento dos fatos empíricos que discuto adiante, os quais, por sinal, também são cruciais para se validarem as premissas nas quais toda a lógica se sustenta. Para efeitos de discussão, tomemos as quatro afirmações em (13) como premissas verdadeiras:

(13a) Dados positivos e negativos acessíveis ao linguista mostram que **R** é operante em **G**;

(13b) Aprender **R** via experiência requer acesso a dados negativos do tipo $D_N{}^R$;[29]

(13c) **C** não tem acesso a $D_N{}^R$;

(13d) **C** exibe o conhecimento de **R** desde os primeiríssimos estágios de aquisição.

Na prática, a veracidade dessas afirmações vai depender de seus conteúdos específicos (e.g. De qual **R** estamos falando? De qual $D_N{}^R$ estamos falando? etc.). Se qualquer dessas premissas for demonstrada falsa, isso

---

28. Analogamente, não se pode teorizar sobre *seleção natural* em termos vagos, sem especificar quais *traços* estariam sendo selecionados nem o *ambiente* em que tal seleção se daria.

29. Afirma-se aqui que o acesso a certos dados negativos é condição necessária, não que seja condição suficiente.

invalida todo o raciocínio subsequente. Argumento a seguir que o ônus da prova recai majoritariamente sobre quem nega tais premissas, não sobre quem as assume. Por ora, apreciemos a estrutura puramente lógica das afirmações em (13). Se todas forem verdadeiras, (14) se segue como conclusão inescapável.

(14) **C** tem o conhecimento inato de **R** (portanto, a rigor, não *aprendeu* essa parte **R** de **G**).

(13a) se situa no nível da adequação descritiva. Se nosso aparato teórico-analítico faz previsões acuradas quanto aos dados positivos e negativos relevantes (i.e. não sobregera nem subgera dados), há forte evidência de que **R** seja de fato a regra responsável pelos fatos. Para demonstrar que (13a) seria falsa, devem-se detectar dados positivos logicamente incompatíveis com **R**, e/ou dados negativos compatíveis com **R** (desde que se demonstre que eles não violam nenhuma outra regra do sistema), caso em que a conclusão em (14) seria colocada em xeque no que concerne a **R**. Além disso, nada impede que se proponha uma teoria alternativa melhor, na qual a regra relevante é **K**, bem mais simples que **R**, e com a vantagem de ter uma cobertura empírica ainda maior, abrangendo outros fenômenos. Na ausência de uma análise alternativa descritivamente adequada, só resta a qualquer pesquisador racional assumir (13a) como premissa, até evidência em contrário.

A premissa (13b) diz que certos tipos específicos de dado negativo seriam cruciais para aprender **R**. Isso faz sentido nos casos em que **R** é uma regra proibitiva, uma restrição que limita a capacidade gerativa de outras regras de **G**, fazendo com que certas estruturas, que na ausência de **R** seriam gramaticais, sejam agramaticais. Como vimos em §**2.5**, dados positivos (muitos tipos são abundantes em **E**, alguns são escassos) são exemplos claros do que é possível conforme **G**. Dados negativos, ausentes em **E**, seriam enunciados de estruturas agramaticais sinalizadas como tais, exemplificando o que é impossível conforme **G. No caso de R** ser uma regra proibitiva, dados negativos são cruciais (retomo **esse ponto** adiante).

A verdade de (13c) é **autoevidente.** Negar isso implica enfrentar o ônus da prova de demonstrar **que C** recebe informação suficiente para inferir a existência de **R** a partir de dados negativos que lhe seriam apresentados como exemplos do que é **agramatical** em virtude de ser proibido por **R**, o que implica que **E contém enunciados** de dados agramaticais (proferidos quer pelo próprio **adulto ao** instruir a criança, quer pela criança cometendo um erro característico de quem ainda não dominaria **R**) *in tandem* com a explicitação, **por** parte do adulto interlocutor, de que tais enunciados são agramaticais.

Ninguém nega que, **ocasionalmente** ou frequentemente (a depender do ambiente social que circunda a criança), há adultos corrigindo a fala de crianças (e.g. "Tá errado **dizer** Eu vi ela; o certo é dizer Eu a vi"). Porém, deve-se ter em mente os **seguintes** fatores. Tais correções são voltadas para um subconjunto pequeno **dos fenômenos** gramaticais dos quais os adultos têm consciência metalinguística. Em muitos casos, trata-se de questões relativas à norma padrão **em oposição** à coloquial. Em outros tantos, trata-se, de fato, de uma 'censura' a **desvios típicos** da fala infantil em relação à fala adulta (e.g. O sapato *cabeu* no meu pé *versus* O sapato *coube* no meu pé). Há também 'censura' a **palavrões** (e.g. do caralho *versus* excelente) ou a ILs inapropriados a um **contexto** mais formal (e.g. a senhora *versus* você). Esses últimos casos, claramente, nada têm a ver com a gramática em si, apenas com a *etiqueta* do **uso da** linguagem. Quanto aos demais, é preciso notar primeiramente que **os aspectos** gramaticais ressaltados são distintos daqueles relevantes para **a discussão** sobre o caráter inato ou não de princípios restritivos da GU (**ilhas, lacunas** parasitas, princípios de ligação, minimalidade relativizada, **etc.**). Outro fato importante a ser ressaltado é que muitíssimas das 'intervenções **corretivas**' dos adultos são ambíguas quanto ao que está sendo corrigido: se a estrutura gramatical do enunciado, ou a sua inadequação pragmática, **ou até** mesmo a ação executada pela criança e não o que ela disse sobre aquilo. Inversamente, o adulto pode dar um claro sinal de aprovação (e.g. "muito bem, filhota, é assim que se fala!") quando a criança produz um enunciado gramaticalmente anômalo, mas cujo conteúdo é pragmaticamente adequado. Além disso, muitos estudos registram que crianças tendem a não prestar atenção nas correções dos adultos, ou não compreendê-las[30].

Quanto a (13d), primeiramente é preciso reconhecer que a fala infantil tipicamente exibe desvios em relação à linguagem adulta (e.g. O sapato cabeu no meu pé). Sempre que flagramos algo assim, identificamos algum aspecto da gramática adulta que a criança ainda não internalizou devidamente. Mas haveria tipos de desvio que nenhuma criança comete? É isso o que se espera se a tese da GU estiver correta, pois a criança já nasceria sabendo certas regras (e.g. R_1, R_2, R_3... R_n). Isso é verificado não apenas pela fortemente sugestiva (mas não totalmente conclusiva) ausência, em *corpora* de fala infantil, de enunciados contendo estruturas incompatíveis com R (afinal, ausência de evidência não é evidência de ausência). A metodologia da GGT nos estudos no nível de adequação explicativa há muito tempo inclui técnicas experimentais em que crianças são inseridas num contexto lúdico muito bem controlado pelo experimentador, tal que ela, sem perceber que sua linguagem está sendo investigada, acaba sendo provocada a reagir verbalmente a certos estímulos da brincadeira. Entre os estudos pioneiros nessa área, destacam-se o de Berko (1958), anterior à ascensão da GGT, e o de Crain & Nakayama (1987), no auge do modelo da TRL. De lá para cá, muito se avançou nesse sentido, e técnicas mais sofisticadas foram desenvolvidas para que as reações infantis provocadas pelo experimentador (sejam elas enunciados da criança ou ações indicativas de como ela interpretou a fala dos participantes da brincadeira) acabem nos revelando a intuição da criança sobre o que, de acordo com a gramática

---

30. Para exemplos concretos dos pontos levantados nesse parágrafo, remeto o leitor a Pinker (1989: cap 1; 1994: 280-283), Uriagereka (1998: 6-7), Crain & Thornton (1998: 20-22), Grolla & Figueiredo Silva (2014: 44-47).

dela no estágio em que ela se encontra, seria uma estrutura impossível. Enfim, com a devida técnica, é possível extrair juízos de aceitabilidade robustos de crianças, e descobrir o que para elas é dado negativo. Uma dessas técnicas é a *Tarefa de Juízo de Valor de Verdade* (cf. Crain & McKee 1985, et seq.), explicada adiante. Para uma visão panorâmica do tema, cf. Crain & Thornton (1998), Crain & Lillo-Martin (1999) e Grolla & Figueiredo-Silva (2014: 93-162). Entre outros pesquisadores influentes nessa área, destaco Lila Gleitman, Thomas Roeper e Jeffrey Lidz. Juntos, todos esses estudos corroboram fortemente a veracidade da premissa em (13d).

Feitas essas considerações teórico-metodológicas, vamos aos fatos. Inicio por dados já vistos em **§2.5**, repetidos em (15) e (16).

(15a)   Léo alertou você [que Zé espionava Cris].

(15b)   Quem$_x$ (que) Léo alertou você [que Zé espionava $\varnothing_x$]?

(16a)   Léo alertou você [enquanto Zé espionava Cris].

(16b)   *Quem$_x$ (que) Léo alertou você [enquanto Zé espionava $\varnothing_x$]?

Desses quatro dados, apenas (16b) é negativo, portanto não presente na experiência **E** da criança-aprendiz. O motivo dessa agramaticalidade há de ser consequência de alguma regra. Independentemente de quais forem os detalhes finos da regra proibitiva real, pode-se caracterizá-la em termos gerais como a impossibilidade de um sintagma-QU gerado no âmbito de uma oração subordinada não complemento se mover para além dos limites daquela subordinada[31]. É crucial que a definição da 'prisão' da qual o sintagma-QU não pode sair especifique o caráter não complemento da oração subordinada, caso contrário (15b) também seria dado negativo, mas é positivo. Se a criança tem acesso a (15a) e (15b), ela poderia extrair de **E** a generalização falsa de que, em perguntas, sintagmas-QU são moví-

---

31. Alternativamente, pode-se dizer que um sintagma-QU fronteado não pode ter o mesmo índice referencial de uma lacuna que ocupa uma posição sintática dentro de uma oração subordinada não complemento.

veis de dentro de qualquer oração subordinada, podendo ser fronteados à oração principal.

Porém, uma vez feita essa generalização, a consequência lógica natural seria tomar (16b) como possível por analogia a (16a) e ao par (15a)-(15b), já que em (16b) também há o fronteamento de um sintagma-QU gerado numa oração subordinada. A agramaticalidade de (16b) deve-se à regra proibitiva que limita o poder gerativo da regra de movimento. Mas essa regra proibitiva não tem como ser inferida da experiência, pois a criança não tem acesso a dados negativos como (16b), devidamente classificados como tais. Sem essa informação, o natural é tomar (15b) e (16b) como dados análogos, ambos envolvendo fronteamento de um sintagma-QU gerado numa oração subordinada. A distinção entre (15b) e (16b) é real e facilmente detectável por um linguista perspicaz que fabrica dados novos e os submete ao julgamento do falante nativo para saber se eles são positivos ou negativos. É assim que o cientista deduz a existência da regra proibitiva.

Mas como a criança chega à mesma conclusão sem acesso a (16b)? Tendo em mente o que vimos em **§5.3** sobre indução, a extrapolação mais simples e natural a se fazer a partir de (16a) e do par (15a)-(15b) é inferir que (16b) também é gramatical por ser do mesmo tipo de (15b). Note que a regra proibitiva em questão tem aquele formato "exceto se..." que demonstrei em **§5.3** ser um obstáculo insuperável para o aprendiz, porque, a rigor, poderia haver *infinitas* restrições em potencial, e o aprendiz não teria de onde tirar informação que o guiasse na direção daquela proibição específica, em vez de outras como (i) "O fronteamento do sintagma-QU é permitido, exceto se ele for sujeito de um verbo trissilábico oxítono iniciado por uma fricativa, e cujo objeto direto é uma oração subordinada", ou (ii) "O fronteamento do sintagma-QU é permitido, exceto se ele for objeto direto de um verbo de conjugação irregular cujo sujeito é formado por coordenação de cinco NPs, todos nucleados por nomes femininos", etc.

Do ponto de vista de um aprendiz não enviesado *a priori* por uma GU, as restrições em (i) e (ii) acima são tão naturais ou tão estranhas quanto a restrição de ilha efetivamente presente na gramática. Se o aprendizado de gramática passasse pelo mesmo filtro da cognição geral que evita invencionices do tipo "exceto se..." a menos que haja evidência empírica para tal, esperaríamos que as crianças não inferissem nenhuma dessas restrições, nem mesmo a restrição de ilha de oração subordinada adjunto, porque não há evidência empírica disponível para que se infira tal regra. Dados negativos do tipo (16b) não fazem parte de E. Isso faria com que crianças tomassem (16b) como gramatical e do mesmo tipo de (15b), não levando em conta o fator de a oração subordinada ser complemento ou não. Consequentemente, tais crianças acabariam falando uma língua sem restrição de ilha quando se tornassem adultas. Mais que isso, espera-se que nenhuma língua tenha tal restrição em sua gramática. Porém, o que se observa é não somente a universalidade do comportamento verbal infantil em relação à não enunciação de dados do tipo (16b), como também a universalidade dessa restrição de ilha nas diversas línguas do mundo. É exatamente isso que a tese da GU inata prevê.

Mas por que a criança não poderia ser perspicaz e prestar atenção nisso? Em princípio, uma dada criança **C** até poderia sim, se sua percepção for muito aguçada e se ela, por alguma razão, ignorar os *infinitos* outros fatores para se focar nesse. A questão é por que *todas* as crianças prestam atenção exatamente nisso, extrapolam a partir dos dados positivos do modo como fazem e não de outros, igualmente compatíveis com a experiência **E**?

O fato de **E** ser compatível com infinitas gramáticas imagináveis, pela ausência de dados negativos do tipo relevante, legitima dizermos que o estímulo é pobre. Temos então o Problema de Pobreza de Estímulo. A lógica e a evidência empírica nos levam à conclusão de que a solução para esse problema é neoplatônica: i.e. a regra R (nesse caso, a restrição de ilha adjunto) é um conhecimento apriorístico da GU inata (e também as noções de adjunção, movimento, etc.). O raciocínio que nos conduz das premissas em (13) – sustentadas empiricamente – até a conclusão em (14) é o que chamamos de Argumento de Pobreza de Estímulo (APE). O que acabo de mostrar é uma instância particular do APE entre muitas.

O diagrama de Venn abaixo é tradicionalmente usado por chomskyanos para sintetizar a essência do APE. Os símbolos '+' e '−' representam instâncias diversas de dados positivos e negativos, respectivamente, em relação ao fato em pauta (no caso: restrição de ilha adjunto). A figura oval menor (=Y) é o conjunto de dados semelhantes a (15a), (15b) e (16a). A figura oval maior (=Z) é o conjunto que contém todos os dados contidos em Y e também contém dados semelhantes a (16b). Claramente, Y é um subconjunto próprio de Z.

(17)
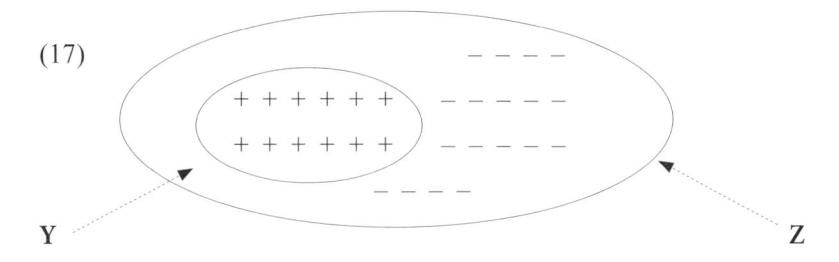

Em sua experiência, a criança escuta apenas dados restritos a Y. No entanto, isso não indica para ela que a gramática que subjaz aos dados escutados gera apenas aqueles em Y. Ao contrário, os dados escutados, por si próprios, sugerem que a gramática que os gerou também gere vários dados contidos em Z (e.g. (16b)) análogos a dados em Y (e.g. (15b)). Assim, para uma criança que não nascesse enviesada em favor de Y, o mais natural seria assumir que a gramática abrange todos os dados em Z, já que a restrição da gramática a Y requer o conhecimento de uma cláusula do tipo "exceto se..." que não pode ser inferida apenas da experiência e de meios gerais de generalização por indução.

Vejamos agora mais uma instância do APE[32]. Em **§3.7**, abordei simplificadamente um pouco da Teoria de Ligação. Retomo aqui os dados que usei para ilustrar o Princípio C, que regula a referência de DPs não dêiticos.

---

32. Dada a escassez de espaço, limito-me a ilustrar a estrutura geral do APE com esses dois fenômenos sintáticos. A literatura técnica está repleta de outros fatos que embasam instâncias do APE, inclusive aqueles do âmbito fonologia (cf. Idsardi 2005) e da morfologia (cf. Bobaljik 2012).

(18a) Alice disse que ela bebeu chá.

(18b) Ela disse que Alice bebeu chá.

(18c) Alice disse que Alice bebeu chá.

(18d) [A amiga d[ela]] disse que Alice bebeu chá.

No plano da adequação observacional, os fatos relevantes são: (i) em (18a) e (18d), <u>Alice</u> e <u>ela</u> *podem* ser correferentes, embora não necessitem ser (isso depende do contexto discursivo); (ii) em (18b) <u>Alice</u> e <u>ela</u> *não podem* ser correferentes, a despeito de qualquer contexto discursivo favorável a tal interpretação; e (iii) em (18c), as duas instâncias de <u>Alice</u> não podem ser correferentes, independentemente do contexto (i.e. temos duas mulheres distintas com o mesmo nome). No plano da adequação descritiva – como vimos em §3.7 – a regra que captura esses padrões pode ser simplificadamente definida como se segue: *um DP não dêitico não pode compartilhar seu índice referencial com nenhum DP que o c-comande.*

Os linguistas sabem disso porque, além de todo o trabalho intelectual de formulação e testagem de hipóteses, tiveram acesso a dados negativos (obtidos através da intuição dos falantes para dados hipotéticos fabricados por pesquisadores). Nesse caso, os dados negativos seriam versões de (18b) e (18c), com as mesmas sequências terminais, porém com coindexação entre <u>Alice</u> e <u>ela</u> em (18b), e entre <u>Alice</u> e <u>Alice</u> em (18c). Como uma criança pode chegar a tal conclusão sem acesso a esses dados negativos? Como não deixar de fazer uma analogia entre (18a) e (18b), supondo que, se a correferência é possível em (18a), também o seria em (18b)? Note que (18d) é evidência positiva contra qualquer hipótese de que a ordem entre o DP pronominal e o DP não pronominal poderia ser a razão da impossibilidade de correferência em (18b), pois (18d) traz a mesma ordem com correferência possível. De onde a criança conclui que as duas instâncias de <u>Alice</u> não podem ser correferentes em (18c)? Aliás, num dado positivo como <u>A amiga de Alice disse que Alice bebeu chá</u> – estruturalmente análogo a (18d) – a correferência é possível, o que tornaria praticamente irresistível assumir que o mesmo valha para (18c).

Aplicando a lógica geral do APE aos dados em (18), chega-se à conclusão de que o Princípio C é inato (e, consequentemente, também a noção de c-comando, as distinções entre os tipos de DP, índice referencial, etc.). Essa tese é corroborada por pelo menos dois fatos robustos. Primeiramente, as pesquisas tipológicas feitas no âmbito da GGT revelam que as mesmas generalizações extraídas dos dados em (18) valem para todas as línguas estudadas. Em segundo lugar, experimentos de investigação da fala infantil revelam que as crianças têm conhecimento do Princípio C desde o início, não sendo possível flagrá-las interpretando dados como (18) de modo contrário à regra. Descrevo agora, de modo superadaptado e simplificado, as linhas gerais de um experimento de Stephen Crain (e colaboradores), replicado com crianças adquirindo diversas línguas, sempre com os mesmos resultados (usando a técnica da Tarefa de Juízo de Valor de Verdade). Digamos que as sentenças em (18) sejam apresentadas para a criança logo após ela ter assistido a um teatrinho de bonecos, no qual (a) a personagem Alice bebeu chá; (b) havia apenas uma outra personagem feminina, a qual *não* disse que Alice bebeu chá; e (c) Alice disse ter bebido chá. Ao final do teatrinho, a criança interage com um fantoche que diz saber de tudo o que ocorreu na historinha. A tarefa da criança é julgar se aquilo que o fantoche diz é verdadeiro ou falso. Dado o contexto, (18b) seria um enunciado verdadeiro caso o Princípio C não estivesse sendo aplicado. As crianças, no entanto, facilmente detectam que o fantoche não falou a verdade quando proferiu (18b). Isso revela que o Princípio C já está internalizado desde muito cedo. Para detalhes sobre experimentos reais aos quais fiz alusão, cf. Crain & Thornton (1998: 209-270), Crain & Lillo-Martin (1999: cap 14, 15), e Grolla & Figueiredo-Silva (2014: 127-162).

§5.6. REFUTANDO OBJEÇÕES AO ARGUMENTO DE POBREZA DE ESTÍMULO, REFORÇANDO-O

Embora a sua lógica seja tão cristalina e sua sustentação empírica tão robusta, o APE tem sido muito incompreendido desde a década de 1960 até hoje. Seria preciso um livro inteiro para comentar todas as originalíssimas acusações de que o APE seria circular ou se assentaria em falácias.

Considero isso desnecessário dado o exposto em §5.5[33]. Faço questão, porém, de refutar as objeções clássicas, que têm sido postas repetidamente por autores distintos com uma retórica que alega originalidade de uma ideia velha e já refutada.

Uma objeção frequente ao APE se resume à acusação rasa de que ele seria um 'apelo à ignorância' (tal qual o *deus das lacunas* dos apologetas). Diz-se que a conclusão do inatismo no APE seria uma fuga para não ter que admitir que não se conseguiu solucionar o PPE (cf. Everett 2013). Ou seja, ao se perguntarem como (por que meios cognitivos, observando que fatos) a criança **C** internaliza uma regra **R** da gramática, e, fracassando na tentativa de resposta, os inatistas abandonariam a empreitada prematuramente sem considerar outras possibilidades e declarariam que o PPE não é um real problema relativo a aquisição porque, a rigor, **R** não fora aprendida, assumindo *como premissa* que a criança nasceu sabendo **R**. Muitos críticos, por incompreenderem a lógica do argumento que tem o inatismo não como premissa, mas como conclusão, e por ignorarem solenemente a complexidade dos fatos empíricos, declaram que a tese da GU inata não seria testável, logo não satisfaria ao critério popperiano de refutabilidade, sendo assim pseudocientífica (e.g. Evans 2014a: 14). Dizem eles que Chomsky não *provou* que uma GU inata é o real motivo pelo qual a criança exibe desde o início um comportamento verbal compatível com o conhecimento dos mecanismos gramaticais relevantes (e.g. restrição de ilha, minimalidade relativizada, princípios A, B e C, etc.). Afinal, não há como se ter certeza de que a explicação para todos os aspectos do PPE não possa residir em mecanismos da cognição geral ainda por serem decobertos, e que, uma vez compreendidos, possam vir a explicar os fatos gramaticais melhor do que a tese da GU inata, através de um modelo muito mais simples e unificador.

Uma primeira resposta a essas críticas, repetidas até hoje, já fora dada por Chomsky no famoso debate com Piaget. Mais especificamente, na

---

33. A esse respeito, cf. Chomsky (1980e), Fodor (1980b), Laurence & Margolis (2001) e Guimarães (2007).

discussão que se seguiu à apresentação de Cellérier (1980), Chomsky (p. 80) afirmou o seguinte:

> Hipóteses inatistas são refutáveis em princípio. Qualquer hipótese que diga que uma dada propriedade da linguagem é determinada geneticamente está sujeita à mais imediata refutação do tipo mais forte. Hipóteses desse tipo já foram refutadas mais de uma vez observando-se um outro fenômeno na mesma língua, ou uma outra língua. É por isso que é tão difícil formular hipóteses específicas sobre estruturas geneticamente determinadas. [...] Se a hipótese é refutada numa outra língua, então ela é errada [para todas]. Assumindo, é claro, a uniformidade da espécie – estou tomando como dado que não há subespécies de humanos –, então se alguém propõe a propriedade P e diz que ela é geneticamente determinada, então essa proposta está sujeita à mais imediata refutação ao se olhar para outra língua na qual se possa demonstrar que a propriedade P não se aplica.

Nesse ponto, Cellérier (p. 80) intervém: "Se você encontrar uma propriedade universal, ainda assim você não pode demonstrar que ela é inata", ao que Chomsky (p. 80-81) responde:

> Não se pode efetivamente provar que ela é inata. Isso se dá porque estamos lidando com ciência, não com matemática. Mesmo que observássemos os genes, não poderíamos provar isso. Em ciência, não há inferências demonstrativas; em ciência, nós acumulamos evidências empíricas compatíveis com certas hipóteses, que assim nos parecem sensatas. E isso é tudo o que podemos fazer; fora disso estaríamos fazendo matemática. Mas penso que podemos encontrar muitas evidências convincentes, embora certamente menos convincentes do que seriam se pudéssemos lidar com humanos como lidamos com moscas.

Então, Piaget (p. 81) interpela: "Primeiramente, generalidade, por si só, não é prova do inatismo; em segundo lugar, a questão é saber se a generalidade é comum a todos os níveis de desenvolvimento ou se ela se obtém ao final". Chomsky (p. 81) rebate:

> Concordo com ambos os pontos. O fato de algo ser geral é uma evidência que corrobora a tese inatista, mas não demonstra que tal coisa é inata. Por outro lado, se algo não é geral, então certamente não é inato. Mas estamos aqui interessados em descobrir propriedades que são biologicamente necessárias, e generalidade é uma delas, embora não seja uma propriedade suficiente.

Após essa breve incursão às origens do tema em discussão, retomo elementos apresentados em §5.5, conectando-os com o que acabamos de apreciar. Mostre-me uma criança que sistematicamente produz dados violadores da restrição de ilha, como (16b), ou então uma comunidade em que os adultos aceitam e usam tal estrutura, e você terá derrubado, por vias empíricas, o argumento de que essa restrição de ilha é um conhecimento inato oriundo da GU. O mesmo vale para generalizações extraídas do paradigma em (18), que nos conduzem à conclusão de que o Princípio C é inato, ou a qualquer fato atrelado a um APE.

Sem tais fatos novos, você só poderia refutar a tese inatista se demonstrar que ao menos uma das premissas em (13) é falsa no que concerne às regras gramaticais em pauta (i.e. restrição de ilha adjunto, Princípio C, etc.). Mesmo nesse caso, a hipótese anti-inatista ainda enfrenta outro ônus da prova. Digamos que não haja princípios inatos especificamente gramaticais e que as opções das crianças por certas extrapolações indutivas em detrimento de infinitas outras se sigam de princípios de um aparato geneticamente determinado de caráter geral, o qual 'gerencia' a aquisição de linguagem do mesmo modo que 'gerencia' qualquer aprendizagem. Consequentemente, espera-se que haja, em outros domínios cognitivos, algum correlato, manifesto em alguma forma mais transparente ou menos, de padrões estruturais como de ilhas, princípios de ligação A, B e C, minimalidade relativizada, etc. Sem demonstrar isso, o anti-inatista apenas afirma sua posição sem evidência para corroborá-la.

Se você não for capaz de prover contra-argumentos ou novas evidências na direção do exposto acima, então só lhe resta aceitar que a tese da GU inata – embora podendo vir a ser demonstrada falsa no futuro – ainda é a melhor proposta atualmente existente. A rigor, ela é a única. As demais são acenos, promessas, não teorias de fato. Muitos críticos apenas especulam sobre o tema *in abstracto*, sem analisar dados empíricos ou analisando poucos dados irrelevantes, exemplos de "coisas brancas". Outros analisam aspectos bem pontuais de poucas "coisas verdes", mas sem aprofundamento nem compreensão; logo, sem oferecer uma teoria de aquisição com cobertura empírica suficiente para descartar a tese da GU inata. Contudo, abundam afirmações em contrário desprovidas de demonstração. Segundo Tomasello (2004: 643), "[t]odos os fenômenos empíricos tipicamente citados como evidência em favor de uma GU inata são também consistentes com a existência de adaptações biológicas de habilidades mais gerais da cognição e da comunicação humanas". É fácil afirmar isso, como fez Piaget (1980a, 1980b, 1980c). Mas para demonstrar sua validade deve-se escrutinar *todas* as "coisas verdes" e explicitar de que modo as estratégias gerais da cognição derivariam F_f como resultado sem haver princípios especificamente gramaticais em F_i.

Outra objeção muito comum ao APE resume-se à ingênua afirmação de que, embora a criança reconhecidamente não tenha acesso a dados negativos, ela teria acesso à chamada *evidência negativa indireta* (cf. Cowie 1999: 223-225, *inter alia*). Trata-se da ideia de que a ausência de certos tipos de estrutura em **E**, uma vez notada pela criança, faria com que ela infira que há mecanismos gramaticais subjacentes que proíbem a geração de tais estruturas, caso contrário ao menos algumas instâncias delas já teriam sido escutadas, por se tratarem de combinações triviais e esperadas de acordo com as regras combinatórias até então sabidas. O primeiro problema desse raciocínio foi muito bem resumido por Marcus (1999: 294), para quem "evidência negativa implícita só é útil se o aprendiz já souber de antemão quais não ocorrências são relevantes e quais não são". A propósito, Pinker (1989: 14) já esclarecia:

> [N]ão é nada claro o que a evidência negativa indireta poderia ser. É inconcebível que a criança rejeite literalmente toda e qualquer sentença que ela nunca escutou, pois sempre haverá uma infinidade de sentenças que ela jamais escutou e que são gramaticais [...] São trivialmente verdadeiras tanto a assunção de que a criança adota hipóteses gramaticais que descartam *algumas* das sentenças jamais escutadas, como a assunção de que, se a criança escuta uma dada sentença, ela vai mais provavelmente contemplar uma hipótese gramatical diferente da que contemplaria se não a tivesse escutado. A questão então é: sob quais circunstâncias, exatamente, a criança conclui que um dado não escutado é agramatical?

Voltemos à restrição de ilha de oração subordinada adjunto discutida em **§5.5**. Digamos que tal regra proibitiva não seja inata, e que a criança, muito perspicazmente, **nota que,** dentre todas as sentenças que escutou e que exibiam movimento de sintagma-QU extraído de dentro de uma oração subordinada, em **nenhum** dos casos a oração subordinada era não complemento. A questão é **por que** *todas* as crianças prestam atenção nesse tipo de não ocorrência, e não em não ocorrências de outro tipo, como, por exemplo, o fato de **todo o** material morfossintático entre o sintagma-QU e seu vestígio **(lacuna) ter** mais ou menos palavras que o material sintático que se segue **ao vestígio.** São infinitos os tipos de não ocorrência. Portanto, ainda que a **regra proibitiva** em questão não seja inata, é inescapável concluir que **há um viés** inato, especificamente gramatical, que orienta a criança para **prestar atenção** na distinção entre complemento e não complemento nas **orações subordinadas** contendo um vestígio de um sintagma-QU fronteado. **Para tanto,** é preciso assumir uma GU inata[34]. Outro problema com **a ideia de** evidência negativa indireta é o fato de isso pressupor que a **criança passa** por um estágio em que a regra relevante, por não ser inata, **ainda não teria** sido inferida via evidência negativa indireta. Isso seria facilmente demonstrado se houvesse registros de fala infantil contendo dados como **(16b),** que violam frontalmente o princípio em questão; ou então **evidências** experimentais de que crianças aceitam dados como (16b) atribuindo-lhes a interpretação relevante. O mesmo se pode dizer sobre (18b) e **(18c) sob** interpretações com correferência entre ela e Alice, e entre Alice e **Alice,** respectivamente. Não é isso o que temos. Logo, o apelo à evidência **negativa** indireta não explica os fatos relevantes. Para uma discussão **completa e definitiva** sobre o tema, cf. Yang (2016).

---

34. Cabe frisar que a noção **de evidência** negativa indireta já foi seriamente levada em consideração por inatistas (e.g. **Lasnik 1990:** cap 9), tendo sido evocada pelo próprio Chomsky (1981a: 8-9). Porém, quando esses autores falam em evidência negativa indireta, eles não estão negando a GU inata. **Ao contrário, a** ideia contemplada é que, em relação a certas estruturas particulares, a **GU não impõe** uma regra universal, mas sinaliza determinado tipo de construção como **um ponto relevante** de variação entre gramáticas particulares, de modo que o aprendiz nasce **enviesado para** prestar atenção naquilo. Tal viés é um conhecimento especificamente **gramatical e inato.**

Descartado o conceito de evidência **negativa** indireta, passemos à distinção entre *pobreza* e *ausência* de estímulo feita pelos anti-inatistas Pullum & Scholz (2002: 15-16). Em ambos os casos, pode-se construir argumentos em favor de princípios inatos da GU, mas convém não misturá-los sob o mesmo rótulo, pois a lógica argumentativa e a metodologia são distintas. No caso de *pobreza*, trata-se de dados positivos cuja raridade, na prática, pode torná-los invisíveis ou não, a depender do quão raros eles são. No caso de *ausência*, trata-se de dados negativos inquestionavelmente inexistentes em **E**, logo incapazes de deflagrar aprendizagem. Os *argumentos de pobreza de estímulo* (no sentido estrito dos referidos autores) seriam, em princípio, mais controversos e mais passíveis de crítica ou refutação, pois, nesses casos, a verdade da premissa em (13c) acima – acerca do acesso ou não da criança à informação relevante – dependeria de assunções e demonstrações adicionais sobre o que seria suficiente ou não em relação à quantidade de certos exemplos presentes em **E**. Os dois exemplos ilustrativos de APE que abordo aqui – assim como a grande maioria dos APEs propostos no âmbito da GGT – se qualificam como *argumentos de ausência de estímulo*, estritamente falando. Essa distinção se mostra mais relevante e mais complexa quando alargamos a nossa base empírica, considerando interações não triviais de fenômenos que mascaram uns aos outros. Retornemos aos dados em (15) e (16)[35], que evidenciam a restrição de ilha de adjunto, e acrescentemos ao paradigma os dados em (19) e (20), já vistos em §2.5.

(19a) Quem$_x$ (que) Léo alertou $\emptyset_x$ [que Zé espionava Cris]?

(19b) Quem$_x$ (que) Léo alertou $\emptyset_x$ [que Zé espionava $\emptyset_x$]?

(20a) Quem$_x$ (que) Léo alertou $\emptyset_x$ [enquanto Zé espionava Cris]?

(20b) Quem$_x$ (que) Léo alertou $\emptyset_x$ [enquanto Zé espionava $\emptyset_x$]?

---

35. (15a) Léo alertou você que Zé espionava Cris; (15b) Quem$_x$ Léo alertou você que Zé espionava $\emptyset_x$?; (16a) Léo alertou você enquanto Zé espionava Cris; (16b) *Quem$_x$ Léo alertou você [enquanto Zé espionava $\emptyset_x$]?

Todos esses dados são positivos (cf. §2.5, n. 45), e o principal deles é (20b). Logicamente, (19a) está para (20a) assim como (19b) está para (20b). Em (20b), a lacuna dentro do adjunto está, no plano puramente semântico-pragmático, associada ao sintagma deslocado, estabelecendo o mesmo tipo de relação proibida em (16b) acima. Temos aqui mais do que pobreza de estímulo (i.e. a ausência da evidência de que (16b) é agramatical). Temos um excesso de estímulo (i.e. a evidência de que (20b) é gramatical) que induziria o aprendiz à hipótese errada (mas totalmente compatível com os dados da experiência) de que não há restrição de ilhas, e que portanto (16b) também seria gramatical. Na tradição da GGT, analisa-se (20b) em termos de mecanismos de *licenciamento de lacunas parasitas*. Ou seja, em (20b), a categoria vazia dentro do adjunto (i.e. *a lacuna parasita*) não é diretamente dependente do sintagma deslocado. Ela está coindexada ao vestígio do sintagma deslocado (i.e. a *lacuna real*), que, por sua vez, está coindexado (via movimento) ao sintagma fronteado. Somando-se a restrição de ilha aos mecanismos de licenciamento de lacunas parasitas (ambos necessariamente parte da GU), temos um quadro coerente que prevê a agramaticalidade de (16b) a despeito da gramaticalidade de (20b).

Contudo, uma criança desprovida de GU não teria meios para concluir isso; e é perfeitamente compatível com a sua experiência uma gramática mais simples, sem nenhum desses dois princípios, segundo a qual, em (20b), tanto a categoria vazia dentro do adjunto como a categoria vazia fora dele estariam ambas diretamente associadas ao sintagma movido, sem associação direta (apenas indireta) entre as duas categorias vazias. Isso faria a previsão de que (16b) fosse gramatical. Assim como a agramaticalidade de (16b) é uma exceção ao padrão aparente, temos também que a gramaticalidade de (20b) é uma exceção ao padrão oculto que explica a agramaticalidade de (16b) através da noção de ilha adjunto enquanto princípio inato. E essa *exceção da exceção* só se explica através de um segundo padrão mais oculto ainda, que pressupõe a existência *in tandem* de ilhas adjunto e de lacunas parasitas.

(20b) é, pois, um dado positivo que corrobora a hipótese da inexistência da restrição de ilha adjunto. Isso é a princípio problemático já que (16b) é agramatical, o que só é possível se a restrição de ilha existir. Para o linguista, (16b) é um dado negativo acessível e que corrobora a hipótese da existência da restrição de ilha adjunto. Do ponto de vista da criança aprendiz, no entanto, não há na experiência dado positivo ou negativo algum que corrobore a hipótese da existência da restrição de ilha adjunto. O dado positivo (20b) estaria, portanto, conduzindo a criança à falsa conclusão de que não existiria a restrição de ilha adjunto, a qual, por sua vez, é responsável pela agramaticalidade de (16b). Ocorre que (20b) é gramatical em função dos mecanismos de licenciamento de lacunas parasitas, que, na superfície, têm o efeito de fazer parecer que a restrição de ilha adjunto estaria sendo afrouxada (i.e. uma *exceção da exceção*). Qualquer dado como (20b) seria um excesso de informação que só atrapalha ainda mais a criança a descobrir a restrição de ilha adjunto, que, por si só, já é demasiado oculta. O impacto desse excesso de estímulo é tanto maior quanto maior for a falta de certas informações específicas na mesma massa de dados, e vice-versa.

Em todos os casos de 'exceção da exceção', a questão da presença/ausência e frequência/infrequência dos dados relevantes se coloca duplamente. Logo, se concedermos ao anti-inatista que dados positivos raros devem ser tratados como informação devidamente processada pela criança para fins de detecção de padrões (i.e. mesmo raros eles existiriam em quantidade suficiente), então, por exemplo, dados envolvendo lacunas parasitas como (20b), acabariam por alavancar, na criança, a falsa crença na hipótese de que a gramática alvo não teria restrição de ilha, e de que (16b) seria gramatical. Se, por outro lado, dados como (20b) forem super-raros, a ponto de isso não reforçar a falsa crença na inexistência da restrição de ilha (e consequente gramaticalidade de (16b)), não temos o problema de excesso de estímulo, mas temos uma potencialização do problema de pobreza de estímulo em relação aos princípios da GU que regulam o licenciamento de lacunas parasitas, posto que, nesse outro cenário, os dados raros contariam como inexistentes para todos os efeitos práticos.

Limites de espaço e escopo me impedem de elaborar a respeito de todo um intenso debate na literatura técnica contemporânea acerca dos chamados modelos conexionistas, que propõem que o que haveria de inato em F_i seria uma capacidade geral de fazer generalizações através do cálculo da probabilidade de ocorrência associada entre dois (ou mais) eventos, com base nas ocorrências associadas de eventos previamente observados, o que acaba por 'cristalizar' a expectativa de reencontrar certos padrões frequentemente encontrados. O mesmo processo acabaria por 'cegar' o sistema, impedindo-o de antever como potencialmente encontráveis eventuais padrões jamais encontrados na massa de dados. Remeto o leitor a Fodor & Pylyshyn (1988, 1990) e Yang (2016) para uma refutação desse paradigma. Na próxima seção, mesmo sem discutir os detalhes técnicos sobre os mecanismos de construção dessas 'expectativas', ressalto que tal tarefa esbarra em problemas básicos referentes a quais propriedades dos dados prestar atenção, e ao número literalmente infinito de hipóteses a serem consideradas.

§5.7. EXCESSO DE ESTÍMULO, FINITUDE DO ESPAÇO DE HIPÓTESES, PRINCÍPIOS E PARÂMETROS

O APE estabelece que, devido à *ausência* de certas informações (dados negativos) necessárias para inferir certos padrões a partir puramente de dados em **E** via mecanismos cognitivos gerais de detecção de padrões via indução, a tarefa de aquisição de linguagem (consolidação de F_f) depende crucialmente de princípios gramaticais inatos em F_i. Nesta seção, argumento que o problema da inadequação de **E** para a formação de F_f a partir de F_i é de caráter mais geral. Além do que Chomsky (1986a) chamou de *Problema de Platão*, a criança enfrenta o que eu chamei de *Problema de Borges* em Guimarães (2013: 158-159)[36]. O primeiro diz respeito à *escassez* de informação em **E**. O segundo diz respeito

---

36. Antecedentes históricos dessa minha ideia encontram-se em Guimarães (2007) e Becker et al. (2011).

ao *excesso* de informação em **E**. Trata-se de problemas complementares que, juntos, tornam a tarefa de aquisição de linguagem 'missão impossível', a menos que haja uma GU inata.

Frequentemente, críticos do inatismo ingenuamente alegam que, ao contrário do que o APE estabelece, o estímulo seria rico (Chouinard & Clark 2003; Tomasello 2003, 2004; Everett 2005, 2006; *inter alia*), posto que a experiência da criança com os dados positivos não se resume à escuta de enunciados de sentenças, mas também a uma complexa miríade de informações contextuais associadas: os eventos ocorridos antes, durante e depois do ato de fala, o papel do enunciador, do enunciatário e de terceiros nesses eventos, as relações de causa e efeito que se podem inferir entre eventos, etc. E tudo isso é perceptível através de estímulos sensoriais vários. De fato, há muitíssima informação em **E**. Mas isso se configura em riqueza de estímulo no sentido relevante? Isso depende da natureza exata das muitas informações presentes em **E**. Nenhum inatista nega que elementos contextuais exerçam um papel importante no desenvolvimento cognitivo como um todo, inclusive na internalização de gramática. Afinal, as sentenças da gramática só são acessíveis e compreensíveis enquanto expressão de pensamentos acerca de um complexo estado de coisas que circunda o indivíduo. O problema está em apostar cegamente – sem investigação e cálculo de previsões prévios – na ideia de que tais informações contextuais bastam, sem sequer examinar a qualidade delas, apenas 'dando de barato' que a mera quantidade delas é suficiente. De nada adianta **E** ser uma experiência quantitativamente rica se, em meio à quantidade colossal de informações ali contidas não houver uma sequer do tipo relevante e necessário para a tarefa específica de inferir a existência de uma dada regra gramatical **R**.

Se eu tiver a minha garagem toda ocupada por jornais velhos, garrafas pet usadas, restos de flores mortas, etc., isso não faz de mim um homem rico no sentido estrito de poder aquisitivo. Se a garagem estivesse repleta de cédulas de 100 dólares, barras de ouro, telas de Picasso, etc., eu seria multimilionário. Imagine agora que você herda um imóvel gigante, um hangar, cujo espaço está todo ocupado por milhares de coisas sem valor, como jornais velhos, mas no meio da grande bagunça há uma tela de Picasso. Tecnicamente, você é rico. Mas sua riqueza está perdida e inutilizável até que você consiga cumprir a hercúlea tarefa de 'achar a agulha no palheiro'. Até lá, você permanece tão pobre quanto antes para efeitos práticos.

O que chamo de *Problema de Borges* é comparável à tarefa de achar a tela de Picasso num enorme hangar repleto de lixo. Pior que isso, a tarefa em questão é não apenas dificílima, mas impossível porque pressupõe um hangar infinitamente grande contendo uma quantidade infinita de lixo. A inspiração para o nome do problema vem do conto *Funes, el memorioso,* do ficcionista argentino Jorge Luis Borges. O protagonista Irineo Funes é dotado de uma memória perfeita que registrava absolutamente tudo sem jamais esquecer de nada, e de uma percepção ultra-aguçada, com uma acuidade dos sentidos sobre-humana, capaz de detectar todo e qualquer detalhe, por mais infinitesimal que seja, em tudo o que se vê, escuta, toca, cheira e degusta. O que parece à primeira vista ser uma grande vantagem de Funes sobre nós mortais comuns acaba sendo fonte de sofrimento e *deficiência cognitiva extrema* para ele. Como consequência de seus superpoderes, Funes sempre detecta diferenças entre coisas que nós jamais percebemos. Logo, ele é incapaz de fazer generalizações sobre a realidade, o que pressupõe tomar duas ou mais coisas como exemplares distintos de uma mesma coisa. Para construir generalizações, é preciso ignorar certas diferenças entre os exemplares, algo que ele não consegue porque detalhes infinitesimais lhes são demasiado salientes e inesquecíveis.

Assim seriam as crianças em relação à aquisição de gramática se não houvesse uma GU inata direcionando-as a prestar atenção nas propriedades relevantes dos dados e ignorar as irrelevantes. Tal (ir)relevância não tem como ser logicamente inferida diretamente de **E** via mecanismos cognitivos gerais. Para que muitas informações observadas sejam descartadas, elas precisam ser ignoradas *a priori*. É impossível analisar todas elas para depois descartar várias sob algum critério, pois isso envolveria uma função não computável, logo não executável dentro dos limites da capacidade cognitiva humana de processamento e memória. O problema é insolúvel porque seria *infinita* a quantidade de experiências a serem ou não consideradas no processo de aquisição, bem como a quantidade de hipóteses logicamente possíveis acerca dos mecanismos gramaticais que gerariam todos os dados. Não se trata de ignorar ou descartar os dados em si, mas de ignorar ou descartar hipóteses acerca da relevância ou não de diversas (a rigor, infinitas) propriedades dos dados, as quais seriam levadas ou não em consideração quando da formulação de hipóteses sobre os mecanismos gramaticais, da comparação e decisão entre elas. Sem uma GU restringindo *a priori* o *espaço de hipóteses* a um tamanho finito, a internalização de uma gramática compatível com os dados da experiência é logicamente impossível, porque envolveria necessariamente *infinitas* possibilidades a serem consideradas uma a uma antes de se tomar uma decisão.

A questão da restrição do espaço de hipóteses tem sido colocada recentemente por outros autores, dentre os quais destaco Charles Yang, William Sakas, Lisa Pearl e Jeffrey Lidz. *Implicitamente*, isso já estava posto mais rudimentarmente desde as primeiras formulações dos conceitos de *princípio* e *parâmetro* (cf. Chomsky 1981a, et seq.), até suas versões mais elaboradas e recentes (cf. Yang 2002). Entretanto, a explicitação do *Problema de Borges* se faz necessária na medida em que ele, de modo mais radical e definitivo, revela a *inexorabilidade* da infinitude de hipóteses e sua incomputabilidade caso a criança não encare a tarefa de aquisição de linguagem partindo de uma GU inata. Quanto mais informação tiver de ser processada, maior e mais complexa é a tarefa de 'separar o joio do trigo' e 'achar a agulha no palheiro' em relação ao que é relevante ou não para desvendar os padrões ocultos.

Como já demonstrado em §5.5, os dados em **E**, em estado bruto, são compatíveis com uma gama não apenas gigantesca como infinita de possíveis padrões ocultos, dentre os quais a criança teria que selecionar quais são de fato parte da gramática e quais são apenas potencialidades matemáticas. Sem uma GU inata, viveríamos todos o drama de Irineo Funes ao nos confrontarmos com infinitas possibilidades de abordagem dos dados. Isso não pressupõe que a criança enfrente infinitos dados. Uma amostra pequena já instancia o problema, porque qualquer evento observável único pode ser visto como exemplar de infinitas categorias abstratas. Para o aprendiz concluir quais dos infinitos padrões ocultos de fato são operantes na língua, é preciso comparar hipóteses acerca desses padrões ocultos com os dados positivos observáveis e checar a compatibilidade de cada dado com cada hipótese, para assim ir descartando as hipóteses erradas até se chegar a um afunilamento das hipóteses restantes, que, juntas, constituiriam a gramática internalizada.

Para tanto, deve-se partir de um conjunto de hipóteses, aqui denominado de *espaço de hipóteses*. Qual é o tamanho desse espaço? Evidentemente, quanto mais hipóteses houver para serem testadas, mais árdua é a tarefa de aquisição, mais comparações precisam ser feitas. De onde se originam essas hipóteses? Elas são formuladas a partir da observação dos dados? Se sim, com base em que critérios? Por exemplo, por que razão a criança cogita uma hipótese baseada na ordem de palavras, ou na curva melódica, ou na estrutura métrica das palavras, ou na estrutura sintagmática, etc.? Se o espaço de hipóteses não for delimitado de alguma forma, teríamos a situação-limite em que há infinitas hipóteses a serem consideradas. Isso torna a tarefa de afunilamento do espaço literalmente inexequível. Vejamos por que isso se daria. Primeiramente, consideremos alguns cenários bem simples, sem nos preocuparmos ainda com a origem das hipóteses, apenas com o número delas, com o tamanho do espaço.

Em (21) temos um espaço de hipóteses com apenas duas opções quanto à ordem relativa entre núcleos e complementos, tal como preveem as versões canônicas da Teoria X-Barra, construídas no âmbito da TRL, em que a GU é concebida em termos de *princípios* universais (nesse caso, as relações de irmandade entre X e YP e de dominância imediata de X' sobre X e YP) e de *parâmetros* de variação, que são espaços pré-delimitados pela GU nos quais mais de uma versão de um mesmo construto gramatical são admissíveis, mas apenas uma delas é instanciada efetivamente em cada gramática particular, e todas as opções já estão previamente dadas no espaço de hipóteses fornecido pela própria GU.

(21)   H1:   X' → X^YP   (ordem: núcleo^complemento)
         H2:   X' → YP^X   (ordem: complemento^núcleo)

O cenário em (21) é bem simples. Se a criança escuta dados do português (e.g. Eu comi romã), ela retém H1 e descarta H2. Se ela escuta dados do japonês (e.g. Watashi-ga rakuro-o tabemashita (=Eu romã comi)), ela retém H2 e descarta H1. Antes de a testagem ocorrer, a probabilidade inicial de cada hipótese seria de 1/2 (=50%), a não ser que houvesse algum viés apriorístico que atribuísse peso maior a uma dessas hipóteses no início (cf. n. 26).

Consideremos agora um cenário com quatro hipóteses no espaço, como esboçado em (22), concernentemente ao movimento de sintagmas-QU em orações interrogativas (cf. chinês, inglês, português brasileiro e russo, respectivamente).

(22)   H1: Nenhum sintagma-QU é movido;
         H2: O sintagma-QU mais próximo do alvo é deslocado para a periferia esquerda;
         H3: Opcionalidade entre não mover nenhum sintagma-QU ou deslocar para a periferia esquerda aquele que se encontrar mais próximo do alvo;
         H4: Todos os sintagmas-QU são deslocados para a periferia esquerda.

Antes da testagem, a probabilidade inicial de cada hipótese seria de 1/4 (=25%), a não ser que houvesse algum viés apriorístico em favor ou contra uma dessas hipóteses. E se, para um dado fenômeno gramatical, a criança estiver considerando um espaço de hipóteses com 1000 hipóteses? A probabilidade inicial de cada hipótese seria de 1/1000 (=0,1%).

Se o espaço de hipóteses fosse infinito, teríamos infinitas hipóteses, cada uma com probabilidade inicial de 1/∞, que equivale a zero. Isso significa, literalmente, que o aprendiz inicia seu processo de testagem com a certeza de que todas as suas hipóteses estão erradas, e não com uma dúvida relativa acerca de qual hipótese está certa, sabendo que todas elas têm uma igual chance (maior ou menor) de estar certa. Pode-se argumentar que eu estou apenas aplicando um truque retórico para conferir maior dramaticidade ao cenário considerado, pois a "certeza de que todas as hipóteses estão erradas" teria talvez um caráter conclusivo de que a tarefa de aprendizagem é impossível, fazendo o aprendiz desistir, e assim a metáfora do drama de Irineo Funes cairia como uma luva. Invertamos a situação, então. Todas as infinitas hipóteses teriam a mesma chance de *não* estar erradas, o que faria com que todas fossem vistas como corretas *a priori*. Se isso for verdade, então nenhuma testagem se faz necessária. Mas isso é absurdo, pois várias dessas hipóteses fazem previsões que contradizem umas às outras, não podendo todas estar certas ao mesmo tempo. O que o aprendiz faria, então? Um sorteio entre as hipóteses? Se for esse o caso, esperaríamos que cada criança acabasse internalizando uma gramática cujo formato seria imprevisível. Enfim, para que a tarefa de aquisição seja computável, o espaço de hipóteses precisa ser finito.

De que se segue a finitude do espaço de hipóteses? Como vimos em **§5.5** e **§5.6**, ela não se segue de propriedades observáveis dos dados brutos, pois eles são compatíveis com infinitos padrões ocultos hipotéticos. Tomemos novamente as ilhas adjunto, considerando a hipótese correta, e algumas apenas potenciais, mas que são compatíveis com a experiência.

(23) H1: O fronteamento do sintagma-QU é permitido, <u>exceto se o sintagma-QU se encontrar dentro de um sintagma adjungido a outro</u>.
H2: O fronteamento do sintagma-QU é permitido.
H3: O fronteamento do sintagma-QU é permitido, <u>exceto se ele for sujeito de um verbo trissilábico oxítono iniciado por uma fricativa, e cujo objeto direto é uma oração subordinada</u>.
H4: Mover o sintagma-QU de sua posição original para o início da sentença matriz, <u>exceto se o enunciado for dirigido a uma pessoa de maior estatura e menos idade que o enunciador e as mães de ambos forem pessoas distintas nascidas no mesmo dia e cujos nomes têm o mesmo número de sílabas</u>.

Em (23), a hipótese H1 é a regra que efetivamente existe nas línguas naturais, embora, como discutido em §5.5, ela seja inaprendível a partir da experiência, por consistir de uma cláusula restritiva do tipo "exceto se…", que, para ser aprendida, requer dados negativos indisponíveis. A hipótese H2, sem nenhuma cláusula restritiva, é aquela que legitimaria (16b) como gramatical. Se uma criança internalizasse H2, ela acabaria aceitando e produzindo dados desse tipo. Sabemos que isso não ocorre, logo a questão que se coloca é como a criança sabe que H2 deve ser descartada, já que não há, na experiência, nenhum dado positivo que indique que H1 é a regra correta, em vez de H2. Note que H2 é estruturalmente muito mais simples, sem nenhuma cláusula restritiva do tipo "exceto se…" Na ausência de evidência robusta, qualquer métrica de simplicidade favoreceria H2 sobre H1, mas não é isso o que acontece. Mais que isso, qualquer métrica de simplicidade desfavoreceria toda e qualquer hipótese com qualquer tipo de cláusula restritiva do tipo "exceto se…" por elas serem inerentemente mais complexas. Obviamente, se houver uma hipótese com uma cláusula restritiva facilmente descartável por dados positivos, ela será descartada. Por exemplo, no caso de uma hipótese com a cláusula "exceto se o sintagma-QU for objeto de um verbo flexionado no plural", basta que a criança escute dados positivos como Quem$_x$ vocês viram Ø$_x$ ontem? para que o descarte se dê. Entretanto, não se pode dizer o mesmo de todas as cláusulas restritivas logicamente possíveis, e elas são em número infinito, literalmente.

H3 e H4 são apenas dois de infinitos exemplos logicamente possíveis de cláusulas restritivas totalmente compatíveis com os dados da experiência e que, no entanto, jamais são sequer cogitadas pelo aprendiz. Se fossem cogitadas, tais hipóteses estariam em pé de igualdade com H1 em termos de (ausência de) evidência e em termos de compatibilidade com os dados positivos disponíveis. Isso acarretaria o problema de todas essas *infinitas* hipóteses terem probabilidade zero de estarem corretas, *o que vale também para H1*! Por que, então, a criança sequer cogita H3 e H4 ou qualquer outra hipótese com outro tipo de cláusula restritiva impossível de ser descartada?

Resposta: é a GU que lhe impõe H1. Note que, uma vez adotada, H1 também é tão impossível de ser descartada quanto H3 ou H4 (lembrando que nada impede que essas hipóteses coexistam), dadas a natureza e a escassez dos dados que as refutam. Na ausência de uma GU que estabeleça *a priori* H1 (ou melhor, sua cláusula restritiva) como a única hipótese (de regra restritiva) pertencente ao espaço de hipóteses, teríamos não apenas H3 e H4 como concorrentes no infinito espaço de hipóteses.

A existência de um espaço de hipóteses infinito enfrenta um sério problema de computabilidade e de realidade psicológica. O grau de complexidade da testagem e comparação de infinitas hipóteses é infinito, logo incomputável, inexequível pelo cérebro humano num período de tempo finito (e curto). Mais que isso, a própria existência de infinitas hipóteses num espaço, mesmo sem que se faça nenhuma operação de testagem sobre elas, já se configura num problema insolúvel, pois isso exigiria que o cérebro humano fosse infinito em capacidade de memória. A única alternativa não inatista, então, seria assumir que, no início do processo, o espaço de hipóteses é vazio, e as hipóteses seriam todas elas formuladas no decorrer da experiência da criança com os dados, 'inspiradas' pelos dados.

Teríamos aí dois problemas também insolúveis. Primeiramente, os dados são infinitamente inspiradores. Esse é o problema do excesso de informação presente nos dados, por menor que seja a amostra. As hipóteses H3 e H4 podem parecer absurdas à primeira vista. Entretanto, de um ponto de vista estritamente lógico, partindo da premissa de que não haveria GU, essas duas hipóteses e infinitas outras são formuláveis puramente com base em propriedades dos dados. Entenda-se aqui 'dado' como não apenas a sentença *per se*, mas o enunciado e as circunstâncias de enunciação. Por que, por exemplo, características físicas do interlocutor (evocadas em H4) seriam relevantes, se são fatos extragramaticais?

A pergunta é: por que não? Um aprendiz não dotado de uma GU não teria nenhum viés quanto às fronteiras que delimitam o que é uma gramática, o que pode ou não interferir na forma das sentenças. Sob essa perspectiva, todo e qualquer dado, por mais simples que seja, encerra em si literalmente infinitas propriedades. Sendo assim, o que garante que a criança, nos limites da sua capacidade finita de formular hipóteses, formularia H1 entre elas? Por que H1 e não H3, por exemplo? Do ponto de vista de um aprendiz que não estaria aprioristicamente enviesado por uma GU inata, H1 é tão absurda quanto H3 e H4. Por que sintagmas adjunto seriam domínios 'trancados' para extração de sintagmas-QU? Em termos semântico-pragmáticos, não há absurdo algum em (16b) ser gramatical com a interpretação trivial parafraseável como "Eu lhe peço que me revele a identidade da pessoa *x*, tal que Léo alertou você enquanto Zé espionava *x*", por analogia à interpretação efetivamente atribuída a (15b), a saber: "Eu lhe peço que me revele a identidade da pessoa *x*, tal que Léo alertou você que Zé espionava *x*". É esse caráter não absurdo de (16b) em termos semântico-pragmáticos que torna estranha a hipótese H1, que proíbe a existência de um dado com todas as características relevantes para ser plenamente funcional em termos comunicativos.

Sem nenhum viés apriorístico da GU, formular hipóteses com base na inspiração dos dados seria como apostar numa loteria, com uma chance infinitesimal de H1 sequer existir no espaço de hipóteses, pondo de lado o problema já mencionado de como testar as hipóteses concorrentes e escolher entre elas com base em dados compatíveis com múltiplas delas (literalmente infinitas). Na verdade, o problema é mais sério que isso. Se o espaço de hipóteses for vazio no início do processo e as hipóteses tiverem de ser formuladas, é zero (i.e. $1/\infty$) a chance de que – independentemente de quantas e quais hipóteses concorrentes forem formuladas – a hipótese H1 esteja entre aquelas 'criadas a partir dos dados'.

Ou seja, sem que o espaço de hipóteses seja aprioristicamente reduzido a um *minimum minimorum* pelos princípios da GU, a aquisição de gramática é, literalmente, 'missão impossível', em função da incomputabilidade da tarefa, decorrente da infinitude de hipóteses, por sua vez decorrente do excesso de informações de fato contidas nos dados.

A solução, portanto, residiria numa concepção de gramática que pressupõe uma GU estruturada em termos de princípios e parâmetros, a qual, como ressaltou Chomsky (1981a: 3-4, 11), cumpre a dupla tarefa de dar conta dos aspectos universais e variáveis das línguas:

> A teoria da GU deve satisfazer duas condições óbvias. Por um lado, ela deve ser compatível com a diversidade das gramáticas existentes (ou melhor, possíveis). Simultaneamente, a GU deve ser suficientemente restritiva quanto às opções que permite, de modo a dar conta do fato de que cada gramática dessas se desenvolve na mente a partir de evidências muito limitadas. Para muitos casos sujeitos a estudos minuciosos recentemente, é praticamente certo que propriedades fundamentais das gramáticas desenvolvidas são radicalmente subespecificadas pelas evidências disponíveis ao aprendiz, devendo portanto ser atribuídas à própria GU. [...] O que esperamos atingir, então, é uma teoria altamente estruturada da GU baseada em um número de princípios fundamentais que limitam claramente a classe de gramáticas atingíveis, e restringem drasticamente suas formas, mas com parâmetros que devem ser especificados pela experiência. Se esses parâmetros forem parte de uma teoria da GU cuja estrutura é suficientemente rica, então as línguas determinadas pela especificação de seus valores irão de algum modo aparentar ser bem diversas [...] [A] gramática [...] é apenas indiretamente relacionada com a experiência, numa relação mediada pela GU. [...] Se essas assunções estiverem corretas, então a GU disponibilizará apenas uma classe finita de gramáticas possíveis, a princípio. Isto é, a GU fornecerá um conjunto finito de parâmetros, cada um com um número finito de valores, além da questão trivial da lista de morfemas ou palavras, que certamente deverá ser majoritariamente aprendida via exposição direta. [...] A conclusão de que apenas um número finito de gramáticas está disponível a princípio tem consequências para a investigação matemática da capacidade gerativa e da aprendibilidade.

O sêmen dessa visão vem de Chomsky (1976a: 135), baseado em ideias de François Jacob sobre a relação organismo-ambiente na variação e mudança genéticas (cf. também Chomsky 1980a: 67).

> Mesmo se as condições forem particulares de línguas ou de regras, há limites para a diversidade gramatical possível. Logo, tais condições podem ser consideradas como parâmetros a serem especificados (para a língua, ou para regras particulares, no pior cenário) na aquisição de linguagem [...] Tem-se assumido frequentemente que condições sobre aplicação de regras devem ser bem gerais, até universais, para serem significativas, mas que isso não é necessário se esta-

belecida uma condição 'paramétrica' que permita reduzir substancialmente a classe de regras possíveis.

Finalizando, retomo um ponto que levantei em **§2.7**, oriundo de um raciocínio de Clark & Roberts (1993) sobre como a abordagem de princípios e parâmetros acomoda a tensão entre universais e variáveis gramaticais no que concerne à aquisição e à mudança linguísticas, restringindo o conjunto de gramáticas humanamente possíveis. Digamos que a GU seja um sistema enxutíssimo que só admite 30 parâmetros (pontos de variação), todos binários (com apenas dois valores possíveis). Haveria então 1.073.741.842 ($=2^{30}$) gramáticas possíveis, o que parece largamente suficiente para lidar com a variação efetiva.

A discussão sobre parâmetros que fiz aqui tem por base as versões iniciais desse conceito, que são variações e desenvolvimentos iniciais da proposta de Chomsky (1981a). Nas últimas três décadas e meia, muitas concepções mais heterodoxas e complexas de parâmetro já foram propostas, incluindo o próprio abandono dessa noção, em favor de outra visão do que seriam os vieses cognitivos aprioristicos. Para acessar essa discussão, remeto o leitor a Biberauer (2008), Biberauer, Holmberg, Roberts & Sheehan (2014), e Boeckx (2011, 2014, 2015), *inter alia*.

§6. Sequências Terminais

§6.1. TERMINANDO

Nos capítulos anteriores, apresentei a minha leitura da obra chomskyana como um todo. Obviamente, trata-se de uma entre muitas possíveis, não necessariamente a melhor. Porém, espero ter deixado claro que a minha versão da história, ainda que inexoravelmente subjetiva como a de qualquer outro, foi construída objetivamente, tendo eu mergulhado na vasta obra chomskyana e escrutinado-a, o que me permitiu, com maior ou menor acurácia e relevância, traçar um mapa geral da edificação do paradigma chomskyano para o leitor iniciante ou para quem vem acompanhando a história da GGT meio de longe, sem saber dos detalhes, e que pode se beneficiar das informações que dou ao longo deste livro, para assim compreender Chomsky de modo mais próximo do integral. Se, por vezes, meu texto ficou um tanto 'pesado', com muitas referências e notas, esse é o preço que nós pagamos para que esta narrativa não seja apenas a minha leitura, mas também, e sobretudo, o relato de uma 'testemunha ocular' que em vários momentos lhe empresta a luneta para que o seu olhar alcance mais longe do que se pode ver a olhos nus, mirando este volume ora em suas mãos.

Admito, de saída e na saída, que há imprecisões e incompletudes na minha versão, algumas decorrentes das minhas limitações intrínsecas, outras das circunstâncias de produção do texto. Como não poderia deixar de ser, foi feito um recorte, ao mesmo tempo criterioso e um tanto arbitrário, porque fruto da minha subjetividade de autor, por mais cartesianamente que eu proceda. Certas coisas foram apresentadas em mais detalhe. Outras foram apenas esboçadas ou até omitidas, em benefício da fluidez do texto. Umas tantas foram 'mastigadas' didaticamente. Quanto a outras, adotei a postura tipicamente chomskyana de pressupor inteligência, perspicácia e conhecimentos prévios por parte do leitor, mesmo eu sabendo que, na prática, não existe esse *leitor ideal*, que no entanto é uma abstração necessária e inexorável, pois não tenho como escrever um livro distinto para cada um de vocês.

Daqui pra frente, é com você! Encorajo (aliás, urjo) que você agora dê seus próprios mergulhos na literatura técnica da GGT. E não sejamos levianos; deve-se fazer isso dando ênfase às obras de Chomsky. Fingir que ele não se destaca dos demais autores só atrapalha, pois todos os outros autores que contribuíram mais significativamente para a GGT (inclusive os bons 'advogados do diabo') devoraram cada uma das notas de rodapé de Chomsky. Sugiro que você dê seus próximos passos guiando-se pelo roteiro traçado neste livro. É claro que outros roteiros são possíveis, mas este é o que eu tenho a oferecer, e o faço a partir da minha mais honesta leitura da obra chomskyana e da minha prática como pesquisador e professor, exaltando os méritos e expondo as feridas sem pudores. E se você detestou este livro, ainda assim você tem um bom motivo para ler Chomsky direto nas fontes, e então me contestar.

Como eu disse lá no início, cf. **§1.1**, não vim aqui gastar todo esse papel e tinta (e tempo e energia) para 'converter' você, mas para ajudar você a conhecer a GGT do lado de dentro, começando pelo começo. Espero ter conseguido atingir esse objetivo ainda que parcialmente. Por um lado, empenhei-me em detalhar aspectos do paradigma chomskyano geralmente sonegados pelos autores de livros comparáveis a este, e que são ingredientes-chave para uma compreensão efetiva do tema. Por outro lado, dados os limites de espaço e a delimitação de escopo e de público-alvo, fui obrigado a fazer algumas simplificações e omissões um tanto quanto perigosas. Ainda reiterando o meu posicionamento inicial, cf. **§1.1**, sustento que, a despeito de suas muitas falhas e incompletudes, a GGT é, de longe e com uma ampla vantagem sobre as concorrentes, a melhor concepção de gramática de que dispomos até hoje. Quando eu disse isso nas primeiras páginas, tratava-se de um recurso retórico para atrair tanto os leitores mais aprioristicamente simpáticos à GGT (sedentos por saberem quais seriam as 'maravilhas chomskyanas') quanto aqueles aprioristicamente avessos a um autor tão contundentemente contestado e ao mesmo tempo tão consagrado por mais de seis décadas (ávidos para esmiuçar cada furo que eu, chomskyano de tamanha audácia, deixasse escapar). Agora, na reta final, aquela mesma frase de efeito se pretende muito mais suave. Já estão apresentadas as tais vantagens amplas, bem como as tais falhas e incompletudes. O veredito final é seu, caro leitor. Entretanto, isso demanda muito mais do que digerir o que eu escrevi (e os muitos escritos que citei). Demanda também digerir toda uma vasta literatura técnica não chomskyana e também antichomskyana, que, por definição, não caberia aqui.

E é suavemente que ora digo que, para uns tantos fenômenos gramaticais isolados, ou classes de fenômenos, abordagens alternativas ou até mesmo antagônicas à GGT oferecem explicações ótimas. No entanto, a GGT, a despeito de suas idealizações, abstrações e recortes (inevitáveis em *qualquer* modelo), é a teoria gramatical mais abrangente que há, a que tem maior escopo, cobrindo diversos níveis de representação numa única abordagem integrada. Dito isso, preciso fazer duas ressalvas. Primeiramente, por mais abrangente que a GGT seja, ela de fato não tem meios para cobrir todo o espectro daquilo que preteoricamente rotulamos como 'linguagem humana'[1]. Haveria muito o que se avançar para que se atingisse um modelo com propostas concretas sobre conexões entre o núcleo duro da gramática e a

---

[1]. Seria isso realmente desejável? Frequentemente, há críticas ingênuas e equivocadas alegando que a GGT "não explica isso ou aquilo". Mesmo quando verdade, isso não é necessariamente um problema. A GGT é uma teoria gramatical, e não tem obrigação de explicar, por exemplo, metáfora em poesia, ou os limites da traducibilidade. Seria igualmente descabido cobrar que certas teorias explicassem ilhas e lacunas parasitas.

pragmática e/ou com aspectos sociais do uso da linguagem. Em segundo lugar, ressalto que a afirmação que acabo de fazer sobre a maior abrangência da GGT em comparação com as demais teorias contemporâneas é algo que precisaria ser devidamente demonstrado, não apenas afirmado. No entanto, isso demandaria uma longa exposição comparativa de dezenas de abordagens, o que excederia os limites deste livro; e provavelmente a melhor maneira de se obter isso é através da consulta a obras de vários autores, e uma postura atenta e cética por parte do leitor.

Antes de terminar, recapitulo os principais pontos gerais tratados no livro.

O capítulo §1 foi uma breve introdução ao papel da *persona* de Chomsky como uma liderança no cenário científico internacional nas últimas seis décadas e meia.

No capítulo §2, apresentei as bases conceituais e metodológicas nas quais a GGT se sustenta, enfatizando a compreensão adequada do seu objeto de estudo. Não se pode avaliar os resultados das pesquisas em GGT medindo-as com uma 'régua' estruturalista ou neoestruturalista que localize a linguagem fora da mente do indivíduo, pairando em algum lugar virtual no éter de um tecido social. Há que se distinguir apropriadamente entre dados e fatos, e reconhecer que os fatos sob investigação são fundamentalmente fatos sobre a cognição. Para se tratar a base empírica é preciso reconhecer as distinções entre (in)aceitabilidade e (a)gramaticalidade, entre dados positivos e negativos, entre competência e desempenho. É preciso, também, compreender a estrutura em camadas de complexidade da pesquisa linguística, conforme o que Chomsky nomeou de níveis de adequação, desde o mais raso (a mera catalogação dos dados atestados ou não), até o mais profundo, que seria desvendar como o aparato neurofisiológico responsável pela linguagem humana se formou ao longo da evolução da espécie, passando por níveis intermediários como a identificação das propriedades da gramática codificada no cérebro do falante adulto, quais os seus correlatos neurofisiológicos e como esse conhecimento gramatical se desenvolve no cérebro da criança.

Nos capítulos §3 e §4, demonstrei que a GGT é uma teoria gramatical que abrange a forma e o significado das expressões linguísticas. O estudo da forma compreende a sintaxe, a morfologia e a fonologia. A maneira como a GGT articula esses três aspectos da gramática toma uma parte considerável do que tradicionalmente se entende por morfologia como sendo, na verdade, fruto de operações sintáticas. O modelo como um todo é sintaticocêntrico, no sentido de que a sintaxe intermedeia aspectos da fonologia (uma relação de interface que infelizmente não tive oportunidade de cobrir neste livro), da morfologia, e até mesmo daquilo que tradicionalmente se entende por semântica. Ou seja, a GGT concebe o significado como uma propriedade das próprias estruturas sintáticas, não como propriedade de uma estrutura semântica construída a partir da sintaxe. Em suma, *grosso modo* na GGT, não há semântica no sentido estrito. Contudo, isso não implica que a GGT exclua de seu escopo questões acerca do significado das expressões linguísticas. Também é falsa a afirmação de que os pesquisadores da GGT conduzem suas pesquisas sobre o significado ignorando todo o legado de descrições e análises produzidas em quadros teóricos não sintaticocêntricos.

No âmbito da sintaxe propriamente dita, a GGT entende que, para além dos mecanismos de combinação de ILs para formar estruturas mais complexas (da ordem de grandeza de sintagmas e sentenças: unidades que podem se encaixar umas nas outras infinitamente), fazem-se absolutamente necessários mecanismos de manipulação dessas unidades complexas em unidades ainda mais complexas. *Grosso modo*, isso equivale a dizer que a gramática estabelece relações de correspondência entre 'estruturas da ordem de grandeza de uma sentença', de modo que a estrutura sintática de uma sentença seriam duas (ou até três). Essas transformações não se aplicam de modo irrestrito. Há princípios proibitivos na gramática que limitam a aplicação de transformações a certos domínios locais específicos dentro do material sentencial a ser afetado.

Mais recentemente, com o advento do PM, entende-se que a gramática tem o formato que tem porque precisa satisfazer as demandas dos sistemas de desempenho (articulatório-perceptual e conceptual-intensional) que fazem interface com a gramática, efetivamente pondo-a em uso. À primeira vista, isso, em parte, parece aproximar a GGT de modelos funcionalistas (cf. Givón 1979, *inter alia*), segundo os quais, *grosso modo*, "a forma segue a função", ou "a gramática se molda às necessidades de comunicação". Entretanto, um exame mais minucioso do PM revela que, embora algumas concessões tenham sido feitas nesse sentido[2], a GGT continua tão sintatico-cêntrica quanto antes, portanto fortemente formalista.

Retomando aspectos introduzidos no capítulo §2, elaborei no capítulo §5 o tema do forte compromisso da GGT com a realidade psicológica da gramática, bem como a plausibilidade de o sistema postulado ser efetivamente adquirido por uma criança típica, em situações típicas de exposição a dados linguísticos, contendo bastante 'ruído' e não contendo certas informações-chave para decidir sobre quais mecanismos gramaticais são operantes, o que interfere decisivamente para determinar quais dados são (a)gramaticais entre aqueles que a criança jamais escutou, e que ela, se não estiver previamente enviesada, poderia decidir, como que 'por sorteio', entre as infinitas (*literalmente* infinitas) hipóteses logicamente possíveis. A GGT não é apenas a abordagem que mais leva a sério a gramática enquanto *capacidade cognitiva*, mas também a que oferece um modelo explicativo unificado mais abrangente, cobrindo um grande número de fenômenos relativos a como a criança se comporta no processo de aquisição de linguagem, quais decisões ela toma ou não toma, com base numa experiência tão escassa de informações essenciais por um lado, e tão cheia de informações irrelevantes e enganadoras por outro. Tudo isso implica que a GGT tem um compromisso com o inatismo, para o qual o principal argumento é o da

2. No que tange à fonologia, Hauser et al. (2002), Fitch et al. (2005) e Chomsky (2005) compreendem-na como sendo em grande parte governada por mecanismos externos à gramática propriamente dita. Contudo, tal posição não é compartilhada pela maioria dos fonólogos que trabalham no quadro teórico da GGT.

Pobreza de Estímulo, que foi o objeto central do capítulo **§5**, que também abordou duas ramificações disso.

Uma dessas questões refere-se a uma crítica antiga, reciclada há décadas, que consiste em afirmar que o inatismo seria um apelo à ignorância, um *deus ex machina* que nada explicaria, uma confissão velada de que não se sabe como a criança aprende padrões gramaticais, e, diante disso, estipula-se uma GU inata para fugir do problema, declarando que os padrões não teriam sido aprendidos exatamente por serem inatos. Apresentei o contra-argumento a essa crítica, mostrando que o inatismo é uma proposta falseável (i.e. faz previsões empíricas concretas que podem ser corroboradas ou refutadas via observações controladas), mas que não foi falseada como um todo ao longo das últimas cinco décadas, aproximadamente, quando o inatismo se tornou uma parte central da GGT.

Outro ponto ressaltado é que o aparato do qual a GGT dispõe para lidar com questões relativas ao desenvolvimento da linguagem infantil é o mesmo do qual a teoria dispõe para lidar com questoes de variação linguística. Isso torna a GGT particularmente atrativa e digna de ser explorada. Vistas por um ângulo, as várias línguas do mundo são notavelmente diferentes umas das outras. Vistas por outro ângulo, elas são bastante iguais umas às outras. Os conceitos de *princípio* e de *parâmetro*, uma vez integrados, conciliam universalidade e variação de uma maneira que nenhuma outra abordagem sequer tentou.

§6.2. DANDO SEQUÊNCIA

Para dar continuidade ao estudo da obra chomskyana e da GGT em geral, começo fazendo a recomendação óbvia. Siga o roteiro aqui traçado (permitindo-se desvios, atalhos, paralelas, tangentes, perpendiculares, é claro, pois a viagem é sua) e leia a literatura técnica que cito e comento neste livro, bem como as demais obras lá referenciadas.

Além disso, fazem-se pertinentes algumas recomendações complementares de obras que abordam questões importantes que não tive oportunidade de tratar aqui.

Primeiramente, é importante avaliar os méritos e os deméritos da GGT em relação às alternativas concretas existentes. Qualquer teoria gramatical está longe de ser perfeita, mas umas são mais imperfeitas que outras, quer globalmente, quer em relação a aspectos pontuais da gramática. Para compreender Chomsky plenamente é preciso também compreender seus críticos, dos mais amigáveis aos inimigos ferozes. Entre as abordagens teóricas importantes que devem ser estudadas, certamente é preciso compreender os aspectos essenciais das seguintes: *Gramática Categorial* (Moortgart 1988; Morrill 1994), *Gramática Categorial Combinatória* (Steedman 1996, 2000), *Gramática de Estrutura Sintagmática Generalizada* (Gazdar et al. 1985; Hukari & Levine 1986; Bennett 1995; Borsley 1996), *Gramática de Estrutura Sintagmática Guiada por Núcleo* (Pollard & Sag 1994; Borsley 1996), *Gramática Léxico-Funcional* (Bresnan 2001; Dalrymple 2001), *Fonologia Articulatória* (Browman & Goldstein 1986, 1989, 1992) e *Sintaxe Mais Simples* (Culicover & Jackendoff 2005). Há alguns modelos teóricos que nasceram no seio da GGT e ganharam vida própria, configurando-se numa vertente independente dos estudos gramaticais, sem, no entanto, jamais deixarem de compartilhar com a GGT uma série de aspectos cruciais. Este é o caso da *Teoria de Otimalidade* (Prince & Smolensky 2004 [1993]; McCarthy & Prince 1993; Kager 1999; McCarthy 2008) e *Gramática de Adjunção de Árvores* (Kroch & Joshi 1985; Kroch 1987; Vijay-Shanker 1987; Abeillé & Rambow 2000; Frank 2002, 2013).

Quanto ao formalismo matemático empregado na GGT, é importantíssimo conhecer certas ferramentas técnicas cuja origem e natureza estão acima da GGT, constituindo uma base para todas as teorias formais de gramática. Algumas obras de referência são: Hockett (1962), Gross (1972), Wall (1972), Partee (1978), McCawley (1981), Gamut (1991a, 1991b), Partee et al. (1993), Boolos (1998), Kolb & Mönnich (1999), Mortari (2001), Kracht (2003) e Kornai (2008).

São de suma relevância obras que escrutinam aspectos técnicos e principalmente filosófico-epistemológicos do paradigma chomskyano, com reflexões relevantes de autores favoráveis e desfavoráveis à visão chomskyana de gramática, a exemplo de Hockett (1968), Harman (1974), Matthews (1979, 2007), Moore & Carling (1982), Newmeyer (1983, 2005), Modgil & Modgil (1985), D'Agostinho (1986), George (1989), Otero (1994), Culicover & McNally (1998), Stone & Davies (2002), Antony & Hornstein (2003), Smith (2004 [1999]) e McGilvray (2005). Nesse contexto, recomendo fortemente toda a obra do filósofo Jerry Fodor, cuja concepção de *mente modular* é uma das bases para o inatismo gramatical. Ainda sobre modularidade e inatismo, são muitíssimo relevantes os trabalhos do etólogo Charles R. Gallistel sobre cognição em não humanos.

Também são cruciais obras de historiografia da linguística que tratam da GGT, como Sampson (1980), Matthews (1993), Newmeyer (1980, 1986, 1996), Harris (1993), Huck & Goldsmith (1995), Graffi (2001), Tomalin (2006) e Kibbee (2010).

Referências

AARTS, B. (2007). *Syntactic gradience:* the nature of grammatical indeterminacy. Oxford: Oxford University Press.

ABDALLA, M.C. (2004). *O discreto charme das partículas elementares.* São Paulo: Unesp.

ABEILLÉ, A. & RAMBOW, O. (2000). *Tree adjoining grammars:* formalisms, linguistic analysis and processing. Stanford: CSLI.

ABNEY, S. (1987). *The English noun phrase in its sentential aspect.* Massachusetts Institute of Technology [Tese de doutorado].

ACKERMAN, F. & MALOUF, R. (2016). Beyond caricatures: commentary on Evans 2014. *Language,* 92 (1), p. 189-194.

ADES, C.; MENDES, F. & DEMOLIN, D. (2007). Evolução da linguagem. *Cadernos de Resumos do XXV Encontro Anual de Etologia.* São José do Rio Preto, p. 35.

ADGER, D. (2015a). Mythical myths: comments on Vyvyan Evans "the language myth". *Lingua,* 158, p. 76-80.

_____ (2015b). *More misrepresentation:* a response to Behme & Evans [Disponível em http://ling.auf.net/lingbuzz/002544].

_____ (2003). *Core syntax:* a minimalist approach. Oxford: Oxford University Press.

ADJUKIEWICZ, K. (1935). Über die syntaktische Konnexität. *Studia Philosophica,* 1, p. 1-27.

ALBANO, E. (2001). *O gesto e suas bordas:* esboço de fonologia acústico-articulatória do português brasileiro. Campinas: Mercado de Letras.

ANDERSON, S. & LIGHTFOOT, D. (2006). Biology and language: a response to Everett [2005]. *Journal of Linguistics,* 42, p. 377-383.

_____ (2002). *The language organ:* linguistics as cognitive physiology. Cambridge: Cambridge University Press.

ANTONY, L. & HORNSTEIN, N. (2003). *Chomsky and his critics.* Oxford: Blackwell.

BACH, E. (1989). *Informal lectures on formal semantics.* Albany: Suny.

_____ (1965). Structural linguistics and the philosophy of science. *Diogenes,* 51, p. 111-128.

BAGNO, M. (2012). *Gramática pedagógica do português brasileiro.* São Paulo: Parábola.

_____ (2011a). O que é uma língua? – Imaginário, ciência & hipóstase. In: BAGNO, M. & LAGARES, X. *Políticas da norma e conflitos linguísticos.* São Paulo: Parábola, p. 355-387.

_____ (2011b). Entrevista concedida ao jornalista Antônio C. Queiroz no *Programa Comunicação em Debate* – TV Cidade Livre [Parte 1, disponível em http://youtu.be/kZ6dhChLUDY] [Parte 2, disponível em http://youtu.be/nJdhjGnnXwY].

BAKER, M. (1988). *Incorporation.* Chicago: University of Chicago Press.

BAR-HILLEL, Y. (1954). Logical syntax and semantics. *Language,* 30 (2), p. 230-237.

_____ (1953). A quasi-arithmetical notation for syntactic description. *Language,* 29, p. 47-58.

BATTISTI, E. (2014). Fonologia. In: SCHWINDT, L.C. (2014), p. 27-108.

BECKER, M.; KETREZ, N. & NEVINS, A. (2011). The surfeit of the stimulus: analytic biases filter lexical statistics in Turkish laryngeal alternations. *Language,* 87, p. 84-125.

BEHME, C. & EVANS, V. (2015). *Leaving the myth behind:* a reply to Adger [Disponível em http://ling.auf.net/lingbuzz/002456].

BENNETT, P. (1995). *A course in generalized phrase structure grammar.* Abingdon: Taylor & Francis.

BERENT, I. (2016). Evans's (2014) modularity myths: a mental architecture digest. *Language,* 92 (1), p. 195-197.

BERKO, J. (1958). The child's learning of English morphology. *Word,* 14, p. 150-177.

BERNSTEIN, B. (1975). *Langages et classes sociales.* Paris: De Minuit.

BERWICK, R. & CHOMSKY, N. (2016). *Why only us:* language and evolution. Cambridge: The MIT Press.

BERWICK, R.; CHOMSKY, N. & PIATTELLI-PALMARINI, M. (2012). Poverty of the stimulus stands: why recent challenges fail. In: PIATTELLI-PALMARINI, M. &

BERWICK, R. (eds.). *Rich languages from poor inputs.* Oxford: Oxford University Press, p. 19-42.

BERWICK, R.; PIETROSKI, P.; YANKAMA, B. & CHOMSKY, N. (2011). Poverty of stimulus revisited. *Cognitive Science*, 35 (7), p. 1.207-1.242.

BEZUIDENHOUT, A. (2006). Language as internal. In: LEPORE, E. & SMITH, B. (eds.). *The Oxford handbook of philosophy of language.* Oxford: Clarendon, p. 127-139.

BIBERAUER, T. (ed.) (2008). *The limits of syntactic variation.* Amsterdã: John Benjamins.

BIBERAUER, T.; HOLMBERG, A. & ROBERTS, I. (2014). A syntactic universal and its consequences. *Linguistic Inquiry*, 45, p. 169-225.

BIBERAUER, T.; HOLMBERG, A.; ROBERTS, I. & SHEEHAN, M. (2014). Complexity in comparative syntax: the view from modern parametric theory. In: NEWMEYER, F. & PRESTON, L. (eds.). *Measuring Linguistic Complexity.* Oxford: Oxford University Press, p. 103-127.

BICKERTON, D. (1984). The language bioprogram hypothesis. *Behavioral and Brain Sciences*, 7 (2), p. 173-221.

BOBALJIK, J. (2012). *Universals in comparative morphology:* suppletion, superlatives, and the structure of words. Cambridge: The MIT Press.

BOECKX, C. (2015). *Elementary syntactic structures:* prospects of a feature-free syntax. Cambridge: Cambridge University Press.

_____ (2014). What Principles & Parameters got wrong. In: PICALLO, C. (ed.). *Linguistic Variation and the Minimalist Program.* Oxford: Oxford University Press.

BOECKX, C. (2012). *Syntactic islands.* Cambridge: Cambridge University Press.

_____ (2011). Approaching parameters from below. In: DI SCIULLO, A. & BOECKX, C. (2011), p. 205-221.

_____ (2010). *Language in cognition:* uncovering the mental structures and the rules behind them. Oxford: Willey-Blackwell.

_____ (2006a). *Linguistic minimalism:* origins, concepts, methods and aims. Oxford: Oxford University Press.

_____ (2006b). Review work 'skeptical linguistics essays' by Paul M. Postal. *Journal of Linguistics*, 41 (1), p. 216-221.

BOECKX, C.; HORNSTEIN, N. & NUNES, J. (2010). *Control as Movement.* Cambridge: Cambridge University Press.

BOGEN, J. (2009). *Theory and observation in science* [Disponível em http://plato.stanford.edu/entries/science-theory-observation/].

BOGEN, J. & WOODWARD, J. (1988). Saving the phenomena. *Philosophical Review*, 97 (3), p. 303-352.

BOLHUIS, J. & EVERAERT, M. (eds.) (2013). *Birdsong, speech, and language:* exploring the evolution of mind and brain. Cambridge: The MIT Press.

BOLINGER, D. (1978). Asking more than one thing at a time. In: HIZ, H. (ed.). *Questions.* Dordrecht: D. Reidel, p. 107-150.

BOOLOS, G. (1998). *Logic, logic, and logic.* Cambridge: Harvard University Press.

BORGES NETO, J. (2007). *Ontology, language, and linguistic theory.* Campinas: IEL-Unicamp, jul. [Trabalho apresentado no simpósio Language and Ontology].

_____ (2004). O empreendimento gerativo. In: MUSSALIM, F. & BENTES, A.C. (orgs.). *Introdução à linguística 3:* fundamentos epistemológicos. São Paulo: Cortez, p. 93-130.

_____ (2003). Semântica de modelos. In: MÜLLER, A.L.; NEGRÃO, E. & FOLTRAN, M.J. (orgs.). *Semântica formal.* São Paulo: Contexto, p. 9-46.

_____ (1996). *Fundamentos de semântica formal.* Curitiba: UFPR [Inédito].

BORSLEY, R. (1996). *Modern phrase structure grammar.* Oxford: Blackwell.

BOŠKOVIĆ, Ž. & NUNES, J. (2007). The copy theory of movement: a view from PF. In: CORVER, N. & NUNES, J. (eds.). *The copy theory of movement.* Amsterdã: John Benjamins, p. 13-74.

BOTHA, R. (1989). *Challenging Chomsky:* the generative garden game. Oxford: Blackwell.

BOWERMAN, M. (1990). Mapping thematic roles onto syntactic functions: are children helped by innate linking rules? *Linguistics*, 28, p. 1.253-1.289.

BOWERMAN, M. & BROWN, P. (2008). Introduction. In: BOWERMAN, M. & BROWN, P. (eds.). *Crosslinguistic perspectives on argument structure:* implications for learnability. Abingdon: Routlege, p. 1-26.

BRESNAN, J. (2001). *Lexical-Functional Syntax.* Oxford: Wiley-Blackwell.

BRODY, M. (1995). *Lexico-Logical Form.* Cambridge: The MIT Press.

BROWMAN, C. & GOLDSTEIN, L. (1992). Articulatory phonology: an overview. *Phonetica*, 49, p. 155-180.

_____ (1989). Articulatory gestures as phonological units. *Phonology Yearbook*, 6, p. 201-251.

_____ (1986). Towards an articulatory phonology. *Phonology Yearbook*, 3, p. 219-252.

BROWN, R. & HANLON, C. (1970). Derivational complexity and order of acquisition on child speech. In: HAYES, J. (ed.). *Cognition and the developmenf of language*. Nova York: Wiley, p. 11-53.

CAGLIARI, L.C. (1997a). *Análise fonêmica*. Campinas: Ed. do autor.

_____ (1997b). *Fonologia do português:* análise pela geometria de traços. Campinas: Ed. do autor.

CALABRESE, A. (2005). *Markedness & economy in a derivational model of phonology*. Berlim: Walter de Gruyter.

CALVIN, W. & BICKERTON, D. (2000). *Lingua ex machina:* reconciling Darwin and Chomsky with the human brain. Cambridge: The MIT Press.

CAMACHO, J. (2003). *The structure of coordination:* conjunction and agreement phenomena in Spanish and other languages. Berlim: Kluwer.

CAPPELEN, H. (2007). Semantics and pragmatics: some central issues. In: PREYER, G. & PETER, G. (eds.). *Context-sensitivity and semantic minimalism:* new essays on semantics and pragmatics. Oxford: Oxford University Press, p. 3-22.

CARNIE, A. (2010). *Constituent structure.* 2. ed. Oxford: Oxford University Press.

_____ (2002). *Syntax:* a generative introduction. Oxford: Blackwell.

CAVALCANTE, R. (2012). *Negação anafórica no português brasileiro:* negação sentencial, negação enfática e negação de constituinte. São Paulo: USP [Tese de doutorado].

CELLÉRIER, G. (1980a). Cognitive strategies in problem solving. In: PIATTELLI-PALMARINI, M. (ed.) (1980), p. 67-83.

_____ (1980b). Some clarifications on inatism and constructivism. In: PIATTELLI-PALMARINI, M. (ed.) (1980), p. 83-88.

CHESI, C. & MORO, A. (2015). The subtle dependency between competence and performance. In: GALLEGO & OTT, p. 33-46.

CHIERCHIA, G. (1997). *Semantica*. Bolonha: Società editrice Il Mulino [Republicado em tradução brasileira como: CHIERCHIA, G. (2003). *Semântica*. Campinas: Unicamp].

CHOMSKY, N. (2015a). Some core contested concepts. *Journal of Psycholinguistic Research*, 44 (1), p. 91-104.

_____ (2015b). *What kind of creatures are we?* Nova York: Columbia University Press.

_____ (2014). *Science, mind, and limits of understanding* [Disponível em http://chomsky.info/201401-/].

_____ (2013). Problems of projection. *Lingua*, 130, p. 33-49.

_____ (2012). *The science of language:* interviews with James McGilvray. Cambridge: Cambridge University Press.

_____ (2011). Language and other cognitive systems: what is special about language? *Language Learning and Development*, 7, p. 263-278.

_____ (2008). On Phases. In: FREIDIN, R.; OTERO, C. & ZUBIZARRETA, M.L. (eds.). *Foundational issues in linguistic theory:* essays in honor of Jean-Roger Vergnaud. Cambridge: The MIT Press, p. 133-166.

_____ (2007a). Of minds and language. *Biolinguistics*, 1, p. 9-27.

_____ (2007b). Approaching UG from below. In: SAUERLAND, U. & GÄRTNER, H.-M. (eds.). *Interfaces + recursion = language? –* Chomsky's minimalism and the view from syntax-semantics. Berlim: Mouton de Gruyter, p. 1-29.

_____ (2007c). Biolinguistic explorations: design, development, evolution. *International Journal of Philosophical Studies*, 15 (1), p. 1-21.

_____ (2005). Three factors in language design. *Linguistic Inquiry*, 36 (1), p. 1-22.

_____ (2004). Beyond explanatory adequacy. In: BELLETTI, A. (ed.). *Structures and beyond*. Oxford: Oxford University Press, p. 104-131.

_____ (2002). *On nature and language*. Cambridge: Cambridge University Press.

_____ (2001). Derivation by Phase. In: KENSTOWICZ, M. (ed.). *Ken Hale:* a life in language. Cambridge: The MIT Press, p. 1-52.

_____ (2000a). *New horizons in the study of language and mind*. Cambridge: Cambridge University Press.

_____ (2000b). Minimalist inquiries: the framework. In: MARTIN, R.; MICHAELS, D. & URIAGEREKA, J. (eds.). *Step by step:* essays in honor of Howard Lasnik. Cambridge: The MIT Press, p. 89-155.

_____ (1998). Some observations on economy in generative grammar. In: BARBOSA, P.; FOX, D.; HAGSTROM, P.; McGINNIS, M. & PESETSKY, D. (eds.). *Is the best good enough? –* Optimality and competition in syntax. Cambridge: The MIT Press, p. 115-127.

_____ (1997a). Novos horizontes no estudo da linguagem. *Delta*, 13 [n. esp.], p. 51-74.

_____ (1997b). Conhecimento da história e construção teórica na linguística moderna. *Delta*, 13 [n. esp.], p. 113-155.

_____ (1997c). A linguística como uma ciência natural. *Mana*, 3 (2), p. 183-198.

_____ (1995a). *The minimalist program*. Cambridge: The MIT Press.

_____ (1995b). Language and nature. *Mind*, 104 (413), p. 1-61.

_____ (1995c). Bare phrase structure. In: WEBELHUTH, G. (ed.). *Government and binding theory and the minimalist program*. Oxford: Blackwell, p. 383-439.

_____ (1993a). A minimalist program for linguistic theory. In: HALE, K. & KEYSER, S.J. (eds.). *The view from building 20:* essays in honor of Synvain Bromberger. Cambridge: The MIT Press, p. 1-52.

_____ (1993b). *Language and thought*. Wakefield: Moyer Bell.

_____ (1991a). Some notes on economy of derivation and representation. In: FREIDIN, R. (ed.). *Principles and parameters in comparative syntax*. Cambridge: The MIT Press.

_____ (1991b). Linguistics and adjacent fields: a personal view. In: KASHER, A. (ed.). *The Chomskyan Turn*. Oxford: Basil Blackwell, p. 3-25.

_____ (1990). On Formalization and formal linguistics. *Natural Language & Linguistic Theory*, 8, p. 143-147.

_____ (1988). *Language and problems of knowledge*. Cambridge: The MIT Press.

_____ (1986a). *Knowledge of language:* its nature, origin and use. Nova York: Praeger.

_____ (1986b). *Barriers*. Cambridge: The MIT Press.

_____ (1984). *Modular approaches to the study of the mind*. São Diego: San Diego State University Press.

_____ (1982a). *Some concepts and consequences of the theory of government and binding*. Cambridge: The MIT Press.

_____ (1982b). *On the generative enterprise*: a discussion with Riny Hubregts and Henk van Riemsdijk. Dordrecht: Foris.

_____ (1981a). *Lectures on government and binding*. Dordrecht: Foris.

_____ (1981b). Markedness and core grammar. In: BELLETTI, A.; BRANDI, L. & RIZZI, L. (eds.). *Theory of markedness in generative grammar* – Proceedings of the 1979 GLOW conference. Pisa: Scuola Normale Superiore, p. 123-146.

_____ (1981c). Principles and parameters in syntactic theory. In: HORNSTEIN, N. & LIGHTFOOT, D. (eds.). *Explanation in linguistics:* the logical problem of language acquisition. Harlow: Longman, p. 32-75.

_____ (1980a). *Rules and representations.* Nova York: Columbia University Press.

_____ (1980b). On binding. *Linguistic Inquiry,* 11, p. 1-46.

_____ (1980c). On cognitive structures and their development: a reply to Piaget. In: PIATTELLI-PALMARINI, M. (ed.) (1980), p. 35-52.

_____ (1980d). The linguistic approach. In: PIATTELLI-PALMARINI, M. (ed.) (1980), p. 109-130.

_____ (1980e). Discussion of Putnam's comments. In: PIATTELLI-PALMARINI, M. (ed.) (1980), p. 310-324.

_____ (1979). *Language and responsibility:* based on conversations with Mitsou Ronat. Nova York: Pantheon.

_____ (1977). On Wh-movement. In: CULICOVER, P.; WASOW, T. & AKMA-JIAN, A. (eds.). *Formal Syntax.* Nova York: Academic Press, p. 71-132.

_____ (1976a). Conditions on rules of grammar. *Linguistic Analysis,* 2, p. 303-351.

_____ (1976b). On the nature of language. In: HARNAD, S.; STEKLIS, H. & LANCASTER, J. (eds.). Origins and evolution of language and speech. *Annals of the New York Academy of Sciences,* 280, p. 46-57.

_____ (1975a). *The Logical Structure of Linguistic Theory.* Nova York: Plenum.

_____ (1975b). *Reflections on language.* Nova York: Pantheon.

_____ (1975c). Knowledge of language. In: GUNDERSON, K. (ed.). *Minessota studies in the philosophy of science* – Vol. VII: Language, mind and knowledge. Mineápolis: University of Minessota Press, p. 299-320.

_____ (1975d). Questions of form and interpretation. *Linguistic Analysis,* 1 (1), p. 75-109.

_____ (1973a). Conditions on transformations. In: ANDERSON, S. & KIPARS-KI, P. (eds.). *A festschrift for Morris Halle.* Nova York: Holt, Rinehart and Winston, p. 232-286.

_____ (1973b). In response to "deep language". *The New York Review of Books,* 03/02/1973.

_____ (1972). Some empirical issues in the theory of transformational grammar. In: PETERS, S. (ed.). *Goals of linguistic theory.* Englewood Cliffs: Prentice-Hall, p. 63-130.

_____ (1971). *Problems of knowledge and freedom.* Nova York: Pantheon.

_____ (1970a). Remarks on nominalization. In: JACOBS, R. & ROSENBAUM, P. (eds.). *Readings in English transformational grammar.* Waltham: Gin & Co., p. 184-221.

_____ (1970b). Deep structure, surface structure and semantic interpretation. In: JAKOBSON, R. & KAWAMOTO, S. (eds.). *Studies in general and oriental linguistics presented to Shiro Hattori on the occasion of his sixtieth birthday*. Tóquio: TEC.

_____ (1968). *Language and mind*. Nova York: Harcourt Brace Janovich. [ed. 1972].

_____ (1967a). Some general properties of phonological rules. *Language*, 43 (1), p. 102-128.

_____ (1967b). Recent contributions to the theory of innate ideas. *Synthese*, 17 (1), p. 2-11.

_____ (1966a). *Cartesian linguistics:* a chapter in the history of rationalist thought. Nova York: Harper & Row.

_____ (1966b). *Topics in the theory of generative grammar*. The Hague: Mouton.

_____ (1965). *Aspects of the theory of syntax*. Cambridge: The MIT Press.

_____ (1964). *Current issues in linguistic theory*. The Hague: Mouton.

_____ (1963). Formal properties of grammar. In: LUCE, R.; BUSH, R. & GALANTER, E. (eds.). *Handbook of Mathematical Psychology*. Vol. II. Nova York: Wiley, p. 323-418.

_____ (1962a). A transformational approach to syntax. In: HILL, A. (ed.). *Proceedings of the Third Texas Conference on Problems of Linguistic Analysis in English, May 9-12, 1958*. Austin: University of Texas Press, p. 124-148.

_____ (1962b). Explanatory models in linguistics. In: NAGEL, E.; SUPPES, P. & TARSKI, A. (eds.). *Logic, methodology and philosophy of science*. Stanford: Stanford University Press, p. 528-550.

_____ (1962c). Context-free grammars and pushdown storage. *Quarterly Progress Report #65*. MIT Research Laboratory of Electronics, p. 187-194.

_____ (1961a). Some methodological remarks on generative grammar. *Word*, 17, p. 219-239.

_____ (1961b). On the notion "rule of grammar. *Structure of language and its mathematical aspects* – Proceedings of the symposia in applied mathematics. Vol. XII. American Mathematical Society, Providence, R. I. [Republicado em FODOR & KATZ (1964), p. 119-136].

_____ (1959a). On certain formal properties of grammars. *Information and Control*, 2 (2), p. 137-167.

_____ (1959b). Review of B.F. Skinner's "Verbal behavior". *Language*, 35, p. 26-58.

_____ (1959c). A note on phrase structure grammars. *Information and Control*, 2 (4), p. 393-395.

_____ (1957). *Syntactic structures*. The Hague: Mouton.

_____ (1956). Three models for the description of language. *IRE Transactions on Information Theory*, 2 (33), p. 113-124.

_____ (1955a). *The Logical structure of linguistic theory*. Cambridge: Harvard University [Inédito; publicado quase integralmente como CHOMSKY (1975a), indicado acima].

_____ (1955b). Logical syntax and semantics: their linguistic relevance. *Language*, 31 (1), p. 35-45.

_____ (1955c). Semantic considerations in grammar. *Monograph*, 8, p. 141-153.

_____ (1953). Systems of syntactic analysis. *Journal of Symbolic Logic*, 18 (3), p. 242-256.

_____ (1951). *Morphophonemics of modern Hebrew*. University of Pennsylvania [Dissertação de mestrado publicada em GARLAND (1979). Nova York].

CHOMSKY, N. & FODOR, J. (1980). Statement of the paradox. In: PIATTELLI-PAL-MARINI, M. (ed.) (1980), p. 259-275.

CHOMSKY, N. & HALLE, M. (1968). *The sound pattern of English*. Nova York: Harper & Row.

_____ (1965). Some controversial questions in phonological theory. *Journal of Linguistics*, 1 (2), p. 97-138.

CHOMSKY, N.; HALLE, M. & LUKOFF, F. (1956). On accent and juncture in English. In: HALLE, M.; LUNT, H.; McLEAN, H. & VAN SCHOONEVELD, C. (eds.). *For Roman Jakobson:* essays on the occasion of his sixtieth birthday. The Hague: Mouton, p. 65-80.

CHOMSKY, N. & LASNIK, H. (1993). The theory of principles and parameters. In: JACOBS, J.; STECHOW, A.; STERNEFELD, W. & VENNEMANN, T. (eds.). *Syntax:* an international handbook of contemporary research. Berlim: Walter de Gruyter, p. 506-569.

_____ (1978). A note on contraction. *Linguistic Inquiry*, 9 (2), p. 268-274.

_____ (1977). Filters and control. *Linguistic Inquiry*, 8, p. 425-504.

CHOMSKY, N. & MILLER, G. (1963). Introduction to the formal analysis of natural languages. In: LUCE, R.; BUSH, R. & GALANTER, E. (eds.). *Handbook of Mathematical Psychology*. Vol. II. Nova York: Wiley, p. 269-322.

_____ (1958). Finite state languages. *Information and Control*, 1, p. 91-112.

CHOMSKY, N. & SHÜTZENBERGER, M.P. (1963). The algebraic theory of context-free languages. In: BRAFFORD, P. & HIRSCHBERG, D. (eds.). *Computer programming and formal systems* (studies in logic and the foundations of mathematics). Amsterdã: North-Holland Publishing Company, p. 118-161.

CHOUINARD, M. & CLARK, E. (2003). Adult reformulations of child error as negative evidence. *Journal of Child Language*, 30 (3), p. 637-669.

CLARK, R. & ROBERTS, I. (1993). A computational approach to language learnability and language change. *Linguistic Inquiry*, 24, p. 299-345.

CLEMENTS, G. (1985). The geometry of phonological features. *Phonology Yearbook*, 2, p. 225-252.

COOK, V. & NEWSON, M. (2007). *Chomsky's universal grammar:* an introduction. Oxford: Blackwell.

COWART, W. (1997). *Experimental syntax:* applying objective methods to sentence judgments. Thousand Oaks: Sage.

COWIE, F. (1999). *What's within? nativism reconsidered.* Oxford: Oxford University Press.

CRAIN, S. & LILLO-MARTIN, D. (1999). *An introduction to linguistic theory and language acquisition.* Oxford: Blackwell.

CRAIN, S. & NAKAYAMA, M. (1987). Structure dependence in grammar formation. *Language*, 63, p. 522-543.

CRAIN, S. & THORNTON, R. (1998). *Investigations in universal grammar:* a guide to experiments on the acquisition of syntax. Cambridge: The MIT Press.

CRISTÓFARO-SILVA, T. (2011). *Dicionário de Fonética e Fonologia.* São Paulo: Contexto.

CRYSTAL, D. (1985). *Dicionário de Linguística e Fonética.* Rio de Janeiro: Zahar [1988].

CULICOVER, P. & JACKENDOFF, R. (2010). Quantitative methods alone are not enough: response to Gibson and Fedorenko. *Trends in Cognitive Science*, 14, p. 234-235.

_____ (2005). *Simpler Syntax.* Oxford: Oxford University Press.

CULICOVER, P. & McNALLY, L. (eds.) (1998). *The limits of syntax* – Syntax and semantics. Vol. 29. São Diego: Academic.

CULICOVER, P. & POSTAL, P. (eds.) (2001). *Parasitic gaps.* Cambridge: The MIT Press.

D'AGOSTINHO, F. (1986). *Chomsky's system of ideas.* Oxford: Oxford University Press.

DALRYMPLE, M. (2001). *Lexical functional grammar*. Nova York: Academic.

DEEN, K. (2016). Myths, magic, and poorly drawn battle lines: commentary on Evans 2014. *Language*, 92 (1), p. 197-200.

DEMOLIN, D.; ADES, C. & MENDES, F. (2011). Nonlinear phenomena in muriqui vocalizations. *80th International Congress of Sound and Vibration*. Vol. 80. Rio de Janeiro.

_____ (2010). Prosodic features in northern muriquis vocalizations. In: SMITH, A.; SCHOUWSTRA, M.; BOER, B. & SMITH, K. (orgs.). *The evolution of language:* Proceedings of the 8th International Conference (Evolang8). Vol. 8. Nova Jersey: World Scientific Publishing, p. 91-98.

DEN DIKKEN, M. (2006). *Relators and linkers:* the syntax of predication, predicate inversion, and copulas. Cambridge: The MIT Press.

_____ (1995). *Particles:* on the syntax of verb-particle, triadic and causative constructions. Oxford: Oxford University Press.

DEN DIKKEN, M.; BERNSTEIN, J.; TORTORA, C. & ZANUTTINI, R. (2007). Data and grammar: means and individuals. *Theoretical Linguistics*, 33, p. 335-352.

DI SCIULLO, A.M. & BOECKX, C. (2011). *The biolinguistic enterprise:* new perspectives on the evolution and nature of the human language faculty. Oxford: Oxford University Press.

DIXON, R. & AIKHENVALD, A. (eds.) (2000). *Changing valency:* case studies in transitivity. Cambridge: Cambridge University Press.

DOWTY, D. (1979). *Word meaning and Montague grammar:* the semantics of verbs and times in generative semantics and in Montague's PTQ. Dordrecht: Kluwer.

DRYER, M. (2005). Order of subject, object, and verb. In: HASPELMATH, M.; DRYER, M.; GIL, D. & COMRIE, B. (eds.). *The world atlas of language structures*. Oxford: Oxford University Press, p. 330-333.

_____ (1992). The Greenbergian word order correlations. *Language*, 68 (1), p. 81-138.

DUNBAR, E.; KUSH, D.; HORNSTEIN, N. & ADGER, D. (2014). *3 reasons why Evans's Aeon piece is wrong and largely begs the questions that generative linguistics have been trying to address for over 60 years* [Disponível em http://www.reddit.com/r/linguistics/comments/2po7ht/3_reasons_why_evanss_aeon_piece_is_wrong_and/].

EDELMAN, S. & CHRISTIANSEN, M. (2003). How seriously should we take minimalist syntax? *Trends in Cognitive Sciences*, 7, p. 60-61.

EICHLER, M. & FAGUNDES, L. (2005). Atualizando o debate entre Piaget e Chomsky em uma perspectiva neurobiológica. *Psicologia:* Reflexão e Crítica, 18 (2), p. 255-266.

ELMAN, J.; BATES, E.; JOHNSON, M.; KARMILOFF-SMITH, A.; PARISI, D. & PLUNKETT, K. (1996). *Rethinking innateness:* a connectionist perspective on development. Cambridge: The MIT Press.

ENGDAHL, E. (1983). Parasitic gaps. *Linguistics and Philosophy*, 6, p. 5-34.

EPSTEIN, S. (1999). Um-principled syntax: the derivation of syntactic relations. In: EPSTEIN, S. & HORNSTEIN, N. (eds.). *Working minimalism*. Cambridge: The MIT Press, p. 317-345.

EPSTEIN, S. & SEELY, D. (2006). *Derivations in minimalism*. Cambridge: Cambridge University Press.

EVANS, N. & LEVINSON, S. (2009). The myth of language universals: language diversity and its importance for cognitive science. *Behavioral and Brain Sciences*, 32, p. 429-492.

EVANS, V. (2014a). *The language myth:* why language is not an instinct. Cambridge: Cambridge University Press.

_____ (2014b). The evidence is in: there is no language instinct. *Aeon* [Disponível em http://aeon.co/magazine/culture/there-is-no-language-instinct/].

_____ (2014c). Is language an instinct? and other myths. *Psychology Today* [Disponível em https://www.psychologytoday.com/blog/language-in-the-mind/201412/is-language-instinct].

EVERETT, D. (2013). *Language innateness? (oral debate with Jan-Wouter Zwart)*. Groningen University [Disponível em https://www.youtube.com/watch?v=LLrvfYVXak~].

_____ (2012). *Language:* the cultural tool. Nova York: Vintage Books.

_____ (2006). Biology and language: a response to Anderson & Lightfoot. *Journal of Linguistics*, 42, p. 385-393.

_____ (2005). Biology and language: a consideration of alternatives. *Journal of Linguistics*, 41, p. 157-175.

FANSELOW, G.; FÉRY, C.; VOGEL, R. & SCHLESEWSKY, M. (eds.) (2006). *Gradience in grammar:* generative perspectives. Oxford: Oxford University Press.

FARACO, C.A. (2008). *Norma culta brasileira:* desatando alguns nós. São Paulo: Parábola.

_____ (2000). Chomsky no Brasil: uma breve nota de leitura. *Revista Letras*, 53, p. 157-162.

FEDORENKO, E. & GIBSON, E. (2010). Adding a third wh-element does not increase the acceptability of object-initial multiple-wh-questions. *Syntax*, 13 (3), p. 183-195.

FILLMORE, C. (1977). The case for case reopened. In: COLE, P. & SADOCK, J.M. (eds.). *Syntax and semantics 8:* grammatical relations. Nova York: Academic Press, p. 59-81.

_____ (1968). The case for case. In: BACH, E. & HARMS, R. *Universals in Linguistic Theory*. Nova York: Holt, Rinehart and Winston, p. 1-90.

FIORIN, J.L. (org.) (2003). *Introdução à linguística II:* princípios de análise. São Paulo: Contexto.

_____ (2002). *Introdução à linguística I:* objetos teóricos. São Paulo: Contexto.

FISCHER, S.; VARGHA-KHADEM, F.; WATKINS, K.; MONACO, A. & PEMBREY, M. (1998). Localisation of a gene implicated in a severe speech and language disorder. *Nature Genetics*, 18, p. 168-170.

FITCH, T.; HAUSER, M. & CHOMSKY, N. (2005). The evolution of the language faculty: clarifications and implications. *Cognition*, 97, p. 179-210.

FODOR, J. (1984). Observation reconsidered. *Philosophy of Science*, 51 (1), p. 23-43.

_____ (1983). *The modularity of mind:* an essay in faculty psychology. Cambridge: The MIT Press.

_____ (1980a). Fixation of belief and concept acquisition. In: PIATTELLI-PALMARINI, M. (ed.) (1980), p. 143-162.

_____ (1980b). Reply to Putnam. In: PIATTELLI-PALMARINI, M. (ed.) (1980), p. 325-334.

_____ (1967). How to learn to talk: some simple ways. In: REED, C. (ed.). *The genesis of language*. Nova York: Appleton-Century-Crofts, p. 105-122.

FODOR, J.; BEVER, T. & GARRETT, M. (1974). *The psychology of language:* an introduction to psycholinguistics and generative grammar. Nova York: McGraw-Hill.

FODOR, J. & PYLYSHYN, Z. (1990). Connectionism and the problem of systematicity: why Smolensky's solution doesn't work. *Cognition*, 35, p. 183-204.

_____. (1988). Connectionism and cognitive architecture: a critical analysis. *Cognition*, 28, p. 3-71.

FOX, D. (2000). *Economy and semantic interpretation*. Cambridge: The MIT Press.

FOX, D. & NISSENBAUM, J. (1999). Extraposition and scope: a case for overt QR. In: BIRD, S.; CARNIE, A.; HAUGEN, J. & NORQUEST, P. (eds.) *Proceedings of WCCFL 18*. Stanford: CSLI, p. 132-144.

FRANK, R. (2013). Tree adjoining grammar. In: DEN DIKKEN, M. (ed.) *The Cambridge handbook of generative syntax*. Cambridge: Cambridge University Press, p. 226-261.

_____ (2002). *Phrase structure composition and syntactic dependencies*. Cambridge: The MIT Press.

FRANK, R. & VIJAY-SHANKER, K. (2001). Primitive c-command. *Syntax*, 4 (3), p. 164-204.

FREIDIN, R. (2012). *Foundations of generative syntax*. Cambridge: The MIT Press.

_____ (1992). *Syntax*: basic concepts and applications. Cambridge: Cambridge University Press.

FUKUI, N. & TAKANO, Y. (1998). Symmetry in syntax: merge and demerge. *Journal of East Asian Linguistics*, 7, p. 27-86.

FULTS, S. & PHILLIPS, C. (2004). The source of syntactic illusions – Poster apresentado na 17th *Annual CUNY Conference on Human Sentence Processing*. College Park, MD.

GALLEGO, Á. & OTT, D. (2015). 50 years later: reflections on Chomsky's Aspects. *MITWPL*, num. esp. Cambridge: The MIT Press.

GALLISTEL, C.R. (2006). *Learning Organs*. Versão preliminar e inédita em inglês publicada subsequentemente como: GALLISTEL, C. (2007). L'apprentissage de matières distinctes exige des organes distincts. In BRICMONT, J. & FRANCK, J. (eds.). *Cahier n. 88*: Noam Chomsky. Paris: L'Herne, p. 181-187.

_____ (1990). *The organization of learning*. Cambridge: The MIT Press.

GAMUT, L.F.T. (1991a). *Logic, language, and meaning* – Vol. 1: Introduction to logic. Chicago: The University of Chicago Press.

_____ (1991b). *Logic, language, and meaning* – Vol. 2: Intensional logic and logical grammar. Chicago: The University of Chicago Press.

GAZDAR, G.; KLEIN, E.; PULLUM, G. & SAG, I. (1985). *Generalized phrase structure grammar*. Cambridge: Harvard University Press.

GEORGE, A. (ed.) (1989). *Reflections on Chomsky*. Oxford: Basil Blackwell.

GEURTS, B. (2000). Review of S. Crain & R. Thornton's 'Investigations in universal grammar'. *Linguistics and Philosophy*, 23, p. 523-532.

GIBSON, E. & FEDORENKO, E. (2013). The need for quantitative methods in syntax and semantics research. *Language and Cognitive Processes*, 28 (1-2), p. 88-124.

GIBSON, E.; PIANTADOSI, S. & FEDORENKO, E. (2013). Quantitative methods in syntax/semantics research: a response to Sprouse and Almeida. *Language and Cognitive Processes*, 28 (3), p. 229-240.

_____ (2011). Using mechanichal turk to obtain and analyze English acceptability judgments. *Language and Linguistics Compass*, 5 (8), p. 509-524.

GIBSON, E. & THOMAS, J. (1999). Memory limitations and structural forgetting: the perception of complex ungrammatical sentences as grammatical. *Language and Cognitive Processes*, 14, p. 225-248.

GIVÓN, T. (1979). *On understanding grammar*. Nova York: Academic.

GLEITMAN, L.; NEWPORT, E. & GLEITMAN, H. (1984). The current status of the motherese hypothesis. *Journal of Child Language*, 11 (1), p. 43-80.

GOLDIN-MEADOW, S. (2014). Homesign. In: BROOKS, P.; KEMPE, V. & GOLSON, J. (eds.). *Encyclopedia of Language Development*. Thousand Oaks: Sage, p. 267-269.

GOODMAN, N. (1955). *Facts, fiction and forecast*. Indianápolis: Bobbs-Merrill.

GOPNIK, M. (1990). Feature-blind grammar and dysphasia. *Nature*, 344, p. 715.

GRAAF, J. (1999). *Relating new to old:* a classic controversy in developmental psychology. Rijksuniversiteit Groningen [Tese de doutorado].

GRAFFI, G. (2001). *200 years of syntax:* a critical survey. Amsterdã: John Benjamins.

GRIMSHAW, J. (1991). *Extended projection*. Brandeis University [Inédito].

GROHMANN, K. (2015). Biolinguistics for biolinguistics. *Biolinguistics*, 9, p. 1-7.

GROLLA, E. & FIGUEIREDO-SILVA, M.C. (2014). *Para conhecer aquisição de linguagem*. São Paulo: Contexto.

GROSS, M. (1972). *Mathematical methods in linguistics*. Englewood Cliffs: Prentice-Hall.

GUASTI, M.T. (2002). *Language acquisition:* the growth of grammar. Cambridge: The MIT Press.

GUIMARÃES, M. (2013). Does prosodic bootstrapping play any role in the acquisition of auxiliary fronting in English? *Syntax*, 16 (2), p. 148-175.

_____ (2007). Distinguishing knowledge from belief in understanding the logic of the poverty of stimulus argument. *Cadernos de Estudos Linguísticos*, 49 (2), p. 135-149.

_____ (2003). Effects of shared constituency on superiority effects. In: GARDING, G. & TSUJIMURA, M. (eds.). *WCCFL 22 Proceedings*. Somerville: Cascadilla, p. 231-244.

_____ (1998). *Repensando a interface sintaxe-fonologia a partir do axioma de correspondência linear*. Campinas: Unicamp [Dissertação de mestrado].

GUIMARÃES, M. & MENDES, G. (2013). Interação entre foco, morfologia e controle em PB: evidências adicionais para a teoria de controle por movimento. *Revista Linguística*, 9 (1), p. 158-187.

HAEGEMAN, L. (1990). *Introduction to government and binding theory*. Oxford: Blackwell.

HAIDER, H. & NETTER, K. (1991). Derivation or representation? In: HAIDER, H. & NETTER, K. (eds.). *Representation and derivation in the theory of grammar*. Dordrecht: Springer, p. 1-15.

HALE, K. & KEYSER, S.J. (1993). On argument structure and the lexical expression of syntactic relations. In: HALE, K. & KEYSER, S.J. (eds.). *The view from building 20:* essays in honor of Synvain Bromberger. Cambridge: The MIT Press, p. 53-109.

HALLE, M. (1992). Phonological features. In: BRIGHT, W. (ed.). *International Encyclopedia of Linguistics*, 3. Oxford: Oxford University Press, p. 207-212.

_____ (1959). *The sound pattern of Russian:* a linguistic and acoustical investigation. The Hague: Mouton.

HALLE, M. & MARANTZ, A. (1993). In: HALE, K. & KEYSER, S.J. (eds.). *The view from building 20:* essays in honor of Synvain Bromberger. Cambridge: The MIT Press, p. 111-176.

HALLE, M. & VERGNAUD, J.R. (1990). *An essay on stress*. Cambridge: The MIT Press.

HALVORSEN, P.-K. & LADUSAW, W. (1979). Montague's "universal grammar": an introduction for the linguist. *Linguistics and Philosophy*, 3, p. 185-223.

HARMAN, G. (1974). *On Noam Chomsky:* critical essays. Garden City: Anchor Books.

HAMANS, C. & SEUREN, P. (2010). Chomsky in search of a pedigree. In: KIBBEE, D. (2010), p. 377-394.

HARRIS, R. (1993). *The linguistic wars*. Oxford: Oxford University Press.

HAUSER, M.; CHOMSKY, N. & FITCH, T. (2002). The faculty of language: what is it, who has it, and how did it evolve? *Science*, 298, p. 1.569-1.579.

HAUSER, M.; YANG, C.; BERWICK, R.; TATTERSALL, I.; RYAN, M.; WATUMULL, J.; CHOMSKY, N. & LEWONTIN, R. (2014). The mystery of language evolution. *Frontiers in Psychology*, 5, article 401.

HAYES, B. (2000). Gradient well-formedness in optimality theory. In: DEKKERS, J.; VAN DER LEEUW, F. & VAN DE WEIJER, J. (eds.). *Optimality theory*: phonology, syntax and acquisition. Oxford: Oxford University Press, p. 88-120.

HEATH, S. (1983). *Ways with words:* language, life and work in communities and classrooms. Nova York: Cambridge University Press.

HEMPEL, C. (1965). *Aspects of scientific explanation.* Nova York: Collier-Macmillan

HINZEN, W. (2016). Is our grammar just a set of constructions? Commentary on Evans 2014. *Language*, 92 (1), p. 203-207.

HOCKETT, C. (1968). *The state of the art.* The Hague: Mouton.

_____ (1962). *Language, mathematics and linguistics.* The Hague: Mouton.

_____ (1958). *A course in modern linguistics.* Toronto: Macmillian.

HODGES, W. (2013). Model Theory. In: ZALTA, E. (ed.) *The Stanford Encyclopedia of Philosophy* [Disponível em http://plato.stanford.edu/archives/fall2013/entries/model-theory/].

HOFFMAN, D. (1998). *Visual intelligence:* how we create what we see. Nova York: W.W. Norton.

HORNSTEIN, N. (2015a). Quotational dyslexia: thank you Masked Man. *Faculty of Language*, 08/01/2015 [Disponível em http://facultyoflanguage.blogspot.com.br/2015/01/quotational-dyslexia-thank-you-masked.html].

_____ (2015b). My (hopefully) last ever post on Vyvyan Evans and his endless dodging of the central issues. *Faculty of Language*, 06/05/2015 [Disponível em http://facultyoflanguage.blogspot.com.br/2015/05/my-hopefully-last-ever-post-on-vyvyan.html].

_____ (2015c). Judgments and grammars. *Faculty of Language*, 15/09/2015 [Disponível em http://facultyoflanguage.blogspot.com.br/2015/09/judgments-and-grammars.html].

_____ (2015d). Degrees of grammaticality? *Faculty of Language*, 22/09/2015 [Disponível em http://facultyoflanguage.blogspot.com.br/2015/09/degrees-of-grammaticality.html].

_____ (2015e). What's in UG (part 3). *Faculty of Language*, 19/10/2015 [Disponível em http://facultyoflanguage.blogspot.com.br/2015/10/whats-in-ug-part-3.html].

_____ (2014a). Here we go again (and again, and again). *Faculty of Language*, 29/10/2014 [Disponível em http://facultyoflanguage.blogspot.com.br/2014/10/here-we-go-again-and-again-and-again.html].

_____ (2014b). The verdict is in regarding Evans' book. *Faculty of Language*, 05/12/2014 [Disponível em http://facultyoflanguage.blogspot.com.br/2014/12/the-verdict-is-in-regarding-evans-book.html].

_____ (2014c). Evans replies, the confusion mounts. *Faculty of Language*, 23/12/2014 [Disponível em http://facultyoflanguage.blogspot.com.br/2014/12/evans-replies-confusion-mounts.html].

_____ (2014d). David Pesetsky does some important intellectual clean-up. *Faculty of Language*, 23/12/2014 [Disponível em http://facultyoflanguage.blogspot.com.br/2014/12/david-pesetsky-does-some-important.html].

_____ (2014e). If god is in the details then Evans fills a badly needed gap in the literature. *Faculty of Language*, 29/12/2014 [Disponível em http://facultyoflanguage.blogspot.com.br/2014/12/if-god-is-in-details-then-evans-fills.html].

_____ (2013). Formal and substantive universals. *Faculty of Language*, 01/05/2013 [Disponível em http://facultyoflanguage.blogspot.com.br/2013/05/formal-and-substantive-universals.html].

_____ (2009). *A theory of syntax:* minimal operations and universal grammar. Cambridge: Cambridge University Press.

_____ (2001). *Move!* – A minimalist theory of construal. Oxford: Blackwell.

_____ (1999). Movement and control. *Linguistic Inquiry*, 30, p. 69-96.

_____ (1995). *Logical form:* from GB to minimalism. Oxford: Blackwell.

_____ (1984). *Logic as grammar*. Cambridge: The MIT Press.

HORNSTEIN, N. & POLINSKY, M. (2010). *Movement theory of control*. Amsterdã: John Benjamins.

HUCK, G. & GOLDSMITH, J. (1995). *Ideology and linguistic theory:* Noam Chomsky and the deep structure debates. Abingdon: Routledge.

HUKARI, T. & LEVINE, R. (1986). Generalized phrase structure grammar: a review article. *Linguistic Analysis*, 16, p. 135-260.

IDSARDI, W. (2005). *Poverty of stimulus arguments in phonology*. University of Maryland [Inédito] [Disponível http://ling.umd.edu/~idsardi/papers/2005poverty.pdf].

INHELDER, B. (1980). Language and knowledge in a constructivist framework. In: PIATTELLI-PALMARINI, M. (ed.) (1980), p. 131-141.

INKELAS, S. & ZEC, D. (eds.) (1990). *The phonology-syntax connection*. Chicago: Chicago University Press.

JACKENDOFF, R. (1977). *X' syntax*. Cambridge: The MIT Press.

_____ (1972). *Semantic interpretation in generative grammar*. Cambridge: The MIT Press.

_____ (1969). *Some rules of semantic interpretation for English*. Massachusetts Institute of Technology [Tese de doutorado].

JACOBSON, P. (1992). Antecedent contained deletion in a variable-free semantics. In: BARKER, C. & DOWTY, D. (eds.). *Proceedings of Salt*, 2 (40), p. 193-213.

JÄGER, G. (2005). *Anaphora and type logical grammar*. Dordrecht: Springer.

JAKOBSON, R. (1959). Boas' view of grammatical meaning. In: GOLDSCHMIDT, W. (ed.). *The anthropology of Franz Boas:* essays on the Centennial of his birth. American Anthropology Association, Memoir LXXX, p. 139-145.

JAKOBSON, R.; FANT, G. & HALLE, M. (1963). *Preliminaries to speech analysis*. Cambridge: The MIT Press.

_____ (1952). *Preliminaries to speech analysis:* the distinctive features and their correlates. Cambridge: The MIT Press [Technical Report. 13; Acoustics Laboratory].

JAKOBSON, R. & HALLE, M. (1956). *Fundamentals of language*. The Hague: Mouton.

JOSEPH, J. (2010). Chomsky's atavistic revolutions (with a little help from his enemies). In: KIBBEE, D. (2010), p. 1-18.

KAGER, R. (1999). *Optimality theory*. Cambridge: Cambridge University Press.

KATO, M. & NASCIMENTO, M. (2009). *Gramática do português culto falado no Brasil* – Vol. 3: A construção da sentença. Campinas: Unicamp.

KATZ, J. & FODOR, J. (1963). The structure of a semantic theory. *Language*, 39 (2), p. 170-210.

KATZ, J. & POSTAL, P. (1964). *An integrated theory of linguistic descriptions*. Cambridge: The MIT Press.

KAYNE, R. (1994). *The antisymmetry of syntax*. Cambridge: The MIT Press.

_____ (1983). Connectedness. *Linguistic Inquiry*, 14, p. 223-249.

KENSTOWICZ, M. (1994). *Phonology in generative grammar*. Oxford: Blackwell.

KIBBEE, D. (ed.) (2010). *Chomskyan (r)evolutions*. Amsterdã: John Benjamins.

KIPARSKY, P. (1985). Some consequences of lexical phonology. *Phonology yearbook*, 2, p. 83-138.

_____ (1982). Lexical phonology and morphology. In: YANG, I. (ed.). *Linguistics in the morning calm*. Seul: Hanshin, p. 3-91.

KISS, K. (1991). Logical structure in syntactic structure: the case of Hungarian. In: HUANG, J. & MAY, R. (eds.). *Logical structure and syntactic structure:* cross-linguistic perspectives. Dordrecht: Reidel, p. 123-148.

KITAHARA, H. (1996). Raising Q without QR. In: ABRAHAM, W.; EPSTEIN, S.; THRAINSSON, H. & ZWART, J.W. (eds.). *Minimal ideas.* Amsterdã: John Benjamins, p. 189-198.

KLIMA, E. (1964). Negation in English. In: FODOR, J. & KATZ, J. (eds.). *Readings in the philosophy of language.* Englewood Cliffs: Prentice-Hall, p. 246-323.

KOLB, H-P. & MÖNNICH, U. (eds.) (1999). *The mathematics of syntactic structure:* trees and their logics. Berlim: Mouton de Gruyter.

KOOPMAN, H. & SPORTICHE, D. (1991). The position of subjects. *Lingua*, 85, p. 211-258.

KORNAI, A. (2008). *Mathematical linguistics.* Londres: Springer.

KRACHT, M. (2003). *The mathematics of language.* Berlim: Mouton de Gruyter.

KRATZER, A. (1996). Severing the external argument from its verb. In: ROORYCK, J. & ZARING, L. (eds.). *Phrase structure and the lexicon.* Dordrecht: Kluwer, p. 109-137.

KROCH, A. (1987). Unbounded dependencies and subjacency in a tree adjoining grammar. In: MANASTER-RAMER, A. (ed.). *The mathematics of language.* Amsterdã: John Benjamins, p. 143-172.

KROCH, A. & JOSHI, A. (1985). *The linguistic relevance of tree adjoining grammar* (Technical Report MS-CS-85-16). Department of Computer and Information Sciences/University of Pennsylvania.

LABOV, W. (1972). *Sociolinguistic patterns.* Oxford: Basil Brackwell.

LAKOFF, G. (1970). *Irregularity in syntax.* Nova York: Holt, Rinehart and Winston.

LAMBEK, J. (1961). On the calculus of syntactic types. In: JAKOBSON, R. (ed.). *Structure of language and its mathematical aspects.* Providence: Americal Mathematical Society, p. 166-178.

_____ (1958). The mathematics of sentence structure. *The American Mathematical Monthly*, 65 (3), p. 154-170.

LANGACKER, R. (1969). On pronominalization and the chain of command. In: REIBEL, D. & SCHANE, S. (eds.). *Modern studies in English.* Englewood Cliffs: Prentice-Hall, p. 160-186.

LARSON, R. (2010). *Grammar as science.* Cambridge: The MIT Press.

_____ (1990). Double objects revisited: reply to Jackendoff. *Linguistic Inquiry*, 21, p. 589-632.

_____ (1988). On the double object construction. *Linguistic Inquiry*, 19, p. 335-391.

LARSON, R.; DEPREZ, V. & YAMAKIDO, H. (eds.) (2010). *The evolution of language:* biolinguistic perspectives. Cambridge: Cambridge University Press.

LARSON, R. & SEGAL, G. (1995). *Knowledge of meaning:* an introduction to semantic theory. Cambridge: The MIT Press.

LASNIK, H. (2015). Aspects of the theory of phrase structure. In: GALLEGO & OTT (2015), p. 169-174.

_____ (2008). On the development of case theory: triumphs and challenges. In: FREIDIN, R.; OTERO, C. & ZUBIZARRETA, M.L. (eds.). *Foundational issues in linguistic theory:* essays in honor of Jean-Roger Vergnaud. Cambridge: The MIT Press, p. 17-41.

_____ (2000). *Syntactic structures revisited:* contemporary lectures on classic transformational theory. Cambridge: The MIT Press.

_____ (1990). *Essays on restrictiveness and learnability.* Dordrecht: Kluwer.

_____ (1976). Remarks on coreference. *Linguistic Analysis*, 2, p. 1-22.

LASNIK, H. & KUPIN, J. (1977). A restrictive theory of transformational grammar. *Theoretical Linguistics*, 4, p. 173-196.

LASNIK, H. & SAITO, M. (1992). *Move α:* conditions on its application and output. Cambridge: The MIT Press.

LAURENCE, S. & MARGOLIS, M. (2001). The poverty of the stimulus argument. *British Society for the Philosophy of Science*, 52, p. 217-276.

LEMLE, M. (2001). *A derrocada do behaviorismo.* Rio de Janeiro: UFRJ [Inédito].

_____ (1984). *Análise sintática:* teoria geral e descrição do português. São Paulo: Ática.

LENNEBERG, E. (1967). *Biological foundations of language.* Nova York: Willey.

_____ (1964). A biological perspective of language. In: LENNEBERG, E. (ed.). *New directions in the study of language.* Cambridge: The MIT Press, p. 65-88.

_____ (1960). Language, evolution and purposive behavior. In: DIAMOND, S. (ed.). *Culture in history.* Nova York: Columbia University Press, p. 869-893.

LEVELT, W. (1974). *Formal grammars in linguistics and psycholinguistics* – Vol. III: Psycholinguistics applications. The Hague: Mouton.

LEWIS, S. & PHILLIPS, C. (2015). Aligning grammatical theories and language processing models. *Journal of Psycholinguistic Research*, 44 (1), p. 27-46.

LUCCHESI, D. (2015). *Língua e sociedade partidas:* a polarização sociolinguística do Brasil. São Paulo: Contexto.

_____ (2011). Os limites da variação e da invariância na estrutura da gramática. *Revista da Abralin* [n. esp.], p. 257-259.

_____ (2004). *Sistema, mudança e linguagem:* um percurso na história da linguística moderna. São Paulo: Parábola.

LUCCHESI, D. & MELLO, C. (2009). A alternância dativa. In: LUCCHESI, D.; BAXTER, A. & RIBEIRO, I. (orgs.). *O português afro-brasileiro*. Salvador: Edufba, p. 427-456.

MAIA, M. (2015). Sintaxe experimental. In: OTHERO, G. & KENEDY, E. (orgs) *Sintaxe, sintaxes:* uma introdução. São Paulo: Contexto, p. 51-72.

MARCUS, G. (1999). Language acquisition in the absence of explicit negative evidence: can simple recurrent networks obviate the need for domain-specific learning devices? *Cognition*, 73, p. 293-296.

MARTIN, R. & URIAGEREKA, J. (2008). Competence for preferences. *Anuario del Seminario de Filología vasca "Julio de Urquijo"*, p. 561-571 [Disponível em http://www.ehu.eus/ojs/index.php/asju].

MATTHEWS, P. (2007). *Syntactic relations:* a critical survey. Cambridge: Cambridge University Press.

_____ (1993). *Grammatical theory in the United States from Bloomfield to Chomsky*. Cambridge: Cambridge University Press.

_____ (1979). *Generative grammar and linguistic competence*. Londres: George Allen & Unwin.

MATTOSO CAMARA JR. (2008 [1953]). *Para o estudo da fonêmica portuguesa*. Petrópolis: Vozes [2. ed. substancialmente revisada a partir de apontamentos do autor].

_____ (1970). *Estrutura da língua portuguesa*. Petrópolis: Vozes.

MAY, R. (1985). *Logical form:* its structure and derivation. Cambridge: The MIT Press.

_____ (1977). *The gramar of quantification*. Massachusetts Institute of Technology [Tese de doutorado].

McCARTHY, J. (2008). *Optimality theory in phonology:* a reader. Oxford: Oxford University Press.

_____ (2000). Sympathy and phonological opacity. *Phonology*, 16, p. 331-401.

McCARTHY, J. & PRINCE, A. (1993). Prosodic morphology I: constraint interaction and satisfaction. *Linguistics department faculty publication series*, 14. Amherst: UMass.

McCAWLEY, J. (1981). *Everything that linguists have always wanted to know about logic (but were ashamed to ask)*. Chicago: The University of Chicago Press.

McGILVRAY, J. (ed.) (2005). *The Cambridge companion to Chomsky*. Cambridge: Cambridge University Press.

MENDES, F.; ADES, C. & DEMOLIN, D. (2010). Context-sensitive grammar and prosody in a primate contact call: the exchange calls of Northern muriquis. *Anais do XXVIII Encontro Anual de Etologia*. Alfenas, MG.

MENDOZA IBÁÑEZ, F. (1997). An Interview with George Lakoff. *Cuadernos de Filología Inglesa*, 6 (2), p. 33-52.

MILLER, G. & CHOMSKY, N. (1963). Finitary models of language users: In: LUCE, R.; BUSH, R. & GALANTER, E. (eds.). *Handbook of mathematical psychology*. Vol. II. Nova York: Wiley, p. 419-492.

MILLER, P.H. (1999). *Strong generative capacity:* the semantics of linguistic formalism. Stanford: CSLI.

MIOTO, C. (2009). *Sintaxe do português*. Florianópolis: UFSC (Lantec/CED).

MIOTO, C.; FIGUEIREDO-SILVA, M.C. & LOPES, R. (2013). *Novo manual de sintaxe*. São Paulo: Contexto.

MIOTO, C. & FOLTRAN, M.J. (2007). *As small clauses* revisitadas – Apresentação. *Cadernos de Estudos Linguísticos*, 49 (1), p. 5-9.

MODGIL, S. & MODGIL, C. (eds.) (1985). *Noam Chomsky:* consensus and controversy. Nova York: Falmer.

MOHANAN, K. (2000). The theoretical substance of optimality formalism. *The linguistic review*, 17, p. 143-167.

_____ (1986). *The theory of lexical phonology*. Dordrecht: Reidel.

MONTAGUE, R. (1973). The proper treatment of quantification in ordinary English. In: HINTIKKA, J.; MORAVCSIK, J. & SUPPES, P. (eds.). *Approaches to Natural Language*. Dordrecht, p. 221-242.

_____ (1970a). Universal grammar. *Theoria*, 36, p. 373-398.

_____ (1970b). English as a formal language. In: VISENTINI, B. (ed.). *Linguaggi nella società e nella tecnica*. Mailand, p. 189-223.

MOORE, T. & CARLING, C. (1985). Introduction. In: MODGIL, S. & MODGIL, C. (1985), p. 11-28.

_____ (1982). *Understanding language:* towards a post-chomskyan linguistics. Londres: Macmillan.

MOORTGAT, M. (1988). *Categorial investigation:* local and linguistic aspects of the Lambek calculus. Dordrecht: Foris.

MORO, A. (2008). *The boundaries of Babel:* the brain and the enigma of impossible languages. Cambridge: The MIT Press.

MORRILL, G. (1994). *Type logical grammar:* categorial logic of signs. Dordrecht: Kluwer.

_____ (1989). *Grammar as logic.* University of Edinburg [Inédito].

MORTARI, C. (2001). *Introdução à lógica.* São Paulo: Unesp.

MÜLLER, G. (1998). *Incomplete category fronting:* a derivational approach to remnant movement in German. Dordrecht: Kluwer.

MUYSKEN, P. (1982). Parametrizing the notion "head". *Journal of Linguistic Research*, 2, p. 57-75.

NAMIUTI, C. (2008). *Aspectos da história gramatical do português:* interpolação, negação e mudança. Campinas: Unicamp [Tese de doutorado].

NESPOR, M. & VOGEL, I. (1986). *Prosodic phonology.* Dordrecht: Foris.

NEVINS, A. (2016). A utilidade de logatomas e línguas inventadas na fonologia experimental. *Caderno de Squibs*, 2 (1), p. 44-54.

NEWMEYER, F. (2005). *Possible and probable languages:* a generative perspective on linguistic typology. Oxford: Oxford University Press.

_____ (1996). *Generative linguistics:* a historical perspective. Londres: Routledge.

_____ (1986). *The politics of linguistics.* Chicago: The University of Chicago Press.

_____ (1983). *Grammatical theory:* its limits and its possibilities. Chicago: The University of Chicago Press.

_____ (1980). *Linguistic theory in America:* the first quarter-century of transformational grammar. Nova York: Academic Press.

NUNES, J. (2004). *Linearization of chains and sideward movement.* Cambridge: The MIT Press.

OCHS, E. (1998). *Culture and language development:* language acquisition and language socialization in a Samoan village. Cambridge: Cambridge University Press.

ODDEN, D. (2011). Rules v. constraints. In: GOLDSMITH, J. & RIGGLE, J. (eds.). *The handbook of phonological theory*. Oxford: Wiley-Blackwell, p. 1-39.

_____ (2008). Ordering. In: VAUX, B. & NEVINS, A. (2008), p. 61-120.

OHALA, J. (1997). The relation between phonetics and phonology. In: HARDCASTLE, W. & LAVER, J. (orgs.). *The handbook of phonetic sciences*. Oxford: Blackwell, p. 674-694.

_____ (1995). Phonetic explanations of sound patterns: implications for grammars of competence. In: ELENIUS, K. & BRANDERUD, P. (orgs.). *ICPhS*, 13, vol. 2, p. 52-59. Estocolmo.

_____ (1990). There is no interface between phonetics and phonology: a personal view. *Journal of Phonetics*, 18, p. 153-171.

OTERO, C. (1994). *Noam Chomsky:* critical assessments. Vols. 1-4. Londres: Routledge.

OTHERO, G. (2014). Sintaxe. In: SCHWINDT, L.C. (2014), p. 155-235.

PARTEE, B. (1978). *Fundamentals of mathematics for linguistics*. Dordrecht: D. Reidel.

PARTEE, B.; MEULEN, A. & WALL, R. (1993). *Mathematical methods in linguistics*. Dordrecht: Kluwer Academic Publishers.

PAUL, H. (1880). *Prinzipien der Sprachgeschichte*. Halle: Niemeyer.

PENA, S. (2005). Razões para banir o conceito de raça da medicina brasileira. *História, ciências, saúde* – Dossiê: raça, genética, identidades e saúde, 12 (1), p. 321-346.

PERELTSVAIG, A. (2015a). Is language an instinct? – Response to Vyvyan Evans (part 1). *Languages of the World*, 27/11/2015 [Disponível em http://www.languagesoftheworld.info/generative-linguistics/is-language-an-instinct-response-to-vyvyan-evans-part-1.html].

_____ (2015b). Does universal grammar theory imply that language are all the same? – Response to Vyvyan Evans (part 2). *Languages of the World*, 29/11/2015 [Disponível em http://www.languagesoftheworld.info/generative-linguistics/does-universal-grammar-theory-imply-that-language-are-all-the-same-response-to-vyvyan-evans-part-2.html].

_____ (2015c). Universal grammar, neanderthals, and the evolution of language – Response to Vyvyan Evans (part 3). *Languages of the World*, 01/12/2015 [Disponível em http://www.languagesoftheworld.info/language-evolution/universal-grammar-neanderthals-and-the-evolution-of-language-response-to-vyvyan-evans-part-3.html].

_____ (2015d). Why are there different languages? – Response to Vyvyan Evans (part 4). *Languages of the World*, 03/12/2015 [Disponível em http://www.language softheworld.info/generative-linguistics/why-are-there-different-languages-response-to-vyvyan-evans-part-4-conclusion.html].

PERINI, M. (2008). *Estudos de gramática descritiva:* as valências verbais. São Paulo: Parábola.

PHILLIPS, C. (2009). Should we impeach armchair linguists? In: IWASAKI, S.; HOJI, H.; CLANCY, P. & SOHN, S.-O. (eds.). *Japanese/Korean linguistics*, 17. Stanford: CSLI, p. 49-64.

_____ (2003). Linear order and constituency. *Linguistic Inquiry*, 34, p. 37-90.

_____ (1996). *Order and structure*. Massachusetts Institute of Technology [Tese de doutorado].

PHILLIPS, C. & LASNIK, H. (2003). Linguistics and empirical evidence: reply to Edelman and Christiansen. *Trends in Cognitive Sciences*, 7, p. 61-62.

PIAGET, J. (1980a). The psychogenesis of knowledge and its epistemological significance. In: PIATTELLI-PALMARINI, M. (ed.) (1980), p. 23-34.

_____ (1980b). Introductory remarks. In: PIATTELLI-PALMARINI, M. (ed.) (1980), p. 57-67.

_____ (1980c). Schemes of action and language learning. In: PIATTELLI-PALMARI-NI, M. (ed.) (1980), p. 164-183.

PIATTELLI-PALMARINI, M. (ed.) (1980). *Language and learning:* the debate between Jean Piaget and Noam Chomsky. Cambridge: The MIT Press.

PIATTELLI-PALMARINI, M. & URIAGEREKA, J. (2011). *A geneticist's dream, a linguist's nightmare:* the case of FOXP2. In: DI SCIULLO, A.M. & BOECKX, C. (2011), p. 100-125.

_____ (2005). The evolution of the narrow faculty of language: the skeptical view and a reasonable conjecture. *Lingue e Linguaggio*, 4 (1), p. 27-79.

PIATTELLI-PALMARINI, M.; URIAGEREKA, J. & SALABURU, P. (2009). *Of minds and language:* a dialogue with Noam Chomsky in the Basque country. Oxford: Oxford University Press.

PIETROSKI, P. (2005). *Events and semantic architecture*. Oxford: Oxford University Press.

PIETROSKI, P. & HORNSTEIN, N. (2002). Does every sentence like this exhibit a scope ambiguity? In: HINZEN, W. & ROTT, H. (eds.). *Belief and meaning*. Egelsbach: Hansel-Hohenhausen, p. 43-72.

PINKER, S. (2002). *The blank slate:* the modern denial of human nature. Nova York: Penguin.

_____ (1994). *The language instinct:* how the mind creates language. Nova York: Harper Perennial.

_____ (1989). *Learnability and cognition:* the acquisition of argument structure. Cambridge: The MIT Press.

PIRES DE OLIVEIRA, R. & BASSO, R. (2014). *Arquitetura da conversação:* teoria das implicaturas. São Paulo: Parábola.

POEPPEL, D. (2012). The maps problem and the mapping problem: two challenges for a cognitive neuroscience of speech and language. *Cognitive Neuropsychology*, 29 (1-2), p. 34-55.

POLLARD, C. & SAG, I. (1994). *Head-driven phrase structure grammar.* Chicago: The Chicago University Press.

POPPER, K. (1963). *Conjectures and Refutations:* the growth of scientific knowledge. Londres: Routledge.

POSTAL, P. (2009). The incoherence of Chomsky's "biolinguistic" ontology. *Biolinguistics*, 3 (1), p. 104-123.

_____ (2004). *Skeptical linguistics essays.* Oxford: Oxford University Press.

PRINCE, A. & SMOLENSKY, P. (2004). *Optimality theory:* constraint interaction in generative grammar. Oxford: Blackwell [Versão publicada de um manuscrito muito influente de 1993].

PRINZ, J. (2012). *Beyond human nature:* how culture and experience shape the human mind. Nova York: Norton & Company.

PULLUM, G. (2007). Ungrammaticality, rarity, and corpus use. *Corpus linguistics and Linguistic Theory*, 3 (1), p. 33-47.

_____ (1996). Nostalgic views from building 20. *Journal of Linguistics*, 32 (1), p. 137-147.

_____ (1989). Formal Linguistics Meets the Boojum. *Natural Language & Linguistic Theory*, 7, p. 137-143.

PULLUM, G. & SCHOLZ, B. (2010). Recursion and the infinitude claim. In: VAN DER HUSLT (ed.) 2010, p. 113-137.

_____ (2002). Empirical assessment of stimulus poverty arguments. *The Linguistic Review*, 19, p. 9-50.

PUTNAM, H. (1980a). What is innate and why: comments on the debate. In: PIATTELLI-PALMARINI, M. (ed.) (1980), p. 287-309.

_____ (1980b). Comments on Chomsky's and Fodor's replies. In: PIATTELLI-PALMARINI, M. (ed.) (1980), p. 335-340.

PYE, C. (1992). The acquisition of K'iché Maya. In: SLOBIN, D. (org.). *The crosslinguistic study of language acquisition*. Hillsdale: Lawrence Erlbaum Associates.

RAPOSO, E. (1992). *Teoria da Gramática:* a faculdade da linguagem. Lisboa: Caminho.

_____ (1979). *Introdução à gramática generativa:* sintaxe do português. Lisboa: Moraes.

_____ (1978). Introdução a alguns conceitos da gramática gerativa transforma-cional. In: CHOMSKY (1965). *Aspectos da Teoria da Sintaxe*. Coimbra: Armênio Amado [2. ed. portuguesa, 1978; tradução: E. Raposo].

REINHART, T. (1976). *The syntactic domain of anaphora*. Massachusetts Institute of Technology [Tese de doutorado].

RICHARDS, N. (2001). *Movement in language:* interactions and architectures. Oxford: Oxford University Press.

RIZZI, L. (1990). *Relativized minimality*. Cambridge: The MIT Press.

ROBERTS, I. (1999). Verb movement and markedness. In: DeGRAFF, M. (ed.). *Language creation and language change:* creolization, diachrony and development. Cambridge: The MIT Press, p. 287-328.

_____ (1997). *Comparative syntax*. Londres: Arnold.

ROSS, J.R. (1967). *Constraints on variables in syntax*. Massachusetts Institute of Technology [Tese de doutorado].

ROTHSCHILD, D. (2007). The elusive scope of descriptions. *Philosophy Compass*, 2 (6), p. 910-927.

SAG, I. (1976). *Deletion and logical form*. Massachusetts Institute of Technology [Tese de doutorado].

SAG, I.; GAZDAR, G.; WASOW, T. & WEISLER, S. (1985). Coordination and how to distinguish categories. *Natural Language and Linguistic Theory*, 3, p. 117-171.

SAMPSON, G. (2007). Grammar without grammaticality. *Corpus Linguistics and Linguistic Theory*, 3 (1), p. 1-32.

_____ (2005). *The "language instinct" debate*. Ed. rev. Londres: Continuum.

_____ (1980). *Schools of linguistics*. Stanford: Stanford University Press.

SAUSSURE, F. (1916). *Cours de Linguistique Générale*. Paris: Payot [Ed. Crítica, 1967].

SCHER, A. (1996). *As construções com dois complementos no inglês e no português do Brasil:* um estudo sintático comparativo. Campinas: Unicamp [Dissertação de mestrado].

SCHIEFFELIN, B. (1990). *The give and take of everyday life:* language socialization of Kaluli children. Cambridge: Cambridge University Press.

SCHÜTZE, C. (1996). *The empirical base of linguistics:* grammaticality judgments and linguistic methodology. Chicago: University of Chicago Press.

SCHWINDT, L.C. (org.) (2014). *Manual de linguística:* fonologia, morfologia e sintaxe. Petrópolis: Vozes.

SEARA, I.; NUNES, V. & LAZZAROTTO VOLCÃO, C. (2015). *Para conhecer fonética e fonologia do português brasileiro*. São Paulo: Contexto.

SEARLE, J. (1972). Chomsky's revolution in linguistics. *The New York Review of Books*, 29/06/1972.

SELKIRK, E. (1984). *Phonology and syntax:* the relation between sound and structure. Cambridge: The MIT Press.

SKINNER, B.F. (1957). *Verbal behavior*. Nova York: Applenton-Century-Crofts.

SMITH, N. (2004 [1999]). *Chomsky:* ideas and ideals. Cambridge: Cambridge University Press [2. ed.].

SMITH, N. & TSIMPLI, I.-M. (1995). *The mind of a savant:* language learning and modularity. Oxford: Blackwell.

SMITH, N.; TSIMPLI, I.-M.; MORGAN, G. & WOLL, B. (2011). *The signs of a savant:* language against the odds. Cambridge: Cambridge University Press.

SNYDER, W. (2000). An experimental investigation of syntactic satiation effects. *Linguistic Inquiry*, 31, p. 575-582.

SOUZA, I. (2006). *Aspectos sociolinguísticos na interação médico/paciente*. Recife: UFPE.

SOUZA, P. & SANTOS, R. (2003). Fonologia. In: FIORIN, J. (2003), p. 33-58.

SPEAS, M. (1990). *Phrase structure in natural language*. Dordrecht: Kluwer.

SPROUSE, J. & ALMEIDA, D. (2013a). The role of experimental syntax in an integrated cognitive science of language. In: GROHMANN, K. & BOECKX, C. (eds.).

The Cambridge handbook of biolinguistics. Cambridge: Cambridge University Press, p. 181-202.

_____ (2013b). The empirical status of data in syntax: A reply to Gibson and Fedorenko. *Language and Cognitive Processes*, 28 (3), p. 222-228.

_____ (2012). Assessing the reliability of textbook data in syntax: Adger's Core Syntax. *Journal of Linguistics*, 48, p. 609-652.

SPROUSE, J. & HORNSTEIN, N. (eds.) (2014). *Experimental syntax and island effects.* Cambridge: Cambridge University Press.

SPROUSE, J.; SCHÜTZE, C. & ALMEIDA, D. (2013). A comparison of informal and formal acceptability judgments using a random sample from Linguistic Inquiry 2001-2010. *Lingua*, 134, p. 219-248.

STEEDMAN, M. (2000). *The syntactic process.* Cambridge: The MIT Press.

_____ (1996). *Surface structure and interpretation.* Cambridge: The MIT Press.

STONE, T. & DAVIES, M. (2002). Chomsky among the philosophers. *Mind and language*, 17, p. 276-289.

STOWELL, T. (1981). *The origins of phrase structure.* Massachusetts Institute of Technology [Tese de doutorado].

SUSSMAN, R. (2014). *The myth of race:* the troubling persistence of an unscientific idea. Cambridge: Harvard University Press.

SZCABOLCSI, A. (1983). The possessor than ran away from home. *The Linguistic Review*, 3 (1), p. 89-102.

TARALDSEN, K. (1981). The theoretical interpretation of a class of marked extractions. In: BELLETTI, A.; BRANDI, L. & RIZZI, L. (eds.). *Theory of markedness in generative grammar* – Proceedings of the 1979 Glow Conference. Pisa: Scuola Normale Superiore, p. 475-516.

TARSKI, A. (1956). *Logic, semantics, metamathematics.* Oxford: Clarendon.

_____ (1944). The semantic conception of truth. *Philosophy and Phenomenological Research*, 4, p. 341-375.

TOMALIN, M. (2007). Reconsidering recursion in syntactic theory. *Lingua*, 117, p. 1.784-1.800.

_____ (2006). *Linguistics and the formal sciences:* the origins of generative grammar. Cambridge: Cambridge University Press.

TOMASELLO, M. (2004). What kind of evidence could refute the UG hypothesis? *Studies in Language*, 28, p. 642-645.

_____ (2003). *Constructing a language:* a usage-based theory of language acquisition. Cambridge: Harvard University Press.

TRAUTWEIN, M. (2013). *Dependências morfossintáticas entre núcleos verbais em sequência e a dupla realização do sujeito:* auxiliares como verbos de controle. Universidade Federal do Paraná [Dissertação de mestrado].

TRAVIS, L. (1984). *Parameters and the effects of word order variation.* Massachusetts Institute of Technology [Tese de doutorado].

URIAGEREKA, J. (2015). Complementarity in language. In: GALLEGO, Á. & OTT, D. (2015), p. 265-278.

_____ (2008). *Syntactic anchors:* on semantic structuring. Cambridge: Cambridge University Press.

_____ (2002). *Derivations:* exploring the dynamics of syntax. Londres: Routledge.

_____ (1998). *Rhyme and reason:* an introduction to minimalist syntax. Cambridge: The MIT Press.

VAN DER HULST, H. (ed.) (2010a). *Recursion and human language.* Berlim: Walter de Gruyter.

_____ (2010b). Re recursion. In: VAN DER HULST (2010a), p. xv-liii.

VASISHTH, S.; SUCKOW, K.; LEWIS, R.L. & KERN, S. (2010). Short-term forgetting in sentence comprehension: crosslinguistic evidence from verb-final structures. *Language and Cognitive Processes*, 25, p. 533-567.

VAUX, B. (2008). Why the phonological component must be serial and rule-based. In: VAUX, B. & NEVINS, A. (2008), p. 20-60.

VAUX, B. & NEVINS, A. (eds.) (2008). *Rules, constraints, and phonological phenomena.* Oxford: Oxford University Press.

VERGNAUD, J.-R. (1977). Letter to N. Chomsky and H. Lasnik on "Filters and control" [Manuscrito de 17/04/1977. Publicado em: FREIDIN, R.; OTERO, C. & ZUBIZARRETA, M.L. (eds.) (2008). *Foundational issues in linguistic theory:* essays in honor of Jean-Roger Vergnaud. Cambridge: The MIT Press, p. 3-15].

VIJAY-SHANKER, K. (1987). *A study of tree adjoining grammars.* University of Pennsylvania [Tese de doutorado].

VITRAL, L. (1999). A negação – Teoria da checagem e mudança linguística. *Delta*, 15 (1).

WADE, N. (2014). *A troublesome inheritance:* genes, race and human history. Nova York: Penguin.

WALL, R. (1972). *Introduction to mathematical linguistics.* Englewood Cliffs: Prentice-Hall.

WEINREINCH, U.; LABOV, W. & HERZOG, M. (1968). *Empirical foundations for a theory of language change.* Austin: University of Texas Press, p. 95-188.

WELLWOOD, A.; PANCHEVA, R.; HACQUARD, V. & PHILLIPS, C. (2015). *The anatomy of a comparative illusion* [Disponível em www.colinphillips.net/wp-content/uploads2015/09/wellwood2015.pdf].

WIJNEN, F. (2016). Not compelling: commentary on Evans 2014. *Language*, 92 (1), p. 207-209.

WILLIAMS, E. (1995). Theta theory. In: WEBELHUTH, G. (ed.). *Government and binding theory and the minimalist program.* Oxford: Blackwell, p. 97-124.

_____ (1994). *Thematic structures in syntax.* Cambridge: The MIT Press.

YANG, C. (no prelo). Rage against the machine: evaluation metrics in the 21st century. *Language Acquisition* [Special issue on the 50th anniversary of "Aspects of the theory of syntax"].

_____ (2006). *The infinit gift:* how children learn and unlearn the languages of the world. Nova York: Scribner.

_____ (2002). *Knowledge and learning in natural language.* Oxford: Oxford University Press.

ZHANG, N. (2010). *Coordination in syntax.* Cambridge: Cambridge University Press.

Coleção de Linguística

- *História concisa da língua portuguesa*
Renato Miguel Basso e Rodrigo Tadeu Gonçalves
- *Manual de linguística – Fonologia, morfologia e sintaxe*
Luiz Carlos Schwindt (org.)
- *Introdução ao estudo do léxico*
Alina Villalva e João Paulo Silvestre
- *Estruturas sintáticas*
Noam Chomsky
- *Gramáticas na escola*
Roberta Pires de Oliveira e Sandra Quarezemin
- *Introdução à Semântica Lexical*
Márcia Cançado e Luana Amaral
- *Gramática descritiva do português brasileiro*
Mário A. Perini
- *Os fundamentos da teoria linguística de Chomsky*
Maximiliano Guimarães